認知症の人の心身と食のケア

長嶋紀一・水間正澄・中舘綾子・小林重芳・杉橋啓子・田中弥生 編著

第一出版

●執筆者紹介(五十音順)●

石井礼子	特定非営利活動法人発達サポート実冠 栄養相談統括責任者、管理栄養士	
大石彩子	介護老人福祉施設きらく荘 統括長	
岡本裕子	特別養護老人ホームはあとぴあ 管理栄養士	
川手信行	昭和大学保健医療学部リハビリテーション医学 准教授	
菊地　環	社会保険大宮総合病院訪問看護室 管理栄養士	
工藤ルミ子	社会福祉法人麗沢会 特別養護老人ホームれいたく苑 栄養士	
工藤美香	南大和病院栄養科 科長	
倉原香代子	特別養護老人ホーム泗水苑 栄養課長、社団法人熊本県栄養士会福祉協議会会長	
後藤由美子	介護付有料老人ホームすこや家西東京 統括・施設長	
＊小林重芳	食生活アドバイザー	
笹田陽子	盛岡大学栄養科学部 教授	
真井睦子	日本赤十字社 栗山赤十字病院 栄養課係長	
佐原勝代	女子栄養大学栄養学部食文化栄養学科 非常勤講師	
椎野恵子	イーコスモス(食・栄養ケアコンサルティング)主幹研究員、介護食研究家、管理栄養士	
陣内ヒロミ	社団法人熊本県栄養士会 副会長(事務局長)	
神保　妙	府中市立特別養護老人ホームよつや苑 栄養調理チーム チームマネージャー 管理栄養士	
杉田澄絵	栄養コンサルタント	
＊杉橋啓子	全国福祉栄養士協議会 顧問、神奈川福祉栄養開発研究所 開発部長	
髙井　恵	特別養護老人ホームサンフレンズ善福寺 栄養士	
髙﨑美幸	医療法人財団松圓会 東葛クリニック病院 栄養部臨床栄養課課長	
髙澤弘美	特別養護老人ホーム上井草園 主任 管理栄養士	
高橋水穂	介護老人保健施設ヴィラ弘前 栄養科主任	
竹元昭子	社会福祉法人多摩同胞会 特別養護老人ホーム信愛泉苑 食事係統括係長	
＊田中弥生	駒沢女子大学人間健康学部健康栄養学科 准教授	
土田裕子	高齢者総合支援センター泉心荘 通所介護(認知症デイサービス)介護福祉士	
手塚順子	特別養護老人ホームいなぎ正吉苑 栄養調理チーム チームマネジャー	
＊長嶋紀一	日本大学文理学部 名誉教授	
＊中舘綾子	社会福祉法人麗沢会 特別養護老人ホームれいたく苑 施設長、歯科医師	
中村育子	医療法人社団福寿会 福岡クリニック在宅部栄養課 課長	
中本豊子	IPU 環太平洋大学短期大学部 健康スポーツ学科健康栄養専攻課程長	
藤井　優	特別養護老人ホームいなぎ正吉苑 栄養調理チーム 調理員	
細野美枝子	社会福祉法人前橋あそか会障害福祉サービス事業所 光明園栄養課 主任管理栄養士、あそか会運営委員	
水野三千代	川島脳神経外科医院 非常勤管理栄養士	
＊水間正澄	昭和大学医学部リハビリテーション医学教室教授	
宮入照子	女子栄養大学短期大学部 准教授	
宮西知子	社会福祉法人隠岐共生学園 法人事務局本部事務局長、養護老人ホーム百寿荘所長	
村山憲男	北里大学医療衛生学部 講師	
八重樫只子	社会福祉法人正吉福祉会 世田谷区立きたざわ苑 栄養・調理チーム チームマネージャー	

＊は編者

(2012年3月現在)

推薦のことば

　わが国は、人生90年時代とも言われる世界に冠たる長寿国となったものの、一方では認知症や骨粗鬆症、寝たきり高齢者など要介護者が増え、高齢者のADL（Activity of Daily Living）を著しく低下させるなど、大きな社会問題となってきています。

　よく、脳細胞は20歳代をピークに1日に10万個程度死滅するという説を耳にします。脳の萎縮や脳血管障害が認知症を引き起こし、物忘れ、食べたことを忘れる、さらには徘徊、失禁などにとどまらず、次第に日常生活、社会生活が困難になり、遂には人格の崩壊にもつながるなど、認知症はまさに、成熟社会のもたらした大きなリスクと言えましょう。

　認知症の発生頻度はどのくらいか、本書の記述の中に、60歳代で1.5%、85歳以上となると実に27.3%（4人に1人）にもなるとありますが、いつ自分を襲ってくるかが気がかりでもあります。

　本書は、3部で構成されています。第1部の認知症の基礎知識と基本的対応では、認知症の基礎知識、生理的側面と対応・予防、食生活の重要性、咀嚼・嚥下障害に関する基礎的・学問的な内容について、わかりやすく解説されています。正しい理解のもと、誤解や偏見をなくすことが大切です。

　第2部は食事介護・ケア編です。認知症についての食事介護の基本と実際、食事介護の基本、グループホームでの栄養食事介護、家庭でできる介護食の工夫、ソフト食の活用などです。食べることは、楽しみ、生きがい、生活の質の改善上、極めて大切です。

　第3部は事例・実践編です。ここでは、現場で活躍されている方々による体験に基づく貴重な実践、事例がたくさん紹介されています。また、地域での活動、認知症に適した献立づくりの注意点、献立例の紹介、また、介護食づくりにおける衛生管理や新しい調理システムの導入にも触れるなど、きめ細かい実践に役立つ内容です。

　脳を若く保つためのハーバード大学医学部発行「Keeping your brain young」の9か条には、①知的刺激を得よう、②身体を動かそう、③食事を良くしよう、④血圧を良くしよう、⑤コレステロー

ルを良くしよう、⑥たばこをやめよう、⑦アルコールに依存しない、⑧頭のけがをしない、⑨社会的なつながりをつくろう、が謳われていますが、座右の銘としたいものです。

　認知症予防には、きちんとした食事や睡眠、適度な運動など、ふだんの生活改善の努力が必要です。超高齢社会をどう生きるか、私の好きな言葉は、久保田万太郎の晩年の作である「湯豆腐やいのちのはてのうすあかり」です。

　本書が認知症の予防・ケアに関係する方々をはじめ、保健医療福祉関係者に広く利用され、わが国の健康寿命の延伸に貢献することを願って、推薦のことばと致します。

2012年3月8日

実践女子大学名誉教授
藤澤　良知

序

　超高齢社会の到来に伴い、いかに「老」を受け止めるかが大きな課題になっております。

　誰しもが望むのは、心身共に健やかに、心豊かに人生を全うしたいということで、良き老年は人一生の課題でもあります。

　その超高齢化の状況をみると、平成21年度人口動態統計によれば65歳以上の高齢者人口は過去最高といわれ、国民の約5人に1人が高齢者であり、本格的な超高齢社会になってきております。

　問題は、高齢化に伴う認知症の人の増加とその対応であります。

　増加の状況をみると、平成8年に11.1万人であった認知症者が、平成17年には32.1万人と約3倍になり、早急に適確な介護の必要性が生じてきています。

　その介護をみると、認知症の人を理解できず、対応に問題があるということです。

　それら多くの相談を受け、必要性を痛感し、21世紀の在宅福祉時代に役立つことを願って、多くの先生方にお忙しい中、ご執筆いただきました。

　即、活用できる本を目指すべく、現場でご活躍中の先生方の体験を基とする事例を多く取り上げ、広範囲に役立つよう願っております。また、認知症を理解するためにも役立つよう願っています。

　この本は「心のケア」、「認知症の人のための自立支援に関連するリハビリテーション」、「心をも潤す食のケア」、「認知症の人の安全、安心のためのリスクマネジメント」などを組み入れ、生活全般を視野に入れてまとめました。

　殊に認知症の人の心を理解し、人間が人間らしく最後まで生きる援助を行うための心のケアは、その道の権威者でおられる長嶋紀一先生が理論と多くの現場での課題を含め記述いただき、水間正澄先生、川手信行先生には重要な自立支援のためによりよく生きるためのリハビリテーションをわかりやすく記述いただきました。

　また、小林重芳先生、中舘綾子先生、田中弥生先生には、第一線で長い間ご活躍なされた経験を活用し、編集とご執筆をいただきま

した。「食」の分野で、食の役割について単に命を紡ぐだけではなく、心をも潤すものとして召し上がっていただくための留意点等が述べられております。

　また、現場で実施している認知症の人への食事の対応、楽しめる食事づくりの工夫、おやつも含め、まとめました。認知症の人が、人生最後まで、心豊かに過ごせるよう、この本が認知症の人のケアに活用され、ゆとりある介護を行える道しるべとなれば、望外の喜びです。

　本書の出版にあたって、長嶋紀一先生、村山憲一先生、水間正澄先生、川手信行先生、中舘綾子先生、小林重芳先生、田中弥生先生、各大学、病院、施設、在宅介護でご活躍なされている諸先生方のご協力あればこそ、刊行に至りましたこと、感謝申し上げます。また、第一出版の加藤友昭社長、井上由香氏、山本千裕氏に御尽力いただいたこと、感謝申し上げます。

2012年3月8日

神奈川県福祉栄養開発研究所 開発部長　杉橋啓子
（元 特別養護老人ホーム正吉苑 副苑長）

目 次

推薦のことば
序

第1部 基礎・臨床編

1. 認知症の基礎知識と基本的対応 — 2
1-1 認知症の基礎知識 （長嶋 紀一）2
1. 認知症とは 2　　2. 生理的老化と認知症の違い 2
3. 認知症の症状 3　　4. 認知症の初期症状と経過 4

1-2 認知症への対応 （長嶋 紀一）7
1. 認知症高齢者の心理的特徴と対応の基本的な考え方 7
2. 認知症の人とのコミュニケーションの工夫 7
3. 言葉の表出を促す方法 8　　4. 食事と栄養についての配慮 8

1-3 さまざまな種類の認知症の症状と食事 （村山 憲男）9
1. はじめに 9　　2. アルツハイマー病 10
3. 血管性認知症 12　　4. レビー小体型認知症 13
5. 前頭側頭葉変性症 14　　6. まとめ 16

2. 認知症の生理的側面と対応・予防 （川手 信行・水間 正澄）17
2-1 認知症の定義と言葉 17
2-2 認知症に間違われやすい病態 19
2-3 認知症の症状 20
1. 中核症状 21　　2. 周辺症状・BPSD 22

2-4 認知症のスクリーニング検査 23
2-5 認知症を来す疾患と病理 27
1. アルツハイマー病 27　　2. 脳血管性認知症 28
3. びまん性レビー小体 29　　4. ピック病 29
5. クロイツフェルトヤコブ病 29　　6. 慢性硬膜下血腫 30
7. 正常圧水頭症 30

2-6 認知症へのアプローチ 31
1. 薬物療法 31　　2. 非薬物療法（心理療法）31

2-7 認知症の人の周辺症状への対応法 32
1. 認知症の人に対する基本的な考え方 32　　2. 周辺症状・BPSDへの対応 33

2-8 認知症の予防 36

3. 認知症における食生活の重要性 （小林 重芳）38
3-1 認知症の人の食生活－その重要性を探る 38
3-2 高齢者の食文化を応援するプログラム 39
3-3 意識改革 39
1. 食生活の軌道修正 39　　2. 認知症以前の食生活と現状の適応 40

4. 認知症の人の咀嚼・嚥下障害 ────────────（川手 信行・水間 正澄）**42**

第2部　食事介護・ケア編

1. 認知症の人における食事介護の基本 ──────────────────── **46**

1-1 高齢者と認知症の人の背景 ･････････････････････････････････（杉橋 啓子）**46**
　　1．超高齢社会　46　　2．認知症の人の現状　48
　　3．認知症の人への対応　48　　4．介護の基本理念　49

1-2 認知症の人に対する介護の基本 ･･･････････････（陣内ヒロミ・倉原香代子）**50**
　　認知症の人にみられる食に関する行動障害　50

1-3 認知症の人の食行動 ･･････････････････････････････････････（杉橋 啓子）**53**
　　1．問題行動への対応　53　　2．認知症高齢者の食生活の特徴　54
　　3．認知症高齢者の食生活指針　54

1-4 認知症の人に多い食生活事故への対応（リスクマネジメント）･･･････（杉橋 啓子）**56**
　　1．はじめに　56　　2．利用者の安全確保　56
　　3．事故記録の重要性　57　　4．記録の目的　57
　　5．記録の方法　58　　6．サービスに伴うリスク対応　58
　　7．リスクマネジメント作成　59　　8．食事サービスマニュアル（心地よく食べるために）　59

1-5 食事介助の注意点 ･･（杉橋 啓子）**67**
　　1．食事ケアの基本　67　　2．食事介護の種類　67
　　3．摂食に関する観察　68　　4．認知症の人への食事介助　70
　　5．半介助、全介助の場合　72

2. 食事介護の実際 ─────────────────────────── **74**

2-1 病院における認知症の人の栄養管理 ･･････････････････････････（田中 弥生）**74**
　　1．外来時の認知症の判定（栄養管理前のアセスメント）　74
　　2．疾患と認知症との関係（栄養管理上チェックする項目）　75
　　3．入院時認知症の人の栄養ケア・マネジメント　75　　4．栄養評価と栄養管理実施計画　76
　　5．栄養アセスメントの指標　76　　6．栄養ケア計画の立案とポイント　77
　　7．必要エネルギーの決定、たんぱく質、水分、ビタミン、ミネラルなどの補給法（栄養アセスメント）　78　　8．認知症の人の経腸栄養補給　78

2-2 在宅訪問栄養食事指導における栄養管理 ･････････････････････（田中 弥生）**79**

2-3 福祉施設における栄養管理 ･･････････････････････････････････（手塚 順子）**79**
　　1．いなぎ正吉苑の介護食　79　　2．やわらかく見た目を工夫した献立　80

3. 認知症の食事介護の基本 ────────────────────（椎野 恵子）**82**

3-1 認知症高齢者の介護食 ･･ **82**
　　1．介護食の誕生と推移　82　　2．介護食の課題と対策　82
　　3．原因疾患・症状別介護食　86　　4．認知症で介護が必要な人　87
　　5．脳卒中後遺症と認知症の介護食の違い　88　　6．介護食のコンセプト　89
　　7．栄養デザインのポイント　90　　8．食事形態デザインのポイント　91
　　9．料理デザインのポイント　92　　10．調理の工夫　93
　　11．食事介助への伝達　98

4. グループホームにおける認知症の人の栄養管理と食事介護 ───── 100
4-1 社会福祉法人隠岐共生学園の例 ・・・・・・・・・・・・・・・・・・・・・・・（宮西 知子）100
1. 北欧のグループホーム　100　　2. 隠岐共生学園グループホーム　101
3. 栄養管理　102　　4. 食事介助　104
5. 認知症症状の抑制と食事からの残存能力の維持　106

5. 家庭でできる介護食の工夫 ───────────────────（宮入 照子）108
5-1 家族と一緒の食事（食べたくなる環境づくり） ・・・・・・・・・・・・・・・・・・ 108
5-2 おいしく満足感のある食事 ・・・・・・・・・・・・・・・・・・・・・・・・・・・・・・・・・・ 108
1. どのような食品をとったらよいか　108　　2. バランスのよい食事　109
3. 調理上の注意　109
5-3 症状に応じた食事介助 ・・・・・・・・・・・・・・・・・・・・・・・・・・・・・・・・・・・・・ 111
1. 口の中に麻痺がある場合　111
2. 食べたことを忘れ、絶えずに食べたがる場合　111
3. 食べないとき・拒食の場合　111　　4. 手指に障害がある場合　111
5-4 咀嚼、嚥下機能低下への対応 ・・・・・・・・・・・・・・・・・・・・・・・・・・・・・・ 112
1. 在宅介護で作る介護食の注意　112　　2. 具体的な介護食　112
3. 調理の工夫　112　　4. 冷凍法と便利な食材の利用　114

6. ソフト食の活用・嚥下状況評価 ────（中舘 綾子・工藤ルミ子・笹田 陽子）116
6-1 咀嚼・嚥下困難者用食（ソフト食） ・・・・・・・・・・・・・・・・・・・・・・・・・・・ 116
1. 嚥下力の評価　116　　2. 嚥下ソフト食の対応範囲　116
3. 嚥下ソフト食の条件　117　　4. 嚥下ソフト食レシピ　118
6-2 嚥下ソフト食の評価 ・・・・・・・・・・・・・・・・・・・・・・・・・・・・・・・・・・・・・・・ 123
1. 嚥下ソフト食の物性　123　　2. 嚥下ソフト食の栄養評価　124
3. 嚥下ソフト食の厨房への導入　125

第3部　事例・実践編

1. 病院と食事指導 ───────────────────────────── 130
病院事例. 病院と地域食事介護 ─────────────（髙﨑 美幸）130

2. 在宅訪問時の栄養管理 ──────────────────────── 134
在宅訪問事例1. 在宅認知症の人の栄養管理 ──────────（真井 睦子）134
在宅訪問事例2. 独居認知症の人の在宅訪問栄養食事指導 ────（中村 育子）136
在宅訪問事例3. 独居認知症の人の食生活支援 ────────（菊地 環）139
在宅訪問事例4. 嚥下障害により食べる楽しみが減った方への食支援 ──（水野三千代）141
在宅訪問事例5. 在宅独居高齢者の食生活支援 ──────────（大石 彩子）144
在宅訪問事例6. 小規模多機能施設での認知症の人(個別対応による成功例)─（大石 彩子）145

3. 福祉施設と食事指導 ─────────────────────────── 147
福祉施設事例1. 福祉施設と地域食事介護 ─────────（岡本 裕子）147
福祉施設事例2. 認知症の人の思いを実現する場面の重要性 ────（中本 豊子）153
福祉施設事例3. 特別養護老人ホームの栄養管理 ─────────（手塚 順子）155

- 福祉施設事例 4. 介護食による行事食・日常食への取り組み ──（藤井 優）159
- 福祉施設事例 5. 徘徊、介護拒否、暴言があり、食事量低下 ──（高橋 水穂）160
- 福祉施設事例 6. 徘徊と集中欠如、ほぼ食事未摂取 ──（高橋 水穂）164
- 福祉施設事例 7. グループホームでの栄養管理 ──（後藤由美子）168
- 福祉施設事例 8. 在宅認知症の人の栄養ケア・マネジメント ─（細野美枝子・石井礼子）173
- 福祉施設事例 9. 在宅認知症の人の栄養指導（施設との関わり）──（手塚 順子）177

4. 地域活動における認知症の人への対応 　　　　　　　　　　181

低栄養改善「ご長寿・お達者栄養教室」の実際 ─長寿を目指した暮らしの支援─
………………………………………………………………（佐原 勝代）181

5. 認知症の人に適した献立　　　　　　　　　　　　　　　　189

5-1 献立作成の注意点 ……………………………………（杉橋 啓子）189
1. 高齢者の食事指針　189　　2. 献立チェックポイント　191
3. 高齢者の食事摂取基準　192　　4. 献立作成の基本的な考え方　194
5. 調理上の注意点　195

5-2 献立例 ……………………………………………………………196
1. 普通食（高齢者福祉施設）──（神保 妙、八重樫只子、宮入 昭子）196
2. 年間行事食 ──（神保 妙）216
3. 治療食（透析食、透析導入食、熱量コントロール食）──（工藤 美香）219
4. おやつ ──（杉田 澄絵・土田 裕子）225
5. 介護食 ──（椎野 恵子）229
6. 配食サービス ──（八重樫只子、高澤 弘美・髙井 恵）238

5-3 四季の薬膳 …………………………………………（佐原 勝代）246
1. はじめに　246　　2. 薬膳の基本知識　246
3. 食物の性能　248　　4. 献立の立て方　249
5. 四季の薬膳　250　　6. おわりに　258

6. 生命の安全・安心のための食品衛生・食品購入 ──（手塚 順子）259
1. 家庭での認知症の介護食の実際─食品衛生・食品購入・非常用食品─　259
2. 食品衛生　259
3. 食品購入　262　　4. 非常用食品　262
5. 災害時の対策　263

7. 新調理システム導入による食の提供 ──（竹元 昭子）267
1. 新調理システム　267　　2. 新調理システムの基本プロセス　267
3. 真空調理法の長所　267　　4. 新調理システムの導入　269
5. 真空調理の活用　269

参考資料

索引

第 1 部
基礎・臨床 編

第1部 基礎・臨床 編

1 認知症の基礎知識と基本的対応

1-1 認知症の基礎知識

1. 認知症とは

> **器質性**
> 症状や疾患が、脳の組織に形態的な異常が生じたために起こる状態。

　認知症とは、成人期以後に何らかの原因で後天的に起こる知能障害である。"認知症"は、疾患名ではなくひとつの状態を表す言葉であり、①知能障害があること、②脳器質性要因があること、③意識障害がないこと、の3つの特性がある。

　認知症は、高齢になるに従って増えていく病気であり、60歳代の出現率は1.5％であるが、85歳以上となると出現率は27.3％（4人に1人）になるといわれている。

2. 生理的老化と認知症の違い

> **進行性**
> 進行性の差し替え脳変性疾患による認知症は、脳の神経細胞の脱落によって起こるため、症状が進行する。

　誰にでも起こる生理的老化と認知症の人に現れる症状についてまとめると、表1-1のようになる。

表1-1 生理的老化と認知症の違い

	生理的老化	認知症
物忘れ	一部分	体験全体
自　覚	ある	ない
症状の進行	しない	する
見当識	保たれる	障害あり
行　動	問題はない	問題あり
生活上の支障	ない	ある

①記憶（物忘れ）

　生理的物忘れは「健忘」と呼ばれ、体験の一部分の物忘れであるのに対し、認知症の物忘れは生活体験の全体を忘れる記憶障害である。

②自覚の有無

　生理的老化では物忘れを自覚している場合が多く、認知症の物忘れ(記憶障害)は、忘れているという自覚がない場合が多い。

③進行性か非進行性か

　生理的老化の物忘れの頻度は増えるかもしれないが、認知症による記憶障害は進行性で、物忘れの程度も頻度も増大する。

④見当識（時間・場所・人物などの見当をつけること）
　生理的老化の場合にはほとんど問題はないが、認知症の人には、時間や場所、人物などの見当がつかなくなり、いわゆる見当識障害が起こるのが特徴である。

⑤行動上の問題
　認知症の人の場合、徘徊や妄想などさまざまな行動・心理症状（行動障害）が起こる場合がある。

⑥生活上の問題
　認知症は全体を忘れるだけではなく、見当識、判断力にも障害が及び、行動・心理症状（行動障害）が出現するなど、日常生活にさまざまな支障が出てくる。

3. 認知症の症状

> **BPSD**
> 1996年と1999年に、専門家による国際会議が開催され、行動障害に代わる用語として合意され、「認知症にみられる知覚や思考内容、あるいは行動の傷害」と定義されている。

①中核症状
　記憶障害と認知障害は必ず現れる症状で、診断に使われる（表1-2）。

②周辺症状
　必ず現れるとは限らない症状であり、心理的・環境的要因によって表れる症状である（表1-2）。

③BPSD（Behavioral and Psychological Symptoms of Dementia）
　1999年以降、BPSD（認知症の行動・心理症状）と呼ばれるようになった（表1-3）。

表1-2 認知症の症状

中核症状	周辺症状
記憶障害	精神症状 ・不安、焦燥、うつ状態、興奮、心気状態、不眠など
認知障害 ・失　語 ・失　行 ・失　認 ・実行機能の障害	性格変化 幻覚・妄想 せん妄・日没症候群 徘徊、食行動異常、 排泄行動異常、その他

表1-3 BPSD（Behavioral and Psychological Symptoms of Dementia）認知症の行動・心理症状

行動症状	心理症状
通常は認知症の人の観察結果によって明らかにされる。身体的攻撃性、喚声、不穏、焦燥、徘徊、文化的に不適切な行動、性的脱抑制、収集癖、ののしり、シャドーイングなど。	通常は、主として認知症の人や親族との面談によって明らかにされる。不安、抑うつ気分、幻覚、妄想などがこれに入る。1999年の会議でアルツハイマー病の精神病状態が心理症状に入れられることになった。

表1-4 BPSDの特徴的症状

グループⅠ (厄介で対処が難しい症状)	グループⅡ (やや対処に悩まされる症状)	グループⅢ (比較的対処しやすい症状)
心理症状 ・妄想 ・幻覚 ・抑うつ ・不眠 ・不安 行動症状 ・身体的攻撃性 ・徘徊 ・不穏	心理症状 ・誤認 行動症状 ・焦燥 ・社会通念上の不適当な行動と性的脱抑制 ・部屋の中を行ったり来たりする ・喚声	行動症状 ・泣き叫ぶ ・ののしる ・無気力 ・繰り返し尋ねる ・シャドーイング

表1-5 アルツハイマー病の特徴

	軽度	中等度	重度
精神機能	時間に対する見当識障害あり	時間と場所に対する見当識障害あり	時間、場所、人物に対する見当識障害あり
運動機能	良好。通常は歩行可能	歩行可能。しかし落ち着きのなさが目立つ	障害あり。多くは固縮がみられ歩行不可のことが多い
記憶	作動記憶と陳述記憶の障害あり	作動記憶と陳述記憶に顕著な障害あり	作動記憶と陳述記憶の全般的な障害あり
知能	問題解決能力の障害あり	明らかな障害あり	かなり重い障害あり
嗅覚	障害あり	障害あり	障害あり
視空間認知	軽度の障害あり	明らかな視覚認知障害と視覚性構成障害あり	顕著な障害あり
排泄能力	障害なし	多くは尿失禁あり	尿と便に失禁あり

BPSDの特徴的症状は、

グループⅠ：厄介で対処が難しい症状

グループⅡ：やや対処に悩まされる症状

グループⅢ：比較的対処しやすい症状

の3グループに分けられている。行動症状よりも心理症状の方が対応が困難であることが指摘されているといえる（表1-4）。

④アルツハイマー病

認知症の代表的なアルツハイマー病の特徴は、症状の進行に伴って、日常生活に必要な各種の認知能力が変化し、不適応を起こしやすくなる（表1-5）。

アルツハイマー病の進行に伴う言語によるコミュニケーションの特徴、つまり、表現形式、内容、使用状況などが徐々に変化する（表1-6）。

4. 認知症の初期症状と経過

認知症の初期症状及び兆候と経過について、ここではアルツハイマー型認知症を中心に述べることにする。

①初期症状

アルツハイマー型認知症は、まだ原因は不明であるが、知能障害、認知症症

表 1-6 アルツハイマー病の言語にみるコミュニケーションの特徴

	軽度	中等度	重度
表現形式	正常	正常	多くの患者でまだ保たれている
内容	障害あり ・語彙（ごい）が減少する ・発語が減少する ・表現能力が低下する ・代名詞を使う ・話のつじつまが合わない ・あいさつなど社交上の言い回しは保たれている ・同じことを何度も言う	顕著な障害あり ・発語が顕著に低下する ・代名詞の誤りが多い ・集中力を欠いている ・言葉が空虚である	さらに顕著な障害へと進行する ・異様で意味をなさない ・ほとんど意味のない言葉になる ・口数が少なくなる ・錯誤がみられる
使用状況	障害あり ・聞いたことをほとんど理解できるがすぐ忘れる ・話の流れを理解することが難しい ・言いたいことがあっても、言葉が出てこない（喚語困難） ・話題からそれたことを言う ・物品の呼称能力が低下する	顕著な障害あり ・会話や呼称で喚語障害がある ・抽象的な言語能力が低下する ・復唱能力が低下する ・簡単な指示を理解し、それに従うことはできる	さらに顕著な障害へと進行する ・言語を適切に使用することが事実上できない ・ときどきあいさつなどの社交上の言い回しを反射的に使用する

> **地誌的見当識**
> 見慣れている場所であっても道順を見つけることが困難であること。

表 1-7 アルツハイマー型認知症の初期症状

1. 記憶障害：近時記憶及びエピソード記憶の障害
2. 失語：語想起の低下、空疎な言葉の増加、抽象的な事柄についての会話の障害
3. 失行：構成失行の障害
4. 失認：地誌的失見当識
5. うつ、不安、焦燥、攻撃的態度、心気症状
6. 物盗られ妄想、嫉妬妄想
7. 食べ物の好みの変化
8. 病識の欠如

状があるため、日常生活において徐々に不適切な言動がみられ、生活障害を来すことになる。初期症状及び兆候は表 1-7 のとおりである。

②アルツハイマー型認知症の3つの特徴

アルツハイマー型認知症の原因は、まだよく解明されていない。特徴としては、次の3点が挙げられる。

① 発症はゆっくりとしており、最初は誰にでもある物忘れ程度であるため、見逃されがちなことが多い（緩慢に発症）。
② 脳の萎縮は、海馬という領域から起こり、側頭葉から前頭葉に進み、脳全体に及ぶ。始めに物忘れが起こり、その後はさまざまな認知機能の低下を示すようになる（全般性の認知機能障害）。
③ 進行性の認知症であり、ゆっくりと、しかも確実に進行するのが特徴である（ゆっくりと確実に進行）。

③血管性認知症の3つの特徴

脳梗塞や脳出血など脳卒中による血流障害（脳血管障害）が原因で起こる

ことが多い。特徴としては、次の3点が挙げられる。
① 脳卒中（脳梗塞や脳出血）が原因で起こる脳血管障害のため、発作に伴って認知症の症状が出現する(急激な発症)。
② 症状は障害を受けた脳の場所とその大きさによって異なり、まだら状に現れる（まだら状の認知機能障害）。
③ 発作によって症状が急激に現れ、再発作ごとに症状が悪化する（階段状に進行）。

④認知症の進行の経過

アルツハイマー型認知症の進行は、3つの段階に分けられる。

第1段階：健忘期

物忘れのため、日常生活を維持することが困難になることが少しずつ目立つ時期である。
① 物忘れがひどくなる。
② 体験をそっくり忘れる。
③ 同じことを何回も尋ねる。
④ 簡単な物や人の名前が思い出せない。
⑤ 会話に代名詞が増えてくる。
⑥ 簡単な計算ができなくなってくる。
⑦ 作話が出てくる。

第2段階：混乱期

日常生活が困難になり、常時の見守りと直接介助が必要になる。
① 判断力が低下し混乱する。
② 勘違いや妄想が起こってくる。
③ 時間・場所・人物などの見当識障害が起こる。
④ 徘徊などの行動・心理症状（行動障害）が起こる。
⑤ 過去と現実の混同が起こる。

第3段階：終末期

コミュニケーションも困難になり、常時介助がなければ、生命の危機に陥ることが多くなる。
① 家族や自分の名前が分からなくなる。
② 言われたことを理解できなくなる。
③ 発語は意味のない単語の羅列になる。
④ 尿失禁や便失禁が起こる。
⑤ 常時ケアが必要になる。
⑥ 体力が低下し、感染症にかかりやすくなる。

1-2 認知症への対応

1. 認知症高齢者の心理的特徴と対応の基本的な考え方

被害感
皆が自分の悪口を言っていると思い込むようなこと。物忘れも重なって、さらなる思い込みに至ることも多い。

認知症高齢者の心理的特徴としては、慢性的な不快感、不安状態、うつ状態、混乱状態、感情の易変性、被害感、過去と現実との混同などが挙げられる。そのため、絶えず落ち着かない心理状態で日常生活を過ごすことになる。

認知症高齢者への対応の基本的な考え方としては、その場限りの対応は、これまでの経験を通してあまり効果がないといわれている。客観的事実に目を向けて対応するのではなく、認知症高齢者の主観的事実に目を向けて対応することが有効であることが指摘されている。具体的には、認知症の人が生きている世界を理解するよう心がけ、その世界の中で本人が納得できるような関わりをすることが求められる。

認知症の行動・心理症状への対応の基本的な考え方としては、第一に行動・心理症状だけに目を奪われることなく、行動・心理症状が起こっている原因を探り、理解することである。第二に一律の対応法を考えるのではなく、その原因に対する対処方法を検討して対応することが大切である。このような対応の過程で大切なことは、認知機能障害による思考や行動の混乱はあっても、認知症高齢者の起こしている行動自体は本人にとっては正常であると理解し受容することである。

2. 認知症の人とのコミュニケーションの工夫

認知症の人の負担を軽くし、交流を密にするために言葉かけを工夫し調整することが大切である。そのためには、聞いて理解しやすくする（言葉の理解を促す）、話しやすくする（言葉の表出を促す）ことが求められる。

①言葉の理解を促す方法

複数の感覚
言葉をかける聴覚的なことだけでなく、そっと手に触れるようなスキンシップなど五感を刺激することも重要である。

言葉かけの形式としては、
① 簡単な文にする。
② ゆっくり話しかける。
③ 複数の感覚で話しかける（視覚、皮膚感覚など）。
④ 話しかける相手の数を制限する（認知症の人には必ず1対1で話しかける）。
⑤ 心地よく（快適に）響く声を使う（おなかに力を入れてできるだけ低い声で）などを心がける。

②言葉かけの内容としては

① 「今、ここにある（現在）」ことを話す。
② やさしい言葉（単語）を使って話す。
③ 代名詞は使わずに適切な名詞を使う。
④ 通じなかったときには言い方を代えて繰り返す。

　　　　　　などを心がける。
　　③言葉かけの工夫
　　　①「はい」、「いいえ」で応（答）えられる言葉かけ（質問）にする。
　　　② 返事を選択肢の中から選ぶ言葉かけ（質問）にする。
　　　③ 間接的な表現よりも直接的な表現を使う。
　　　④ 子どもに話しかけるようにすることはしない。
　　　⑤ 認知機能のレベルに応じた指示をする。
　　　⑥ 話しかけるときは大きめの声にしてみる。

3. 言葉の表出を促す方法

自由再生
昨日はどこに行ったか、今朝の朝食は何を食べたかなど、エピソードを思い出してもらうこと。

具体的には次のようなことを工夫し、試してみるとよいといわれている。
① 会話を促すために、見たり触れたりできるものを用意する。
② 自由再生を求めないようにする。
③ もし話題を忘れてしまったら、それまでの話をまとめて示してみる。
④ 手紙を書きたがっているときには、最近の出来事を書いたリストなどの題材と、相手（受取人）の写真や似顔絵などを用意する。
⑤ 思い出そうとしている「言葉」を察して、やさしく言ってみる。
⑥ 何かを読むときには音読して、認知症の人に聞かせるようにするか、一緒に読む。
⑦ 何度も誤りを指摘しないようにする。
⑧ 一緒にいろいろなことをしてみる。
⑨ 同じことを繰り返し言っているときには、体を動かす活動へ参加を促すことにより、繰り返しを減らす。
⑩ その場を和やかにして会話を増やすために、おやつまたは飲み物を出す。

4. 食事と栄養についての配慮

遊び食べ
認知症者は、食べ物が認識できなかったり、たくさん並んでいるとどうしたらよいのかがわからなくなり、食べ物や食器で遊ぶことがある。

食事についての配慮としては、摂食動作を忘れてしまう拒食、途中で遊んでしまう（遊び食べ）、食べ物をこねまわしてしまうなどで、必要量を摂取できないことが起こることがある。その際は、環境の調整などにより、食事に関する能力の向上を図ることが大切である。例えば、
① いつも同じ人が食事の介助をする。
② 毎回（いつも）同じ場所で食事をする。
③ ひとりの被介護者（認知症の人）を相手にする。
④ 手でつまんで食べるようなメニューも取り入れる。
⑤ 食事中はできる限り水分もとれるようにする。

次に栄養についての配慮としては、認知症の人は非認知症の人と比較して、有意に体重の減少がみられる。摂取する食べ物の種類（例：低脂肪、低食塩）と固さ（例：やわらかい食事、流動食）などが低栄養の原因となる可能性がある。

また、食事は重要な社会的意義がある。認知機能障害に加えて、視力障害や聴力障害があると、社会的場面に参加したがらない認知症の人もいることを忘れてはならない。

落ち着いて食事をとるためには、
① 認知症の人が食事をしている間、一緒に座っている。
② 認知症の人が食べているときには、穏やかに、安心してもらえるような口調で話しかけるなどの配慮が大切である。

さらに体重維持に役立つ方法としては、
① 間食を用意する。
② 焦燥を減らすために、その人に合った行動的介入をする。
③ 個人の好みに注意を払う（例えば、認知症の人の好きな食べ物を用意するようにする）。
④ 認知症の人がずっと嫌ってきた食べ物は原則として出さないようにする。

1-3 さまざまな種類の認知症の症状と食事

1. はじめに

認知症の種類
認知症の原因疾患にはさまざまな種類があるが、まだ一般には十分に知られていない現状がある[※1]。認知症＝アルツハイマー病ではないので注意が必要。

認知症には、原因となる疾患にさまざまな種類がある。このうち最も多いのがアルツハイマー病で、その次に、血管性認知症、レビー小体型認知症、前頭側頭葉変性症（ピック病など）が続く（図1-1）。これらはそれぞれに特徴的な症状を示すため、食事においても注意すべき点が異なってくる。

本節ではこれらの疾患の特徴と、食事に関するポイントを概説する。

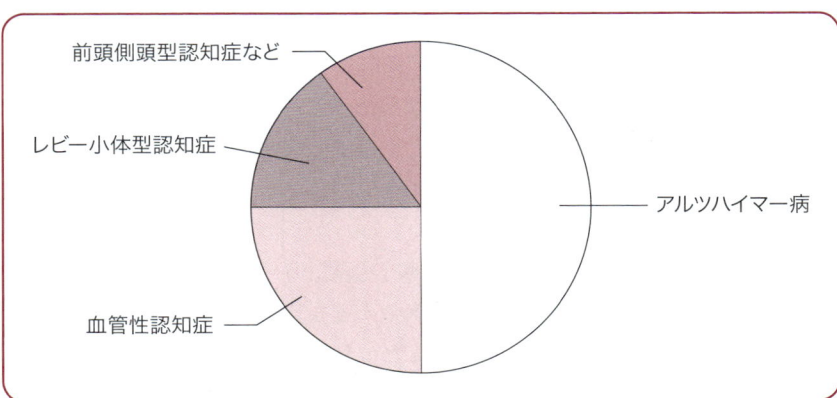

図1-1 認知症の原因となる疾患の種類と割合

2. アルツハイマー病[※2]

　アルツハイマー病は、認知症の原因として最も多く代表的な疾患である。主な症状は、記憶障害、見当識障害、失語・失行・失認などの認知機能障害であり、食事に関してもこれらの障害が問題となることが多い。

①記憶障害

　アルツハイマー病の最も中心的な症状は記憶障害であり、特に新しく物事を覚えることが困難になるのが特徴である（記銘障害）。そのため、食事をしても食事をしたこと自体を忘れてしまい、介護者に何度も食べ物を要求するなどの症状として現れる。例えば、私たちでも2、3日前の昼食のメニューなどを思い出すことが難しいことがある。しかし、いわゆる健康な物忘れでは、時間をかけたりヒントが与えられたりすれば思い出すことができる。もしくは、正解を言われれば思い出すことができる。これは、いわゆる健康な物忘れが「一度覚えたものを思い出しにくい」という想起の障害だからであり、たとえ思い出せないことがあっても、一応、情報は頭の中には蓄えられている。一方、アルツハイマー病の記憶障害は、「覚えることができない」という記銘の障害が特徴である。そのため、いくら時間をかけたりヒントを与えたりしても、その情報は頭の中に蓄えられていないので思い出すことができず、正解を言われても納得することができないことが多い。もしアルツハイマー病の人が「ご飯を食べていない」などと訴えた場合、介護者がいくら思い出すように説得しても苦痛を与えるだけでよい効果はほとんど望めない。ときに「まわりの人からいじめられている」といって被害妄想に発展する危険性もある。アルツハイマー病の人がこのような訴えをしてきた場合には、記憶障害を含めて行動の背景となる情報をアセスメントし、受容的・共感的な態度で接した方がよい。人によっては、アメなどの簡単なお菓子を渡したり、「食事は今作っているから待っていてください」と記憶障害を上手に利用したりして対処することで納得する場合がある。また、食べ終わった食器やトレイなどをすぐに片付けないでしばらく目の前に置いておくと、少なくともその間は訴えが出にくくなる。

　一方、昔の出来事（遠隔記憶）や体で覚えた技術や動作（手続き記憶）などは、アルツハイマー病の人でも比較的よく覚えている。そのため、食事をするという行為自体は、かなり後期まで保たれることが多い。また、食事を作る能力も保たれていることが多く、本人に興味があれば、食事やおやつ作りなどを楽しむことができる。

②見当識障害

　見当識障害とは、自分がどこにいるか、今が何時であるかなどの認識が困難になる障害である。例えば施設に入所していても、アルツハイマー病の人は「ここは私のいるところではないから、夜は家に帰らないと」と言って、その施設から出ようとすることがある。これらは特に入所後、間もない時期に多く出て

> **アルツハイマー病の記憶障害**
> アルツハイマー病でも、初期には健康な物忘れと同様にヒントなどで思い出せる場合がある。また、中期以降のアルツハイマー病でも、対象や状況によっては思い出せる場合がある。

くるが、施設に慣れて生活に安心感が出てくると消失することが多い。

　また、アルツハイマー病は、時間の見当識障害のために今の月や季節などの理解ができないことが多いのも特徴的である。このような場合、例えば、夏にはそうめんなど季節を代表する料理や旬の食材を使った料理を提供することで、季節感が刺激されて時間の見当識障害によい影響があるかもしれない。

③失語・失行・失認

　アルツハイマー病に典型的な失語は、会話の中で言いたいことが出てこなくなり「あれ」、「それ」などが増える健忘失語である。初期には言いたいことがスムーズに出ない不便さはあるものの、会話自体は大きな問題なくすることができる。しかし、症状が進行すると徐々に会話自体ができなくなり、自分の気持ちを他者に伝えたり、他者の言っていることを理解したりすることが困難になってくる。そのため、アルツハイマー病の人とコミュニケーションをとる際には、言語的な側面だけでなく、表情などの非言語的なコミュニケーションを大切にすることが重要である。

> **非言語的コミュニケーション**
> ジェスチャーなどの身体動作や、目線、声のリズム・抑揚なども含まれる。

　失行とは、運動機能が正常で、本人も何をすべきか分かっているのに、やるべき行為ができなくなる症状である。例えば、アルツハイマー病の人の前に、ポットと急須、湯のみ、お茶の葉などを用意すれば、それでお茶をいれることは本人も理解できる。しかし、失行を示すアルツハイマー病の人に実際にお茶をいれてもらうと、お茶の葉をいきなり湯飲みに入れてしまったりして、お茶をいれることができない。さらに失行が進行すると、箸を有効に使えなくなったり、スプーンなどですくったものを上手に口に入れることもできなくなる。アルツハイマー病の失行は、服を着る（着衣失行）、食器を使う、歯を磨くなど、道具を用いる場合に障害が生じやすい。そのため、本人に残された機能を大切にして、できる限り自力で食事することを目的にするなら、箸やスプーンが使えなくなっても、ご飯はおにぎりにするなど道具を使わなくても食べられるような形態にする工夫も有効である。

　失認とは、視覚などの感覚障害はないものの、見たり、触ったりしたものが何であるか分からなくなる症状である。そのためアルツハイマー病の人は、食べ物と間違えて電池を口に入れたり（異食）、果物などをデザートと認識できずみそ汁に入れてしまったりすることがある。失認が原因となって異食が生じていると考えられる場合、口の中に入れると危険なものは身近なところに置かないだけでなく、本人が食べ物と認知しやすい形態は何か検討し、それを食べ物と認知しにくい形態のものに代える工夫も有効である。例えば、ホワイトボードなどに貼ってある丸い小さな磁石を口に入れる傾向がある場合、磁石を細長い形のものに代えることで異食が生じなくなるかもしれない。

> **異食**
> ティッシュ、湿布、軟膏、スポンジなど、身の回りのありとあらゆる物が対象となる。特に窒息などの危険のある物は注意が必要である。

④その他の症状

　一般的に、アルツハイマー病自体が原因となって運動障害や嚥下障害などが生じるのは、かなり末期になってからであるといわれている。しかし、実際には、高齢のために身体的な機能が衰えていたり、精神症状の軽減のため

に向精神薬を服用していたりして、運動障害や嚥下障害が生じることは少なくない。また、嚥下機能が正常でも、覚醒レベルが不良であれば誤嚥する可能性もある。実際、肺炎はアルツハイマー病の人が亡くなる原因として多く、特に高齢で身体機能が衰えていたり薬物療法が行われていたりする場合には気をつける必要がある。

　注意の維持が困難になるのは、一般的に後述する前頭側頭葉変性症に特徴的な症状だが、進行したアルツハイマー病にも出現することがある。食事の場面では、注意が散漫になり、最後まで食べ切ることができなくなったりする。そのような場合には、刺激の多い環境は避け、静かな落ち着いた雰囲気で食事をすることも必要である。

3. 血管性認知症[※3]

> **血管性認知症**
> 脳血管性認知症ともいう。脳の血管が詰まったり破れたりして起こる認知症。

　血管性認知症は、かつて日本ではアルツハイマー病よりも多いといわれていたが、診断基準の変化や予防法・治療法の発展などによって日本でも割合は減少している。しかし血管性認知症と診断される割合は減っても、小さな梗塞などはアルツハイマー病などにもかなりの頻度で生じており、典型的な血管性認知症でなくても脳血管障害の影響は注意が必要である。

　血管性認知症の特徴的な症状は、記憶障害や見当識障害、失語・失行・失認などアルツハイマー病と共通するものも多いが、実際には、原因となる脳血管障害の種類や部位によって症状は異なり、均一ではない。そのため、本人にできることとできないことを個別的にアセスメントする必要性は、他の認知症よりも高い。

　以下に、特に血管性認知症で生じやすい症状の例を挙げる。

①半側空間無視

　半側空間無視とは、損傷した脳の反対側にある物を認知したり、注意を向けたりすることができなくなる症状である。左半球の損傷で右側半側空間無視が生じることもあるが、一般的には右半球の損傷によって生じる左側半側空間無視が多い。左半球損傷の場合は、半側空間無視よりも失語症状が生じることが多い。

　左側半側空間無視は本人の視野の左半分を無視するのが特徴的だが、視覚の問題だけでなく、例えばめがねの柄が左側の耳にかかっていないなど触角の問題としても現れる。食事でも、視野の左半分を無視した結果、トレイや皿の左半分のおかずが残ったりする。その場合、トレイや皿の向きや位置を変えるなどの対処によって、本人はおかずを普通に認識することができる。

②易怒性（いど）

　血管性認知症は、損傷部位や人柄などにもよるが、一般的に易怒性が亢進されることが多い。これは梗塞などによる脳の器質的な損傷が原因となっていると考えられるが、その他に、アルツハイマー病よりも比較的保たれた人格や病識などによって不快な状態に陥りやすいことも関係していると考えら

れる。血管性認知症の人に対しては、食事に限らず、本人のできることとできないこと、本人の嫌がるポイントなどをアセスメントし、落ち着いた態度で適切に介入する必要がある。

4. レビー小体型認知症[※4]

> **レビー小体**
> 神経細胞に現れる円形の異常構造物で、もともとパーキンソン病に生じることで知られていた。

レビー小体型認知症は、比較的新しい認知症の疾患であり、進行性の認知機能障害に加えて、特有の精神症状とパーキンソニズムが特徴的である。割合としては認知症全体の10〜20％ほどを占めるといわれており、アルツハイマー病、血管性認知症に次ぐ第三の認知症として注目を集めている。以下では診断基準（表1-8）にある必須症状と中核症状をもとに、その特徴と食事におけるポイントを概説する。

表1-8 レビー小体型認知症の臨床診断基準

必須症状	進行性の認知機能障害
中核症状	認知機能の動揺 繰り返し現れる幻視 パーキンソニズム

①進行性の認知機能障害

レビー小体型認知症の必須症状は、進行性の認知機能障害である。具体的には、記憶障害や見当識障害、失語・失行・失認などであり、レビー小体型認知症はアルツハイマー病とよく似ている。そのため、現在、レビー小体型認知症の人の多くがアルツハイマー病と診断されているという現状がある。

これらの認知機能障害に対する介入のポイントは、基本的に前述したアルツハイマー病に対するものと共通する。

②認知機能の動揺

レビー小体型認知症は、中核症状である認知機能の動揺によって状態の良いときと悪いときの差が激しいのが特徴的である。この動揺は、比較的急速に起こり、数分から数時間、ときに数週から数か月に及ぶことがある。一般的に、状態の悪いときは覚醒レベルが不良であることが多く、会話の通じにくさや、興奮・混乱、誤嚥の危険性の増大などが生じる。そのため、レビー小体型認知症に対しては、状態が動揺することを想定して、良いときと悪いときの特徴を踏まえて介入することが望ましいと考えられる。

③幻視[※5]

幻視とは、実際にないものが見えてしまう現象で、レビー小体型認知症に特徴的である。見えるものは具体的で生々しい内容であり、人物や小動物が多い。「1人（もしくは何人か）の子どもが部屋の中に座っている」などの人物幻視が代表的で、比較的すぐに消失する。人によっては「幽霊がいる」、「首だけのネコが浮いている」など不気味な印象を与える表現をすることがあり、周囲が困惑することも多い。また、レビー小体型認知症は、幻視のほかに箸がグニャグニャ歪んで見えるなどの広い意味での視覚認知に関連した障害を示すことも特徴的である（図1-2）。そのため、トレイや皿の中の食べ物がきちんと認識できず、混乱することもある。

もし、食事の場面で幻視が生じて本人が混乱している場合には、時間をおい

て回復するまで様子を見た方がよい。また、幻視などの訴えがあった場合、介護者は論理的に否定したりせず、受容的・共感的に接するべきである。

④パーキンソニズム

レビー小体型認知症に生じる典型的なパーキンソニズムは、動きが遅くなる寡動、筋肉が緊張し動きが歯車のように硬くなる筋固縮、上下肢や指先、体全体が震える振戦、倒れそうなときに反射的に倒れないような動作を行うことができない姿勢反射障害など、パーキンソン病にみられるものと同様である。

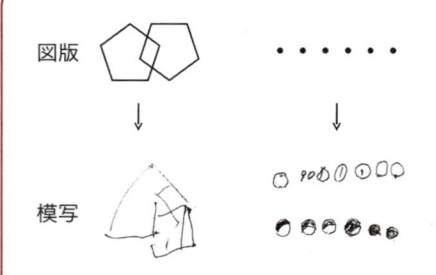

上のような図形を別の紙に描き写した場合、レビー小体型認知症の人は全体的に形態が崩壊することがある（左）。また、黒い点を、「数字に見える」「影が付いているように見える」などと言って、別の形に変形したように見ることがある（右）。

図1-2 レビー小体型認知症の模写の例[6,7]

そのため、レビー小体型認知症はアルツハイマー病よりも食事機能が低下しやすく、機能を保持させるためにはできる限り自力で食事をさせることも重要である。ただし、アルツハイマー病よりも嚥下障害も生じやすいため、誤嚥や窒息などには注意が必要である。

5. 前頭側頭葉変性症[8]

> **前頭側頭葉変性症**
> 前頭葉と側頭葉が萎縮する認知症の総称で、さまざまな種類が含まれている。

ここでは、前頭側頭葉変性症の中で代表的な疾患であるピック病、運動ニューロン病を伴う認知症、意味性認知症について、その特徴と食事におけるポイントを概説する。

①ピック病

ピック病は、前頭葉を中心に萎縮する疾患で、症状も前頭葉の障害として現れる（図1-3）。前頭葉は、他の動物に比べて人間が最も大きく、いわゆる人間らしさに関係する情報処理や判断、表出などを司る部位である。

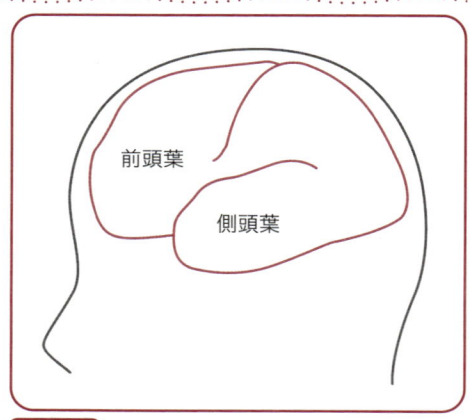

図1-3 前頭葉と側頭葉

前頭葉に障害がある場合、状況にそぐわない悪ふざけや配慮を欠いた行動、他者に対して遠慮のない身勝手な行動などが生じ、本人は悪びれた様子もないのが特徴的である。これは、ときに万引きなどの軽犯罪として現れることもある。また、意欲がなくなり全く動かなくなったり、身だしなみに無関心で不潔になったりもする。同じ行動を繰り返す常同行動もピック病に特徴的

で、散歩などを毎日決まった時間・場所で行おうと固執したり、同じものしか食べず（偏食）、しかもそれを際限なく食べようとしたりするようになる（過食）。逆に、全く食事をとらないようになることもある（拒食）。また、食事に限らず何かものを口に入れる傾向（口唇傾向）が高まり、食べ物以外のものを口に入れてしまうこともある。行動のひとつひとつは衝動的で、行動にブレーキが利かないのが特徴的である。

そのため食事においては、嚥下機能が正常でも、パンなどを衝動的に口の中に詰め込んでしまい窒息に至る危険もある。また、前頭葉症状のひとつとして周囲の刺激に左右されやすいという特徴もある（易刺激性）。それまで普通に食事をしていても、自分の周りで食事をしている人のおかずが目に入ったことがきっかけとなって、途端に他者の食事を奪ってしまう。一般的にピック病の人の行動はためらいがないため、介護者が止めに入るのが間に合わないことが多い。もし周囲の刺激に左右されて問題となる行動が生じているような場合には、他者の食事が目に入らない場所で、ひとりで静かに食事させることも必要である。

一方、アルツハイマー病などに特徴的な記憶障害や見当識障害は、ピック病には現れにくく、例えば外出しても道に迷わないことが多い。そのため、食事において偏食や拒食、過食などの問題が生じた場合には、ルールを決め、それを遵守させるようなトレーニングが有効であることもある。しかし、実際には、前頭葉障害のある人に対してルールをしっかりと遵守させることは困難な場合が多く、介護者は根気よく、対応を常に一貫させていく必要がある。

②運動ニューロン疾患を伴う認知症

前頭側頭葉変性症には、運動ニューロン疾患を伴う認知症という疾患も含まれる。これは、ピック病に似た症状を示すのに加え、嚥下障害や運動障害が生じるのが特徴的である。そのため、ピック病以上に誤嚥や窒息のリスクが高く、注意が必要である。

③意味性認知症

前頭葉を中心に障害が生じるピック病に対して、意味性認知症は側頭葉を中心に障害が生じる（図1-3）。意味性認知症は、初期から失語が生じ、特に意味記憶障害・語義失語が特徴的である[※9]。アルツハイマー病は「さっき何を食べたか」など自分自身のエピソードに関する記憶に障害が生じやすいのに対し、意味性認知症は「"きゅうり"は何色か」「（きゅうりを）何と呼ぶか」など一般的な知識や概念に関する記憶に障害が生じやすい（意味記憶障害）。そのため、意味性認知症の人に"きゅうり"を見せても、それを何と呼ぶか分からない（語義失語）。健忘失語を示すアルツハイマー病の人は、たとえ"きゅうり"という言葉が出てこなくても、ヒントとして「頭に"きゅ"がつきます」などと言えば「あ、きゅうりですね」と思い出すことができる。しかし、語義失語を示す意味性認知症の人は、ヒントを与えられても「あ、"きゅ"ですね」と言って、きゅうりという言葉を思い出すことができないだけでなく、間違いにも気づかないことがあるのが特徴的である。

そのため、初期から言語的なコミュニケーションが困難になり、「食事ですよ」と言われても、相手が何を言っているのか理解できないことが多い。しかし、アルツハイマー病とは異なり、エピソードに関する記憶や見当識には障害が生じにくく、外に出ても道に迷わず帰ってくることができ、食事などの機能もアルツハイマー病以上によく保たれている。つまり「食事ですよ」と言葉で説明して分からなくても、実際に目にすれば普通に食事をすることができる。意味性認知症に対しては、言語的なコミュニケーションではなく絵や実物を見せるなどの方法でコミュニケーションをとることを心がけることで、大きな問題なく活動することができる。

しかし、意味性認知症は、進行すると側頭葉だけでなく前頭葉にも障害が生じるようになる。その場合には、ピック病と同様の症状を示すようになり、介護のポイントもそれに応じたものになる。

6. まとめ

認知症には、さまざまな種類の疾患があり、それぞれ特徴的な症状を示す。これらは食事においても注意すべき点が異なるため、適切な診断とアセスメントをもとに、各疾患に適した介助方法を工夫する必要がある。

引用文献

※1 村山憲男ほか：変性性認知症の一般的な知名度・理解度；大学生を対象にした調査．精神医学 53：43-48（2011）
※2 McKhann G, et al.：Clinical diagnosis of Alzheimer's disease：Report of the NINCDS-ADRDA work group under the auspices of Department of Health and Human Services Task Force on Alzheimer's disease. *Neurology* 34：939-944（1984）
※3 Roman GC, et al.：Vascular dementia；Diagnostic criteria for research studies；Report of the NINDS-AIREN International Workshop. *Neurology* 43：250-260（1993）
※4 McKeith IG, et al.：Consortium on DLB：Diagnosis and management of dementia with Lewy bodies；Third report of the DLB consortium. *Neurology* 65：1863-1872（2005）
※5 村山憲男，井関栄三：初老期，老年期の変性性認知症にみられる幻覚，妄想．精神科治療学 21：1117-1120（2006）
※6 Murayama N, et al.：Utility of the Bender gestalt test for differentiation of dementia with Lewy bodies from Alzheimer's disease in patients showing mild to moderate dementia. *Dementia and Geriatric Cognitive Disorders* 23：258-263（2007）
※7 村山憲男ほか：ベンダーゲシュタルトテストによるレビー小体型認知症の簡易鑑別法の開発．老年精神医学雑誌 18：761-770（2007）
※8 Neary D, et al.：Frontotemporal lobar degeneration：A consensus on clinical diagnostic criteria. *Neurology* 51：1546-1554（1998）
※9 村山憲男ほか：意味性認知症の前駆状態と考えられる2症例；物忘れドックによる早期発見と神経心理的特徴．老年精神医学雑誌 21：1377-1384（2010）

参考文献

1 日本老年医学会編：老年医学テキスト，メジカルレビュー社，東京（1997）
2 国際老年精神医学会著（日本老年精神医学会監訳）：BPSD 痴呆の行動と心理症状，アルタ出版，東京（2005）
3 日本老年精神医学会編：老年精神医学講座，ワールドプランニング，東京（2004）
4 長嶋紀一編：新版老人心理学，建帛社，東京（2006）
5 田中美郷監修：痴呆症のケア入門，協同医書出版，東京（2002）
6 認知症介護研究・研修仙台センター編：介護家族への教育支援プログラム，家族と職員の相互参加型交流講座（2009）

第1部 基礎・臨床編

2 認知症の生理的側面と対応・予防

2-1 認知症の定義と言葉

認知症の定義についてはさまざまなものがあるが、一般に「正常に発達した脳の機能が持続的に低下し、記憶障害などの認知機能が障害され、このために日常の生活に支障を来すようになった状態」[※1]と定義され、アメリカ精神医学会のDSM-IV-TR（Diagnostic and Statistical Manual of Mental Disorolers-IV-Text Revision, 精神障害の診断と統計の手引き）（表1-9）[※2]の基準がよく用いられている。

従来、認知症は「痴呆症」と呼ばれていたが、「痴呆」という言葉が差別的な意味をもつとの指摘があり、2004年12月、厚生労働省用語検討委員会において検討され、「認知症」への用語の変更が決定され各方面に通知された。現在では医学・医療界をはじめ行政、福祉など幅広い分野で「認知症」という言葉が利用されるようになっている。

しかし、一方で、「認知症」という言葉は、別の意味で用いられてきた「認知機能障害」と紛らわしいとの声もある。認知機能とは、『周囲の物事を認識したり、注意を向けたり、それに基づいて行動を起こしたり、日常の作業を行ったりする』機能のことであり、知覚や注意、実行、記憶などの高次脳機能を総称した言葉である。大脳皮質の発達に伴って獲得してきた人間独特の機能であるといえる。主に頭部外傷や脳卒中などによって大脳皮質が障害されると、それらの機能が障害され、「ひとつのことに注意が持続できない（注意障害）」、「物事の計画を立てたり、それを実行することができない（遂行機能障

表1-9 認知症の診断基準（DSM-IV-TR）

A	以下の2項目からなる認知障害が認められること
	1. 記憶障害 　（新しい情報を学習したり、かつて学習した情報を想起したりする能力の障害） 2. 以下のうち1つあるいは複数の認知障害が認められること 　（a）失語（言語障害） 　（b）失行（運動機能は損なわれていないにもかかわらず、動作を遂行することができない） 　（c）失認（感覚機能は損なわれていないにもかかわらず、対象を認識あるいは同定することができない） 　（d）実行機能（計画を立てる、組織立てる、順序立てる、抽象化する）の障害
B	上記のA1、A2の記憶障害、認知障害により社会生活上あるいは職業上あきらかに支障を来しており、以前の水準から著しく低下していること
C	上記の記憶障害、認知障害はせん妄の経過中のみに起こるものではないこと

害）」などの日常生活行為に障害が生じた場合、高次脳機能障害と呼んでいる。「認知症」においても初期から幾つかの認知機能が障害され、徐々に進行し、末期にはほとんどすべての認知機能が障害される。しかし、認知症は記憶障害が主体であり、進行に伴って認知機能が徐々に悪化する点では、「認知機能障害」とは区別して考えるべきと思われる。

また、認知症と誤解されやすい言葉に「物忘れ」や「ぼけ」がある。「物忘れ」や「ぼけ」は医学用語ではないが、正常な老化現象に伴う記憶力の低下を示す言葉として一般的に用いられている。このような老化現象による認知機能の低下は、誰もが年齢を重ねると感じていることであり、生理現象のひとつと考えられる。1993年、国際老年精神医学会の検討委員会が加齢関連認知低下（Age-Associated Cognitive Decline；AACD）（表1-10）[※3]という概念を提唱している。この概念は、記憶をはじめ、学習、注意、言語、視空間認知、思考などの多面的な認知領域を含んでいる。また、正常な高齢者が、徐々に認知症に転化していく過程で、生理的老化による低下と区別しうる時期の状態を軽度認知障害（mild cognitive impairment；MCI）（表1-11）[※4]と呼んでいる。近年、MCIをタイプに分類（表1-12）[※5]されてきており、認知症に移行しやすいタイプが明らかにされつつある。AACDやMCIの中には、認知症にならずに良性の経過をとる場合があるほか、認知症への移行

表1-10 AACDの診断基準

1. 本人または信頼できる他者から認知的低下が報告されること。
2. 始まりが緩除で（急激でなく）、6か月以上継続していること。
3. 認知障害が、以下のいずれかの領域での問題によって特徴づけられること。
　(a)記憶・学習、(b)注意・集中、(c)思考（例えば、問題解決能力）、(d)言語（例えば、理解、単語検索）、(e)視空間認知
　比較的健康な個人に対して適応可能な年齢と教育規準が作られている量的な認知評価（神経心理学的検査または精神状態評価）において異常があること。検査の成績が適切な集団の平均よりも少なくとも1SD（標準偏差）を下回ること。
4. 除外規準
　上にあげた異常のいずれもがMCIまたは認知症の診断に十分なほどの程度でないこと。
　　身体的検査や神経学的検査や臨床検査から、脳の機能低下を引き起こすとされる脳の疾患、損傷、機能不全、または全身的な身体疾患を示す客観的な証拠がないこと。
　その他の除外規準
　　(a)認知的障害を持っていると観察されがちなうつ病、不安症、その他の精神的な疾患、(b)器質的な健忘症状、(c)せん妄、(d)脳炎後症候群、(e)脳震とう後症候群、(f)向精神的薬物の使用や中枢作用性薬物の効果による持続的な認知障害

表1-11 MCIの診断基準

1. 記憶に関する訴えがあること、情報提供者による情報があればより望ましい
2. 年齢と教育年数で調整した基準で客観的な記憶障害があること
3. 一般的な認知機能は保たれていること
4. 日常生活能力は基本的に維持されていること
6. 認知症でないこと

表1-12 MCIとサブタイプ

		変性疾患	脳血管障害
記憶障害型	記憶障害のみ	アルツハイマー病	
	記憶障害以外の認知障害がある	アルツハイマー病	脳血管性認知症
非記憶障害型 記憶障害はない	1領域の認知障害がある	前頭側頭型	
	1領域以上の認知障害がある	レビー小体病	脳血管性認知症

（文献※5より）

の危険因子や認知症のごく初期とみなされる場合などが含まれており、MCIの基準の人の約10%がアルツハイマー病に移行する[※6]ともいわれている。認知症を早期にとらえ、何らかのアプローチを施すのに用いられるが妥当性が確立しているわけではない[※7]。

2-2 認知症に間違われやすい病態

1. うつ病

> **うつ（鬱）病**
> 高齢者の場合、精神症状よりも身体症状が目立つ。喪失体験も背景にあるとされている。

高齢者のうつ病も記憶障害を呈する場合があり、しばしば認知症[※1]と間違われる。無気力・無関心・不活発・興奮・妄想を来し、表情が乏しいことから仮面認知症とも呼ばれる（表1-13）。うつ病の場合は口数が少なく、外出や人に会うことを嫌う。そして、肩こり、疲労、不眠、食欲低下など身体症状を訴えることが多い。認知症の場合には、部屋の中に引きこもることはめったになく、元気に笑ったり大きな声で会話を行う場合が多い。また、自分の身体の不調を訴えることは少ない。

表1-13 うつ病と認知症の違い

	うつ病	認知症
発病	うつ状態が先行・比較的急に生じる	記憶力低下が先行・緩徐
うつ感情	前面に出る・持続的	著明でない・変動性
認知機能	変動性・記憶力低下・病識あり	障害が一定・無関心・隠す傾向
質問の返事	答えが遅い「わからない」と答える	誤った答え できないことへの弁明・言いわけ
希死念慮	しばしばみられる	少ない
日内変動	朝方に増悪	夕方に増悪
身体症状	不眠・頭痛・食欲不振	少ない

2. せん（譫）妄

> **せん（譫）妄**
> 急性脳症候群の型。意識混濁や不安などを示す。

せん妄は意識障害に分類される病態であり、これも認知症と似た症状[※1]を呈する。意識とは自己と周囲のものを区別し認識する機能をいい、脳幹網様体賦活系が関与し大脳を覚醒状態にしている。意識障害には、ジャパンコーマスケール（Japan coma scale：JCS）やグラスゴーコーマスケール（Glasgo coma scale：GCS）などで意識清明から昏睡まで段階的に評価する意識の明るさと、意識内容の変化（意識変容）とがある。せん妄は意識変容が主体の病態であり、実在しないものが見える幻覚や興奮がみられる。比較的急速

に生じ、症状の出現も流動的であり、日内でも変動を生じる。失禁などの身体機能のコントロールがうまくいかないなどの症状が比較的早期に出現する。一方、認知症では症状が急速に生じることはまれで、緩やかに進行し、1日のうちに変化することはなく、失禁は中期から後期にかけてである（表1-14）。せん妄は脳の循環障害、心不全、感染症、糖尿病、アルコール中毒、抗精神病薬の過量投与などによって生じる場合があり、身体的な病気が関与している場合は医療機関への迅速な対応が必要な場合もあり、注意を要する。

表1-14 せん妄と認知症の違い

	せん妄	認知症
発症	急性・夜間に発症	緩徐に生じる
持続	数時間〜数日、長くて数週間	数か月〜数年
経過	一過性、浮動性	恒常性、進行性
注意力	集中困難、著しい浮動性	軽度
知覚	障害ありのことが多い、幻覚	正常、幻覚は例外的
覚醒水準	明らかな覚醒水準低下	多くは正常
失禁	起こることが多い	高度のとき生じる

2-3 認知症の症状

認知症は、『正常に発達した脳の機能が持続的に低下し、記憶障害などの認知機能が障害され、このために日常の生活に支障を来すようになった状態』と定義される。その症状は、定義の前半の部分、「正常に発達した脳の機能が持続的に低下し、記憶障害などの認知機能が障害」されたために生じる中核症状と、定義の後半部分、「日常の生活に支障を来す状態」となる周辺症状からなる。認知症は中核症状が基盤にあって周辺症状が引き起こされるのが特徴である（図1-4）。

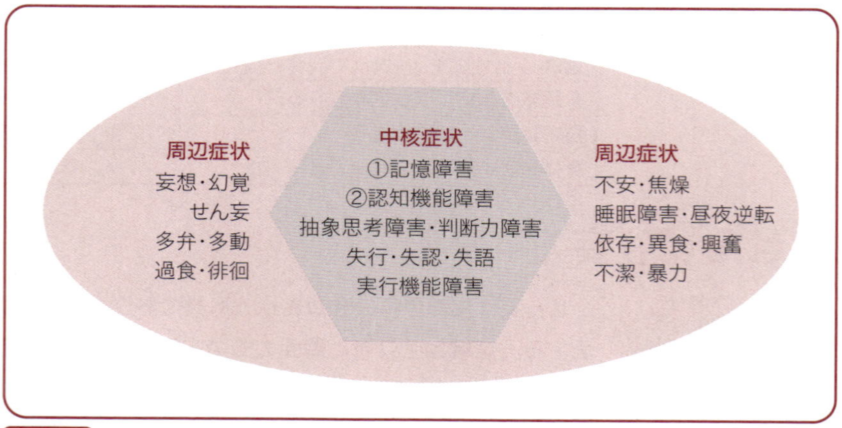

周辺症状
妄想・幻覚
せん妄
多弁・多動
過食・徘徊

中核症状
①記憶障害
②認知機能障害
抽象思考障害・判断力障害
失行・失認・失語
実行機能障害

周辺症状
不安・焦燥
睡眠障害・昼夜逆転
依存・異食・興奮
不潔・暴力

図1-4 認知症の中核症状と周辺症状

1. 中核症状

中核症状
認知症の中心となる症状のこと。

①記憶障害

記憶は、記銘（覚え込むこと）→保持（覚えておくこと）→想起（思い出すこと）[※1]が円滑に行えることが必要である。この過程が障害されるのを記憶障害という。認知症はこの機能が障害されていることが必須である。記憶には、時間による分類と記憶の質による分類がある。

前者には、短期記憶と長期記憶がある。短期記憶は数秒から数分単位で消失する記憶である。長期記憶には、記憶の保持が数時間から数日単位の近時記憶と、数週から数十年単位に及ぶ遠隔記憶がある。1日の出来事や昨日の出来事の記憶は、近時記憶になる。また、通常は、物事の経過中に他の用事が入ったとしても、それまで行っていた物事の情報を再生することができる。しかし、これが障害された場合、「仕事中に別のことで中断されると、仕事をしていたことも忘れてしまう」ことが起こってくる。認知症ではこの記憶が障害されやすい。

遠隔記憶は若い頃の記憶や出来事の記憶であり、認知症の場合、比較的保たれやすく、最近のことは覚えていないのに、昔のことはよく覚えていたり、現実の世界を昔と間違えたりする。進行例ではこれも障害される。

記憶の質からみた分類には、陳述記憶と手続き記憶があり、前者にはエピソード記憶と意味記憶があり、エピソード記憶は個人的な出来事の体験についての記憶である。意味記憶は社会全体に通用する知識についての記憶を言う。長期に渡って繰り返された意味記憶は障害されにくい。一方、手続き記憶は自転車に乗ったり楽器を弾いたりするいわゆる体で覚えた記憶である。

認知症では曲名を忘れていても何度も歌っていた歌は歌うことができるし、楽器なども弾くことができる。健常高齢者にみられる生理的な記憶低下である「物忘れ」、「ボケ」では出来事の一部を忘れるのに対し、認知症では自分に起こったことや体験したことをすべて忘れてしまう。すなわち、エピソード記憶が初期から障害されてしまう。例えば、旅行した後で旅館の名前がどうしても思い出せない、物忘れの自覚症状がある、指摘されると修正ができるのが「物忘れ」であるのに対し、出来事自体を忘れてしまうのが「認知症」で、記憶障害の自覚がなく、他人からの指摘や忠告も理解できない状態となる。

②認知機能の障害

認知機能は、「周囲の物事を認識し、注意を向け、それに基づいて行動を起こし、日常の作業を行ったりする」機能のことであり、認知症ではこの認知機能も低下する。

  ①失語：言葉のやり取りができない。言葉の理解、発語ができなくなる。
  ②失行：その行為・動作を行うための運動機能は保たれているのに、ある行為・動作ができない。簡単なものまでができない（観念運動失行）、例えば、お茶をいれるなどの一連の動作ができない（観念失

行)、着替えで左右が逆さになってしまう(着衣失行)など。
③失認:感覚は正常にもかかわらず、周囲のものを認識することができない。親しい顔なじみの人を認知できない(相貌失認)、右と左を認知できない(左右失認)など。
④失見当識:日時や季節などの時間的なことについての認識(時間)、今いる場所はどこなのか(場所)、目の前にいる人物は誰か(人物)などの認識が失われる。
⑤失計算:計算ができない。
⑥実行機能障害:物事の計画を立て、順序立て、手順を踏んで行う行為ができない。
⑦抽象思考障害:ことわざや単語の意味がわからない。
⑧判断力障害:危険回避の判断、物事の決定ができない。
⑨注意力障害:物事を集中して行うことができない。注意散漫となってしまう。

2. 周辺症状・BPSD

中核症状によって引き起こされる行動的・社会的な障害を周辺症状という。周辺症状は認知症に特異的な症状ではなく、個々の症例によって出現の仕方が違う。また、これらは、しばしば介護負担を増強させる場合がある。最近では、これらの周辺症状を認知症の行動・心理症状(BPSD:Behavioral and Pshychological Symp toms of Dementia)と呼ぶ場合が多い。

①幻覚:実際には存在しない声や音が聞こえたり(幻聴)、存在しない物や人が見えたりする(幻視)。
②妄想:根拠がないのに非常に確信が強い、説得によって修正不可能な誤った内容の一個人に限定された信念のことである。財布やバッグなどどこに置いたか忘れてしまっているのに、誰かが盗んだと思い込む「物盗られ妄想」などの被害妄想などが特徴的である。
③抑うつ:気分が落ち込み、悲哀、空虚、喜びの減退、無価値感、やる気の減退が出現する。
④不安・焦燥:落ち着かない、イライラしやすい、同じ行動を繰り返す。
⑤不眠・昼夜逆転:睡眠障害で、夜間に眠らず(夜間不眠)、昼と夜が逆転する。
⑥徘徊:目的をもたずに、歩き回る行動である。外に出ようとする。
⑦興奮・攻撃性:大声をあげる、手を上げようとする。入浴や着替えを嫌がる(介護抵抗)。
⑧失禁:尿・便を漏らしてしまう。トイレの場所がわからず、あるいはトイレと思い込んで部屋の隅でしてしまう。
⑨不潔行為:おむつを外したり、便を手でいじったりする(弄便行為)。
⑩帰宅願望:自分の家であるにもかかわらず、あるいは施設入所中に、夕方になると「家に帰ります」と言い出し、荷づくりなどを始める。

> **物盗られ妄想**
> 高齢者からは、身近な介護者が疑われることが多いが、困っている本人の気持ちになり、言い返さず一緒に探すなどの対応を努力するとよい。

⑪異食行為：身の回りにあるものを、食べ物でもないのに食べてしまう。
⑫収集行為：ゴミや意味のないもの何でもかまわず拾ってきて大事にしまい込む。

2-4 認知症のスクリーニング検査

認知症患者の諸症状を早期に発見し、認知機能障害やその重症度、日常生活の状況を正しく把握するためにさまざまな認知機能検査が考案されている。

1. Mini-Mental State Examination (MMSE) 日本語版[※8] (表1-15)

1975年Folsteinらによって考案された簡便な認知機能検査であり、1985年、森らによって日本語版が作成された。見当識、記銘、注意と計算、再生、言語の下位検査項目11項目から構成されており、30点満点で、24点未満で認知症が疑われる。

2. 長谷川式簡易認知症スケール (HDS-R)[※9] (表1-16)

見当識、記憶、計算、数字の逆唱など9項目からなり、30点満点であり、20点以下で認知症が疑われる。

3. N式老年者用精神状態尺度[※10]

高齢者及び認知症患者の日常生活の様子を行動観察による所見を点数化して評価するもの。①家事・身辺状態、②関心・意欲・交流、③会話、④記憶、⑤見当識の5項目について、7段階に区分し評価する。認知症患者の行動を観察しながら採点をするので、客観的な評価が可能であり、専門家でなくても短時間で評価できるのが特徴である。

4. 認知症高齢者の日常生活自立度 (表1-17)

わが国の厚生労働省で作成された認知症高齢者の日常生活の自立度の評価である。介護保険などで用いられる。

表 1-15 Mini-Mental State Examination（MMSE）日本語版

		質問内容	回答	得点
1	5点	今年は、平成何年ですか。 今の季節は何ですか。 今日は何曜日ですか。 今日は何月何日ですか。	年 曜日 月　日	
2	5点	ここは、何県ですか。 ここは、何市ですか。 ここは、何病院ですか。 ここは、何階ですか。 ここは、何地方ですか。（例：関東地方）	県 市 階	
3	3点	物品名 3 個（相互に無関係）。検者は物の名前を 1 秒に 1 個ずついう。その後、被験者に繰り返させる。 3 個すべて言うまで繰り返す（6 回まで）		
4	5点	100 から順に 7 を引く（5 回まで） あるいは「フジノヤマ」を逆唱させる。		
5	3点	3 で提示した物品名を再度復唱させる。		
6	2点	（時計を見せながら）これは何ですか。 （鉛筆を見せながら）これは何ですか。		
7	1点	次の文章を繰り返す。 「みんなで力を合わせて綱を引きます」		
8	3点	（3 段階の命令） 「右手にこの紙を持って下さい」 「それを半分に折りたたんで下さい」 「机の上に置いて下さい」		
9	1点	（次の文章を読んで、その指示に従って下さい） 「目を閉じなさい」		
10	1点	（何か文章を書いて下さい）		
11	1点	（次の図形を書いて下さい）		
			得点合計	

表 1-16 長谷川式簡易知能評価スケール（HDS-R）

1	お歳はいくつですか？（2 年までの誤差は正解）			0　1
2	今日は何年の何月何日ですか？何曜日ですか？ （年月日、曜日が正解でそれぞれ 1 点ずつ）	年		0　1
		月		0　1
		日		0　1
		曜日		0　1
3	私たちがいまいるところはどこですか？ （自発的にでれば 2 点、5 秒おいて家ですか？ 病院ですか？ 施設ですか？ 　のなかから正しい選択をすれば 1 点）			0　1　2
4	これから言う 3 つの言葉を言ってみてください。 あとでまた聞きますのでよく覚えておいてください。 （以下の系列のいずれか 1 つで、採用した系列に○印をつけておく） 　1：　a) 桜　b) 猫　c) 電車 　2：　a) 梅　b) 犬　c) 自動車			0　1 0　1 0　1
5	100 から 7 を順番に引いてください。（100−7 は？それからまた 7 を引くと？と質問する。最初の答えが不正解の場合、打ち切る）	(93) (86)		0　1 0　1
6	私がこれから言う数字を逆から言ってください。(6-8-2、3-5-2-9 を逆に言ってもらう。3 桁逆唱に失敗したら、打ち切る)	2-8-6 9-2-5-3		0　1 0　1
7	先ほど覚えてもらった言葉をもう一度言ってみてください。 （自発的に回答があれば各 2 点、もし回答がない場合以下のヒントを与え 正解であれば 1 点）　a) 植物　b) 動物　c) 乗り物			a：0　1　2 b：0　1　2 c：0　1　2
8	これから 5 つの品物を見せます。それを隠しますので何があったか 言ってください（時計、鍵、タバコ、ペン、硬貨など必ず相互に無関係なもの）			0　1　2 3　4　5
9	知っている野菜の名前をできるだけ多く 言ってください。 （答えた野菜の名前を右欄に記入する。 　途中で詰まり、約 10 秒待っても 　でない場合にはそこで打ち切る） 0〜5＝0 点、6＝1 点、7＝2 点、8＝3 点、 9＝4 点、10＝5 点			0　1　2 3　4　5
		合計得点		

表1-17 認知症高齢者の日常生活自立度

ランク	判断基準	見られる症状・行動の例
Ⅰ	何らかの痴呆を有するが、日常生活は家庭内及び社会的にほぼ自立している。	
Ⅱ	日常生活に支障を来すような症状・行動や意思疎通の困難さが多少見られても、誰かが注意していれば自立できる。	
Ⅱa	家庭外で上記Ⅱの状態がみられる。	たびたび道に迷うとか、買物や事務、金銭管理などそれまでできたことにミスが目立つなど
Ⅱb	家庭内でも上記Ⅱの状態がみられる。	服薬管理ができない、電話の応対や訪問者との対応など一人で留守番ができないなど
Ⅲ	日常生活に支障を来すような症状・行動や意思疎通の困難さが見られ、介護を必要とする。	
Ⅲa	日中を中心として上記Ⅲの状態が見られる。	着替え、食事、排便、排尿が上手にできない、時間がかかる。やたらに物を口に入れる、物を拾い集める、徘徊、失禁、大声・奇声をあげる、火の不始末、不潔行為、性的異常行為など
Ⅲb	夜間を中心として上記Ⅲの状態が見られる。	ランクⅢaに同じ
Ⅳ	日常生活に支障を来すような症状・行動や意思疎通の困難さが頻繁に見られ、常に介護を必要とする。	ランクⅢaに同じ
M	著しい精神症状や問題行動あるいは重篤な身体疾患が見られ、専門医療を必要とする。	せん妄、妄想、興奮、自傷・他害などの精神症状や精神症状に起因する問題行動が継続する状態など

2-5 認知症を来す疾患と病理 ※1、※7、※11-17

認知症の原因疾患は多数存在するが、主なものは以下に挙げるものがある。①アルツハイマー病、②脳血管性認知症、③びまん性レビー小体病、④前頭側頭型認知症（ピック病）で、認知症のほぼ9割を占める。この中でもアルツハイマー病が最も多く、次に脳血管性認知症が続く。日本では、脳血管性認知症が多いとされてきたが、最近ではアルツハイマー病が増加しており、6割を占めるといわれている※1、7、11-17。アルツハイマー病やピック病のように原因がまだ解明されていないが、徐々に明らかにされつつあるもの、クロイツフェルトヤコブ病のように、ある種の病原体（プリオン）の関与が考えられているもの、脳血管性認知症のように生活習慣病による動脈硬化が関与しており予防が重要視されているもの、また、早期に適切な対処（手術など）をすることによって認知症が改善されるものなどがある。

1. アルツハイマー病 （表1-18）

神経変性病変
中枢神経のうち特定の神経細胞が変性し脱落する変化。

アルツハイマー病は、脳の神経変性病変を主体とした疾患である。病理組織学的検査では、脳に細胞外アミロイド沈着物質である老人斑や細胞内沈着物である神経原性変化がみられるのが特徴である。その発症機序として、本来可溶性の分泌たんぱく質として生理的に放出されているアミロイドβが何らかの機序で不溶性になり脳内に沈着するのがアルツハイマー病の原因というアミロイド・カスケード仮説（セルコー）※15・16などが考えられているが、未だ不明の点も多い。

表1-18 アルツハイマー病の診断基準（DSM-Ⅳ-TR）

A	多彩な認知欠損の発現で、それは以下の両方により明らかにされる
	1. 記憶障害 （新しい情報を学習したり、以前に学習した情報を想起する能力の障害） 2. 以下の認知障害の1つ（またはそれ以上）： 　(a) 失語（言語の障害） 　(b) 失行（運動機能が損なわれていないにもかかわらず動作を遂行する能力の障害） 　(c) 失認（感覚機能が損なわれていないにもかかわらず対象を認識または同定できないこと） 　(d) 実行機能（すなわち、計画を立てる、組織化する、順序立てる、抽象化する）の障害
B	基準A1及びA2の認知欠損は、その各々が、社会的または職業的機能の著しい障害を引き起こし、病前の機能水準からの著しい低下を示す
C	経過は、緩やかな発症と持続的な認知の低下により特徴づけられる
D	基準A1及びA2の認知欠損は、下記のいずれかによるものでもない
	(1) 記憶や認知に進行性の欠損を引き起こす他の中枢神経疾患 　（例：脳血管疾患、パーキンソン病、ハンチントン病、硬膜下血腫、正常圧水頭症、脳腫瘍） (2) 痴呆を引き起こすことが知られている全身性疾患 　（例：甲状腺機能低下症、ビタミンB_{12}または葉酸欠乏症、ニコチン酸欠乏症、高カルシウム血症、神経梅毒、HIV感染症） (3) 物質誘発性の疾患
E	その欠損はせん妄の経過中にのみ現れるものではない
F	その障害は他の第1軸の疾患（例：大うつ病性障害、統合失調症）でうまく説明されない

症状は記憶障害から始まるが、発症の日はいつとははっきりしない。そして、徐々に進行していき、見当識障害、計算障害、失語、失行、失認などの認知機能障害が出現し、最終的には知的機能がほとんどすべて荒廃し、寝たきり状態になる。

2. 脳血管性認知症

脳の血管が動脈硬化などによって障害され脳の血流の障害が生じることによって起こる認知症である。いわゆる典型的な脳血管障害は、脳卒中（表1-19）とも呼ばれ、脳梗塞（脳血栓症・脳塞栓症）、脳出血、クモ膜下出血などである。これらは片麻痺、感覚障害、高次脳機能障害などを来す場合が多いが、これが繰り返し生じることによって起こる場合や脳内の穿通枝動脈などの細い動脈の血流が悪くなって多発性に小梗塞が繰り返されて認知症を生じる場合がある。脳血管障害による認知症をまとめると表1-20[※17]のようになる。症状の発症は脳血管障害の発症時期とほぼ一致し、脳血管障害の再発と共に段階的に症状が悪化する。症状は、片麻痺、感覚障害、嚥下障害構音障害、尿失禁、深部腱反射亢進、感情失禁などの神経症状と共に記憶障害・認知障害が出現する（表1-21）。ビンスワンガー白質脳症や多発性脳梗塞性認知症の場合は脳血管障害発作が明らかでない場合が多く、認知障害のみが徐々に進行する場合もある。また、脳血管性認知症の場合は、障害された部位によって、症状の出現が異なり、記憶障害がひどくても人格や判断力は比較的保たれているなど、まだら状に機能が低下していることが特徴である。

脳血管の動脈硬化が原因である場合が多く、高血圧、糖尿病、脂質異常症、肥満、喫煙習慣など生活習慣病を基礎にもっている場合が多く、それらの改善や予防によって再発・増悪が回避できる可能性がある。

表1-19 脳卒中の分類

1. 脳梗塞：脳への血流が低下して脳組織が壊死を起こす。
    - 脳塞栓症…脳血管の動脈硬化により脳の血流が減少する。
    - 脳血栓症…塞栓物が脳の血管に詰まって脳の血流が減少する。
2. 脳出血：脳内の血管（穿通枝動脈）が破れて脳内に出血を来す。
3. クモ膜下出血：脳表面動脈にできた動脈瘤が破裂してクモ膜下腔に出血する。脳血管攣縮を起こし二次的に脳梗塞を起こす場合がある。

表1-20 脳血管性認知症の分類[※17]

広範囲な病変あるいは多発性病変	①大梗塞（血栓または塞栓） ②多発性皮質梗塞（主に脳塞栓による） ③多発性皮質出血（主にアミロイドアンギオパチーによる） ④進行性血管性白質脳症：ビンスワンガー型 　（大脳半球白質の広範な虚血性病変を特徴とする） ⑤多発梗塞性認知症 　（大脳白質、基底核などの多発性小梗塞を特徴とし、 　　白質病変がビンスワンガー型ほど広範ではない）
局所性病変（梗塞または出血）	前頭葉、後頭葉、側頭葉、視床、海馬

表1-21 脳血管性認知症の診断基準（DSM-Ⅳ-TR）

A・B	（p.27、表1-18参照）
C	局在性神経微候や症状
	（例：深部腱反射の亢進、進展性足底反射、偽性球麻痺、歩行異常、一肢の筋力低下）、または臨床検査の証拠がその障害に病因的関連を有すると判断される脳血管疾患（例：皮質や皮質下白質を含む多発性梗塞）を示す
E	その欠損はせん妄の経過中にのみ現れるものではない

3. びまん性レビー小体病

レビー小体（Lewy）とは、パーキンソン病の黒質、青斑核などに見られる細胞封入体で、もともとパーキンソン病の病理学的特徴といわれてきたが、1976年、小阪憲司らによって、認知症を呈する患者の大脳皮質にも多数存在することが明らかにされ、臨床的に進行性の認知症とパーキンソン症状を呈するものを1995年に病気として確立し、びまん性レビー小体病と呼ぶようになった。初期に幻覚や妄想が出現し、認知症状が明らかになり、次第に筋固縮、動作緩慢、小刻み歩行などのパーキンソン症状が出現してくる。早期に発見し、適切な治療を行うことによって症状の進行を抑える可能性が報告されている。高齢者の認知症の約2割が本疾患であるといわれている。

> **筋固縮**
> 筋肉がこわばり、過度に緊張して動きにくくなること。

4. ピック病

初老期（50〜60歳代）に発症する原因不明の脳の前頭葉及び側頭葉の萎縮を来す疾患である。発症頻度はアルツハイマー病の1/5程度とされており、男女差はないといわれている。アルツハイマー病と同様に記憶障害が主であるが、アルツハイマー病よりも人格や行動の変化が著しく現れ、無頓着でだらしない態度、意欲や発動性の低下、万引きや不法侵入など反社会的行動などが出現する場合がある。また、進行すると、質問の内容にかかわらず同じ内容の語句や話を繰り返す現象（滞続言語）がみられるようになる。頭部CTで前頭葉や側頭葉を中心に限局した脳萎縮がみられる。

5. クロイツフェルトヤコブ病

初老期に発症し、錐体路症状・錐体外路症状・ミオクローヌスなどの運動障害とともに認知症状を呈し、通常数か月の経過を経て死亡する疾患である。DNAやRNAなどの遺伝子をもたない感染性のたんぱく質であるプリオンが原因とされているが不明な点も多い。

> **錐体路症状**
> 運動麻痺のこと。
>
> **錐体外路症状**
> 筋肉の緊張が亢進して動きが少なく固縮すること。
>
> **プリオン**
> たんぱく質でできた感染因子。牛海綿状脳症（BSE）の原因物質として有名。

6. 慢性硬膜下血腫

　　転倒などの頭部外傷（そのときにはあまり症状がないので転機を忘れていることが多い）の数週〜数か月後に、硬膜の内側に出血がじわじわと起こり血腫を形成したものを慢性硬膜下血腫という。アルコールを嗜好する高齢の男性に多くみられる。血腫の圧迫によって症状が出現し、頭痛、麻痺、歩行障害、認知症、思考力低下、てんかんなどが生じる。頭部CTで頭蓋骨と脳との間に三日月型をした高吸収域（白い部分）がみられる。早期に診断し、脳神経外科的治療（穿頭血腫除去術など）を行うことで、症状は経過する。

7. 正常圧水頭症

　　脳は、髄液によって満たされており、脳の側脳室の脈絡叢から産生され、モンロー孔→第三脳室→中脳水道→第四脳室を通ってルシュカ・マジャンディ孔を通ってクモ膜下腔に達し、クモ膜顆粒で吸収される（図1-5）。この髄液の流れが滞って頭蓋内の圧力が上がって、頭痛・嘔吐・意識障害などを来す疾患を水頭症と呼んでいるが、この中で頭蓋内の内圧が上がらず、脳室の拡大がみられる水頭症を、正常圧水頭症と呼ぶ。クモ膜下出血や頭部外傷、腫瘍などによる髄液の循環障害に起因するものが8割を占め、認知症、歩行障害、尿失禁などを来す。初期から歩行障害を呈するのが特徴で、椅子からの立ち上がりがぎこちなくなり、歩行時に両足を広げて小刻みに足を出すようになる。正常圧水頭症は、手術によって脳室と腹腔内との間に短絡（シャント）を形成し、髄液の流れをよくすることによって、症状を改善することが可能

> **水頭症**
> 頭蓋内に多量の脳脊髄液が溜まり、脳が圧迫されて歩行障害など、さまざまな症状が現れる病気。

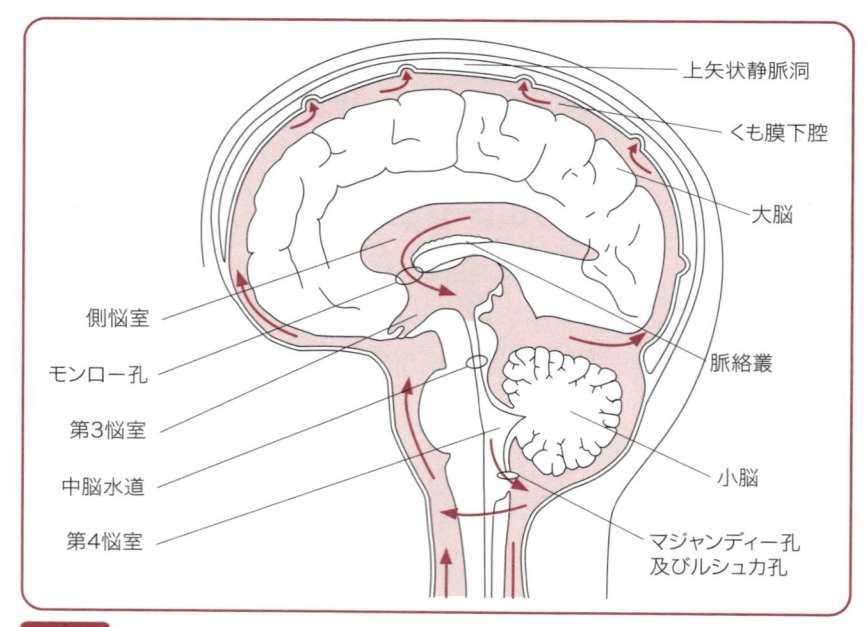

図1-5 髄液の流れ

な場合がある。クモ膜下出血後などで、意欲低下や立ち上がり、歩行動作緩慢が目立つようになった場合、早期に専門医に相談すべきである。

2-6 認知症へのアプローチ

1. 薬物療法※1、7

認知症の中核症状及び周辺症状に対して、薬物療法が行われる場合がある。わが国では神経伝達物質であるアセチルコリン系の賦活を目的としたアセチルコリン分解酵素阻害薬である塩酸ドネペジル（donepezil）（アリセプト）が承認され広く使用されている。その他、グルタミン酸系受容体阻害薬や抗酸化作用物質、アルツハイマー病の発症に関与しているといわれているアミロイドβタンパクを脳から除去し、沈着を防止する作用を持つワクチンの開発が進められているが、臨床応用はされていない。幻覚・妄想、自発性の低下、不眠、せん妄、徘徊などの周辺症状に対してはそれぞれの症状に応じて向精神病薬（抗精神病薬・抗不安薬・抗うつ薬など）が用いられるが、過剰投与によって、過抑制や副作用の出現につながる可能性があり、基本的に少量の投与から開始し、不必要な副作用を避けることが必要である。

いずれの場合も、中核症状の進行を遅延し、周辺症状を少なくする程度の効果であり、認知症を完全に治すものではなく、今後の研究、開発が待たれる。

> **塩酸ドネペジル**
> 脳内でアセチルコリンを分解するコリンエステラーゼの機能を抑制し、結果的としてアセチルコリン量を増やして記憶学習機能の低下を防ぐことによって認知症の進行を遅らせる薬。

2. 非薬物療法（心理療法）※1、7

心理・社会的な意味で生活機能の改善を目指す治療法として以下のような療法がある。どの療法も認知症の中核症状の改善が主目的ではなく、不安や混乱を取り除き精神的安定を図ることで、周辺症状・BPSDの発生をできる限り抑え、介護スタッフや家族と良い関係を築き、介護の導入を円滑にさせることに目的を置くものが多いと思われる。

①回想療法

高齢者の過去の出来事、今まで歩んできた人生の歴史をセラピストが傾聴することを基本とする療法である。個々の認知症患者についての昔の写真や新聞、身の回りのものを見たり聞いたりしながら、それらについて語り合う。

②音楽療法

認知症患者が昔よく歌った歌やなじみのある音楽を聞いたり歌ったりすることで精神的に安定した状態にしていく療法である。全日本音楽療法連盟によると、音楽療法は、身体ばかりでなく心理的にも社会的にもより良い状態の回復、維持、改善などの目的のために行われる治療法としている。

ほかにリアリティーオリエンテーション（見当識療法）、コラージュ療法、バリテーションなどの療法がある。

> **リアリティーオリエンテーション**
> 年月日、自分は誰かなどの基本情報を目立つよう掲示したり、会話に組み込むなどを繰り返す方法。
>
> **コラージュ療法**
> 好きな写真や絵、文字などを雑誌や新聞から切り抜いて貼る療法。
>
> **バリテーション**
> 認知症者の世界を想像して歩み寄る療法。

2-7 認知症の人の周辺症状・BPSDへの対応法

　認知症で日常生活を困難にしている原因は記憶障害に代表される中核症状であるが、日常生活をより困難にさせ、同居者や介護者にも影響を与えるのは周辺症状・BPSD である。これらの発現が介護を困難にしたり、介護者との人間関係を悪化させてしまう原因にもなりうる。それを回避するためには、認知症の人の中核症状や周辺症状・BPSD を十分に理解し、それらに対する対応方法を知っておく必要がある。しかし、認知症の人の呈する諸症状は多種多様であり、どのような対処法が最も適しているかを一元的に言及することは困難であると共に、ある認知症の人に効果のあった対処法が他の認知症の人に効果があるとは限らない。かえって混乱を招いたり、周辺症状を悪化させてしまうことになる可能性もあることを十分に理解しながら、認知症という状態にありながらも安定した精神状態で日常を過ごすことができるという基本的な目標を常に持ちながら対応していく必要がある。

1. 認知症の人に対する基本的な考え方[1,18]

　まず、認知症の原因や中核症状の程度（記憶障害や認知機能障害の程度）をよく把握すること。その上でよくみられる周辺症状・BPSD を把握することが重要である。また、認知症の人のできることと、できないことを把握し、できることは自分で行ってもらうようにし、できないことに対して、認知症の人の人格やプライドを傷つけないように尊重しながら介入することが必要である。

　認知症の行動の特徴は大きく2つに分けることができる。一つは認知症になったことで以前はできていたことができずに、失敗してしまうことである。例えば、排泄に失敗してしまった認知症の人に、失敗したことを取り上げて何度も繰り返し注意しても理解されないばかりでなく、混乱を来す可能性もある。また、失禁したからすぐにおむつを着用させようとすると、認知症の人の人格の尊厳を傷つけることになる。失敗した原因を探し出し、それを取り除いていくことが大切である。

　もう一つは、現実の出来事を誤ってとらえてしまうことである。例えば、財布などが取られてしまったと思い込む、いわゆる物盗られ妄想はよくみられる BPSD である。これに接したときに、否定したり、間違いを正したりすると不安や興奮状態を引き起こす場合がある。

　また、認知症の人は新しい記憶（即時記憶）を十分に覚えることができないため、昔のことの方がより鮮明に覚えている場合がある。例えば、成長して独立し働いている自分の息子を、まだ子どもの頃のように探し回ったりすることがある。このような場合、「息子さんは子どもではない」などと現実の世界を認識させるように働きかけても、現実を受けとめられずに、かえって混乱を来す可能性もある。いかに現実離れしていても、認知症の人の話の内

容を傾聴し、それを受け入れながら精神的に落ち着くのを待つことも対応として必要な場合もある。

　認知症の人は自らの身体の症状、例えば頭や腹が痛いと訴えることができない、別の部位が痛いという場合がある。食欲が減ってきたり、ベッドで過ごす時間が長くなったり、歩き方がいつもと違っていたり、普段のやり方と違ったやり方をした場合などは、身体の変調が原因となっている場合も念頭に入れておくことも重要である。また、「どこが痛いのですか」という質問ではなく、「痛いのはお腹ですか？」とか「頭は痛くありませんか？」のように、「はい」、「いいえ」で答えることができる質問を心がけるべきである。また、認知症者は身の危険やその危険から回避することが苦手になっており、転倒や熱傷などの事故が生じやすい。廊下や階段の手すり、浴室の床など常に安全に心がけておく必要がある。

2. 周辺症状・BPSDへの対応 ※1、14、18、19

　認知症者の介護を難しくするのが、この周辺症状・BPSDである。周辺症状・BPSDが介護者や家族にマイナスに働いた場合、以前は「問題行動」と呼ばれていたが、「問題行動」と結論づけているのは周囲の人たちであることを認識しておく必要がある。認知症の人自身は、自分の行動を「問題行動」とは認識していないし、問題を起こそうと思って行っているわけでもない。このような行動を生み出している背景や原因に目を向けてその原因を探し出し、取り除いていくことが必要である。

①徘徊

　認知症の人がよく起こす行動に徘徊がある。深夜の徘徊では暗い場所が多く転倒の危険性があり、施設外や屋外の徘徊の場合は、事故につながる恐れもある。

（対応策）
- 「出ちゃダメ」、「部屋に戻りなさい」などの否定的、強制的な言葉は言わない。
- 徘徊する時間、時刻、徘徊場所、道筋を観察し、徘徊する場所の危険物を事前に取り除く。夜間などは足元を明るくするなど環境整備を行い、転倒や危険の回避を行う。
- 習慣や職歴などが徘徊行動に関連している場合もある。
- 日中、気分転換や夜間安眠を得るため屋外などへの散歩を促す。
- 徘徊が始まったら声かけをして他のことに目を向けさせる。
- 万が一の場合に備えて、名前・住所などを書いた名札を服に縫い付けておく。

②帰宅願望

　自分の家にいても、「家に帰ります」といって自分の中にある本当の家に帰ろうとする場合がある。これを帰宅願望という。施設や病院などでは、どう

してそこにいるのか理解できなくなり生じるが、自宅でも昔と状況が異なったり、昔の家の記憶が残っている場合などに生じる。

(対応策)
- 「ここはあなたの家ですよ」、「どこへ帰るつもりなの」など行動を否定する言葉は言わない。
- 行動に注意しながら、話題を変える。
- 「これから帰ると遅くなりますから、ぜひ、夕食を食べて今日は泊っていってください」などのような声かけをする。
- 出て行ってしまったことを想定して、衣服に名前・住所・連絡先を付けておく。

③物盗られ妄想

認知症の初期にみられやすい行動であり、「お財布がない」、「年金の通帳がない」などと1日中家の中を探し回り、「ほかの人が盗んだ」などのような被害妄想に発展することもある。また、探して見つかっても、「誰かが知らない間に元に戻した」と、自分の記憶障害によることを認めない場合もある。

(対応策)
- 「私がとるはずない」、「自分で隠したんじゃないの」、「忘れたんだから思い出しなさいよ」などの言葉は言わない。
- 基本的には逆らわずに訴えを傾聴し、一緒になって探す。探して見つかったときは、一緒に喜ぶ。
- 無くなると困るものや大切なものは、事前に認知症の人と共にしまった場所を確認しておく。

④不穏・暴力行為

大声をあげたり、怒ったり、不穏な状態がみられる場合がある。ときには、介護を拒否したり、手を挙げたりする場合もある。

(対応策)
- 不穏状態になっている原因について探る（痛みや便意、尿意など不快に感じていることはないかどうか。幻覚や妄想はないかどうか。周囲の言動や態度が不穏を誘発させていないかどうか）。
- 話をよく聞き、声かけをする。
- 興奮が激しいときは、抑えつけようとせず離れて対応してみる。
- 楽しみや、集中できることに誘い、気分転換を図る。
- 刃物や危険物は近くに置かない。
- 危険が及びそうな場合には、危険から回避したり、隔離の考慮、医師への相談などを考える。

⑤異食行為

認知症の患者では、石鹸、花弁、鉛筆など食物ではないものを食べようとしてしまうことがある。これを異食と言っている。

(対応策)
- ベッドなどの周囲には何も置かないようにする。
- 手の届くところに歯磨剤、化粧品、薬、電池などを置かないようにする。
- ゴミ箱は空にしておく。
- 万が一異食してしまった場合には、異食したものに応じて適切な処理をする（別の食べられるものと交換と言うと口のものを出す場合がある）。

⑥食べたことを忘れる

食事をしたのに、「食べていない」と言って何度も食べ物を要求する。

(対応策)
- 「さっき食べたばかりでしょう」と説得することは避ける。
- 今、食事の支度中であることを話したり、おやつなどで空腹感を満たす。

⑦失禁

意思に反して尿や便が排出されることである。失禁は尿意・便意がないのに生じる場合もあるが、尿意・便意があるのに、それが生じたときにどのようにしてよいかわからない場合にも生じる。トイレに行くという行為に気づかない、あるいは迷っているうちに失禁するのである。また、トイレに行くことができたとしても、下着を下ろすことを忘れたり、便器以外のところにしてしまったりする場合もある。

(対応策)
- 失敗してしまったことに対して、叱らない。
- 尿意・便意を催したときにすぐにトイレに行けるようにする（貼り紙を貼る。夜間照明の工夫などをする）。
- 時間を決めてトイレに誘導する。
- おむつの着用は、認知症者の自尊心を傷つけないように導入していく。

⑧不潔行為

便を手で触ったり、おむつに手を入れたりするのを不潔行為という。おむつにした排泄物がそのままになっていたり、蒸れたりして不快になった場合などに起こるといわれている。

(対応策)
- 「汚いからやめてください」などと叱ることはしない。
- おむつは定期的に取り換え、清潔を保つように心がける。
- 快適なおむつやおむつカバーを利用する。

⑨睡眠障害・昼夜逆転

夜間眠れずに大声を出したり、一晩中歩き回ったり、ガタガタと音を立てる行為であり、同居者を悩ませる行為のひとつである。

(対応策)
- 夜であることを説明し、眠るように促す。
- 部屋を真っ暗にするのではなく、少し明るく保つようにする。

- 入浴させてから寝かせる、快適な寝具を用意する、隣に寝てあげる、などの工夫をしてみる。
- 日中に寝ないようにし、活動的な規則正しい生活を心がけ、軽い運動、散歩、ゲームなどを取り入れる。
- それでも続く場合、一人の介護者に負担がかからないように、交代で介護を行う。場合によっては医師に相談し薬物療法が必要となる場合もある。

そのほかにも、同じことを何度も聞いてきたり、自分の夫と嫁との関係を疑う（嫉妬妄想）などが知られている。一般にみられる BPSD に対する対応等について述べたが、それらが生じる背景は、認知症者によってそれぞれ違うものであり、一概にどのような対応がよいのか言及することは困難である。生活様式や生活歴などを十分に観察してその人に合った対処法を探していくべきと思われる。

2-8 認知症の予防

認知症にはさまざまな原因疾患があり、すべてに共通した効果的な予防法があるわけではない。認知症はアルツハイマー病と脳血管性認知症で約8割を占めており、この両者の発症危険因子を減らすことが、認知症の予防につながる。

まず、脳血管性認知症は脳血管の動脈硬化の存在がその発症の危険因子であり、動脈硬化の原因である生活習慣病を改善することで予防することが可能である。すなわち、肥満の解消、運動不足の解消、高血圧・脂質異常症・糖尿病の治療に加えて、塩分摂取の調整、喫煙・飲酒などの嗜好品の見直しなどが予防につながるといわれている。

また、アルツハイマー病の危険因子は、遺伝的因子と環境因子に大きく分けられ、特に最近、環境因子の関与が指摘されており、食習慣においての魚の摂取[20]、野菜・果物の摂取[21]、ワインの摂取[22]による予防について報告されている。特に魚の摂取では EPA や DHA による効果が、野菜・果物ではビタミン E、ビタミン C、βカロテンの効果、ワインではポリフェノールの関与が報告されている。また、生活習慣の中で、トランプ、チェスなどのゲームの習慣や、家族・友人との交遊関係の広さや頻度なども、アルツハイマー病発症の予防につながるといわれている。

平成 20 年 12 月に報告された厚生労働省の認知症予防・支援マニュアル[14]では、認知症の前段階の MCI に該当するハイリスク群の高齢者を対象に地方自治体が中心となって脳機能活性化訓練、記憶訓練、注意訓練などの認知リハビリテーションを主体とした訓練型ハイリスクアプローチの推進を提唱している。

また「ぼけ予防協会」では、「ボケ予防 10 か条」（表 1-22）[22] を、インターネットなどを使って公表し、認知症の予防に留意して、周囲のことを意識し、積極的に周囲に関わりをもつ生活づくりの 10 の提言をしている。

> **ポリフェノール**
> 多く含まれている食品には赤ワインのほか、緑茶、ごま、大豆、りんご、玉ねぎ、ブルーベリー、しょうが、柿、いちご、カカオなどがある。

表 1-22 ボケ予防 10 か条

1. 塩分と動物性脂肪を控えたバランスのよい食事を
2. 適度に運動を行い足腰を丈夫に
3. 深酒とタバコはやめて規則正しい生活を
4. 生活習慣病（高血圧、肥満など）の予防・早期発見・治療を
5. 転倒に気をつけよう　頭の打撲はぼけ招く
6. 興味と好奇心を持つように
7. 考えをまとめて表現する習慣を
8. こまやかな気配りをしたよい付き合いを
9. いつも若々しくおしゃれ心を忘れずに
10. くよくよしないで明るい気分で生活を

資料）ぼけ予防協会[23]

引用文献・参考文献

[1] 長谷川和夫編：やさしく学ぶ認知症のケア, 永井書店, 大阪（2008）
[2] アメリカ精神医学会編, 高橋三郎ほか訳：DSM-Ⅳ-TR 精神疾患の分類と診断の手引き, 医学書院, 東京（2003）
[3] Levy R：Age-Associated Cognitive Decline. *Int Psychogeritr* **6**：63-68（1994）
[4] Petersen RC, et al.：Mild cognitive impairment：clinical characterization and outcome. *Arch Neurol* **56**：303-308（1999）
[5] Petersen RC, Morris JC, et al.：Mild cognitive impairment as a clinical enyity and treatment target. *Arch Neurol* **62**：1160-1163（2005）
[6] Bruscoli M, Lovestone S：Is MCI really just early dementia? A systematic review of conversion studies. *Int Psychogeritr* **16**：129-140（2002）
[7] 大内尉義ほか編：認知症・うつ・睡眠障害の診療の実際, メジカルビュー, 東京（2006）
[8] Folstein MF, Folstein SE, et al.："Mini-Mental stolate"：a paractical methord forgrading the cognitive state for the clinician. *J Psychiatr Res* **12**：189-198（1975）
[9] 加藤伸司, 長谷川和夫ほか：改訂長谷川式簡易知能評価スケール（HDS-R）の作成. 老年精神医誌 **2**：1339-1347（1991）
[10] 小林敏子, 播口之朗ほか：行動観察による痴呆者の精神状態評価尺度（NHスケール）および日常生活動作能力評価尺度（N-ADL）の作成. 臨床精神医学 **17**（11）：1653-1608（1988）
[11] 博野信次：臨床認知症学入門　正しい診療・正しいリハビリテーションとケア, 金芳堂, 京都（2007）
[12] 折茂肇監修, 平沢秀人編：痴呆性高齢者ケアマニュアル, メジカルビュー, 東京（2007）
[13] 大友英一監修, 高崎絹子編：ナースのための老年医学, 南山堂, 京都（2004）
[14] 本間昭ほか：認知症予防・支援マニュアル, 厚労省研究班（2007）
[15] 大川内正康ほか：アルツハイマー病の分子病態, 精神障害の臨床. 日医誌 **131**：S12-13（2004）
[16] 玉岡晃：アルツハイマーの分子病態とアミロイドβ蛋白. 筑波フォーラム **73**：167-173（2005）
[17] 山之内博, 朝長正徳：脳血管障害の分類と多発性脳梗塞の位置づけ. 医学のあゆみ **139**：1003-1004（1986）
[18] 鎌田ケイ子ほか：家族支援のための痴呆性老人介護マニュアル, 保健同人社, 東京（2007）
[19] 佐々木美奈子ほか編：新版形態別介護技術Ⅰ―老人編, 建帛社, 東京（2007）
[20] Barberger-Gateau P, et al.：Dietary patters and risk of dementia：three-city chohorts study. *Neurology* **69**（20）：1921-1930（2007）
[21] Morris MC, Evans DA, Tangney CC, et al.：Relation of the tocopherol forms to incident Alzheimer disease and to congnitive change. *Am J Clin Nutr* **81**（2）：508-514（2005）
[22] Lindsay J, Laurin D, et al.：Risk factors for Alzheimers disease：A prospective analysis from the Canadian study of health and aging. *American J of Epidemiology* **156**（5）：445-453（2002）
[23] ぼけ予防協会編：ボケ予防10か条, http：//www.mainichi.co.jp/bokeyobou/yobou.html

第 1 部　基礎・臨床 編

3 認知症における食生活の重要性

3-1 認知症の人の食生活 －その重要性を探る－

1. 問題点を探る

集団給食施設
健康増進法において特定給食施設での規定があり、「特定かつ多数の者に対して継続的に食事を供給する施設のうち栄養管理が必要なものとして厚生労働省令で定めるものをいう」とされている。

　認知症と診断された人の症状や嗜好に適応する食事サービスは、これまでのような集団給食の様式ではシナリオが描けない。
　食生活は個人の問題であるというのが社会通念といえよう。しかし、医療や福祉の施設で運営されている、いわゆる"給食"は、すべてが標準対応であり、時には個人差を無視したようにみえる。この根底にあるものは、経済的な理由＝採算性という理論の優先といえよう。個人対応のシステムが成立しにくいのは、"給食"という言葉のイメージが定着しているためにほかならない。食生活の合理化が進められれば個人差を配慮しにくくなるという事実に気づかずに、給食の歴史は刻まれてきた。医療施設には約束食事箋というものがあり、これが個人差配慮のサービスを抑制してきた。福祉施設もそれを導入し、"合理的な食事サービス"を行っていると思い込んでいる面もある。
　一方、飲食店の方式・考え方も、標準化したレシピに基づき、個人差は範疇になく、マニュアルに従って営まれている。給食施設も飲食店も大差はなく、ある意味でイメージのみによって成り立っている。
　認知症者への食事サービスは、既成概念で取り組むと問題が解決できない。経営者も担当者も、問題が山積している現状をまず認識し、根本的な改善につなげない限り障壁は突破できない。食事摂取基準や食事箋は合理化の1モデルであり、的をはずしている場合もあることに気づかなければ、本来の仕事はできない。

2. 解決策を探る

　個人差に対応するスタートラインを明確にし、食事サービスを行いたい。認知症の病態は個人差が大きく、嗜好やおいしさの感受性が異なり、満足度にも開きがあることをまず知っておくことである。
　少なくとも、高齢者→認知症→食事療法→効果判定という通常の路線から一歩踏み出した発想が将来の展望に結びつく。

3-2 高齢者の食文化を応援するプログラム

　認知症を伴った高齢者の食事サービスでは、個人対応システムの確立と見直しが大きな課題である。人間の尊厳を配慮した食事サービスとは、"個人対応"が実現する給食システムをいう。つまり、長い年月に体得した食事スタイルを満足させ、長寿なる人生に敬意を込めて提供する食事サービスである。人生も終末に近い方々にとって、尊敬とねぎらい、祝福の心を込めた食事サービスでなければ、敬意を払った食事とは言い難い。

　ヒトには独自の食文化があるという事実を認識し、その食事スタイルを可能な限り再現した個人対応化サービスが望ましい。民族の食文化を理解し、個々人の価値観を考慮したフードサービスである。家庭にも独自の食文化があるように、微妙な違いをどのように集約させるか、専門家の立案が必要である。

　集団給食は、どうしても提供側の経済的・物理的条件が関わるため、個人の嗜好や分量に適合しないことが多い。健常者の場合はそれでも理解されるが、高齢者でしかも認知症の方々にとって、このような方式は不適切である。

　外食の場合は個人対応のように見えるかもしれないが、実はメニューリストの内容に限られ、味付けも分量も要望はかなわないのが実情である。給食という二文字には「食を給わる」という思いが込められている。大自然からの恩恵－神からの恵みもの－をいただく側が感謝の心で謙虚に頂戴するという教えを含んでいる。給食は、誤解されたまま年月を費やした。認知症に限らず、高齢者が余生を楽しむ施設での"食事観"を変換してもよい時代である。日本では、環境的条件を享受した地域的な食文化が存在している。例えば食事文化優先型のメニュー、特に個人対応ができる柔軟性のあるメニューを創造してほしい。

3-3 意識改革

　高齢者こそ食生活観を見直し、進化を行い、余生を楽しみ、後輩に手本を示したい。この食生活の見直しこそ意識改革である。

1. 食生活の軌道修正

　食生活の見直しと聞くと、多くの方が調理法の見直し⇔メニューの再検討⇔食品の組み合わせの偏りなどを考えるか、調理済み食品の利用頻度の見直しなどを対象に考える傾向が強い。つまり、食事を"食物の善し悪し"の問題と考える傾向がある。このような誤解を招かないよう、日頃から食生活は食事上の諸問題として"もの"と"こと"に分けて再検討を図りたい。

　食生活においては、ついおいしいものが優先され、おいしいことは深く検討されない。さらにおいしく作る場合に調理技術として、「おいしそうに見える仕上がり⇔おいしいという期待感⇔おいしそうに盛り付けられた食物の姿⇔食欲増進⇔過去の体験」との合致で、食卓として合格する。食生活という

世界での及第点は、外見が誰にもおいしそうに見えれば満足度が上がり、次の食事へとおいしさの追求が続けられる。

　食べることが主体でありながらものにこだわりすぎているのが現状である。はじめに食事があり、食物は食事に追随するものであることを理解したい。おいしく食べるのは"こと"であり、思惑であり、礼儀であり、配慮である。

　おいしさ、まずさの感覚は、個々の価値観や体験量で差違があるのは通例であろう。

　"栄養"を例にとっても、栄養とはものではなく、摂取した食物の代謝が正常に営まれた状態を意味していたはずである。それに"素"という文字が付いて教科書に掲載され、栄養素がそれぞれのルートで正常に代謝されている状態が栄養と定義された。以来、栄養や栄養指導など、定義づけにおいても誤解が多い。

　食生活は、はじめに食物があり、食事が結果の判断指標となった状態では、食べる側の誤解を解かないまま問題が先送りされてしまう。つまり、食事という人の価値観や行為よりも目先の食物に目が奪われているという状況である。

　食生活の軌道修正は、"食事という行為"で括らなければ進化や変換＝行動の変容は実らない。メタボリックシンドロームの改善を取り上げても、食物問題に偏り、食べるという人間の意識や価値観から距離を置いた対応では、効果が上がらないといえる。

> **栄養**
> 栄養とは、摂取した食品の成分を利用して代謝を繰り返しながら活動や成長を行い、健康を維持していく間の複雑な生命現象の総称。

2. 認知症以前の食生活と現状の適応

　認知症になって食生活に支障を来すことを整理する。
例1　認知症当事者の食べ方、飲み方を確認する（食べ方・食事スタイル・過去の食スタイル）。
　　2　飲食へのこだわりの程度を知る。
　　3　食卓や食膳風景へのこだわりを知る。
　表1-23に、対象者に満足していただくために考慮すべき食生活関連の設定条件を掲げる。

表 1-23 食生活に関する設定条件

条　件	課題となる内容
温　度	適温でないと満足しない、特に何か理由がある場合。
味付け	味付けが濃いと満足する、薄味が嫌いな場合。
分　量	少量食べる、食べない場合。
食事時間	食事時刻が正確で、食べる時間が決まっている場合。
嗜好品	嗜好品が多い、毎回・毎日、出現頻度が高い場合。
１回量	分量が決まっている、食品が決まっている場合。
食事場所	朝・昼・夕の食事場所が決まっている場合、外食の頻度。
食膳風景	食膳の食器数や彩り、配置にこだわる場合。
咀　嚼	かまない、かんでいるが早い場合。
食事価格	１回の食事価格に厳しい場合。
明るさ	明るい食卓が好きか、比較的暗い方が好きか。
食　器	食器にこだわるか、気にしない方か。
毎回食	必ず食卓に並べて、少量でも食べるか。
お　茶	日本茶の濃い・薄いにこだわる、こだわらない。 コーヒー・紅茶の１回量と１日の回数。
卓　上	テーブルクロスやナプキンの有無にこだわる、好みがある場合。
サイズ	調理された物の大きさ・食べやすさにこだわる場合。
硬　さ	硬い方が好きか、やわらかい方が好きか。
メニュー	メニュー自体にこだわるか、組み合わせにこだわる場合。
お　酒	お酒の銘柄にこだわる場合、飲酒歴・満足する量。
様　式	和食、洋食、中国料理のどれが好きか、好き嫌いないか。
甘　党	洋菓子・和菓子の好み、果物・ジュースの好み。
辛　党	食前の飲酒歴。銘柄の指定・飲み方のこだわりがある場合。
食習慣	食事に対して計画的なタイプか、構わないタイプか。
雰囲気	飾った(おしゃれな)食卓が好きか、気にしないか、 好きな音楽を流すか否か。
優先事項	食習慣を優先するか否か、残り物を作り直せるか。
照　明	照明器具にこだわるか、明るさにこだわるか。
音	静かさが好きか、多少の騒音は気にしないか、会話が好きか否か。
外　観	色彩・服装の好み、椅子の高さの好み。
音　楽	環境音楽のこだわり。
外　食	外食派（外食を楽しむ・頻度が高い）・自宅派か。
装　飾	食卓を飾る場合（生花・一輪・盆栽）。

第1部 基礎・臨床 編

4 認知症の人の嚥下障害

高齢者の嚥下障害

認知症の人のみならず、高齢者では咀嚼・嚥下障害を伴うことが多いことから、ここでは概要と対応を述べる。

1. 高齢者の嚥下

嚥下は、疾患によって影響を受けるばかりではなく、加齢によっても影響を受ける。

一般的にヒトは、加齢によって中枢神経や末梢知覚などの神経系の機能低下、筋緊張の減弱、靱帯の緩み、歯牙の問題などを来し、これらが複合的に重なって高齢者の嚥下障害を引き起こす（表1-24）。特に歯牙の残歯の問題は高齢者の嚥下機能では重要であり、歯周疾患などにより65歳を超えると急速に残存歯が減少していく。歯牙の欠損は、かみ合わせの不適合や粉砕能力の低下、固い食物の咀嚼困難などが生じ、食塊形成に影響を与え、嚥下障害の原因になる。

高齢者では認知症による周辺認知の低下、発動性の低下、記憶障害などによって食物に対する関心、注意が低下し、食事量の低下や拒食が生じる。逆に食べたことを忘れてしまい食事を繰り返し、過食になる場合もある。また、発動性低下により、促さないと食事をしなくなったり、食事全般にわたって介助が必要となる場合もある。

2. 高齢者の誤嚥

高齢者の誤嚥には嚥下運動前誤嚥と嚥下運動後誤嚥がある。前者は、嚥下運動が生じる前に誤嚥をする現象であり、準備期での口腔内食塊保持の低下

> **silent aspiration**
> 不顕性誤嚥。むせることなく誤嚥すること。高齢者に多く、肺炎の原因になる。

表1-24 高齢者の嚥下障害

拒食・過食	分割嚥下
食器の扱い	喉頭の位置の低下
食事姿勢	喉頭の運動の低下
歯周疾患・残存歯の減少	食道蠕動運動の低下
唾液の分泌低下	頸椎の変化
口腔内保持能力の低下	silent aspiration
嚥下反射の低下	逆流性食道炎
咳反射の低下	治療薬物の影響

のため、そのままの状態で咽頭への流入が生じ、誤嚥が生じる。後者は、嚥下運動が生じた後に誤嚥をする現象であり、高齢者は、咽頭反射の遅延や咽頭の動き・協調性の低下などによって、食塊が咽頭内（梨状窩・喉頭蓋谷）に残留しやすくなり、吸気や体位変換によって気道内へたれ込みが生じて誤嚥を起こす。

3. 高齢者の嚥下障害の要因

　高齢者では、口腔期が延長するためにこれを代償する咽頭期の短縮が起こり、大量の食塊を嚥下することができない。これは、食道の蠕動運動が減少し、輪状咽頭筋の弛緩を遅らせるため、食塊が食道へ運び込まれるのが遅延するためである。そのため、少量ずつ何回も嚥下運動を行う必要が生じたり、咽頭部に食物残渣がなくなるように、数回、空嚥下を行う必要が生じる。このほかに高齢者の唾液分泌の低下などによる口腔内乾燥なども、食塊形成を阻み、嚥下を困難にする要因と思われる。

　高齢者の外因性の嚥下障害としては、頸椎の退行変性による椎体前縁の骨増殖が原因となることがある。巨大な骨増殖の圧迫による食道閉塞がその障害の主体と考えられている。骨増殖が輪状軟骨と接触することにより、嚥下時の喉頭運動が制限されたり、骨増殖周辺の炎症や骨増殖による局所の疼痛とそれによる食道入口部の痙攣が起こったり，食道入口部から頸部食道が骨増殖のため後方より圧排され細くなるなど、さまざまな要因で嚥下障害が生じる。

第2部
食事介護・ケア 編

第2部 食事介護・ケア 編

1 認知症の人における食事介護の基本

1-1 高齢者と認知症の人の背景

1. 超高齢社会

> **超高齢社会**
> 一般に、65歳以上の人口が総人口に対して21%を超えた社会。日本は2007年に21.5%となり、超高齢社会となった。

　現在の超高齢社会と認知症者の状況をみる。平成21年度人口動態統計（総務省）によると、平成21（2009）年現在、わが国の総人口は1億2,751万人で、そのうち65歳以上の高齢者人口は過去最高である。総人口に占める高齢者の割合（高齢化率）は22.7%と、約5人に1人が高齢者であり、さらに75歳以上は10人に1人という本格的な超高齢社会になっている（表2-1、図2-1・2）。

　特に問題なのは、増加する高齢者の中でもいわゆる後期高齢者（75歳以上）の占める割合が一層大きくなると推計されている。また、高齢化に伴い、認知症者の増加がみられる点である。

表 2-1　高齢化の現状

単位：万人（人口）、％（構成比）

		平成22年10月1日			平成21年10月1日		
		総数	男性	女性	総数	男性	女性
人口（万人）	総人口	12,806	6,236 (性比) 94.9	6,570	12,751*	6,213 (性比) 95.0	6,538
	高齢者人口（65歳以上）	2,958	1,264 (性比) 74.7	1,693	2,901	1,240 (性比) 74.7	1,661
	65～74歳人口（前期高齢者）	1,528	720 (性比) 89.0	808	1,530	720 (性比) 89.0	809
	75歳以上人口（後期高齢者）	1,430	545 (性比) 61.5	885	1,371	520 (性比) 61.0	852
	生産年齢人口（15～64歳）	8,152	4,102 (性比) 101.3	4,050	8,149	4,101 (性比) 101.3	4,048
	年少人口（0～14歳）	1,696	869 (性比) 105.2	827	1,701	872 (性比) 105.1	829
構成比	総人口	100.0	100.0	100.0	100.0	100.0	100.0
	高齢者人口（高齢化率）	23.1	20.3	25.8	22.7	20.0	25.4
	65～74歳人口	11.9	11.5	12.3	12.0	11.6	12.4
	75歳以上人口	11.2	8.7	13.5	10.8	8.4	13.0
	生産年齢人口	63.7	65.8	61.6	63.9	66.0	61.9
	年少人口	13.2	13.9	12.6	13.3	14.0	12.7

資料）総務省：人口推計（各年10月1日現在）
注）1. 平成21年は「平成17年国勢調査」、平成22年は「平成22年国勢調査人口速報集計」による人口を基準としている。
　　2.「性比」は女性人口100人に対する男性人口
＊平成22年国勢調査人口速報集計結果を基に遡及的に補正した暫定値は12,803（万人）

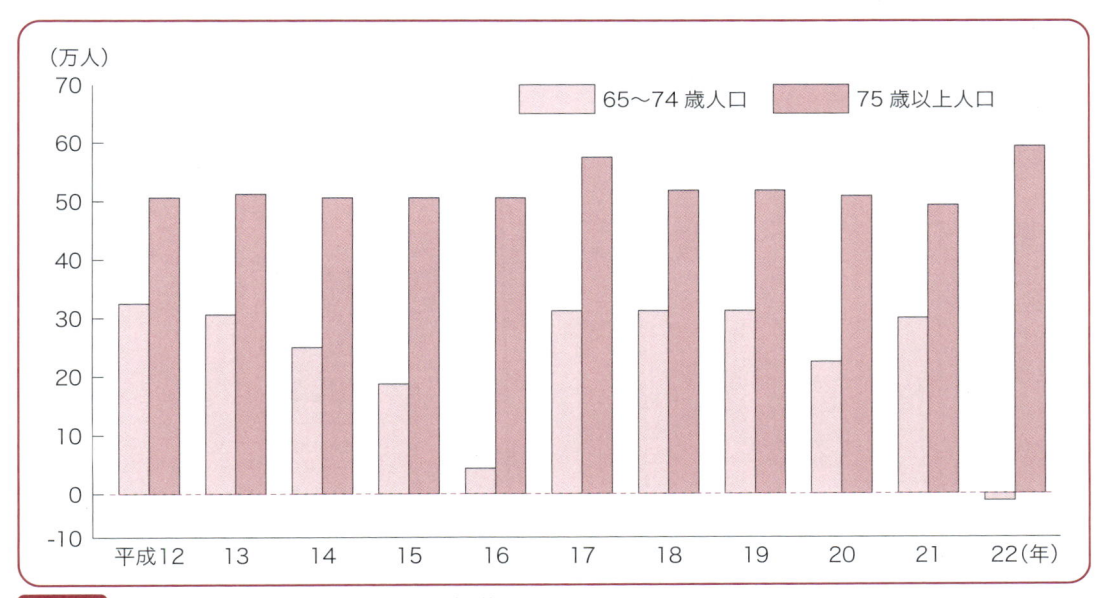

図 2-1 高齢者人口の対前年度増加数の推移

資料）総務省：人口推計（各年10月1日現在）より内閣府作成
注）平成22年は「平成22年国勢調査人口速報集計」による人口を基準としている。

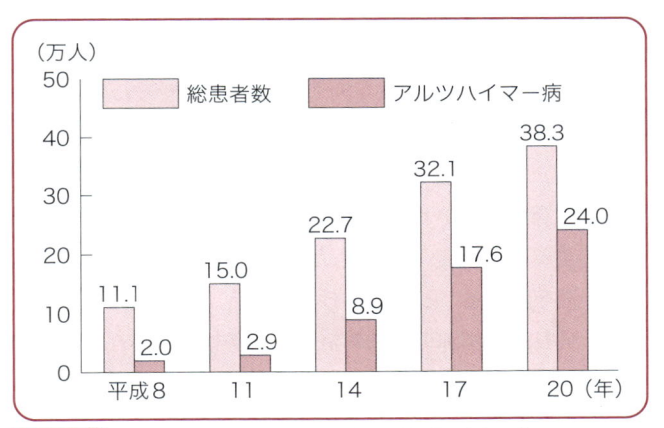

図 2-2 認知症疾患総患者数の年次推移（全国）

　患者調査（厚生労働省）によれば、認知症疾患総患者数は平成8（1996）年に11.1万人であったものが、平成17（2007）年には32.1万人と、約3倍の増加をみる。ことに、アルツハイマー病の増加が著しい（図2-3）。

　平成26（2014）年には施設や病院に入所できない"介護難民"といわれる高齢者が200万人に達するといわれ、ますます在宅介護の充実に加え、心身共に健康であり続ける必要性を痛感させられる予測となっている。

　認知症の人本人も家族も、認知症と認めたがらない傾向にあるが、介護予防のためにも早期発見・早期治療で悪化させないよう、留意する必要がある。各地区に包括支援センターなどが創設されているので、まず相談し、個々に適した治療方法の指導を受けるといった早期の対応こそ重要である。

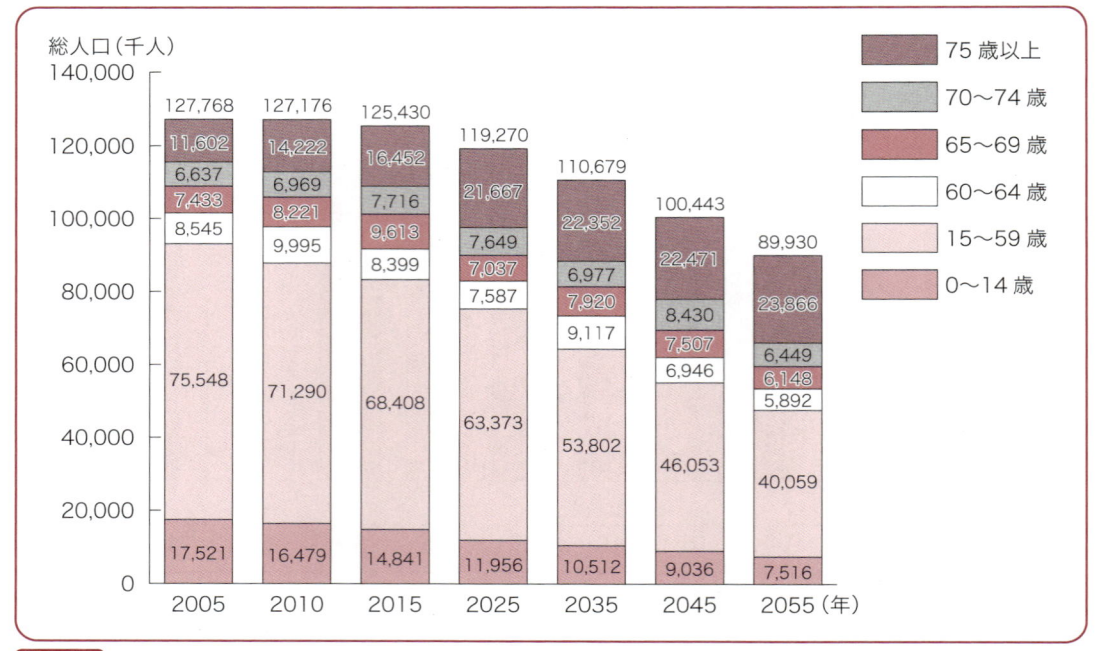

図 2-3 年齢区分別将来人口推計

資料）2005年は総務省「国勢調査」、2010年以降は国立社会保障・人口問題研究所「日本の将来推計人口（平成18年12月推計）」の出生中位・死亡中位仮定による推計結果

注）2005年の総数は年齢不詳を含む。

2. 認知症の人の現状

　　　　　　　　　要介護認定314万人のうち、149万人が何らかの介護支援を必要とする認知症高齢者といわれている。また、2015年の高齢者像（厚生労働省老健局）によると、現在150万人が250万人になると推計され、認知症の人も増加の一途をたどることが述べられている。

　迫り来る増加の波に対抗し、予防はもちろんのこと、認知症の人の命を紡ぐ食生活の充実と、個々の症状に対応できる介護技術が要求される。

　また、行政でも「たとえ認知症になっても、安心して生活できる社会を早急に構築することが必要である」という認識のもと、各地区でも取り組みがなされている。

3. 認知症の人への対応

　　　　　　　　　認知症の人への対応には忍耐と根気が要求される。介護者は、心身共に健康に留意し、認知症者を受け入れる体制を保つ必要がある。利用者のケア、プランと共に、在宅介護の場合、要介護者の長期介護に備え、家族の休養を加味した介護プランの必要性を感じる。介護者が心身共に健康でなければ、よい介護は望めない。

　よい介護とは、介護者がもつ技術を最大限に発揮して、患者個々に適した形に介護を行うことを指すが、まず相手を理解し、関わってみて、触れてみて、種々

の触れ合いから介護は始まる。見るだけ、頭で考えるだけではなかなか相手を理解することもできず、よい介護は困難である。

要は、少しでも相手の生命や健康な生活を脅かすものは除き、プラスになるものを見出し、自立できるように対応することがよい介護につながる。

4. 介護の基本理念

病院、施設、訪問介護支援センターなど、また在宅であっても、介護保険制度のもとにチームワークで介護に当たるが、基本理念は要介護者の自立支援、生活の質（QOL）の維持向上である。その核となるものは、一貫して"介護サービス利用者の立場に立つこと"である。高齢者介護・自立支援システム研究会の報告によると、介護の基本理念としては「高齢者が自らの意志（認知症の人の場合、本人が意思表示できない場合には家族）に基づき、生活できるよう支援する」と、高齢者の自立支援を掲げている。当然のことながら、認知症高齢者であっても残存機能の活用で、できることは援助し見守り、できないことは半介助でもよい。食を通して自立支援を行うことが重要である。ただし、自立している人でも決して目を離さず見守ることが肝要である。

また、周知のとおり、「最期を看取る介護」から「生活を支える介護」へと変化している。そのためにも、①生活の質の向上、②個別性の尊重、③人間性の尊重を中心に据え、介護を進めていくことが重要である。

「認知症高齢者の介護と人間の尊厳」というテーマで国際シンポジウムが開かれた際の介護スタッフへのアドバイスの資料を示す（表2-2）。介護技術向上に役立てていただきたい。

表2-2 介護スタッフへのアドバイス（バルブロー ベック-フリス）

1. 個人として、道理に適った特有の残存能力に対応する要求をつくり出すこと。ただし、過度の要求をつくることによってダメージやストレスの原因をつくり出してはならない。
2. 適度で適切な期待をかける。そして、前向きの姿勢で対応することによって患者ができることを認めるように証明する。
3. 与えられた個人のできることやできないことについて、先入観をもたない。
4. 患者によってとられたきっかけを育てる。そして、前向きな姿勢で対応する。
5. 患者にとって現実的な目標を立てる。例えば、これは潜在能力を引き出す、あるいは刺激するような簡単な目標によってなし遂げられる。
6. 常に患者が"幸せを感じること"ができたり、満足がいくように努力する。
7. 認知症患者を介護することに関わる人にとって、在宅・施設を問わず"決まった体制"、つまり決まった日程、親密な環境、同じスタッフで世話を行うことが重要である。これが患者を支援し、簡単な仕事を自分でするのを助ける。

Barbro Beck-Friis：第2回高齢者ケア国際シンポジウム（1991）

1-2 認知症の人に対する介護の基本

　認知症の人の介護の基本は、記憶障害、見当識障害、認知障害、実行機能障害といった中核症状をかかえる利用者の記憶や論理的思考などを補いながら、できる限り戸惑いや不安がなく暮らせるように援助していくことである。食事管理においても、低栄養状態の予防・改善にとどまらず、「食べることを通じてその人らしく生きること」をめざして援助していくことが必要である。そのためには、その方の身体機能や日常生活動作だけではなく、その方の生活背景や思いなどについても共感的に理解していく姿勢が求められる。

　認知症の方に接していく際には、共感的態度で接しながら、その方が苦手になってしまったことやできなくなってしまったことを探り当てていく観察眼も必要になってくる。また同時に、その方に残されている能力や隠された意欲についても把握するように努めていく姿勢が大切である。できなくなってしまったことや苦手になってしまったことは、さりげなく補い、残された能力や本人が自信をもっていることについては積極的に取り組めるよう支援することが、「その人らしく生き生きと暮らすこと」につながる。

　また、認知症ケアにおいては、「説得ではなく納得」という言葉がよく用いられる。認知症の方は多くの場合、物事を理屈で理解していくことが苦手になっているので、いくら言葉で説明してもなかなか納得が得られない。食事を食べない方に、「ごはんを食べないと病気になりますよ」とか「これは栄養があるから食べて下さい」などといった理屈は心に響かない。食べない理由がどこにあるかを考え、そばに寄り添いながらその方の思いを理解し、納得してもらえるようなケアを行うことが必要である。食事介護の場面を見ていると、なじみの親しい介護者のさりげない声かけやタッチング、ジェスチャーなどで食事を食べ始められる場合がある。ここには認知症の人と介護者の信頼関係がある。認知症の人は、相手が発した言葉の意味や内容は充分に理解できなくても、相手が自分を尊重しているのか、あるいは軽く見ているのかといったことについては、私たちと同様のレベルで充分理解していると考えられる。

1. 認知症の人にみられる食に関する行動障害

> **行動障害**
> 食事行為の障害のほか、もの壊し（器物破損）、他害（殴り）、自傷（頭叩き）、徘徊などの異常な動き、こだわり、睡眠障害、騒がしさ、排泄行為の障害がある（行動障害研究会、1988）。

　認知症患者の食行動をみてみると、記憶障害のために食べたことを忘れて食事の要求をしたり、箸やスプーンの使い方を忘れて手づかみで食べたり、食べることに関心を示さなくなったり、食事中に眠ってしまったり、席を立って動き回ったり、別の行動をしたりといった状況もみられる。長期にわたって食事摂取量の低下が続けば、低栄養に陥る危険性がある。また、認知機能低下により咀嚼や嚥下の方法が分からず、次から次へと口に詰め込んだり、飲み込めずに口の中を食べ物でいっぱいにするなどの理由で誤嚥や窒息を起こすこともある。これらの食に関する行動障害は、主に認知症の中期から後期においてその頻度が高くなってくるが、症状の現れ方は個々人の性格や習慣、生きてきた背

景、介護者の対応なども影響する。認知症患者一人一人の状態に合わせ、適切な環境整備、安全な食事の提供、自力摂取の促しなどの栄養ケアマネジメントを行っていくことで、栄養状態を維持し、身体機能の低下を予防することができる。以下、代表的な食関連周辺症状である異食、盗食、過食、拒食、失認、失行について述べる。

❶異食

異食は、判断力の低下により食べられるか食べられないかの判断がつかず、何でも口に入れてしまう行為である。また、欲求の表現として何でも食べてしまうこともある。異食では誤嚥や窒息の危険が伴い、また異物を食べてしまったために下痢やイレウス（腸閉塞）を起こしたり、薬物中毒を起こしたりと生命が脅かされる危険がある。本人の手の届くところに食べ物と認識されそうなものは置かないようにし、食べられない飾り類は食事の際に使わない、果物の皮はむいて提供する、口寂しいときのために飴などを準備するなどの配慮が必要である。

❷盗食

盗食は、空間認識の障害により距離の判断ができないため、どの器が誰のものなのかを見分けることができず、他者の食事を盗って食べる行為である。盗食は、本人にとって適切でない食形態のため誤嚥につながったり、他者とのトラブルになることもあるため、注意が必要である。

❸過食

過食は、視床下部の満腹中枢の障害や記憶障害により、食べたことを忘れてしまったり、食べることに異常な執着を示して、手当たり次第食べてしまう行為である。過食は、肥満や慢性疾患の悪化につながり、健康障害を引き起こす。食べ物を目に触れないように保管したり、低エネルギーの間食を用意したり、食事以外のことをしてもらって注意をほかへ向けたり、「今、食事の支度中ですよ」と説明するなどの工夫が必要である。

❹拒食

拒食は、幻覚や妄想など認知症特有の症状によるものもあれば、胃潰瘍や大腸がんなどの消化器疾患、うつ病、心不全や呼吸不全などの慢性疾患の悪化によるものもある。拒食は、体力や抵抗力の低下により感染症を引き起こしたり、活動や生きる意欲の低下にもつながる。拒食がみられた場合、まずは食べない理由は何かを把握し、認知症からくる幻覚・妄想が原因であれば介護者が同じ食事を食べて安全であることを示したり、状態が落ち着いているときを見計らって食事に誘うなどの工夫が必要である。また、本人の好みの食べ物を提供したり、少量で高栄養のおいしい補助食品を使用したりして、焦らずゆったりとした気持ちで食事を勧めることも大切である。

❺失認

失認は、視知覚機能が損なわれていないにもかかわらず、対象物を理解し把握することができなくなることで、食事の失認では配膳されても食事だと

認識できずに食べ始めなかったり、食事であることが分からなくなって全部を混ぜて遊んだりする。この場合は、声かけや最初の一口を介助して食事を認識してもらう、一皿ずつ提供して食事に集中してもらう、器の位置を変えて認知してもらうなどの介助が必要である。

❻失行

　失行は、運動機能が損なわれていないにもかかわらず、意図した動作ができなくなることで、食事の失行では箸やスプーンがうまく使えなくなり、手づかみで食べたり、食べこぼしたりする。この場合は、本人が食べやすいように使っている食具を見直して動作訓練をしたり、一口で食べやすい食事の形態にしたり、食べこぼし分の栄養素量を考慮して食事を提供するなどの工夫が必要である。

　認知症の方が「その人らしく生き生きと暮らす」ためには食事が基本となる。食べることは生命維持だけでなく、日々の暮らしのアクセントとなり、また人と人とのコミュニケーションにつながり、人生を豊かなものにする。認知症の方を全人的に理解し、「今この時を、一緒にいるこの時間を大切にする」といった気持ちをもって食事ケアを行っていくことが介護の基本となるのではないか。

1-3 認知症の人の食行動

1. 問題行動への対応

❶食事をしたことをすぐに忘れて食事を要求する

表2-3のとおり、全国1,295施設から寄せられた回答によれば、最も多数を占めた。この対応には、多くの人が悩まされる。何度も訴えてくるが、「もう食べたでしょう」ではなく、受け入れる。「今、準備しているので少し待って」などとし、気分をほかにそらすか、低エネルギーのおやつを出すなどがよい。理解できない方々の対応は、穏やかに行う。感情的になると、互いにイライラするので、まず受容する。

表2-3 認知症高齢者の食行動　　　　　　　　　　　　　　　　（全国1,295施設）

順位	内容	例数
1	食事をしたことをすぐに忘れて食事を要求する	352
2	自分と他人の食べ物の区別がつかない	210
3	量の加減がわからない、満腹感が失われる	187
4	異物（果物の皮、花、石けんなど）を食べる	153
5	一品ずつ食べる	151
6	主食と副食を混ぜて食べる	94
7	手づかみで食べる	86
8	食べ物や食器で遊んで食べようとしない	55
9	日によって食欲（食べる量）にむらがある	54
10	食べ物の好き嫌いがわからなくなる	53
11	食事時間がわからなくなり、何回も居室と食堂を往復する	46
12	食べ物を丸飲みする（かもうとしない）	39
13	食べ物を口一杯に詰め込む	36
14	拒食（食べようとしない）	34
15	箸やスプーンなどの使い方を忘れる	29
15	味覚が鈍る（何でも調味料をいっぱいかける）	29
15	食べ方が早くなる	29
18	食事中動き回って落ち着かない	28
18	甘い物を好む	28
20	食べ物の名前を忘れる	25
21	食べ物と食器の区別がつかない	23
22	皿をなめる	22
23	声をかけたり、そばにいないと食べない	21
24	食べることに関心を示さない	19
25	口に運ぼうとしない	18
25	色のきれいなものから食べる	18
27	主食ばかり食べる	14
27	果物から食べ始める	14
29	食事時間が長い（ほんの少しずつしか口に入れない）	13
30	食べ物を自分の部屋に持ち帰る	12

資料）全国福祉栄養士協議会（1991）

❷ 自分と他人の食べ物の区別がつかない

施設の場合でもトラブルになるので、この対応としては、お膳で区別したり、隣りとの間隔を健常者より広めにとるなど工夫するとよい。

❸ 量の加減が分からない、満腹感が失われる

この対応には、茶碗などの器を小さくし、お代わりの回数を多くして食べたと感じさせる、低エネルギーの野菜料理を追加するなど、健康保持、疾病予防のための食生活が送れるよう、心のこもった接遇を続けたい。「継続こそ力なり」であり、長期にわたる場合、慣れでつい油断し、健常者と同様に考えて事故を起こさないよう、十分に心を配り、気配りをしたい。

対応については、心理学の項を参照し、最期まで人間らしく生きるための援助を目的として介護をしたい。

> **野菜料理**
> 大根・とうがんの煮物、キャベツのゆかり和えなどは低エネルギーである。

2. 認知症高齢者の食生活の特徴

一般に、高齢者にみられる特徴と一致するものが多い。主な点は、
① 拒食したり過食したり、また消化不良を起こしやすい。
② ①によって生活習慣病になりやすい。
③ 便秘になりがちである。
④ 歯の状態が悪く、飲み込みが悪い。
⑤ 異物を食べることがある。

3. 認知症高齢者の食生活指針

認知症高齢者には、通常と同様、消化がよく、少量で栄養価の高い食事を提供する必要がある。認知症高齢者も個人差があり、特定の指針は示せないが、基本は食生活指針（表2-4）、高齢者のための食生活指針（表2-5）と同様である。これらを基本に据え、その人の食生活を細心の注意を払って観察し、食事計画を立てることが大切である。認知症高齢者にとっても食事は楽しみなひとときであるので、和やかな雰囲気をつくるなど、食環境の整備にも配慮したい。

表 2-4 食生活指針

◆食事を楽しみましょう。
- 心とからだにおいしい食事を、味わって食べましょう。
- 毎日の食事で、健康寿命をのばしましょう。
- 家族の団らんや人との交流を大切に、また、食事づくりに参加しましょう。

◆1日の食事のリズムから、健やかな生活リズムを。
- 朝食で、いきいきした1日を始めましょう。
- 夜食や間食はとりすぎないようにしましょう。
- 飲酒はほどほどにしましょう。

◆主食、主菜、副菜を基本に、食事のバランスを。
- 多様な食品を組み合わせましょう。
- 調理方法が偏らないようにしましょう。
- 手作りと外食や加工食品・調理食品を上手に組み合わせましょう。

◆ごはんなどの穀類をしっかりと。
- 穀類を毎食とって、糖質からのエネルギー摂取を適正に保ちましょう。
- 日本の気候・風土に適している米などの穀類を利用しましょう。

◆野菜・果物、牛乳・乳製品、豆類、魚なども組み合わせて。
- たっぷり野菜と毎日の果物で、ビタミン、ミネラル、食物繊維をとりましょう。
- 牛乳・乳製品、緑黄色野菜、豆類、小魚などで、カルシウムを十分にとりましょう。

◆食塩や脂肪は控えめに。
- 塩辛い食品を控えめに、食塩は1日10g未満にしましょう。
- 脂肪のとりすぎをやめ、動物、植物、魚由来の脂肪をバランスよくとりましょう。
- 栄養成分表示を見て、食品や外食を選ぶ習慣を身につけましょう。

◆適正体重を知り、日々の活動に見合った食事量を。
- 太ってきたかなと感じたら、体重を量りましょう。
- 普段から意識して身体を動かすようにしましょう。
- 美しさは健康から、無理な減量はやめましょう。
- しっかりかんで、ゆっくり食べましょう。

◆食文化や地域の産物を活かし、ときには新しい料理も。
- 地域の産物や旬の素材を使うとともに、行事食を取り入れながら、自然の恵みや四季の変化を楽しみましょう。
- 食文化を大切にして、日々の食生活に活かしましょう。
- 食材に関する知識や料理技術を身につけましょう。
- ときには新しい料理を作ってみましょう。

◆調理や保存を上手にして無駄や廃棄を少なく。
- 買いすぎ、作りすぎに注意して、食べ残しのない適量を心がけましょう。
- 賞味期限や消費期限を考えて利用しましょう。
- 定期的に冷蔵庫の中身や家庭内の食材を点検し、献立を工夫して食べましょう。

◆自分の食生活を見直してみましょう。
- 自分の健康目標をつくり、食生活を点検する習慣を持ちましょう。
- 家族や仲間と、食生活を考えたり、話し合ったりしてみましょう。
- 学校や家庭で食生活の正しい理解や望ましい習慣を身につけましょう。
- 子どものころから、食生活を大切にしましょう。

資料）文部省・厚生省・農林水産省（2000）

表2-5 高齢者のための食生活指針

1. 低栄養に気をつけよう　—体重低下は黄信号
2. 調理の工夫で多様な食生活を　—何でも食べよう、だが食べ過ぎに気をつけて
3. 副食から食べよう　—年をとったらおかずが大切
4. 食生活をリズムに乗せよう　—食事はゆっくり欠かさずに
5. よく体を動かそう　—空腹感は最高の味付け
6. 食生活の知恵を身につけよう　—食生活の知恵は若さと健康づくりの羅針盤
7. おいしく、楽しく、食事をとろう　—豊かな心が育む健やかな高齢期

資料）厚生省：健康づくりのための食生活指針（対象特性別）（1990）

1-4 認知症の人に多い食生活事故への対応（リスクマネジメント）

1. はじめに

高齢者の脱水
①加齢変化によって代謝生成水が減少、②筋肉などの低下で備蓄水分量が減少、③感受性低下によって渇きに気づきにくくなる、④夜間頻尿を気にして水分摂取を我慢などにより、脱水を生じやすい。

食事上の事故を防ぐため、他の業務と同様、食生活面でのリスクマネジメントが必要である。例えば、

●脱水症

食生活に関連があるものとして、脱水症は生理的に認知症患者が陥りやすいため、特に配慮したい（飲水量のチェックが重要である）。

●事故対応マニュアルの作成と見直し

食品衛生、摂食時などにもリスクがある、安全確保のため、各職種の衆知を結集して検討し、項目別にマニュアルを作成するとよい。

介護保険導入後は、事故が訴訟問題として裁判沙汰になっていることから、リスクマネジメントの必要性が高まっている。

各職種共に業務の見直しを行い、病院、施設、各センターなど、施設ぐるみで対応する必要があることからマニュアルが作成され、対応が行われているが、常に時代の流れ、ニーズの変化に沿うよう、見直されるべきである。何事も"慣れ"は禁物であり、心すべきである。

2. 利用者の安全確保

リスクマネジメント
一般に、さまざまな危険を最小限に抑える手法。危機管理。

命を完全に委ねた状態でいる人の生命を守ることが、病院、施設、在宅介護の第一の義務である。あらゆる点で安心して生活できる場を提供していくことを考慮すべきである。

リスクマネジメントが完備してあれば、介護者の的確な対応が容易となり、事故防止にもつながる。事故が起きてからあわてて対応するのではなく、予測できるものは対策を行っておけば、速やかに対応できる。

例えば、認知症の人にとって環境は変えないことが好ましいが、やむをえず変える場合、どのように介護を行えば生活の継続性につながるか、また、変化した場合のリスクを想定し、介護者全体の共通のリスクマネジメントを作成する。食生活も同様である。

3. 事故記録の重要性

> **アセスメント**
> 一般的に、ある出来事を客観的に評価すること。

事故が発生した場合、次のような内容が問われる。裁判事例をみると、対応が適確か否かの記録が重要な意味をもつ。

① アセスメントの仕方はどのように行われたか、適確に行われたか。
② アセスメントに基づき、リスクも含めケアプランが立てられていたか。
③ そのケアプランの主旨を徹底し、意志統一を行って介護が行われたか。
④ 利用者に変化があった場合、再アセスメントを行い、対応する必要があるが、変化に伴いケアプランを立て直し、的確に介護を行ったか。

事例1

女性、83歳。デイケアセンターで介助を受けながら昼食をとっていたが、介護職員が目を離したときに、茶碗蒸しに入っていたしいたけを気管に詰まらせて植物状態になった。

親族が、センターを経営する医院を相手に、約4,960万円と月々の介護費用を求める訴訟を起こした。医院側は、責任を認めた上で、認知症が進んだ女性の症状による影響が大きいと主張したが、裁判長は、茶碗蒸しの具が細かく刻まれていなかったことによる影響が大きいと判断し、**「症状を前提とした食事提供が要求されていなかった」**とし、慰謝料など計約1,050万円と月約14万7,000円の介護費用の支払いを命じた。

事例2

老人性痴呆症の女性、97歳。食事介助中に、テーブル上のみそ汁が入った椀に手を伸ばして倒し、車いすに座った状態で太ももに火傷を負った。大腿部熱傷で88日間入院し、補償金として123万円を支払った。食事介助には特に気を遣っているつもりであったが、一瞬目を離したときに事故が起こった。油断なく介助すべきであった。

介護保険導入後は記録が重要である。従来の記録方法を見直し、まず記録の統一化を行う、家族及び関係者、事例記録を統一化し、共有する。

介護は相手を理解することから始まるので、理解する方法として記録を読む。情報収集手段として記録は重要である。

4. 記録の目的

① 事故が発生した場合、証拠として提出（例：低血糖などで事故が起きた場合、また認知症の人が異食して危険に陥った場合、どう対応したかが記録から見られる）。
② 処遇方針の統一（情報統一）。
③ 相談者の状況把握と個別処遇の方向を定めるため。
④ 接遇の評価。
⑤ 監査に備える（評価する上で記録は重要である）。

5. 記録の方法

> **5W2H**
> Why 目的：なぜ
> What 内容：何を
> Who 主体：誰が
> Where 場所：どこで
> When 期限：いつまでに
> How 方法：どのように
> How much 程度：どのくらい

簡潔に、自分の感情を交えず記録する。専門家から、記録の方法などの研修を受けておくと効果がある。また、記録する際には目的は何か、どのような情報がほしいのかを考え、客観的にわかりやすく5W2Hで記録することがポイントである。

6. サービスに伴うリスク対応

介護サービスの質の向上に伴い、本人の望むままに自由な行動をとることが多くなっている。認知症の人の場合、理解できないまま行動するなどから健常者よりもリスクが高い。介護職員によって対応の仕方が異なると認知症者がとまどうので、マニュアルを作成し、統一しておくとよい。

●事故防止に必要な事項

① 介護技術の向上。
② プロ意識の向上。
③ 現場研修の充実：理論と現場研修の両方で、生きた研修となる。
④ 情報交換：報告、連絡、相談を密に行う。医師、上司、同僚、家族など、関係者に、"後で"ではなく即連絡する。早期発見、早期対応こそ事故を防ぐポイントであろう。
⑤ 介護前の内容確認：栄養部日誌、在宅介護なら連絡帳などで情報交換を行い、業務に就く前には必ず内容確認を行う。
（例：下痢の情報提供を確認せず、普通食を提供して病状を悪化させるなど）。
⑥ 連絡ミスの排除：必ず復唱するかメモをとる。口頭のみによる連絡は聞いた聞かないといったトラブルになるので避ける。
⑦ 各種事故マニュアルの作成：事故の想定、必要と思われる事項を作成する。
⑧ 視野を広め、資格の取得を含め幅広い技術の習得：介護に役立つ情報や資格、ISOの取得などで予防。
⑨ コミュニケーション：上司及び他職種との情報共有・交換を密に。
⑩ 契約の確認：利用者と交わした契約書を確認する。

> **ISO**
> 国際標準化機構と呼ばれる。マネジメントシステムや製品規格など、さまざまな分野で国際的な規格が定められている。

7. リスクマネジメント作成

　　①　各種事故防止マニュアル
　　②　介護事故発生時の対応マニュアル
　　③　利用者、家族などへの対応マニュアル

　大別すると、上の3つに分けられるが、これをポイントにして必要事項についてマニュアル作成を進める（p.60～66）。

●食中毒発生（O157など）時の連絡網の作成、休日、夜間の病院、保健所などの連絡先を明記。病院、施設などであれば職員全員に主旨徹底し、在宅介護の場合も、訪問介護員と家族との連携を密に、情報を共有し、即対応が行われるよう準備しておく（資料1～4）。

　食中毒発生時に対応できるようリスクマネジメントのマニュアルが重要である（資料1）。

　また、デイケアセンター（配食サービスも実施）においても、衛生管理マニュアルを作成する必要がある（資料2～4）。

　緊急対応時では、事故発生（火災、地震、津波、食中毒など）の応援態勢、食生活を支障なく継続させる方法、また、説得しても理解しにくい認知症者のため、食材料など生活必需品は、災害時対策として備えておくことが重要であろう。

　その他作成に当たっては、脱水、体重低下、低栄養、低血糖などの項目にも配慮し、食生活に関連のある生理的リスクへの対応にも配慮が必要である。

　ほかに食品衛生管理マニュアル、栄養改善マニュアル、食事ケアマニュアルなど、必要と思われる項目は、介護に当たる職員の衆知を集めて作成することが望ましい（資料5、6）。

　また、低栄養状態予防のアセスメント表が各地区の在宅高齢者に配布され、予防の一環として使用されている（資料7）。

> **O157**
> 腸管出血性大腸菌による食中毒の大部分を占めるが、ほかにもO111、O145などの大腸菌も食中毒の原因菌となる。

8. 食事サービスマニュアル（心地よく食べるために）

　食事を心地よく食べ、その上安全、安心を提供するためには、環境整備、調理上の配慮、食事ケアなど、「食」に関する多くのサービスがあるが、必要と思われる項目を洗い出し、従来のサービスを見直してサービスマニュアルを作成しておく必要がある。作成された後は、関係者全体に主旨徹底して活用しなければ意味がない。

　また、多様化している食生活も時代と共に変化してゆく。対象者のニーズについて行くためには、常に業務の見直しを行い、対応する必要がある。つまり、食生活をトータル的にみたサービス提供が求められている。

　食事ケアサービスマニュアル（特養）とデイケアセンターの通所食事サービスマニュアル、配食サービスマニュアルのほか、食堂編、料理編のマニュアルの一部を示すので参考にしていただきたい（資料8～11）。

資料1 緊急時対応マニュアル　食中毒（O157など）発生時対応

項　目	対　応
目　的	緊急時に、即対応し、疾病の拡大を防ぎ二次災害を防止する。迅速に保健所等に協力する。
1. 発生時の通報 　①嘱託医・保健所・管理者へ連絡 　　（別紙添付） 　②栄養部職員緊急連絡網にて連絡 　③全職員召集	・食中毒事故（O157等）、または、その疑いがある事故の発生を探知した場合管轄の保健所に通報と同時に嘱託医に通報する（探知の日時、発生日時、給食献立内容、主要症状、検食・残品の確保状況）
2. 保健所より指示を受ける	・事故に関し、保健所の指示があった場合、正確に記録し、忠実に措置をとる。
3. 事故発生後	・衛生管理体制（管理者・嘱託医・各部長等）を活用し、保健所の行う調査に協力する。
4. 資料作成	・保健所の指示に基づく資料を作成し、提出する。
5. 発生後の対応 　(1) 届出の内容	・探知年月日、発生年月日、初発患者（住所・氏名・生年月日・性別・世帯主の氏名と職業・病名・発病年月日・初診年月日・診断方法・診断した医師の住所と氏名他）保健所の指示内容に従って届出を看護部と協力して行う。
(2) 保健所指示前の措置	・病源体で汚染されたと思われる器物等への接触禁止と保存等、保健所の指示に従う。 ・発病者の就業禁止（厨房職員の場合）。
(3) 消毒	・調理場と患者の家の消毒（職員の場合）は市町村が対応。 ・病源と患者の追求は、保健所が対応ということを確認しておき、連携をとり迅速に対応 ・施設の場合は、保健所の指示に従う。
6. 給食管理者が保健所へ提出する資料	①　検便対象者（患者と接触者）の名簿・利用者・職員の名簿 ②　施設の平面図（調理場の拡大図面） ③　患者の発生状況（性別・年齢・症状等） ④　患者の行動状況（発生時の1週間前・海外渡航歴） ⑤　患者以外の異常者の把握（厨房職員が患者の場合は、利用者の異常把握を早急に行うこと） 以上の書類を準備する。

注）各地区により、保健所からの指導書が配布されているので指導に準じる。
作成）正吉苑

資料2 食品加熱加工の記録

平成　年　月
責任者

平成　年　月　日（　）

料理名			改善事項
	調理開始時刻		
	確認時の中心温度	℃	
	確認後の加熱時間		
	全加熱処理時間		
	油温	℃	

平成　年　月　日（　）

料理名			改善事項
	調理開始時刻		
	確認時の中心温度	℃	
	確認後の加熱時間		
	全加熱処理時間		
	油温	℃	

資料3 従事者などの衛生管理点検表

平成　年　月

責任者	

月　日	体　調	化膿創	服　装	帽　子	毛　髪	履　物	爪	指輪等	手洗い

月　日	体　調	化膿創	服　装	帽　子	毛　髪	履　物	爪	指輪等	手洗い

作成）神奈川福祉栄養開発研究所

資料4 使用水の点検表

平成　年　月

責任者	

採取日	採取場所	採取時間	色	濁り	臭い	異物	残留塩素濃度
1日	厨房	8:00					mg/L
		13:30					mg/L
2日	厨房	8:00					mg/L
		13:30					mg/L
3日	厨房	8:00					mg/L
		13:30					mg/L
4日	厨房	8:00					mg/L
		13:30					mg/L
5日	厨房	8:00					mg/L
		13:30					mg/L
6日	厨房	8:00					mg/L
		13:30					mg/L
7日	厨房	8:00					mg/L
		13:30					mg/L

作成）神奈川福祉栄養開発研究所

資料5 摂食時の安全のためのポイント

項　目	対　応
目　的	・食事は安全に食べられてこそ意味があるので、利用者に不安を与えず、安全性を考慮した食事ケアを行う。
食事姿勢	・一般的には90度座位、頸部前屈位が安全姿勢。 ・重度の嚥下障害がある場合は、前記の姿勢では奥舌に食塊が送り込めないので、30度仰臥位、頸部前屈位で始めるとよい。
食事ケア	① 食べることに集中する：発語するための器官や筋肉は嚥下と重複するので、話しながら食べることは避ける。 ② 嚥下中、咀嚼中の質問は避ける：「もう口の中に残っていませんか」、「おいしいですか」など、答えを要する質問はしない。誤嚥の危険性がある。 ③ 指示は、行動上の安全性を求めるもののみを行う：「口を開けてください」というような行動での安全な指示のみを行う。 ④ 誤嚥への対応：口腔運動や仮想嚥下を直接嚥下訓練前に行っておくと、意識や注意を高めるのに役立つ。 ⑤ 口腔衛生に留意する：口腔ケアを行う

・民法415条：債務者がその債務の本旨に従いたる履行をなさざるときは、債権者はその損害の賠償を請求することと得、債務者の責に帰すべき事由によって履行をなすこと能わざるにいたるときもまた同じ。つまり、介護施設が利用者と契約を結んだ場合、契約の内容に従って実行できないときには、利用者はこれによって生じた損害の賠償を請求することができ、介護施設が責任を負うべき理由で実行できなくなったときも同じという意味である。

作成）杉橋啓子

資料6 食事過程に関する看護・介護サービス

●嚥下について
　歯牙の欠損、義歯の装着に加え、咀嚼筋群の低下などから、咀嚼が十分に行われない傾向にある。
　咽頭、喉頭、食道などの食物が通過する器官の粘膜の湿潤状態の低下や嚥下反射の低下により、食物の通過障害、気管への誤嚥、粘着性のある食物（餅など）による窒息などの事態に陥る危険性が大きくなる。

●誤飲・誤嚥

サービスフロー（流れ）	個人の対応レベル
1. 配膳後、声かけをし、食事ができるようセッティングをする	1. ① 座位が可能なときは、椅子に深く座るようにする。リクライニング車椅子の場合は、なるべく座位に近い姿勢にして、声をかける。 ② 麻痺のある場合は、健側にスプーン・フォークを置き、食事中は声かけをしながら見守る。 ③ 全介助の場合は、声かけをしながら介助を進める。
2. 食事中のむせこみがある場合、対応する	2. ① 水分を飲み込むときにむせる場合、とろみ剤を混ぜ、ゲル状にしたものを少量ずつスプーンで口に運び、飲み込んだことを確認しながら声かけをして、介助する。 ② 固形物が口に溜まって飲み込めない場合、少量ずつ口に運び「口を動かしてかんでみましょう」と声かけをしながら、場合によっては介助者も口を一緒に動かしてみる。 口腔内に食物残渣が残る場合、お茶や汁物を飲んでもらい、口の中に溜まらないようにする。
3. 誤飲・誤嚥した場合、対応する	3. ① 食事を一時中止して、背部をたたく。 ② 必要に応じ、吸引を十分に行う。 ③ ときには口腔内に手を入れて内容物をかき出す。 ④ 食事摂取時に、むせこみや誤飲（嚥）が続く場合または、摂取困難で摂取量が低下しているときは、食事形態（粥食、刻み、ペーストなど）を変えて、摂取状態を観察してみる。

資料7 低栄養状態予防のためのアセスメントー自己チェックー

次の各質問に対して、「はい」か「いいえ」のどちらかに○でお答えください。

低栄養状態リスクのチェック項目		はい・いいえ
身体状況	1. この6カ月間に、以前に比べて体重が減少してきていますか	はい　いいえ
	2. この6カ月間に、以前と比べて身体の筋肉や脂肪が落ちてきていますか	はい　いいえ
	3. 歯や口腔、飲み込みの問題がありますか	はい　いいえ
	4. 下痢が続いたり、下剤を常用していますか	はい　いいえ
	5. 便秘が続いていますか	はい　いいえ
入院・薬剤利用	6. 最近、入院を経験しましたか	はい　いいえ
	7. 1日に5種類以上の薬を飲んでいますか	はい　いいえ
食習慣	8. 1日に食べるのは2食以下ですか	はい　いいえ
	9. 主食（ご飯など）を食べる量が少なくなってきていますか	はい　いいえ
	10. 主菜（肉、魚などのおかず）を食べる量が少なくなってきていますか	はい　いいえ
	11. 牛乳・乳製品をあまりとらないですか	はい　いいえ
社会支援	12. 毎日、一人で食事をしていますか	はい　いいえ
	13. 経済的な理由により十分な食事をすることができないことがありますか	はい　いいえ
身体活動・生活活動の自立	14. 日常的に身体を動かさなくなってきましたか	はい　いいえ
	15. 食事姿勢や食べる動作に不自由を感じていますか	はい　いいえ
	16. 自分で（あるいは料理担当者が）食べ物を買いに行くのに不自由を感じますか	はい　いいえ
	17. 自分で（あるいは料理担当者が）食事の支度をするのに不自由を感じますか	はい　いいえ
メンタルヘルス	18. 食べる気力がなくなってきましたか	はい　いいえ
	19. 食べるのが楽しいと感じなくなってきましたか	はい　いいえ

注）認知症者の場合、家族か介護員が補助する。
資料）杉山みち子, 西村秋生ほか：低栄養予防のための自己チェック表, 厚生省老人保健事業「健康度評価（ヘルスアセスメント事業）」(2000)

資料8 食事ケアサービスマニュアル（例）

サービスフロー	対応
目的	食事は食べられてこそ意味があることから、利用者に不安を与えず、おいしく提供できる食事ケアをめざす。
A. 食事を快適に進める環境をつくる	＜衛生的配慮＞ 　病人は神経質になっており、少しのことも気になるため、清掃、食器具の管理に留意する。 ＜気分をほぐす工夫＞ 　テーブルクロス、花、音楽などで気分をほぐす環境づくりも大切 ＜ゆっくりと明るい雰囲気づくり＞ 　明るく接し、食べる意欲も引き出すようにする。
B. 食事ケア ①声かけを行う ②食べやすい大きさで口に運ぶ ③嚥下したのを確かめて進める ④相手のペース、タイミングに合わせる ⑤食事中の会話と安全確保 ⑥食後の対応	・おしぼりで手を拭く。食器が整ったらお膳を見せ、食欲を損なわないよう優しく献立説明から入る。 ・みそ汁、すまし汁で口腔内を潤す。 ・食べ方、量もその人によって異なるので、健常者よりやや少なめの量を口に入れる。片麻痺のある場合は、言葉かけをし、健側に入れ、呼吸を合わせケアを進める。 ・一口一口、嚥下したのを確かめて次の料理を口に運ぶ。麻痺のある場合、一口ずつ確かめながらよく飲み込みをみる。時々口の中にも目を配り、安全性を確保しながら食事ケアをする。 ・麻痺のある人は食べ方が遅い場合があるので、急かさず「ゆっくり召しあがってください」と気遣いをさせないよう言葉かけをする。相手のペースに合わせる。 ・相手のタイミングに合わせ「はい」と小さく声をかけてから、受け入れ態勢を見合わせる。タイミングがずれると気管に入り、むせることがあるので注意する。 ・食事に関する楽しい話題を交わすなど、気分をほぐす。嚥下困難者、重症者は目を離さず見守る。 ・食べた後、口の周りを拭きよくすすぎ、義歯の場合は外して口をよくすすぎ、うがいを行い、口腔衛生に留意する。 ・下膳後は、ゆったりとした姿勢でくつろぎ、落ち着いてから臥床する。

作成）特別養護老人ホーム正吉苑, 杉橋啓子

資料9 高齢者サービスステーションにおける食事サービスマニュアル

サービスフロー	対応
A. 環境整備（ハード面）	食事を快適に進めるための環境づくりを行う。
①観葉植物と花	① 観葉植物を置いたり、食卓に花を飾ったり、心地よく食事をとるように環境整備を行う。
②採光	② 食堂の採光に気を配り、天気のよい日にはレースのカーテンを開け、日光を充分に取り込む。
③音楽を流す	③ ゆったりとした気分になれるような音楽を選定し、流す（例：童謡、オルゴール・クラシックなど）。
④椅子・テーブル	④ 椅子・テーブルの高さ、構造にも留意し、座布団、クッションなどを挟むなど工夫をして食べやすい姿勢となるように配慮する。 机の配置などにも留意する（食べるのが早い利用者は、できる限り出やすい位置に座席を設定するなど配慮する）。
⑤テーブルクロス	⑤ テーブルクロスをかけ、食事を楽しめるよう演出する。またテーブルクロスは行事、季節などによって色を変えて、メリハリをつける(例:淡いピンク,モスグリーン,白)。
⑥調味料	⑥ 食事内容により、しょうゆ・ソース・七味とうがらしなどを各テーブルに用意して、選択できるようにする。
B. 食事環境	まず、1. 時間を守る 　　　2. 食事による事故を防止する 　　　3. 衛生管理に配慮する
①手洗い	① 食事前に手を洗う、さり気なく誘う。
②おしぼり	② 自分で手洗い困難な利用者にはおしぼりを出し、霧吹きでアルコール消毒を行う。
③配膳・食事開始	③ 名札を各席に置き、盆・箸（内容によっては割り箸）、必要ならばスプーン・フォーク・エプロン・自助具を置く。 厨房から上がってきた食事をお盆にセッティングしていく。 盛り付けてある食事には向きがあるので、見本を作り、介護員・ボランティアに分かりやすくし、きちんと配膳する。 盛り付けが崩れていたり、たれがお皿についていたらティッシュなどで拭き取る。 ご飯はおひつ給食とし、みそ汁は適温に注意して提供する。 セッティングが完了したらひと通り点検する（治療食・粥食・代替食など）。 利用者に声をかけて食堂に誘導する。 「お待たせしました。食堂にどうぞ」の声かけをする。 お茶・服薬用のお水を配る「熱いので気をつけてください」などの声かけをしながら提供する。
④献立説明	④ 献立内容をマイクを使って説明する（食材・調理法なども入れながら）。
⑤食事介助	⑤ 食事風景を見渡し、介助の必要な方がいたらさり気なくお手伝いする（刻み食・おにぎり食など）。 各個人のペースに合わせて介助する。 殊に嚥下困難者については一口、一口飲み込みを確認して次の食事を口に運ぶよう気をつける。
⑥お茶の注ぎ足し	⑥ 各テーブルを回り、お茶のない人には注ぎ足し、「お茶はいかがですか」の声かけを公平に伝えて配る。
⑦ご飯とみそ汁のおかわり	⑦ 全員に「ご飯とおみそ汁のおかわりはいかがですか」の声かけをし、希望者には汁を適温で提供する（ご飯は各食卓におひつが置かれているので量を聞き、盛り分ける）。
⑧食事中の安全・確保	⑧ さりげなく見守る。殊に、嚥下困難者、重症者は目を離さず見守る。
⑨下膳	⑨ 食べている最中に下膳せず、終わる頃合いをみて、「よろしいですか」と声をかけて下膳する。 カウンターに乗せ、残菜は残菜バケツへ、食器は同じものを重ね、番重（重ね箱）に入れてエレベーターで厨房に下げる（音を立てないように留意する）。
⑩食堂からラウンジ	⑩ 食べ終わった人からラウンジ・会議室・和室などへゆっくり誘導し、自由に休憩。 車椅子の人の誘導介助。 着いたらゆったりと食後を過ごすよう声かけをして戻る。

作成）特別養護老人ホーム正吉苑

資料10　配食サービスマニュアル

サービスフロー	対応
目的	栄養を配慮した食事の提供と、住宅の虚弱高齢者などに対して、食事を調理し、定期的に居宅へ配食することにより、その健康保持と、在宅生活の維持を支援すると共にその安否を確認し、在宅福祉の向上を図る。
1. 献立	1. 見て美しく、食べておいしい食事づくり。 　見た目で、食欲をわかせ、旬のもので季節感を感じてもらう。 　①色彩……赤色・緑色・黄色などの食品の組み合わせに配慮する。 ＜赤色＞ トマト、にんじん、赤ピーマン、紅しょうが、かにかまぼこ、さつまいも、赤かぶ（ラディッシュ）、金目だい、すいか、りんご、いちご、チェリー ＜緑色＞ ほうれん草、小松菜、春菊、しそ、パセリ、オクラ、ブロッコリー、きゅうり、いんげん、絹さや、みつば、葉ねぎ、ししとうがらし ＜黄色＞ 菊花、レモン、ゆず、卵、とうもろこし、みかん、グレープフルーツ、柿、黄桃 　②季節感……春・夏・秋・冬の季節の食品を使用する。 ＜春＞ たらの芽、菜の花、はまぐり、いちご、たけのこ、ふき、にしん、ちらし寿司 ＜夏＞ かぼちゃ、きゅうり、トマト、とうもろこし、すいか、メロン、びわ、あじ、あゆ、あなご、うなぎ、きす、そうめん、冷麦、冷やし中華 ＜秋＞ さつまいも、里いも、まつたけ、梨、いわし、さんま、さけ、おはぎ、栗ご飯、きのこご飯、りんご、かき ＜冬＞ 大根、ほうれん草、あんこう、かに、たら、ひらめ、ぶり、まぐろ、おでん、なべ、刺身 2. 栄養のバランス、嗜好など高齢者への配慮をし、行事食などで変化を持たせる。
2. 容器	● 適温配膳のできる保温食器を使用する。
3. 調理・盛り付け	1. 利用者のADLに合わせ、形態・硬さ・量を考慮する。 2. 利用者の食事時間を考慮して、調理盛り付けをする。 3. 常に利用者の立場に立って調理盛り付けを行う。
4. 衛生管理	1. 盛り付けは、食中毒防止のため、1回で食べきれる量を入れ、食べ残しのないように気を付ける。 2. 梅雨時、夏期の料理の吟味をする。
5. 配食時	1. 配食車内の温度管理に気を付ける。 2. 個人個人に合わせた対応（置く場所、食べやすいような配慮・食形態、量など） 3. 温かい声かけをし、安否の確認を行う。留守など、普段と違う場合は、苑の方へ連絡を必ず入れる。不在利用者に会えない場合、苑より緊急連絡先へ連絡する。 4. 配食時間は、個人のリズムを崩さないよう、できる限り同じ時間に行くよう心がける。 5. 到着時刻を記録する。
6. 運転 　①出発前の点検・準備	1. 点検項目に応じて点検 　ブレーキ、ハンドル、灯火装置、警報装置、方向指示器、タイヤ、スプリング、バックミラー、洗車、車体の傷など。 2. 車内、車外を清潔にする。
②運転中	1. 運転中は、道路における危険を予測し、運転をする。 2. 死角からの歩行者、または車両の飛び出し、交通ルールに弱い高齢者、子どもの行動に注意。 3. 私語を慎み運転に専念する。 4. バックするときは、添乗者は降車し、後方及び左側面の安全確認をしながら誘導をする。
7. その他	● 週間献立表を作り、一口メモ（季節にまつわる事柄、食事に関すること、世間の出来事、時には、社会の風を吹き込むニュースなども加えたお知らせ）を添えて毎週配布する。

作成）正吉福祉会（よつや苑）

資料11 食事サービスマニュアル（例）

〈食堂編〉

	質問内容	○	×
食堂サービス	時間は適正ですか？ 温かい料理は温かく提供されていますか？ 冷たい料理は冷たく提供されていますか？ 手の不自由な方におしぼりが出されていますか？ 味を調節できる調味料類はテーブルに出されていますか？ 食べられない料理について代替を出していますか？ 長時間待っていただくことのないよう手際よく配膳が行われていますか？ 湯茶の接待は自由に飲めるようになっていますか？ ご飯など量の調整がとれるようになっていますか？（おひつ給食など） 食事時間はゆっくり食べられるよう配慮されていますか？ 食堂の環境は、清潔で楽しい雰囲気ですか？ その場で適当な食べやすい大きさに即、切って提供できる準備がなされていますか？		

〈料理編〉

	質問内容	○	×
ご飯	ふっくらとおいしく炊けていますか？ 固まって団子状になっていませんか？ その日の食欲に合わせ、食べられるよう（おひつ給食など）になっていますか？		
お粥	水っぽくありませんか？ 団子状になっていませんか？ ねっとりとおいしく煮えていますか？		
酢の物	酢がきつくありませんか？ 水っぽくありませんか？ 作ってから時間が経ち過ぎていませんか？ 材料は新鮮ですか？ 食べやすい大きさに切られていますか？ 旬の食品を用い季節感を出していますか？		
煮物	食品の素材を活かして料理されていますか？ 色をきれいに仕上げて、見た目も美しく盛り付けられていますか？ 食べやすい大きさに切られていますか？ 適温に提供されていますか？		
麺類	温かいうどん類はよく温めて提供されていますか？		

作成）杉橋啓子

1-5 食事介助の注意点

いくら栄養素が豊富でおいしい料理であっても、食べられなければ意味がない。ゆえに、食事介助の技術を身につけ（食事介助の技術不足によって食べられない場合もある）、加えて"食"を総合的に捉える力も養い、対応する必要がある。つまり、食環境整備、栄養管理、介護技術、調理技術などが必要である。健常者への対応以上の技術が要求されるところである。

認知症者への対応は、特性を捉えなければ適確な介護が困難である。最近では、各地区の保健所、社会福祉協議会、包括支援センター、大学公開講座などで、介護教室、認知症を理解するためになど、認知症患者の介護講習会が開かれているので、参加し、よりよい介護に結びつける手段もある。また、病院、施設、介護支援センターなどは、医師、理学療法士（PT）、作業療法士（OT）、看護師などから正しい食事介助技術の指導を受け、食生活の安全、安心のためスキルを向上させる必要がある。

> **理学療法士（PT）**
> マッサージ・運動・入浴・電気治療などの理学的治療を行う専門技術者。
>
> **作業療法士（OT）**
> 手芸・工芸などの身体作業を行わせながら機能や意欲の回復を図る治療を行う専門技術者。

1. 食事ケアの基本

基本的には、次の3点がポイントである。
　①食を通して心の交流を図る。
　②食を通して自立への援助を行う。
　③食を通して生きる希望を持ってもらう。

加えて、十分に食べて元気になったときに「よかった」と共に喜ぶ感性も磨いておきたい。食事ケアは「自分がしてもらいたいことをして差し上げる」ことである（表2-6）。

2. 食事介護の種類

　①健康づくりのための食生活支援
　②寝たきりにならないための予防的食生活
　③寝たきりの人を離床させるための食生活
　④寝たきりになった人のための食生活
　⑤終末食

④と⑤が重要で、人生最後の場を安らかに受け止めてもらうため、最後まで食事を創意工夫し、心を込めて調理し提供すれば、心は伝わるものである。

また、杉村春三氏（社会福祉家・特別養護老人ホーム慈愛園初代園長、1910〜1994年）は、「終末期の食事は病気末期に起こりがちな栄養素不足による飢餓痛及び意識障害をわずかながらも緩和させ、安らかな死を迎えるよう、努力すべきである。」と強調し、終末食の重要性を指導下さった。

表2-6 食事ケア

基本
①自分がしてもらいたいことをして差し上げよう：自分がしてほしいことを基本に据え、食のもつ健康保持の役割、よりよく生きるために食べるという本質を見失わないこと。 ②相手をよく理解しよう：個人差が著しい高齢者の食事ケアは、援助の仕方も障害によって異なる。どのような援助が必要か、相手をよく理解し、触れ合う、触る、感じる、実際の食事ケアをする、などいろいろ関わってみることから始まるといえる。 　例　ふだんは刻み食の人　かぶ、大根はやわらかくゆでれば大きなままで食べられる。 　　　右手麻痺の人　握り食にすれば、残存機能を生かして左手を利き手に変えて食べられる。 相手の生命や健康な生活を少しでも脅かすものは排除し、プラスになるものを見出していくこと、相手の呼吸に合わせたケアを行うことが重要である。見ているだけ、考えただけではよいケアはできない。

留意点
①問題意識の持続：認知症の人が食事を残した場合、なぜ残すのか、なぜ食べないのか、問題意識をもち続けること。 ②観察の持続：「食」は食欲から始まり、摂食→嚥下→消化吸収→排泄という一連の流れがある。いずれが欠けても完全な食とはいえない。ケアを行う人々が連携を保ち、よく観察し続ける必要がある。気配り、目配りを常に忘れない。他人の言葉には左右されず、食の流れを客観的に見通す。心は温かく、頭は冴えた状態がよい。

介助時
①認知症の人に思いやりをもとう ②認知症の人の悩みを聞こう ③認知症の人から信頼されるようになろう ④認知症の人に食事介助時には明るく声をかけよう

心の栄養
意思を尊重し、会話しながら介護を行う。食べたい順序についても聞き出し、できる限り望みどおりの介助を行う。認知症の人の視線を追って食事ケアを行う。ふだんからよく観察し、最も相手にとってよい介助を行う。 ①気分を盛りたてるよう、明るく対応する。 ②どんなに疲れていても、気を落ち着かせ、特に食事前はトラブルを起こさない、また持ち越さない。 ③常に見守り、うまく嚥下できないようなら、医師に相談する。 ④食欲をいつも観察し、変化があったら医師に相談する。 　寂しそうなら慰め、生きる希望をもっていただき、「食」を通して人生を締めくくる生き方を援助する。

資料）杉橋啓子

3. 摂食に関する観察

摂食中の異常により、病気に気づくことがあるので、少しの徴候も見逃すことなく、細心の注意を払って、さりげなく観察を続けながら食事介助を行う。

ⓐ食事観察

食事観察事項と内容は、**表2-7**のようになる。

正吉苑（以下、当苑）では、理学療法士（PT）、作業療法士（OT）に食事評価を行ってもらい、判定する。対象者にふさわしい食器、補助具を準備して食事介護を行っている（図2-4）。

ⓑ〜ⓓは、介護員、看護師、栄養士も加わって観察する。

表 2-7 食事観察の実際

観察事項	内容
食事動作	①スプーン保持状況 ②茶碗、コップの保持状態
リーチ能力	①手を食器までもっていく能力 ②食器から口までもっていく能力
姿勢 ↓ 食べる姿勢	①同じ姿勢がどのくらい維持できるか ②どのような姿勢が可能か（椅坐位、坐位、立位、臥位） ①坐位で最後まで摂食できるか否か ②椅子に座って摂食できるか否か ③臥位 ④立位。認知症でじっと立っていられず、立ったまま握り食などの対応が必要であるかどうかなど
食事摂取能力	①箸は持てるか否か ②スプーンの使用は可能か否か ③握り食なら摂食可能か否か ④食べ物を口に運ぶ機能は健全か否か ⑤補助具を使用すれば自立できるか否か ⑥補助具は使えなくても指でつまめば食べられるか否か

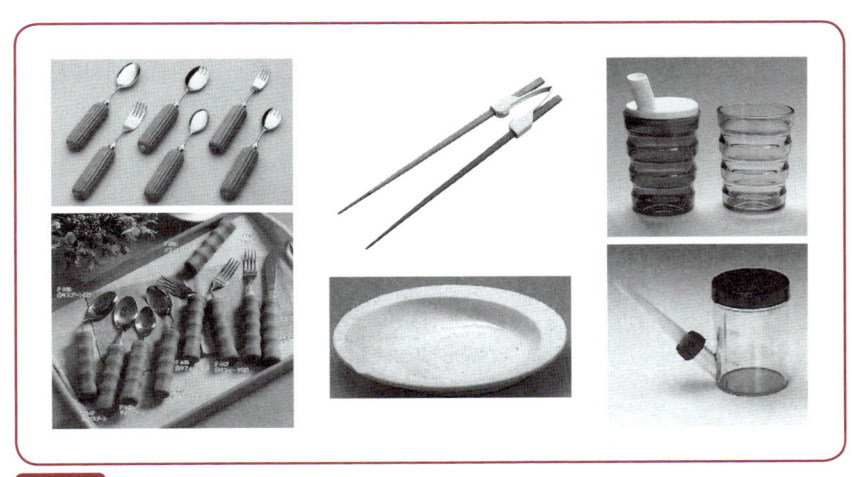

図 2-4 食事関連の自助具

ⓑ 咀嚼状況観察
　　①歯の状態はどうか。
　　②歯はなくても歯茎が硬くなり、舌の先を使ってやわらかいものなら摂食可能か否か。
　　③刻めば食べられるか否か。
　　④その他。
ⓒ 嚥下状況観察
　　①飲み込む状況は健全か否か。
　　②とろみを少しつければ食べられるか否か。

③一部刻みにするかやわらかければ自己摂取が可能か否か。
　　　④摂食介護者がつかないと危険か否か。
　　　⑤一口一口、嚥下状態を確かめながら援助しないと危険か否か。
　　　⑥個々の嚥下状況の把握。
　　　⑦その他
　　d 食べる意欲の観察
　　　①食欲があるか否か、全量摂取するか否か（食べる量の変化）。
　　　②食欲に波があるか否か。
　　　③出されたものを見つめて食べようとしないか否か。
　　　④食べたい様子であるが、どうしてよいかわからない状態であるか否か。
　　　⑤その他（食事が偏るなど）
　　e その他症状の観察
　　　下腹部が張っている、排便回数・量が減って硬い、排便回数が増えて水のようであるなど、食事介助を行って気づいた点は、感情を交えず、記録するか報告し、専門家の指示を受ける。
　　　観察する場合には、食欲から排便まで一連の流れがあり（表2-8）、どれひとつ欠けても完全な「食」とはいえない。

4. 認知症の人への食事介助

　　通常の食事介助と基本は同じであるが、認知症の人は健常者よりも個人差が著しい。相手の身になってという点を忘れずに、喫食者の心身の状態をよく観察し、介護を進める必要がある。
　　まず、環境整備、清潔で楽しい雰囲気づくり、在宅介護であれば家族と共に、また環境を変えて野外での食事や、病院、施設などであれば寝食分離方式にし、ベッドを離れ、食堂で大勢の人と共に食事を楽しんでもらうこともよい。次いで重要なのは、食べる姿勢（図2-5）を正しくし、次の点も配慮したい。

> **嚥下状態**
> 高齢者では食事中でなくても唾液で突然むせることがある。また、ご飯でむせやすいと麺類を好むようになる場合もある。

　　　①酸味などでむせた場合、先に少量提供し、様子をみて食事介助を進める。
　　　②最初に水か湯を一口飲んだ様子をみて嚥下状態を確認し、ゆっくり食べてもらう。
　　　③食べる速度は、介護者のペースではなく喫食者のペースに合わせて介助する。
　　　④食べ物は、舌の上に少量ずつゆっくり乗せる。半身麻痺のある人は、健常側の舌の上に乗せる。
　　　⑤食べ物を確実に飲み込んだか否か確かめてから、次の食べ物を提供する。次々口に入れる人は口一杯にほおばり、飲み込めずに危険が伴うので留意する。
　　　⑥筋肉の弱い人、麻痺のある人は麻痺側の口腔内に食べ物が残りやすいので、確かめる。殊に寝たきりの人は要注意。

表2-8 食事観察の実際

	身体面での問題	食事の形態及び留意点	介助する側の工夫	総論
食欲	・食欲の減退 ・味覚、嗅覚、視力の低下 ・脳血管障害の後遺症	・季節感のある献立 ・嗜好、職歴 ・盛り付け、器の工夫 ・心理面への配慮	・家族と同じ献立からアレンジする(在宅) ・固定観念をもたない ・プラスαのものを数種、揃えておく ・心地よい雰囲気づくり	①心理面へのケアを配慮する ②現在の社会的背景を理解する ③疾病を有している場合は、病態の変化に注意し医師の指示に従う ④食事介護を行うときの注意 〔摂食時〕 ①言葉かけを行う ②介助が過剰にならないようにする ③急がせない。相手のペースに合わせる ④できる限り自分で食べてもらう工夫をし、自立心をなくさせない ⑤自助具を適正に取り入れる 〔姿勢〕 ①喫食者と介助者の位置、角度に留意する ②喫食者の姿勢に留意する 〔心地よい雰囲気づくり〕 ・対話、コミュニケーションをとる
摂食	・脳血管障害の後遺症、パーキンソン病、関節リウマチによる拘縮、麻痺、振戦(ふるえ)など ・摂食量の減少 ・視力の低下 ・脱水	・食物の大きさ、調理法の工夫 ・水分補給	・食事動作を助ける用品の検討 ・残存機能の保持、開発 ・作り手のそばに座ってもらう ・料理法、盛り付け方などの工夫	
咀嚼	・歯の不備 (欠歯、義歯、歯茎など) ・咀嚼力、咀嚼回数の減少でかみきれない ・唾液の減少 ・脳血管障害での機能低下	・軟食(消化、吸収のよいもの) ・切り方の工夫 (刻む、ほぐす、隠し包丁、おろすなど) ・ペースト食(つぶす、ミキサーにかける) ・流動食	・はじめの一口は水分、汁物をとる ・小型のまな板、包丁をテーブルに置く	
嚥下	・脳血管障害で神経系統に障害が起きる場合 ・唾液の減少で、飲み込みが悪くなる	・小さく刻む、ほぐす ・ミキサー食 ・水分、汁物に粘性を付ける	・小型ミキサーを複数もつ ・トロメリン、トロミアップなどをテーブルに置く ・食べるときの姿勢に注意する(喫食者、介助者)	
消化 吸収	・老化に伴い、消化吸収能力が低下する ・咀嚼力、咀嚼回数の減少で、飲み込みが悪くなる	・軟食(消化、吸収のよいもの) ・ペースト食(つぶす、ミキサーにかける) ・半消化態食品の利用	・よく煮込む ・圧力釜の利用 ・小型ミキサーを複数もつ ・心地よい雰囲気づくり	
排泄	・下痢 ・便秘	・軟食 (消化、吸収のよいもの) ・刺激の少ないもの ・水分補給 ・繊維の多い食品 ・水分補給	・声かけ ・声かけ ・運動、体位交換	

資料) 杉橋啓子、山田純生、水間正澄ほか編：実践介護食事論、第一出版 (2008)

⑦熱すぎるものや冷たいものは避ける。健常者の料理よりもややぬるめにする。特に、粥は表面が冷えていても中心部が熱く、火傷することがあるので注意する。
　⑧食前・食後のうがいは欠かさず行う。これは口腔衛生上、またインフルエンザ予防のためにも役立つ。ただし、無理強いは避ける。

5. 半介助、全介助の場合

　重篤になり、意識がはっきりしない場合、またむせやすく飲み込みの悪い場合は、充分配慮し、無理な場合は時間をずらすなど、様子観察を行いながら対応する。

　①まず声かけを行い、意識を確かめる。
　②身体を起こし、食べる姿勢をとる(図2-5)。寝たままの姿勢の場合は、上半身を起こし、顔を横向きにする。麻痺のある場合は、麻痺側を上にする。
　③スプーンで一口分、口に入れ、嚥下の状態を確かめてから、次の料理を提供する。
　④ごっくんと喉仏が動いて食べ物が入ったことを確認する。次から次へと確認せずに提供することは危険である。在宅介護で、家族がテレビを見ながら食事介助を行い、誤嚥を起こした例がある。
　⑤食事中、水分補給に吸い飲みを利用することがあるが、むせやすい人では誤嚥することがあるので、スプーンでひとさじひとさじ提供すると安全である。
　⑥意識がはっきりしない場合の対応は、顔を横向きにし、下側の唇と歯の間にスプーンで刺激しても口を開くことがある。
　⑦自助具を活用する。食を通して自立支援を行うため、医師、PT、OTなどにより食事評価をし、自助具を選択し自立支援を行うと、自力で

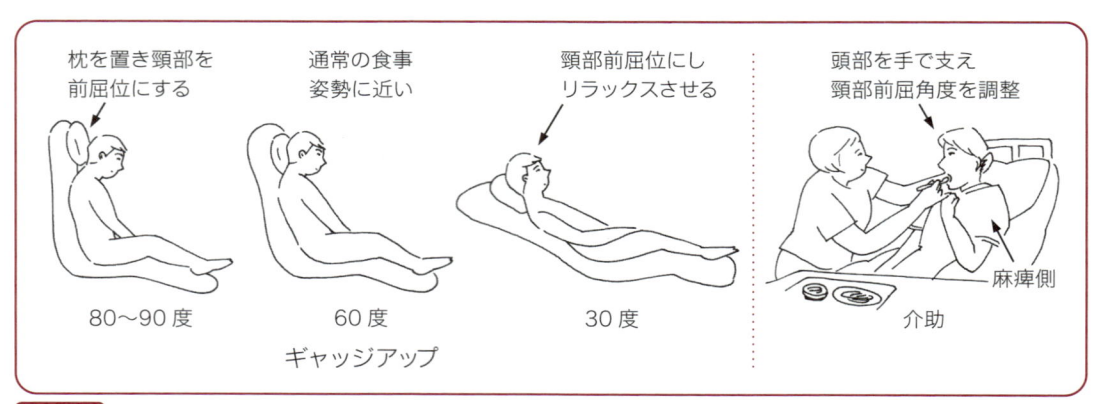

枕を置き頸部を前屈位にする　80〜90度
通常の食事姿勢に近い　60度
頸部前屈位にしリラックスさせる　30度
ギャッジアップ

頭部を手で支え頸部前屈角度を調整
麻痺側
介助

図2-5 体幹角度別食事姿勢と介助
資料）杉橋啓子、山田純生、水間正澄ほか編：実践介護食事論、第一出版 (2008)

喫食可能な場合もある。さらに、右半身麻痺であっても利き手交換のリハビリテーションを受け、左手で自力喫食できた例もある。

在宅介護であっても、指導を受け、自力で食べるすばらしさを味わってもらいたい。

参考文献

1　小池将文編：介護職員基礎研修課程テキスト4　認知症の理解，日本医療企画，東京（2007）
2　奥宮暁子，後閑容子，坂田三允編：痴呆様症状のある人の在宅ケア，中央法規，東京（2001）
3　井形昭弘編集：高齢者の経口移行・経口維持，認知症，エンドオブライフの栄養ケアマネジメント、日本健康・栄養システム学会（2009）
4　田中和美，高田健人，東野定律，杉山みち子：介護保険施設認知症入居者の低栄養状態，食関連周辺症状及び栄養ケアに関する研究，平成18年度厚生労働省科学研究費補助金長寿科学総合研究事業（2008）
5　総務省：平成22年国勢調査，人口等基本集計結果（2011）
6　内閣府：総務省人口推計による作成資料（各年10月1日現在）
7　杉橋啓子，山田純生，水間正澄，西岡葉子編：実践介護食事論，第一出版，東京（2008）
8　厚生労働省老健局：介護保険制度改革の概要（2010）
9　杉橋啓子監修：健康増進のしおり No.89，日本栄養士会，東京（1994）
10　岡島重孝，中田まゆみ監修，杉橋啓子：お年寄りに望ましい食事，家庭介護の手引き，小学館，東京（1992）
11　おはよう21，11（2011）
12　杉橋啓子：食事，福祉サービス，全国社会福祉協議会，東京（2010）
13　厚生労働省：平成21年度介護報酬改定における主な医療・介護に関する改定（2010）

第2部 食事介護・ケア編

2 食事介護の実際

2-1 病院における認知症の人の栄養管理

認知症は、脳が病的な障害により知的能力が著しく低下した状態である。特に"アルツハイマー型認知症"と"脳血管性認知症"が最も多い。また、原因である病態を改善することにより認知症の症状が軽減することもある。しかし、認知症は後期高齢者の人口の増加に従って急速に増加し社会問題にもなっており、厚生労働省の要介護（要支援）認定者における認知症高齢者の将来推計では、2025年には323万人になると予想されている。認知症は、薬物療法や心身療法、食生活などの日常リズムにより維持・軽減されるといわれているが、2011年、厚生労働省の薬事・食品衛生審議会薬事分科会においてアルツハイマー型認知症の治療薬が3種認可され、ようやく4種類となった。専門の医療機関において早期受診により発見し、その予防や進行遅延のための療法などの実践によって今後の治療効果が期待されている。

そこで、病院における認知症の人の栄養管理や問題点などはどのように行い、どのような栄養素が関係しているのかなどを述べる。

> **アルツハイマー型認知症の治療薬**
> ①ドネペジル（アリセプト）、②リバスチグミン（リバスタッチパッチ）、③ガランタミン（レミニール）、④塩酸メマンチン（メマリー）。

1. 外来時の認知症の判定（栄養管理前のアセスメント）

認知症は本人や家族への問診、心身機能による知能度テスト、画像診断、血液検査などの結果を総合的にみて医師が診断する。次のようにして判定を行っている。

①家族から認知症の人の進行情報を得た後、本人から問診を行う。
②記憶障害、見当識障害などを確認するためのスクリーニング検査として知能及び心理検査を実施する。一般的にはHDS-R「改訂長谷川式簡易知能評価スケール」を利用している場合が多い（p.25、表1-16 参照）が、最近では、ミニメンタルテスト（mini mental state examination；MMSE 日本語版）の有用性が認められ、利用している病院が増加している（p.24、表1-15 参照）。このMMSEでは見当識、記憶、計算、注意力、言語機能、構成能力が判定できる。さらにアルツハイマー病評価スケール（Alzheimer's disease assessment scale 日本語版；ADAS-J cog.）では見当識、記憶、言語機能、行為、構成能力について判定でき、記憶や構成能力をさらに追求する場合に利用されている。

> **画像診断**
> 認知症では海馬の萎縮、前頭葉、側頭葉の萎縮などがみられる。

さらに、専門医で詳細な知能検査を行う必要がある場合には、以下の検査が使用され、総合的に評価する場合も多い。ウェクスラー成人知能検査改訂版（日本版 WAIS-R）、日本版レーヴン色彩マトリックス検査、日本版ウェクスラー記憶検査（日本版 WMS-R）、日本版リバーミード行動記憶検査、WAB 失語症検査日本版、標準高次視知覚検査、ウィスコンシンカードソーティングテスト（Wisconsin card sorting test）、高次脳機能障害症候群の行動評価日本版（behavioral assessment of the dysexecutive syndrome）などがある。

以上の結果により医師により認知症の疑いが強いと診断された場合には、脳血流シンチグラフィやCT、MRIなどの画像検査で脳の萎縮、多発性脳梗塞などの有無や血流の異常を確認し、アルツハイマー型認知症、脳血管型認知症などの病態と進行状況を検討する。

病院は認知症の診断を下す場所であり、慎重に対応しなければならない。特に入院を余儀なくされる重度認知症の場合などは、栄養管理を行う上でも認知機能障害や知的機能の程度の情報が大切であり、認知症の進行度などから栄養管理の検討を行う必要がある。

CT
コンピュータ断層撮影法。さまざまな角度からＸ線を当て、断面像をコンピュータ上に表示する方法。

MRI
磁気共鳴画像法。磁気、電磁波、水素原子を利用して断面像を撮影する方法。

2. 疾患と認知症との関係（栄養管理上チェックする項目）

心療内科や神経内科以外の疾患をもつ認知症の人が併発しやすい疾患も多く、全科に入院することも多い。さらに、家族と離れ入院することにより、話す機会が失われ、一層認知症の進行を早めるなどの悪影響も強い。

認知症の徴候がみられなかったにもかかわらず、入院のきっかけが高血圧症、糖尿病、脂質異常症などの脳血管障害に関わる疾患であり、入院期間が長いと、全身の血管の動脈硬化が進行し認知症を併発することもある。さらに認知症の症状をより悪くするものに視力障害、難聴、歯の異常、ビタミン欠乏などの栄養障害が挙げられ、甲状腺疾患、心疾患、呼吸器疾患、肝疾患、泌尿器疾患などによってこれらの機能が悪い場合でも起こりやすい。

また、認知症から併発しやすい主な症状・疾患は、失禁、転倒による骨折、誤嚥性肺炎、栄養障害、不眠、うつ状態、口腔疾患（歯の欠損、虫歯、歯周病）などがあり、臥床認知症の人の場合は、さらなる栄養障害、褥瘡、肺炎、膀胱炎などの感染症が合併しやすい。

このように、認知症はあらゆる疾患を合併することを念頭に置き、他の疾患のリスク管理も大切である。

3. 入院時認知症の人の栄養ケア・マネジメント

一般入院患者は、栄養管理実施計画を本人の問診や疾患によりスムーズに進めることが可能だが、認知症疾患のある人に対しては、先に述べたような心身機能や認知機能などをスクリーニングし、評価、分析、計画を立てることから開始しなければならない。

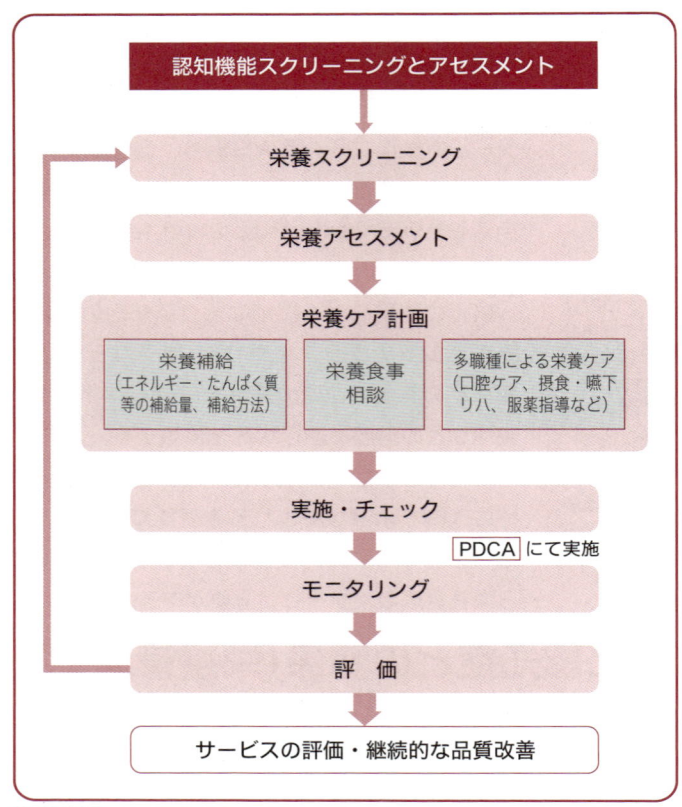

```
┌─────────────────────────────────────────┐
│        認知機能スクリーニングとアセスメント        │
│                    ↓                    │
│   →         栄養スクリーニング               │
│   │                ↓                    │
│   │          栄養アセスメント               │
│   │                ↓                    │
│   │           栄養ケア計画                 │
│   │   ┌──────┬──────┬──────┐             │
│   │   │ 栄養補給 │ 栄養食事│多職種による栄養ケア│
│   │   │(エネルギー・│ 相談  │(口腔ケア、摂食・嚥下│
│   │   │たんぱく質 │      │リハ、服薬指導など)│
│   │   │等の補給量、│      │             │
│   │   │補給方法) │      │             │
│   │   └──────┴──────┴──────┘             │
│   │                ↓                    │
│   │          実施・チェック               │
│   │                ↓    PDCAにて実施     │
│   │          モニタリング                 │
│   │                ↓                    │
│   └─           評 価                    │
│                    ↓                    │
│         サービスの評価・継続的な品質改善        │
└─────────────────────────────────────────┘
```

図 2-6 認知症の人の栄養ケア・マネジメント（改変）

　まず、栄養管理実施計画に沿った問診では本人との意思疎通が取れるか否かの判定する必要がある。事実、認知症の人が見当識障害や妄想などがあることを知らずに管理栄養士との会話を継続し、その会話から栄養管理計画を実施したが、見当違いの計画によって多大なリスクを負い、栄養管理が難航した事例もある（図 2-6）。

4. 栄養評価と栄養管理実施計画

> **アウトカム**
> 成果。疾患の場合は生存率、検査値の改善、合併症の発生率、患者の満足度など。

　認知症の人の栄養評価は、心身機能、認知機能の改善または維持、合併症の検索と治療の軽減、回復度、費用分析、人的資源などを評価し、栄養管理実施計画を立案することにある。なかでも栄養スクリーニングは、前述した認知機能のテストからの評価を含めながら、さらに栄養素の過剰や不足の問題をスクリーニングし、心身機能からどのような合併症が起こりうるのかなどを模索しつつ、回復できるか否かのアウトカムを出すことが重要である。

5. 栄養アセスメントの指標

　一般的に、栄養アセスメントでは、身体構成成分、血液・尿生化学検査、免疫学検査などの臨床検査、摂取栄養量、薬剤量などついて主観的・客観的に評価を行い、栄養障害のリスクがある患者に対して栄養ケア計画を決定し、

> **FIM 評価**
> 機能的自立度評価のことで、ADL 評価法。ADL 評価法として信頼性が高い。

積極的な栄養改善を目標とする。認知症の場合は、その状態に合わせた評価が必要となる。例えば、幻覚、妄想、いらだち、不安、うつ状態、攻撃性（暴力）、興奮などを起こし食事摂取量が低下していないか、または食事量が不足しているために興奮していないか、ADL が低下していないかなども必要である。ADL 評価は、理学療法士がセルフケア、社会的認知やコミュニケーション能力、移動方法、排泄コントロールなどの FIM 評価などを実施、確認する。

また、認知症改善に値する薬剤として、脳循環改善薬は自発性の低下、うつ、意欲の減退など、精神安定薬は興奮、攻撃性、幻覚、妄想、徘徊など、抗うつ薬はうつ状態、無関心、不安、いらだちなど、抗不安薬は不安、緊張、いらだち、うつ状態、睡眠導入薬は不眠、夜間覚醒、昼夜逆転などに対する効果があり、毎日服用している患者が多い。

これらの精神安定剤・抗不安薬・抗うつ薬、睡眠導入剤では便秘、食欲不振、ふらつき、歩行障害、転倒、排尿障害、口渇、効き過ぎなどの副作用が現れやすい。便秘、食欲不振、排尿障害、口渇など、栄養改善に関わりの強い副作用もあるため、薬剤名や服用量、副作用などを念頭に置きながら栄養アセスメントすることが重要である。

さらに、"行動異常"から考えると、3 度の食事を提供しているにもかかわらず、食べさせてもらえない、昼夜逆転するため 3 食の食事中に入眠し夜間にお腹がすいたと興奮してしまう、徘徊、入浴・歯磨き拒否による不衛生、尿・便失禁、無気力、サイドテーブルに置いた薬剤や紙、花、ポータブルトイレの排泄物など食べ物でないものを口に入れてしまう行為がみられ、かなり病状が進行している場合がある。食べられるものと食べられないものとの区別がつきにくく、認知症の進行度が早い患者に対しては、3 食の喫食量のチェック、食べられない飾りは外すなどの食事提供時の配慮も怠らないようにしなければならない。このようなことから考えると、多職種協働で認知症患者の行動を認識し、見守っていく必要がある。

最近では、NST（栄養サポートチーム）の加算がつき、多職種での栄養管理が必務となっているが、食欲不振などの栄養改善の必要な認知症患者の場合は、特に看護、口腔ケア、無気力、運動によるエネルギー代謝量の低下などあらゆる面からの情報収集が必要である。

6. 栄養ケア計画の立案とポイント

前述したアセスメントを考慮し、栄養ケア計画を立案する。

認知症の人の栄養基準は、合併症がない場合は日本人の食事摂取基準 2010 年版の高齢者の身体活動レベルⅠを活用しつつ、個々の身体状況に合わせた栄養補給量を決定する（p.192 〜 193、表 3-33 食事摂取基準）。

7. 必要エネルギーの決定、たんぱく質、水分、ビタミン、ミネラルなどの補給法（栄養アセスメント）

> **DHA**
> ドコサヘキサエン酸。多価不飽和脂肪酸で、魚油に多い。
>
> **EPA**
> エイコサペンタエン酸。多価不飽和脂肪酸で、魚油、たら、さば、さけなどに多い。

　認知症で食欲不振や食事の食べ方を忘れるなどといった場合は、栄養素の中でも水分やミネラルの摂取量が低下し、脱水の危険も大きい。個々の方の栄養状態を把握し、次の合併症につなげないことが重要である。

　認知症は、生活習慣病などの動脈硬化によるものが多く、先行研究では、栄養補給法を決定した後、補助改善栄養素として DHA、EPA の強化を挙げた論文がある。また、葉酸欠乏は、65歳以上の認知症発症とアルツハイマーのリスク3倍増加と関連し、血中葉酸、ビタミン B_{12}、ホモシステイン値をフォローアップ中、認知症は葉酸が減少し、ビタミン B_{12} が少なくなるほど、ホモシステイン濃度が増加しやすいことを明らかにした論文もある

（Kim JM, Stewart R, Kim SW, et al.：Changes in folate, vitamin B12, and homocysteine associated with incident dementia. J Neurol Neurosurg Psychiatry 79（8）：864-868, 2008）．

8. 認知症の人の経腸栄養補給

> **PEG**
> 経皮内視鏡胃瘻造設術。口から食べられない方、口から食べると肺炎などを起こす危険のある方に、内視鏡を使って胃に小さい穴を空け、管（カテーテル）から胃に栄養を送るようにする手術。

　認知症の人が低栄養に陥ると、経腸栄養剤による経口栄養補給が必要になることもある。さらに重度化すると、経口摂取はせず、PEG による経腸栄養剤補給を余儀なくされる。このような場合の認知症の人は、自発性もなく無気力で意思表示がなく、職員も家族もあきらめてしまうことがある。しかし、嚥下障害などがなく、口から食べる機能は残っている場合には、五感を刺激しながらの経口訓練も行い、最後まで食べる意欲をもてるようにしたい。

●病院での食事ケア

　病院での食事ケアは特殊であるため、以下にまとめた。

　　①病院での食事は、ひとりベッドサイドで食べることが多い。できる限り家族などが食事時間に接点をもち、楽しみながら和やかな雰囲気で食べてもらいたい。
　　②口腔ケアの意欲がないこともあり、多職種で口腔ケアを促す。
　　③口に食物をたくさん入れてしまい、喉に詰まらせてしまう場合があるので、注意する。
　　④遊びながら食べる場合は、食事に集中させるように促す。
　　⑤声がけをする。
　　⑥食器を投げる人もいるので、そのような人には割れない素材のものを使う。
　　⑦できる限り自力で食べさせる。
　　⑧食べたものを出してしまう場合は、味覚調査を行い、調理の工夫をする。

　認知症の人においても心身機能や認知機能を加味した栄養ケア・マネジメ

ントを行い、アウトカムを出すことが、認知症の改善または維持に貢献できると信じている。

2-2 在宅訪問栄養食事指導における栄養管理

在宅における認知症療養者の食生活及び栄養の改善、疾病の再発予防や疾病予防、栄養療法の継続を図るためには在宅訪問栄養食事指導が必要である。病院・施設・在宅まで、地域全体の各専門職がチームとして連携し、在宅での生活状況、介護量、介護力に合わせ、栄養ケア計画を立案して総合的な視野でサポートしていくことが栄養療法を行う上でのポイントとなる。

管理栄養士による居宅管理指導については、「通院・通所が困難な低栄養状態の在宅要介護者に対し、多職種協働により、栄養ケア計画の算定、計画に基づく栄養管理や定期的な評価・見直しの実施、家族、ヘルパー等への情報提供、助言の実施といった一連のプロセスを行う栄養ケア・マネジメントを新たに評価する。」とある。

QOLを高める食生活を実現するためには、「食べる人」、「食べ物」、「食事環境」の3要素に留意し、援助するとよい。認知症の人は、1日の中でも変動することがあるので、その時の状態に合わせて食べ物や食事環境を把握し、調整することが大切である。

2-3 福祉施設における栄養管理

1. いなぎ正吉苑の介護食

対象者は咀嚼嚥下が困難になってきている利用者である。
食事形態は
①常食
②刻み食（ラージティースプーンに乗る大きさ）
③小刻み食（ティースプーンに乗る大きさ）
④極刻み食（粒が残っているがまとまりがある状態）
⑤ペースト状（粒がないがまとまりのある状態）
の5種類であるが、そのほか、必要に応じ個別に対応している。

極刻み食・ペースト状のものの特徴は、①口腔にべと付かない、②食塊形成しやすい、③喉への移送がスムーズなことである。

以上で、ソフト食の定義と同じであるが、内容的に舌触りに注目し、2種提供している。

また介護の現場より、疾病のある利用者はマニュアル通りの食事では満足感が得られないのではないかとの意見を受け、エネルギー制限の食事はカサを多くする工夫を、食べることが大きな負担となっている利用者には消化吸収よく、少量で適正な栄養をとれる食事を模索している。

> **スチームコンベクションオーブン**
> 焼く、蒸す、煮る、炒める、温め直すなどができるオーブン。
>
> **コンビネーションオーブン**
> 電子レンジとしてもガスオーブンとしても使える機器

　調理の工夫としては、スチームコンベクションオーブンと圧力鍋を活用している。特に効果が出ているのは鶏肉料理である。嗜好調査で鶏肉料理が硬いことが指摘されたので、鶏肉の照り煮は圧力鍋で煮、鶏肉の照り焼きは、焼き色をつけ圧力鍋でやわらかくして提供している。焼豚・豚の角煮も圧力鍋を使うことでやわらかく、角切りのままの肉を提供している。

　煮物（かぼちゃの煮物など）は、コンビネーションオーブンの使用で煮崩れなく、味も一様にしみ込むので適している。

　野菜の旨みを逃さない調理方法として蒸す方法が挙げられる。特に春先はキャベツを蒸すことで甘味が増す。

2. やわらかく見た目を工夫した献立

① 擬製豆腐（卵豆腐の変形）

> **擬製豆腐**
> 豆腐を崩してにんじんなどの野菜、しいたけ、卵、つなぎの粉などを入れて焼くか蒸して固める精進料理。

【材料（1人分）】
- 絹ごし豆腐 …………… 90g
- 卵 …………………… 30g
- だし汁 ……………… 100mL
- にんじん ……………… 5g
- さやいんげん ………… 5g
- Ⓐ　酒 ………………… 1g
　　塩 ………………… 1g
　　みりん ……………… 2g
- みつば（青味）………… 1g
- Ⓑ　だし汁 …………… 60mL
　　塩 ………………… 0.3g
　　薄口しょうゆ ……… 0.3g
　　片栗粉 ……………… 3g

【作り方】
① 豆腐をさっとゆで、水気を絞り、つぶす。
② にんじん・さやいんげんをみじん切りし、Ⓐの調味料で煮て冷ます。
③ 卵を割り、だし汁を加え、①・②と合わせる。
④ バット（流しかん）に入れ、蒸気が入らないよう蓋（ラップ）をする。
⑤ 卵豆腐の要領で蒸す。
⑥ Ⓑで銀あんを作り、みつばをのせ、あんをかける。

② キャベツシュウマイ（シュウマイの中に野菜を入れてやわらかく）

【材料（1人分）】
- 豚ひき肉 …………… 50g
- キャベツ …… 20g（みじん切り）
- 玉ねぎ ……… 20g（みじん切り）
- パン粉 ……………… 8g
- 卵 …………………… 5g
- 塩 …………………… 0.5g
- こしょう …………… 少々
- しょうゆ …………… 0.5g
- みそ ………………… 0.5g
- ごま油 ………… 香りつけ 少々
- シュウマイの皮 … 3枚（短冊切り）

【作り方】
① ひき肉にみじん切りしたキャベツ・玉ねぎ、調味料を混ぜ、よく練る。
② ①をピンポン玉くらいの大きさに丸める。
③ 短冊切りしたシュウマイの皮をのせる。
④ 15～20分、火が通るまで蒸す。
⑤ 器に盛り、表面が乾かないように、みそとごま油を混ぜたあんをかける。

3 介護食の実際

写真 2-1 ひじきの煮付けを介護食(右)に

写真 2-2 すり身団子の揚げ出し、切干大根の煮付け、白菜ゆかり和え、しば漬け、いちご

写真 2-3 写真 2-2 献立のペースト状

写真 2-4 ペーストの食事
煮魚と付け合わせのふき(右上)、煮物(上段中央)、りんご(上段左)、しば漬け(中段左)、和え物(中段右、銀杏形)、粥(プリン様に固めたもの)

写真 2-5 五目豆(左)の介護食(右)

写真 2-6 シュウマイ(左)の介護食(右)

写真 2-7 正月　常食

写真 2-8 正月　介護食
焼き目を付けた餅は粥をペーストにして固めたもの(右下、硬さ・味・見た目も餅に近い)

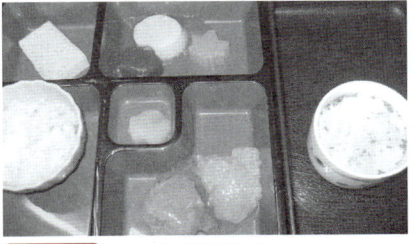

写真 2-9 忘年会　極刻み食
赤飯粥(左下)、刺身/まぐろと鮭(右下、ジェル状のあんで乾かないようにしたもの)、炊き合わせ/すり身団子・にんじん・ほうれん草(右上)、カルピスグレープゼリー(左上)

写真 2-10 忘年会　ペースト食
器によって雰囲気が変わるが、手で一品ずつ持って食べられるよう、弁当形式にしていない。

81

第2部 食事介護・ケア編

3 認知症の食事介護の基本

3-1 認知症高齢者の介護食

1. 介護食の誕生と推移

> **飢餓痛**
> 飢餓時に増強する上腹部の痛み。十二指腸潰瘍などが疑われている。

　筆者が長年勤務した潤生園は、神奈川県から指定された重度痴呆性（現在は認知症）高齢者介護施設で、施設方針として重度認知症の方を寿命であるなら最期まで看取ることであった。この方針に基づく食事・栄養ケアサービスの課題は、終末期ケアの「飢餓痛緩和」と「最期まで口から食べてもらう」、「生命維持に一番大切な水分補給」である。この課題を解決する目的で施設内に検討チームを作り、1984年から研究・開発をスタートした。

　最初に水分補給方法に取り組み、仮説「①口腔内を潤す唾液状にする、②煮こごり状にすれば意識のない人でも自然に飲める」を立てて研究・開発に着手した。その結果、多くの方が水を飲めるようになり、寝たきりからベッドの上に座れるようになりADL、QOLが大幅に向上した。

　そこで、これを"救命プリン"と命名（潤生園理事長　時田純）した。この事実から認知症の意識低下は、水分不足・栄養不足が原因ではないかと推定するようになり、生命維持に必要な食事摂取方法の研究・開発に着手した。その結果、重度認知症の方も食事摂取が可能になり、栄養状態が驚くほど改善され、体力・免疫力が向上した。この食事を1985年に"介護食"と命名（潤生園理事長　時田純）し、成果を日本栄養改善学会に発表した。

　その後、この介護食が全国の病院や介護保険施設に導入され、多くの方々によってさまざまな介護食（嚥下訓練食、高齢者ソフト食、ムース食、ゼリー食など）が開発・改良され普及し、今日に至った。現在の介護食は、「摂食・嚥下障害があっても食べられる食事」と定義され、病院・介護保険施設で使われている介護食の名称は、40種類以上になっている。いろいろな介護食が開発された背景として患者・利用者（高齢者）は、百人百様で病院・介護保険施設ごとに特徴が異なるため、1つの食事形態で対応することができないからである。

2. 介護食の課題と対策

　介護食とは「一般に、身体機能が不自由で自分で摂取することが不能または不自由な人に対して、介護者が食事介助して与える食事をいう。自分で食

事摂取ができないので、食事はまず摂取しやすい形態に調理することが重要である。このように、介護食は咀嚼や嚥下、その他摂食行動に障害のある人に対し適切な栄養管理を行うためのもので、二次調理により摂取しやすいように調理する。形態調整食ともいう。[※1]」と定義されている。

現場の介護食は、この定義された常食を刻んだりミキサーにかけた刻み食、ミキサー食が約8割提供されており、多くの課題を抱えている。

❶刻み食、ミキサー食の課題

この介護食は、①量が増える、②何を食べているのか分からない、③おいしくないなどの理由から全量摂取が難しく、個人個人の身体状況（残された食べる機能）への対応や所定の食事摂取が困難になり、低栄養改善は望めない。

刻み食は、口腔内の咀嚼で食べ物の一部が送り込まれて自然に嚥下反射が起こることがある。また、食材によっては、水分を吸収するものがある。刻み食は、誤嚥しやすい食事形態である。

筆者が勤務する食・栄養ケアコンサルティング会社（イーコスモス）が2009年秋にアンケート調査した結果、刻み食、ミキサー食の献立作成・栄養計算を60％の介護保険施設ができていなかった。その理由は、必要性を感じていない（22.2％）、必要性を感じている（77.8％）が①献立作成の時間がない、②コストがかかる、③委託会社の理解が得られない、④献立作成のデータ不足（特に調理損失）などである。

この結果、この介護食を食べている人の栄養量が把握されていないことが判明した。

❷個別化対応の課題

利用者の身体・生理状態に対応した食事提供（個別化）が求められているが、イーコスモスのアンケート調査結果では、介護食の種類は介護保険施設において平均3種類、刻み食・ミキサー食・軟菜食であった。病院では平均4.2種類、流動食が加わる（図2-7）。日本療養病床協会の調査でも同様の傾向であった[※2]。

摂食・嚥下障害者は、百人百様で異なり、厚生労働省告示 第126号（平成18年3月14日）（表2-9）でも、「個々の口腔状態に合わせて食事形態を決める」とある。しかし現状は、個人個人に対応した食事形態に対応ができていない。筆者が施設に勤務していたときも介護食は5種類で、終末期の人がいた場合、6種類が限界であった。

❸栄養ケアと食事サービス連携の課題

2005年10月から栄養ケア・マネジメントが導入され個別化が求められているが、給食業務の委託化が進んだことで次の課題を抱えている。

①個別化に対応した献立作成

栄養ケア・マネジメントで個人ごとの栄養ケアプラン（栄養補給計画）から献立への展開が充分にできず、栄養ケアサービスと食事サービスが乖離している。特に介護食（刻み食、ミキサー食など）は、

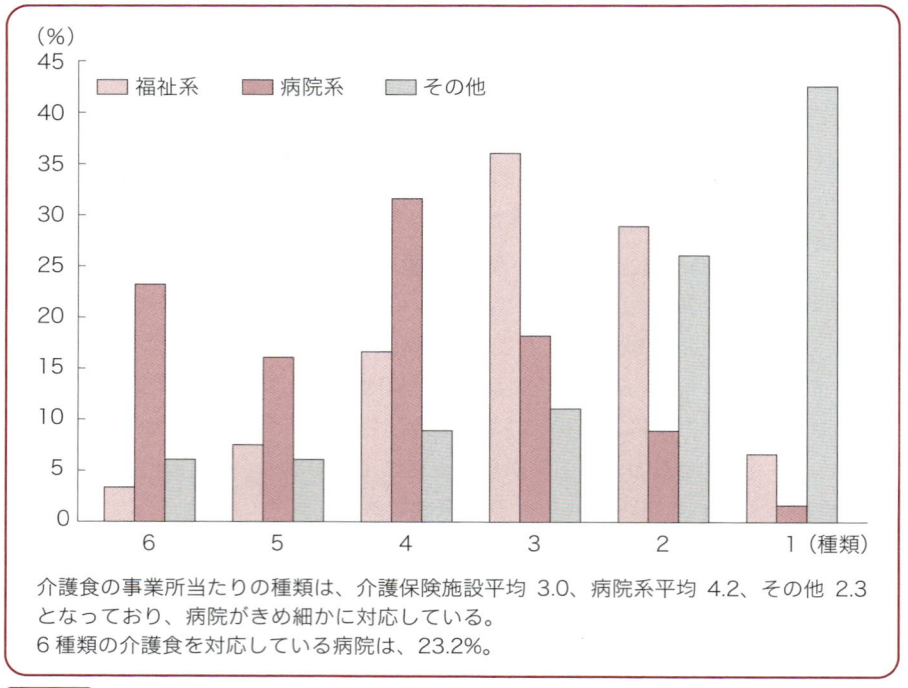

介護食の事業所当たりの種類は、介護保険施設平均 3.0、病院系平均 4.2、その他 2.3 となっており、病院がきめ細かに対応している。
6 種類の介護食を対応している病院は、23.2%。

図 2-7 介護保険施設と病院で導入されている食事形態数

資料）イーコスモス：2007 年〜 2008 年介護食の現状調査研究

表 2-9 指定地域密着型サービスに要する費用の額の算定に関する基準

厚生労働省告示　第 126 号（平成 18 年 3 月 14 日）

（告示文）
　利用者の栄養状態を利用開始時に把握し、管理栄養士、看護職員、介護職員、生活相談員その他の職種の者が共同して、利用者ごとの摂食・嚥下機能及び食事形態にも配慮した栄養ケア計画を作成していること。
（解説文）
1　例えば、一律に刻み食を提供することにより、かえって咳き込みやその結果としての誤嚥が生じてしまうといった事例も見受けられることから、経口による食事摂取を進めるためには、入所者が、食物を口の中で咀嚼することに障害があるのか、咀嚼後の食塊形成や移送に障害があるのか、といった個々の状況を把握し、これに応じた食事形態とすることが重要である。
　　注）刻み食は、程度にもよるが、咀嚼に障害があっても食塊形成・移送には問題ないといった方以外には不適切。また、
　　　①食物はやわらかいか、
　　　②適度な粘度があってバラバラになりにくいか、
　　　③口腔や咽頭を通過するときに変形しやすいか、
　　　④べたついていないか（粘膜につきにくくないか）、
　　などの観点を踏まえ、個々の利用者に応じた食事形態とすることが必要である。
2　また、誤嚥防止の観点のみならず、口から食べる楽しみを尊重し、見た目、香りやにおい、味付け（味覚）、適切な温度、食感などの要素に配慮することも重要であり、複数の食材を混ぜてペースト状にして一律に提供することなどは適切でない。
3　摂取方法に関しては、それぞれの障害の状態に応じ、摂食・嚥下を行いやすい体位等があるため、誤嚥を防止するよう利用者ごとの適切な体位に配慮すると共に、テーブル、スプーンの形状等の食事環境や、摂取ペースなどにも配慮することが必要である。

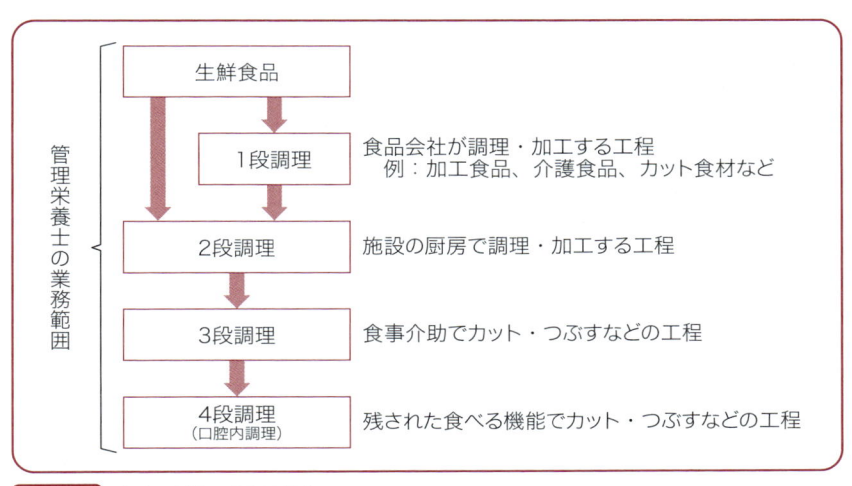

```
┌─────────────────────────────────────────────────┐
│                  生鮮食品                        │
│                    ↓  ↓                         │
管理        │       1段調理    食品会社が調理・加工する工程        │
栄養        │                    例：加工食品、介護食品、カット食材など │
士          │       ↓  ↓                         │
の          │       2段調理    施設の厨房で調理・加工する工程    │
業          │         ↓                          │
務          │       3段調理    食事介助でカット・つぶすなどの工程 │
範          │         ↓                          │
囲          │       4段調理    残された食べる機能でカット・つぶすなどの工程 │
            │      (口腔内調理)                   │
└─────────────────────────────────────────────────┘
```

図 2-8 食事形態の調理分担

作成）イーコスモス

約50％の介護保険施設で栄養計算されておらず栄養ケアプランとの整合性が皆無である。

②介護食の規格

介護食の規格（大きさ、硬さ、まとまり、すべり）が定められておらず、評価方法が確立されていない。栄養士は、利用者に提供する毎日の料理に不安を感じている。

③介護食のコスト

個別化に対応するため増える作業（①献立作成、②食事形態に対応した調理、③とろみ食材の追加、④展開に伴う栄養損失の対応、⑤保存食、検食のコストなど）の時間とコスト負担増で対応困難である。

❹食事介助、口腔ケアの課題

個人個人に対応した食事形態は、厨房の調理で実現することはできない。筆者は、調理（主に食事形態）を4段階の分担で整理した（**図2-8**）。

厨房の対応は、1、2段調理までで、3段調理は食事介助、4段調理は食べる口づくりになる。特に3段調理の把握は重要である。食事介助者の技量を把握し、仕事の分担が必要。現状は、栄養士と食事介助、口腔ケアが連携できておらず、いろいろな課題がある。

❺調理法の課題

2段調理に使用する調理器具は、介護食の調理法に対応できておらず、非効率でコスト増の原因になっている。

❻介護食の安心・安全

認知症の方は、危険性を察知することができないため、異食や食事形態の違いなどから食物を喉に詰まらせる、誤嚥するなどの理由で死亡事故につながることがある。そこで、安心・安全を実現するためにリスクマネジメントが必須になる。

> **事例 3**
>
> K.E. さん、女性、86歳。認知症末期だが何とか食べられた。明け方に微熱があることが分かり食事は居室となる。姿勢は 30 度を確保でき、声かけやスプーンによる口唇刺激に対して口を開けるなど反応あり、嚥下速度もいつものとおりで問題はなかった。しかし、急に動きが止まり、顔色がみるみる悪くなり、緊急体制をとったが、まもなく呼吸が停止し、亡くなった。死亡原因は食事による窒息であった。
>
> 原因は、①微熱があるだけで、身体状況は平常どおりであったため、食事形態のチェックをしなかった。② 30 度の姿勢は、リスク管理面から問題はなかったが、深夜から続いた微熱による水分不足と口腔乾燥が考えられる。③口腔内の食物を外にかき出すなどの緊急対応をしたが、吸引処置ができなかった。
>
> 一例であるが、認知症の人は、喉や食道を詰まらせて亡くなる事故が多く見受けられる。認知症の人は特徴として危険を認識し行動に移すことが困難であることから、安心・安全に配意した食事ケアサービスが重要である。

3. 原因疾患・症状別介護食

> **ゼラチンと寒天**
> ゼラチンは動物性、主成分はたんぱく質、凝固温度は 15〜20℃で冷蔵庫が必要。寒天は植物性、主成分は多糖類、凝固温度は約 40℃で常温でも固まる。

筆者が介護食を開発後、普及するにつれて現場の評価は相反するものであった。例えば、「摂食・嚥下障害の人にはゼラチンが基本」、「いや、ゼラチンは口の中で溶けて、かえって誤嚥の原因になるので寒天の方がよい」、「刻み食は危険なのに、福祉施設は刻み食を提供している」、「いや、刻み食の方が食べる」、「介護食は経管栄養を外したが、高齢者の低栄養を増やし、要介護期間を延ばしただけだ」など、介護食の開発者としては疑問だらけであった。この疑問を解決する目的で厚生労働省告示第 126 号（表 2-9）に基づき調査・研究・開発した結果、2007 年に残された食べる機能（原因疾患・症状別）に食事形態を対応させないと「口から食べる」ことができないという考え方に至った。そして、この食事を「原因疾患・症状別介護食」と命名した。

筆者が経験した方々を 5 分類に整理した。

❶ 失認、失行の人（認知症）

食事を食べ物と認識できない、口の中の食べ物をかむ・舌でまとめる・喉の奥に送り込む・飲み込むことを忘れるなどの行為がみられる。食事はその方が育った時代を思い起こさせる献立にする。嚥下機能は、比較的しっかりしているため、食べ物を一口大にまとめて舌の上に乗せて重量感を出したり、冷たいゼリーにして触感を刺激したり、舌の上に食べ物を留めるようにして味蕾（味覚）、鼻腔を刺激（嗅覚）するなどの工夫で咀嚼や舌の運動を誘発できる食事形態と料理にする。

❷ 麻痺の人（脳卒中後遺症）

唾液が飲み込めないために涎が多くなり、呼吸に障害があるために誤嚥の危険性が高く、口から食べることは高リスクになる。食事形態は、押しつぶ

してもバラバラにならないまとまりと貼り付きがなく滑りがあり、気管支に食べ物が入らない姿勢や首の延伸に注意する。

❸ 筋固縮の人（パーキンソン病）

麻痺は治りにくいが、固縮は動かすことで改善される。食べ物は認知できるので、かむ行為を促す硬さの食事形態にする。

❹ 食欲障害の人（うつ病）

うつ期は、食事量にむらがあり食べる意欲を失っているので、積極的に関わり、好きなもの・食べたいものを見つけ出しながら一口を大事にし、口当たりのよい食事形態にする。水分補給は、必ず行うことが大切である。

❺ 義歯、歯茎食べの人（老化）

老化を促進させないことを目的とする。脳疾患がない場合、コミュニケーションをとりながら、かんで食べることのサポートが可能。咀嚼力や消化・吸収力に対応した食事形態にする。

4. 認知症で介護食が必要な人

認知症は発症した疾患により数種類あるが、介護保険施設はアルツハイマー型が多く、その症状は進行性で、発症からの生存期間は平均10年余といわれ、その間を初期・中期・末期・終末期に分類される。このステージごとに特異な症状があり、ステージに合わせた食事サービスになる（図2-9）。

❶ 認知症初期～中期（前半）

特異な食行動がみられ、記憶に残る認識できる料理を提供することで咀嚼や嚥下には特に問題はない。

❷ 認知症中期～末期・終末期

食べることが困難になり、食べてもらうための介護食が必要になる。それ

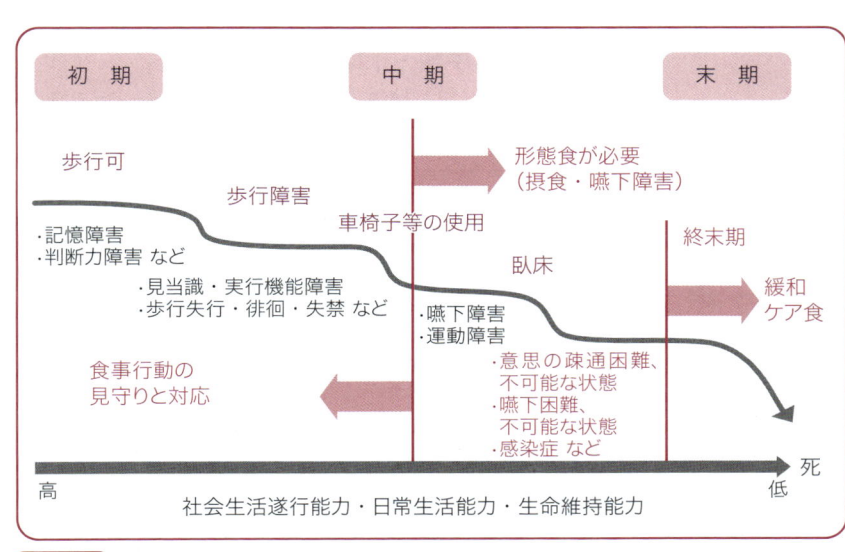

図 2-9 認知症のステージ

資料）青梅慶友病院：後期高齢者の望むケアとは に加筆

は、残された感覚機能を刺激し、随意運動や反射運動、蠕動運動につなげる食事形態が必要になるからである。筆者の経験で認知症終末期の方は、食べる行為がほとんどできないので、人としての尊厳を守るための緩和ケア食が必要になり、末期と分けて考えている。

> 事例4

M.N. さん、84歳、女性、終末期。食べる行為がとれなくなり、全介助になってから3年。入院か介護保険施設に入所かの選択が必要になり検討した結果、家族の希望から自宅で看取ることになり、約3か月間緩和ケア食を提供し安らかに旅立った。

5. 脳卒中後遺症と認知症の介護食の違い

脳卒中後遺症にみられる摂食・嚥下障害は、主に麻痺症状で特に嚥下機能が問題である。認知症（中期～末期・終末期）にみられる摂食・嚥下困難は、失認・失行症状によるもので、食べ物の認知機能（口腔内の食べ物を感じることができない、動かすことができない）が問題である。この問題を摂食・嚥下機能（先行期、準備期、口腔期、咽頭期、食道期）に沿って解説する（表2-10）。

> **脳卒中後遺症**
> 脳の壊死した部位によって症状が異なるが、身体の麻痺や言語障害などが知られている。

❶脳卒中後遺症

① 先行期：視覚から料理の姿がきちんと見え判断できるが、手などに麻痺があれば捕食が困難。
② 準備期：口腔内に麻痺があると感覚がなく、口唇開閉や咀嚼運動、舌の動きなどが緩慢になり重度になると動かすことができない。
③ 口腔期：副交感神経系に問題があるときは、粘液性唾液が多くなり飲み込むことが困難になり、舌がうまく動かないことから移送が困難。
④ 咽頭期：嚥下反射に問題があり、誤嚥しやすくなる。

❷認知症（中期～末期）

① 先行期：視覚や嗅覚などで料理を判断できない。手先に箸や茶碗を

表2-10 脳卒中後遺症と認知症の違い

原因	脳卒中後遺症	認知症
先行期 （食べる構え）	わかる 身体の一部が自由に動かない	わからない 忘れる
準備期 （咀嚼と食塊形成）	口唇開閉困難 咀嚼筋麻痺 舌麻痺	口唇開閉困難 咀嚼困難 食塊形成困難
口腔期 （奥舌への移送、咽頭への送り込み）	舌下神経麻痺のため舌がうまく動かない 嚥下麻痺、移送困難	認知できないため移送困難 嚥下失行
咽頭期 （咽頭通過、反射運動）	嚥下障害 神経学的な問題から誤嚥	食道に送り込み困難
食事内容 食事体制	疾病・体調を考慮した食事を提供 おいしく食べられる食環境	本人が食べたい食事を提供 時間をかけて充足率100%

作成）イーコスモス

　　　　　持たせても認識できない。
　　②準備期：食べ物と認知できないために口唇開閉や咀嚼、食塊形成が
　　　　　困難。
　　③口腔期：食べ物と認知できないために移送や嚥下が失行する。
　　④咽頭期：食道への送り込みが困難。嚥下反射運動や食道の蠕動運動
　　　　　が低下していると食べ物を詰まらせやすい。
　介護食は、この症状を理解し残された食べる機能をみつけて食事形態を決定し、咀嚼を促し、脳を賦活し、唾液の分泌を促すことが最も配意することである（図2-10）。

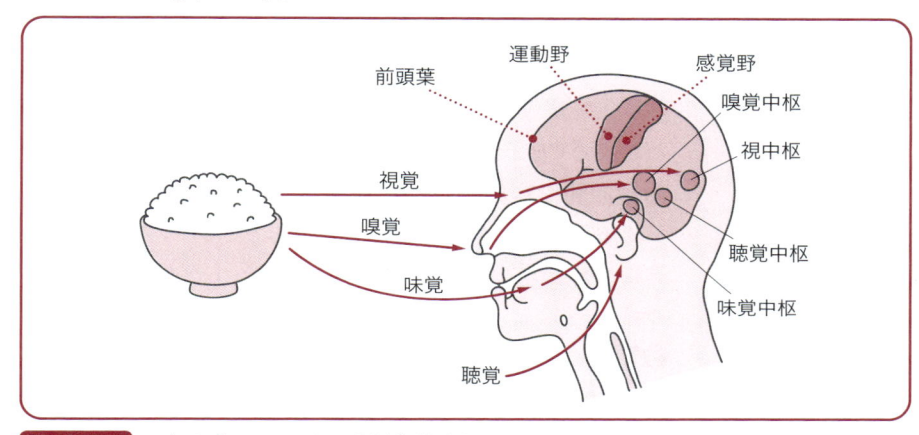

図 2-10 口から食べることで脳が賦活する
資料）新潟大学、山村健介

6. 介護食のコンセプト

> **コンセプト**
> 日本語の場合、全体で一貫した概念といった意味で使われることが多い。ここでは、基本理念、基本概念といえる。

　介護食とは、①「食は命」の考え方を導入し、②個人個人の身体状況に対応した食事形態で、③食欲を増進する食事で、④個人個人の身体状況に合わせた食事介助と口腔ケアで、人生最期まで「口から食べる」を実現する食事である。
　それを実現するためには、次のコンセプトで調理することである。

❶残された食べる機能に対応し旬の食材を使った料理
　刻みやミキサーの二次調理では、食事形態の調整が難しく、何の料理か認識できない。残された食べる機能に対応した食事形態で、旬の食材を使用した料理がよい。

❷見た目がよく食欲がわくこと
　認知症の方が食事と認識できるのは、記憶に残る懐かしい料理である。

❸個々人の嗜好、身体状況に合わせること
　認知症の方は成長する過程で食べた食事（お袋の味、郷土料理）が嗜好として現れ、戦後の多種多様の食事とは異なるので、その方の食文化に合わせること。

❹喉越しがよく、おいしいこと
　認知症状が進行すると口の中に含ませ、なかなか飲み込まなくなる。嚥下

運動につなげるためには鼻腔を刺激する香りが重要で、それは成長期に食べなじんだ食材の持ち味や調味料の旨味である。その風味を醸し出す食事の口当たりや喉越しのよさもおいしさにつながるので、個人個人の咀嚼力や嚥下力に合わせて食事形態を決める。

❺誤嚥・窒息を起こさないこと

認知症の方は食べ物を認識した食べ方や咀嚼回数を変えることは困難なので、咀嚼と嚥下のタイミングが悪くむせやすくなる。認知症状が進行して食べる行為がとれなくなると誤嚥や窒息の危険性が高くなるので、安全に配意した食事形態を決める。

❻６大栄養素と水分摂取ができること

認知症の方の食事形態に対応して調理すると、常食と比較して栄養損失があり、栄養バランスも悪くなる。栄養評価をして不足の栄養素を補給することが大切である。

❼短期間に経口移行が可能

認知症の方が経管栄養で長く（約３週間）栄養補給されると口から食べることを止めてしまうことが多いため、１日も早く経口に移行することである。

❽愛情と敬意のこもった食事介助

個人個人の食事形態を実現するためには、食事介助で分担し、介護者の観察力が求められる。認知症の方は痛みなどの感覚認知も低下し、自分の意志を伝えることが困難で日々の生活や認知症の進行に伴い食行動が異なること、摂食・嚥下機能が悪化することを配意し、人としてあるべき状態に維持することである。

❾食べられる口づくり

認知症状が進行すると歯の治療が困難になるため初期段階で歯の定期診断が必要で「食べられる口づくり」が重要である。

認知症の人は、特に
　①満腹感や空腹感、体調や心身の痛みなどを認識することが困難
　②過食や拒食、盗食、異食、徘徊など特異な症状をもつ

などに配意した食・栄養ケアサービスとする。

7. 栄養デザインのポイント

❶介護食に対応した栄養素の補給

介護食の食事形態を実現するための調理方法では、栄養素の損失（特にたんぱく質やビタミンCの損失率 50 ～ 70％）が大きい。

この損失率は、食材や食事形態の展開などで異なるので把握して栄養を補給することである。また、食品会社が販売している介護食品などは食品ごとの栄養成分を入手してチェックすることである。

❷とろみを付ける食材・食品

介護食の食事形態を実現するためにさまざまなとろみ食材や食品を使用する

> **栄養素の損失**
> 例えばビタミンCの場合、調理方法による損失率は、煮る・ゆでる 50 ～ 70％、焼く・蒸す 10 ～ 30％とされている。

が、累計すると相当の使用量（例：とろみ調整食品 100 〜 200g/ 日の大量摂取）になるため、必ず栄養計算の中に入れてチェックする必要がある。

8. 食事形態デザインのポイント

　食事形態デザインとは、その人の残された食べる機能に合わせることである。
　筆者は、残された食べる機能を把握するため、摂食・嚥下の流れを次の 6 つに分けた（図 2-11）。

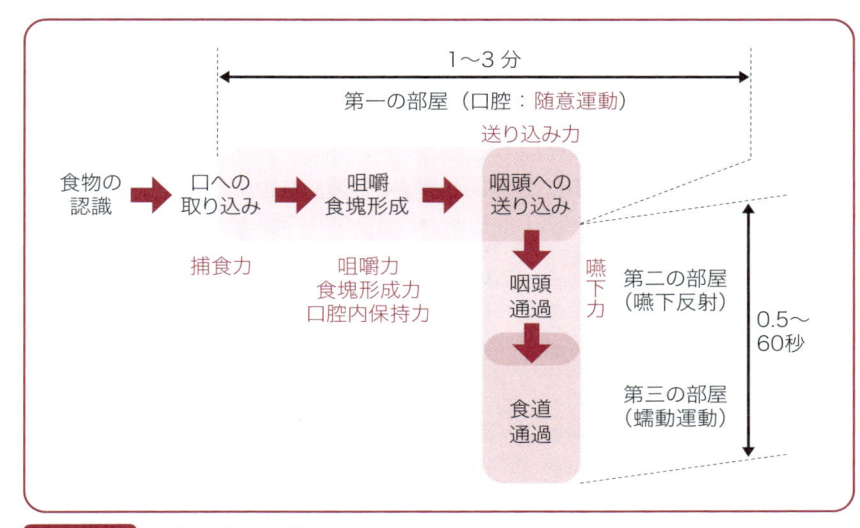

図 2-11 摂食・嚥下の流れ
作成）イーコスモス

❶食物を口まで運び口唇を閉鎖する「捕食力」

　食物を口に運ぶ力と口唇閉鎖力（食物を口まで運び、口を開け、口唇を閉ざす力）。口唇閉鎖力が低下すると食物を捕捉することができなくなり、流涎や食べこぼし、飲み込みづらさなどがみられる。失認・失行の人は、記憶を呼び覚ます対応と捕食を誘発させる感覚機能で対応する。

❷食物をかみ切る・砕く・押しつぶす「咀嚼力」

　食物を嚥下できる大きさになるまでかむ力と舌や上顎で押しつぶす力。咀嚼力は、歯の状態（義歯、歯茎）と咀嚼筋力で決まる。咀嚼力が低下すると唾液の分泌が少なくなり食塊形成ができず、唾液の効果も期待できない。その結果、飲み込みづらい、喉に詰まらせる、誤嚥などがみられる。失認・失行でもぐもぐしているが口の中を見ると咀嚼されていない場合、咀嚼力を見極めることが大切である。

❸かみ砕いた食物と唾液を混ぜてまとめる「食塊形成力」

　咀嚼したバラバラの食物を飲み込むために一塊にする力。人は水を 0.5 秒（瞬きの速度）の速さで一口ずつ飲んでいる。安全に食べるためには唾液の量・質、舌や頬の動きが重要になる。食塊形成力が低下すると口腔内で食べ物がバラバラになり、その結果、飲み込みづらい、喉に詰まらせる、誤嚥などがみられる。

失認・失行の人は、食塊形成をするという認識がない。

❹舌の上に食物を停滞させて味わう「口腔内保持力」

食物が認知できない人や味覚が低下した人が食物を数秒舌の上に停滞させて食物を認知し舌で味わい、鼻腔を刺激し次の嚥下反射運動につなぐ力。

❺舌を挙上させて喉の奥に送る「送り込み力」

舌を挙上させて喉の奥に送り込む力。このとき、嚥下反射が引き起こされ、その動作は、随意運動である。失認・失行の人は、舌の挙上運動（反射運動）に対応した滑りにすることが大切である。

❻食物を誤嚥させないで胃まで送り届ける「嚥下力」

食物を誤嚥させないで胃まで送り届ける力。喉頭は常時呼吸運動をしており、嚥下によって食塊の通路になる。この切り替えが非常に短時間で行われ、無事に咽頭を通過した食塊は食道の蠕動運動によって胃まで到達する。失認・失行の人は、中期～末期になると嚥下反射運動や食道の蠕動運動が緩やかになる。

この6つの力を把握して食事形態は、①硬さ、②大きさ、③まとまり、④すべりの4つの条件で決定する。

筆者は、認知症のステージに対応させるために、山本式総義歯咀嚼能率表[※3]を参考にしてタイプ1～5に区分し、さらにタイプ3を2区分、タイプ4を3区分した。

この各力を判断する情報は、医師・歯科医師・言語聴覚士・看護師・介護職員などのアセスメントや日々の看護・介護記録から入手し、各力を評価した結果から食事形態の規格（「硬さ」、「大きさ」、「まとまり」、「すべり」）を決定する。

この各力の課題・問題を解決するために食事形態をデザインすることや五感（特に味覚、嗅覚）を刺激し脳を賦活させるための料理デザインが重要になる（表2-11）。

9. 料理デザインのポイント

食事は、五感（視覚、聴覚、味覚、嗅覚、触覚）を総動員して食べている。

高齢者は、長い人生で旬の季節感ある食材や地域の食材を味わうだけでなく、器や盛り付けにまでこだわり、「食を舌だけでなく目で見て味わう」食習慣を形成している。また、五感を誘発する食事は、視覚・聴覚・嗅覚の情報によって、脳が刺激され賦活し、唾液の分泌、胃酸の分泌、消化酵素の分泌、腸の蠕動運動などが準備され、いわゆる食事行動のスタートラインにつくことができる（表2-12）。五感を誘発することは、単に食材を味わうということだけでなく、栄養素を吸収するための前段階である消化分解というプロセスにも大きな影響を与えている。失認・失行の人は、①食べ慣れた料理、②食べなじんだ料理、③昔食べた懐かしい味、香りに配意することが大切になる。

表2-11 飲み込みやすい食事形態5カ条

第1条 食材の密度〈大きさ・硬さ〉が均一であること

食材の大きさや硬さが均一でないと、かみ砕いたり、飲み込みやすい塊（かたまり）にまとめることが難しくなる。調理に用いる食材は、大きさを揃えて、同じやわらかさになるまで炊き込む。また、どの料理も同じ形態にする。十分に炊いてもやわらかくなりにくい場合、ミキサーやフードプロセッサーでミキシングしたり、すり鉢ですりつぶしたり、裏ごしを行うことにより、密度を均一にすることができる。

第2条 適度な粘度と凝集性〈まとまり〉があること

咀嚼したときに口の中でバラバラになったり、喉を通過するときにバラバラになる食品は、上手に飲み込むことが難しくなる。いわゆる単なる「刻み食」は、食塊形成ができない人や嚥下障害のある方には危険である。片栗粉のあんや寒天、ゼラチン、粘りやとろみのある食材（山いも、マヨネーズなど）、とろみ調整食品を利用してまとまりのある形態に仕上げることが大切である。

第3条 飲み込むときに変形しやすいこと

喉を通過するときに変形しにくいものは、飲み込みにくい。変形しやすいやわらかさに調理する。末期の人は、ヨーグルト状がよい食事形態である。

第4条 口腔粘膜や喉へのすべり、付着性が低いこと

トマトの皮やわかめ、焼きのり、餅、水飴類やホクホクの焼きいもなどのように、口の中や喉にくっ付きやすいものは、舌や嚥下機能が低下している場合、飲み込みが非常に難しくなる。スムーズに喉を通過できるようなすべりのよい形態に仕上げることが必要になるため、適度な水分や脂肪分、とろみを加えてくっ付きにくい形態に仕上げる。それでも飲み込みにくい食材は、使用を控えるようにする。とろみは付けすぎると付着性が増すので注意する。バナナをつぶした形態が適している。

第5条 咀嚼・嚥下は可逆性のもの

食事形態は、個人個人の食べる口に合わせるだけでなく、食物のパワーと口腔ケアで体力がついてきたら、かむ運動が起きるように、一品はかむ動作が入る形態にする。例えばバナナのスライスがよい。

作成）イーコスモス

表2-12 五感を誘発する食事の条件

第1条	料理の盛り付け（彩りや形）、食器の色や形をみる（視覚）
第2条	食物をかむ音を聞く（聴覚）
第3条	食物の味を味わう（味覚）
第4条	食物の香り（嗅覚）
第5条	食物のテクスチャー、温度などに手、口唇、口腔で触れる、咀嚼する（触覚）

10. 調理の工夫

❶食材別の調理工夫

認知症の人に対する調理の工夫は、表2-13に示す。

❷とろみの付け方

唾液は咀嚼を円滑にし、かみ砕いた食事と混ざり合うことで食塊を作る機能がある。唾液の分泌量が少なくなるとこの役割を果たすことができなくなり、食物が口腔内に貼り付く、貼り付きが刺激になり咳反射を引き起こすなどの原因になる。これを解決する目的で唾液の替わりとなる"とろみ"を調理段階や食事介助の段階で付ける。

●とろみ付けのポイント

①付着性がなく離水がない、②口腔内で食品の表面が滑らかですべりや

表2-13 食材の特性別調理の工夫

	課題	対処	例
①サラサラした液体	速い速度で咽頭へ落ちていくので、嚥下反射の遅い方ではむせや誤嚥の原因になる。水ではむせるが牛乳は大丈夫など、わずかなとろみ加減の違いで飲み込みやすさに差が出る。	とろみが付いていると問題なく摂取できる場合もある。水分は食塊形成して冷温にし、舌反射を促すことが必要であるため、口腔内で溶解しない寒天を使用する。	水、お茶など
②硬くてかみ砕きにくい食材	歯がなかったり虫歯や歯槽膿漏などでかむことが困難な場合、「硬いもの」は食べにくい。もともと高齢者は筋力の低下や歯牙の損失により、かむ力が低下していることが多い。	舌と顎で押しつぶせるくらいの硬さと大きさになるように調理加工する。野菜は細かく切る、すり下ろす、ピューレーなどにする。魚はたたきなどにしてまとめる。残された感覚機能を引き出すために素材の味を壊さない工夫をする。舌反射を促すための記憶にある食材・昔食べた料理・味にする。	ごぼう、れんこん、脂肪の少ない魚、たこ、いかなど
③水分が少なくパサパサした食材	パン、カステラ、マドレーヌなどは唾液と混ぜ合わせされると粘性が高くベタッとした食塊になり残留する。量が多い場合は団子状になり、咽頭に詰まる危険性もある。高野豆腐の含め煮などは、最初に煮汁だけが咽頭へ流れ、誤嚥の危険性がある一方、煮汁が少ないとパサパサして食べづらい。	水分を多く含ませて食塊形成を補い、油脂などで送り込みをよくする。高野豆腐は、細かく切って煮汁をあんでとじる。	パン、カステラ、マドレーヌ、高野豆腐、蒸しいもなど
④口腔内でバラバラになり、まとまりにくい食材	唾液分泌量の少なくなった方、かむ力が弱い方、義歯が合わない方、口腔に麻痺がある方にとって、非常に食べづらい。このような食材を細かく刻むと口腔内に散らばり、より咀嚼しにくくなる。飲み込むときにも一塊になりにくく飲み込みにくい上、ポロポロと咽頭に落ちて誤嚥の原因になる。	肉は細かく切る、またはひき肉を使用し、唾液の替わりになるものでまとめる。かまぼこ、こんにゃくのように細かく切ってパラパラする食材は使用しない。クリーミーな状態にして食塊形成を補い、送り込みをよくする。	肉、かまぼこ、こんにゃく、れんこん、豆腐、錦糸卵など
⑤口腔内や咽頭に貼り付きやすい食材	口腔内や咽頭に貼り付くと、咽頭をふさぐことがあり、危険である。	葉もの野菜は刻んだりピューレー状にし、とろみを付けてまとめる。水分を多く含ませてかむ動作を起こしやすくし、食塊形成を補い、送り込みをよくする。海藻は細かく切って寒天でまとめる。	葉もの野菜、のり、海藻、薄切りきゅうり、ウエハースなど
⑥粘りの強い食材	ベタベタしたものは口腔内や喉の粘膜に貼り付きやすく、咽頭への送り込みが難しい。特に、餅は口腔内で小さくなるまで処理することが難しく、大きな塊のまま咽頭へ送られて窒息の危険性がある。	水分を多く含ませて食塊形成を補い、送り込みをよくする。餅は上新粉、水分などを加えて粘度を低くする。	餅、団子など
⑦酸味の強い食材	酸味の強いものはむせを誘発する。できる限り酸味の刺激を避けた方がよい。	酸の濃度を低くし、ジェル状にして送り込み速度を緩やかにする。	酢の物、柑橘類など
⑧水分が分離する料理	口腔内で汁と具が分離し、先に汁が送り込まれ、具が口腔内に残り、むせの原因になる。	具は5mm以下の飲み込める大きさにする。水分は寒天で食塊形成を補い、送り込みをよくする。舌反射を促すため、口腔内で溶解しない寒天を使用すれば、汁や具の味を損なわない。	みそ汁、スープなど
⑨すべりのよすぎる食材	咽頭の受け入れ態勢ができていないうちに咽頭へ送られてしまうものは、誤嚥やむせの原因になる。	ところてんはスプーンに乗る長さに切り、酢はだし汁でのばして味を和らげ、とろみを付けてからめる。ゼリーは残された食べる機能に対応して手作りの寒天ゼリーにする。	ところてん、市販の寒天ゼリーなど
⑩しなり、つぶしにくい食材	高齢者は漬物を好むが、つぶしにくく食べにくい。浮いた義歯ではかみ切る、つぶすことが困難で、咀嚼力に合わせて細かく切ってもバラバラになってむせ、誤嚥の原因になる。	細かく切ってお粥の中に散らし、味・香りを大事にする。市販のお粥の素を使用すると簡単にできる。	漬物
⑪すする力が必要な食材	高齢者はうどん、そうめん、そばなどを好むが、長い麺をすすって一口量にかみ切ることができない。	口腔内に収められる長さに切る。咀嚼困難な方には、かまなくても飲み込める長さに切り、ゆで・蒸し時間を調整し、やわらかくする。	麺類

すい、③食品組成が均一でバラバラにならない、④押しつぶして変形するやわらかさ、⑤半固形から水に変わらない、の5つがポイントである。

●とろみ付けの考え方

とろみ食材には、唾液と似た特性をもつでんぷん類（片栗粉、コーンスターチ、米粉など）や卵、里いも、とろろ、寒天、ゼラチンなどがある。筆者はこれを「とろみ食材」と「とろみ材」に分けて"とろみ付けの設計"をしている（図2-12）。

●とろみ食材率＝ $\dfrac{B+C}{D}$

①50％以下が望ましい
②60％以上の場合は、栄養補助食品などを検討

●とろみ濃度＝ $\dfrac{C}{水分量+C}$

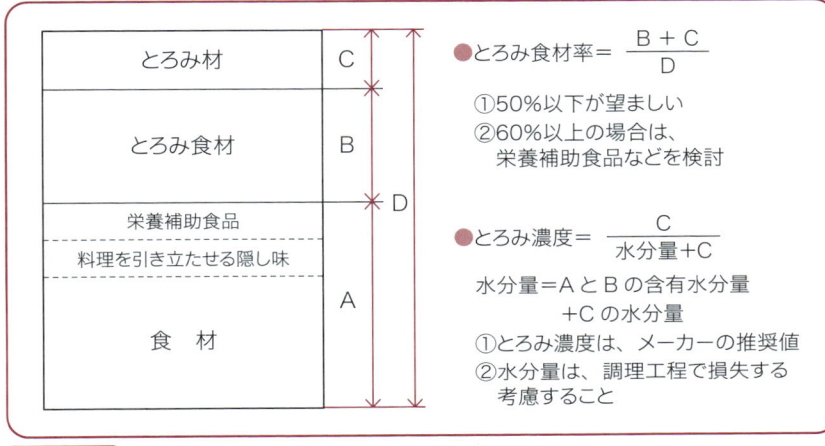

水分量＝AとBの含有水分量＋Cの水分量
①とろみ濃度は、メーカーの推奨値
②水分量は、調理工程で損失する考慮すること

（図の構成：C＝とろみ材、B＝とろみ食材、A＝食材（栄養補助食品／料理を引き立たせる隠し味を含む）、D＝C＋B＋栄養補助食品部分）

図2-12 とろみ食材率、とろみ濃度

付) とろみ濃度の計算：食材の含有水分量を必ず加えて計算することである。
筆者の寒天濃度は、タイプ3 0.6％、タイプ4 0.4％である（p.228）。

とろみを付けたものは、調理工程の中で安定するものや室温・時間の経過で変化するものがある。食べ始める時間に配意してとろみ加減や介護食そのものの温度・時間管理が必要になる。

- **とろみ食材**　肉・魚料理を送り込みやすくしたり、すべりを付けるための食材で、主に卵系、豆腐系、とろろ系の食材を使用する。料理の味を損ねず、栄養価の損失もなく、食事形態デザインや料理デザインに対応する。とろみ食材率は、50％以下が望ましい。60％以上になるときは、栄養補助食品の使用を検討する。常食の煮汁やあんを加えることでおいしく、香りを付けることができる。
- **とろみ材**　水分をまとめるために寒天やゼラチン、とろみ調整食品を使用する。認知症の方は、次の理由から寒天が最適である。

〔認知症の人には、なぜ寒天がよいのか〕

認知症の中期から末期に対応した「とろみ付け」は、①体温で溶けないこと、口腔内に留まって食塊が保持でき、留まることで舌の挙上を引き起こし、味蕾や鼻腔を刺激し、五感を促すことで運動機能につなげること、②多少の離水によるすべりで、弱い咀嚼力や舌のわずかな動きでも喉の奥に送り込むことが寒天で実現できる。

主なとろみ食材、とろみ材の種類と特徴を表2-14に示す。

表 2-14 とろみ付け食材の特徴と利用

種 類	特 徴	利 用
片栗粉	かつてはカタクリからとられたが、最近ではじゃがいもを原料としたでんぷんの粉を指すのが一般的。でんぷんが加熱によって吸水し、糊状になることによってとろみが付く。	とろみ付けの食材として、家庭で最も多く使われている。最近、片栗粉の欠点を補完する"さっとあんかけ"（伊那食品工業）が発売された。
コーンスターチ	とうもろこし（コーン）を原料に作られた、きめの細かいでんぷん粉。糊化したものは舌触りが非常に滑らかである。とろみが付く原理は、片栗粉と同じ。	家庭の調理以外にも、ビールの原料、化粧品、接着剤など、さまざまな分野で使われている。
寒 天	てんぐさなどの海藻が原料で、低エネルギーで食物繊維が豊富な食材。粘りけが少なく、常温でも固まる性質があり、冷やさないと固まらないゼラチンに比べ、幅広く利用できる。	粉寒天・棒寒天の欠点を克服した介護用寒天が数種類販売され、利用されている。筆者は、水分をまとめるときは、介護食用ウルトラ寒天と手作りぱぱ寒天の混合にする。食材をまとめるときは、介護食用即溶性寒天を使用する。
	〔凝固性〕充分な水（50倍）と共に加熱することで凝固性が増す。凝固温度は 10～40℃くらいであるが、これより低めの温度に保持されないとしっかりと固まりにくい。通常は、粗熱をとってラップなどで蓋をし、冷蔵庫で冷やす。いったん固まったものは溶けにくい。	
ゼラチン	牛や豚の皮や骨からとったコラーゲンが原料。温めると溶け、冷やすと固まる性質のため、冷たい料理に適する。板・粉末ゼラチンは、安定に必要な時間が長いことや、温度により形状が変化するなどの欠点がある（利用率約 20％）。	粉・板ゼラチンの欠点を克服した介護食用ゼラチンが販売され、利用されている。凝固時間などで使い分けし、固まり具合はゼラチン濃度（量）で調整する。
	〔凝固性〕たんぱく質であるため、等電点（pH4.2～4.6）に達すると凝固しにくくなる。その場合は酸を加えるなどで等電点からはずす必要がある。ゼリー化させるには冷蔵庫で充分時間をかける必要がある。また、融解温度が低い（濃度によるが 20～28.5℃）ので、調理後の管理に注意する。	

付）寒天とゼラチンの安定時間改善：寒天やゼラチンを使用した料理は、形態が安定するために 1～12 時間必要で、調理工程や冷蔵庫を占有するなど問題がある。この工程にブラストチラーを使用して急速冷凍することで、大幅な時間短縮が可能で、衛生の問題も解決する。冷却時間は、食材の種類や量・大きさ・食材の初期温度による大きく異なるため、事前検証すること。

●末期の人への対応

　認知症の末期になると、感覚機能が低下し、口腔内の食塊を認識しにくくなり、かむ、舌を動かす、食塊を喉の奥に送り込むなどの運動につながりにくく、食塊を口腔内に含ませたまま飲み込むまでの時間がかかる。重症期と終末期別に対応が必要。

【重症期の方】

　飲み込む一連の運動である咀嚼や舌の挙上、嚥下反射機能がさらに低下するので、機能低下に合わせ、食塊を形成して食べてもらうには、わずかな口腔の動きで喉の奥に送り込める「すべり」、喉越しの「ソフトさ」が求められる。

【終末期の方】

　食道に送り込む一連の運動がさらに弱くなり、蠕動運動も大幅に低下するため、緩和ケアを目的とした緩和ケア食の提供になる。

❸とろみ調整食品

　とろみ調整食品とは、食べ物や飲み物に加えて混ぜるだけで、適度なとろみを簡単に付けることができる粉末、液体の食品である。

●とろみ調整食品の特徴と適用

とろみ調整食品は、現場が求めるとろみの要件（①料理の温度に関係なく、②短時間でとろみが安定、③味を損ねないなど）の商品を各メーカーが開発し、数多く販売されている。主原料で分類するとでんぷん系、グァーガム系、キサンタンガム系で、それぞれに特徴や適用領域がある。

認知症の方には、寒天の形態になるとろみ調整食品を選定するとよい。

●とろみ調整食品の使用上の注意点

とろみ調整食品は、ベッドサイドでとろみの調整が必要になったときの使用を前提に開発された背景がある。しかし、最近は調理工程でも使用され始め、その結果、大量使用となり、問題や事故が発生し始めている。大量使用することで口内に付着し、①送り込みが困難、②喉に詰まらせる、③消化・吸収の妨げになる、④肥満の原因になるなどが報告されている。企業も大量使用は、注意を喚起している。

この原因は多々あるが、栄養士がとろみ調整食品を栄養管理の対象にしていないことだと思われる。栄養士は、口から食べるすべての食品（生命関連物質）を管理することを忘れてはならない。

❹介護食品の使い方

介護食品の代表的な商品にユニバーサルデザインフード（以下、UDF）がある。UDF規格食品は、数多くの会社（17社：2010年2月現在）から販売されているが、この商品を使用して介護食を作るときは、次の点を確認して食事形態などの調整が必要となる。

① 同じ規格商品でも会社、商品により①硬さ、②凝集性、③付着性が異なる（図2-13）。
・とろみ付け食材を使用して食事形態の調整が必要。
② たんぱく質の含有量が生鮮食品に比較して減少している（表2-15）。
・たんぱく質の含有量が30～40%になっている。
・不足分は、とろみ食材（卵、豆腐）や栄養補助食品で補うことが必要。
③ UDF区分3の商品も均質のやわらかい形態のため咀嚼の誘発が困難。
・固形物（5mm程度）を混ぜて咀嚼を促すことが必須。
・混入率は、残された食べる機能により変える。

●介護食品のメリット

① 食事形態の品質が保証されている
　介護食は、品質を保証することが最も大切であるが、生鮮食品で実現することはいろいろな理由から難しく形態が安定しない。
② 介護食の食数が少ない時は、調理コストが高価となる。
　UDF区分4相当の調理は、少量では調理が困難（ミキサーが駆動しない）、とろみ付け食材費など常食に比較し高くなる。
③ 介護食品のとろみを有効に使うことでとろみ付け食材やとろみ調整食品の使用量を減らすことができる。

でんぷん系
添加量を多く必要とし、入れ過ぎるとベタつき感がある。

グァーガム系
少ない添加量でとろみが付くが、味に影響する。

キサンタムガム系
透明性に優れ、無臭で付着性が少ない。

ユニバーサルデザインフード
食べやすさに配慮した食品で、日本介護食品協議会が規格を定めている。区分1は容易にかめる、区分2は歯茎でつぶせる、区分3は舌でつぶせる、区分4はかまなくてもよい、となっている。

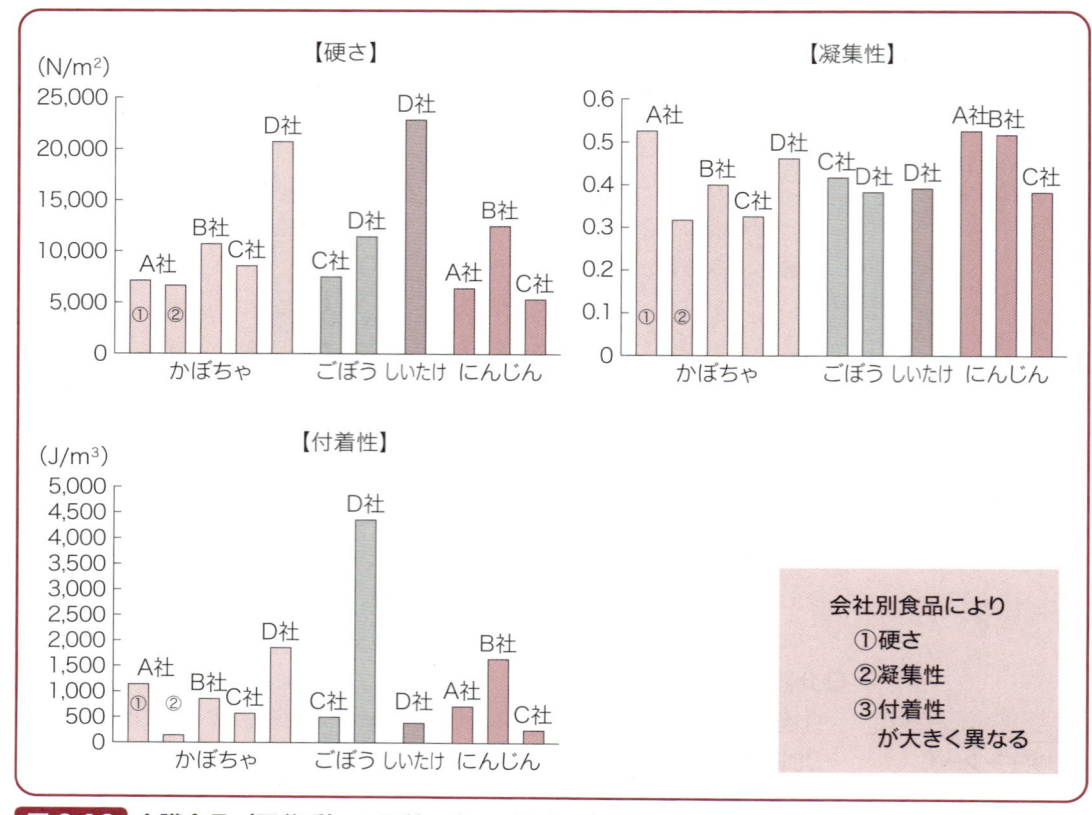

図 2-13 介護食品（野菜系）の品質の違い（区分3）
作成）イーコスモス

表 2-15 介護食品（区分3）のたんぱく質含有比率

魚　系	
MO 社	57%
F 社	40%
Y 社	50%
平均	50%

肉　系	
MO 社	20%
F 社	48%
Y 社	34%
M1 社	49%
平均	37%

会社別食品により
① 硬さ
② 凝集性
③ 付着性
が大きく異なる

11. 食事介助への伝達

　　　　　　介護食における食事介助とは、認知症のために摂食・嚥下障害になり、自分でうまく食事ができない人に代わって、介護者が食物を食べられるようにすることをいう。人はどのような状態になっても食物は必要であり、命の尊さを敬うために食事介助は重要な意義がある。
　　・体に必要な栄養や水分を補給する。
　　・その人の残存機能を使うことで活性させ、自立への意欲が生まれる。
　　・摂食・嚥下状態や食事量から、その人の身体の状態がわかる。
　　・食事を楽しむことで明るく元気になる。
　　　私たち介護の専門職は、利用者に食べてもらえる食事形態を決定し、「どの

ように食べてもらうか」を考えて1段・2段調理と3段調理、4段調理（図2-8、p.85）を分担することで、はじめて個別化に対応した介護食が提供できる。厨房の調理のみで個別化対応は、コスト・時間などから困難である。

●管理栄養士から食事介助担当者への伝達

　食事介助者に「食事形態の決定理由」や「食べさせ方」を伝達することが大切になる。

> **事例5** 認知症の人の食事介助

　Iさん、認知症中期〜末期。摂食・嚥下障害のための口腔ケアや体操を学んだ介護職員が、Iさんの食前体操を試みたが、呼びかけに何の反応もしなかった。口腔ケアの際、口腔内のストレッチやマッサージに対して奇声をあげて拒否された。何回か試みたがその都度拒否され、スムーズな食事介助や食欲に影響して逆効果であった。Iさんにはなじんだ環境や介助者、食事介助方法がよく、Iさんの嗜好を最優先して嚥下の流れに添い、残された感覚や運動機能に働きかけた介護食がよいということに改めて気づかされた。

　利用者と介護食を提供する人、食事介助者が一体にならなければ、安全に楽しく食べられない。管理栄養士は、食の統括責任者として人の尊厳を守ることが重要である。

●食事介助担当者から管理栄養士への伝達

> a. 喫食をきちんと把握
>   主食、主菜、副菜、副副菜、汁物でそれぞれ摂取できる栄養素が異なる。特に重度の摂食・嚥下障害がある人は、料理ごとに把握する。
> b. 口腔ケアの状態を把握
>   口腔問題がどこまで回復・改善したか、食事介助者からの情報は特に大切。歯科治療を終えていたのに3か月気づかず、ミキサー食から回復できなかった例や、ミキサー食の人が歯科治療で一口大の大きさの食事が食べられるようになった例など、筆者にも経験がある。
> c. 食事摂取状況を把握
>   食事の現場は問題や課題の発見や対策の宝庫であるといえる。食事介助者のどうすれば食べてもらえるかという姿勢に、管理栄養士としても奮起させられる重要な場面である。

　利用者の食事介助の情報を食事介助担当者から管理栄養士が入手することが大切になる。日々の食事介助の記録（看護・介護記録）から上記の情報を管理栄養士が入手する仕組みを構築し、食事形態決定のアセスメント項目として位置づけることが求められる。

> **口腔内ストレッチとマッサージ**
> 口腔を柔軟にして、唾液の分泌を促すなどの目的で行う。人差し指を唇と歯茎の間に入れて引っ張るなどの運動、歯肉・舌をこするなどの運動を指す。

参考文献
※1　藤沢良知ほか：老人ホーム・在宅介護のための治療食・介護食ガイド，第一出版（1998）
※2　日本療養病床協会：栄養管理実施加算及び摂食・嚥下障害対策等に関する実態調査結果報告書（2009年）
※3　山本為之：総義歯臼歯部人工歯の配列について（その2）〜特に反対咬合について〜，補綴臨床 5：395-401（1972）
※4　河野友美：コツと科学の調理事典，医歯薬出版（2001）

第2部 食事介護・ケア編

4 グループホームにおける認知症の人の栄養管理と食事介護

4-1 社会福祉法人 隠岐共生学園の例

　日本は世界でも例をみない速度で超高齢社会を迎えた。平均寿命は男女とも世界トップクラス（女性は1位、男性は2位、男女平均は1位；WHO2011年世界保健統計より）であり、そのため、早急に解決しなければならないさまざまな課題を抱えている。その中でも認知症高齢者対策は避けて通れない重要な課題となっており、現在、急増している認知症高齢者は2010年の208万人から2025年には全国で323万人と推計されている（厚生労働省：高齢者介護研究会報告書）そのため、厚生労働省は認知症対策に積極的に取り組みを始めた。また、2009年4月1日にも要介護認定が変更となり、特に認知症の機能低下の判定についての考慮が盛り込まれ、動ける認知症に対応するケア時間が考慮された。
　グループホームは介護保険が使える居宅（在宅）サービスのひとつであるが、その生活には近年になり社会から理解を得られるようになってきた。

1. 北欧のグループホーム

> **グループホーム**
> 介護保険制度において、認知症者数人が共同住居で日常の家事を職員と実施することで家庭介護の負担を軽減し、症状の進行遅延を図る施設。

　グループホームはスウェーデンで生まれた仕組みで、施設の居室は家庭と同じように、キッチン、ロビー、シャワー室、寝室に分かれ、各自別々に設けられた玄関の前には郵便ポストもあり、小さな家の集合体のように設計されている。
　また、間取りも部屋ごとに違い、窓の形も四角や三角で、ここから見える景観を重視した設計になっていて、一人一人の個性を尊重した配慮が随所に見られた。
　生活面では、その人の日常生活のリズムを損なわないように、制約のない暮らしとなるよう配慮され、好きな時間に起床し、就寝も各自自由で睡眠導入剤を使用することなく、早い人で20時半、遅くても24時には床に就く。
　また、生活者の過去の体験を重視して、買い物には職員や近隣の住民が同行、料理も一緒に作っている。食事は各自自由な場所で喫食できるような仕組みで、ランチはスモーガスボード（バイキング）方式を採っており、料理も彩り豊かで食後のデザートのアイスクリームも種類が豊富だった。また、夜にはコーヒータイムを設け、談笑の時間が用意されていた。食事は主にグループホーム内のレストランでとられているが、その日の気分によって外部のレストランに出向くこともできる。このときにはボランティア活動が浸透

していて、認知症や障害をもつ方たちのサポートを行っていた。

これからの日本のグループホームもこのような変遷を遂げると思われる。

2. 隠岐共生学園グループホーム

オープンキッチン
ダイニングとリビングがつながった空間に設置されたキッチン。

当法人のグループホームは食堂を中心とした設計となっており、建物の中央にオープンキッチンが配置されている（図2-14）。キッチンからは利用者の全居室が見渡せ、それにより入居者全体の行動の把握や、見守りができるようになっている。その日の状態により、一緒に調理をしたり、体調のすぐれない方はキッチンに付いているカウンターの椅子に腰掛けて他の入居者やスタッフの調理を見たり、話しかけたり、日常生活の中からもコミュニケーションが取れるような仕組みとなっている。居室は、それぞれに入居者の好みや身体状況により、和室、洋室と変化が可能であり、入り口のドアも色別で、自分の居室が認識できるようになっている。ロビーから見える景色は180度田園であり、緑から黄金へと変わる天然の絨毯は四季の移り変わりを感じることができる。また、庭には菜園が設けられており、自分たちの植えた野菜などが日々大きく成長する様子が楽しめる。収穫時にはスタッフと一緒に採取を行い、それを活用したメニューを考えることによって、日常生活でも認知症進展防止に必要な前頭葉の活性化を行い、生活リハビリテーションの中から支援を行うようにしている。外部環境としても近くにはスーパーマーケットや病院、行政機関などがあり、入居者がゆったりと生活できる。

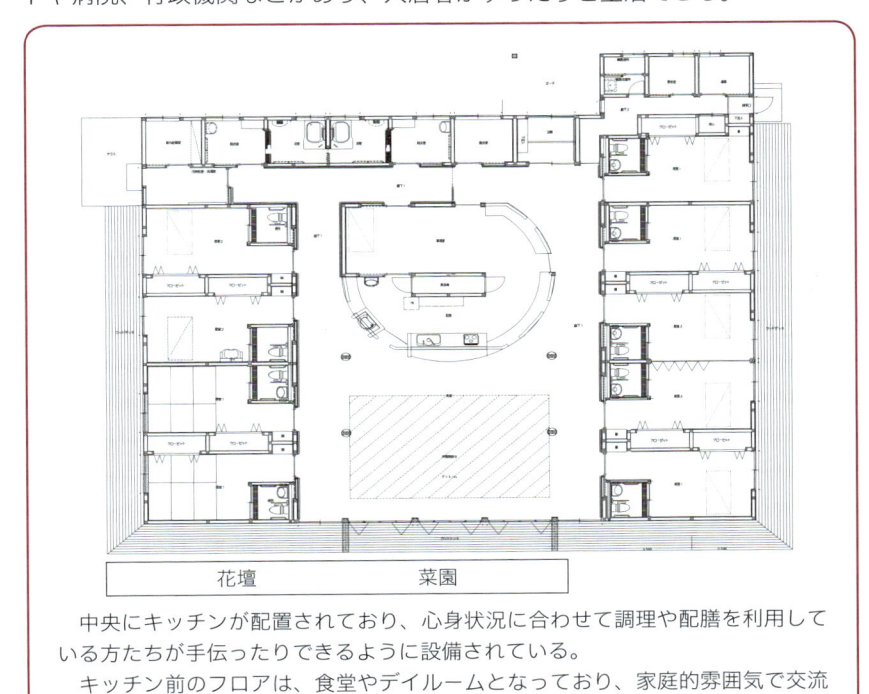

中央にキッチンが配置されており、心身状況に合わせて調理や配膳を利用している方たちが手伝ったりできるように設備されている。

キッチン前のフロアは、食堂やデイルームとなっており、家庭的雰囲気で交流できるようになっている。

図 2-14 隠岐共生学園グループホームやすらぎの家の間取り

3. 栄養管理

グループホームでの栄養管理は入居者の生活状況、身体状況と合わせて考慮する必要があり、まずスタッフでできることから実施してアセスメントを行い、定期的に専門職の管理栄養士や歯科医師及び歯科衛生士などの助言を得るようにし、基本的メニューに基づいての献立の応用や、口腔ケアなどを行うのが望ましい。

栄養管理の問題点として食欲低下、義歯の使用やかむ力の低下、飲み込む力・筋肉の衰えによるむせや喉の渇きが感じにくいことが挙げられることから、低栄養、咀嚼・嚥下障害、脱水の危険性が高まるため、次のことに留意する必要がある。

> **低栄養**
> 体重減少が1か月で5％、3か月で7.5％、6か月で10％以上を低栄養の目安にする。

❶低栄養の予防

体重測定値を指標とし、1か月に1回、または2回、入浴時に体重測定を行い、入居者のBMI算出をし、身体状況判定を行うと共に摂取エネルギーの調整を行う（表2-16）。

表2-16 毎月の体重測定表記録例

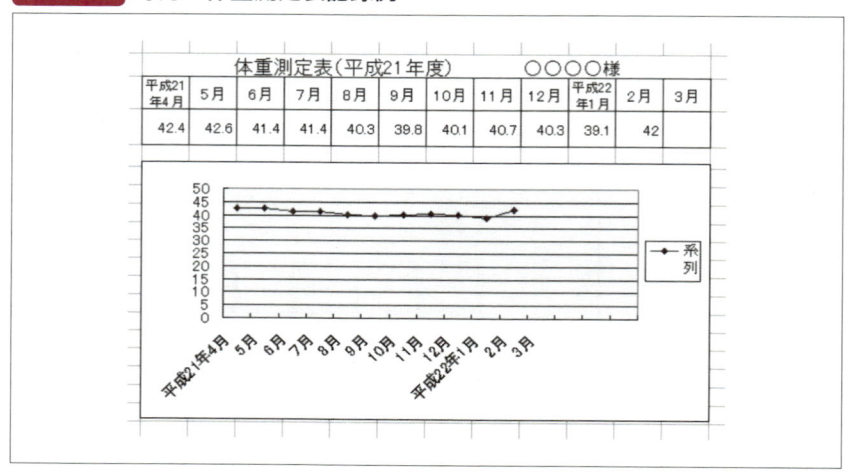

平成21年4月	5月	6月	7月	8月	9月	10月	11月	12月	平成22年1月	2月	3月
42.4	42.6	41.4	41.4	40.3	39.8	40.1	40.7	40.3	39.1	42	

❷日常の摂食状態の把握

朝食、昼食、夕食、間食などと平均的な栄養量をあらかじめ算出しておき、摂取した量からおおまかな計算を行って体重増減と比較し、摂取量、栄養量について検討を行う（表2-17）。

❸咀嚼・嚥下機能の低下

摂食量低下の原因として義歯の不具合、筋力の低下、食事形態、食器具、精神状態についてなど問題点の検討を行う。

また、嚥下、摂食機能に問題などが生じても食事全体の形態を一括して落とすのではなく、料理の個々の検討を行う。

例えば、主食、主菜、副菜、副副菜、汁物などであればその日の献立に合わせ、リスクの高いもののみの食形態を検討する。すべての食形態を落とすことは

表 2-17 1日平均食事摂取栄養量目安例

1日平均食事摂取栄養量目安　　○○○子

月　日	朝 (400kcal)	昼 (550kcal)	夕 (500kcal)	間食 (80kcal)等	合計 kcal
2月1日	300	500	500	80	1380

危険であり、一度に刻みにしたりミキサーなどに変更すると摂食嚥下機能は元には戻れないので、注意を要する。

❹義歯の不具合

まず、義歯使用についての本人の確認を行い、使用したくない場合には強要をせず、歯茎などに問題がなければそのままの状態で調理の工夫を行う。

❺調理の工夫

色合い、形など目で楽しませたり、季節の香りを添えたりして食欲をそそる工夫をする。嚥下や摂食に問題が発生したときには、食品が何であるかの判別ができ、また舌でつぶせて形のある料理が見た目もよく、安全で食欲も出てくる。それには材料の選択と料理方法を考慮する必要がある。高齢になると唾液量も少なくなっているため、パサパサしたものは、むせたり、つかえたりしやすいので、汁気を含ませ、やわらかく調理する。

料理の温度は、多少加減しつつも、熱いものは熱く、冷たいものは冷たくする。

一口で食べられる大きさ、手でつまんだり、箸やスプーンでとりやすい大きさに工夫をする。

❻脱水の予防

高齢者になると脱水に至る具体的な要因として、体内の総水分量が少ない、腎機能の低下、各調整機能の低下、口渇感の自覚が乏しいなどの感覚機能の低下、薬物の影響などが挙げられる。

1日の食事形態から水分量一覧表を作成しておき（**表 2-18**）、1日の水分摂

表 2-18 食事形態による平均水分含量の目安

形　態	水分量	種　類	水分量	重　量
米　飯	1,380mL	牛乳	200mL	176g
軟　飯	1,400mL		100mL	88g
全　粥	1,500mL	ヨーグルト	100g	88g
ピューレー	1,650mL	りんごジュース	100mL	88g
流　動	1,000mL			

取目標量を算定し、食事の摂取量から水分摂取把握を行い、脱水を予防する。

❼衛生面

入居者と一緒に調理を行う中で衛生についての分かりやすいルールを作成しておく。例えば一行為・一手洗いなど簡単ルールは必須である。

4. 食事介助

●食前

排泄や手洗いを済ませ、気持ちのよい状態で食事に臨むようにする。

食事介助は、摂食の介護だけのことだと思われているが、調理形態の工夫、配膳方法、食事時の姿勢の整え（座位・長座位など、嗜好への配慮、食事への動機づけ、自助具の使用などの食事に対する総合的事由を勘案して食事中の姿勢や食後の体勢及び身長から割り出す椅子の高さやテーブルの高さなどを配慮して、はじめて個々によりよい食事介助ができる。

❶精神状態の観察

食事が始まる前に精神的に食事に臨む問題はないかどうかの観察を行う。食事に関係する快い会話を心がけ、他の人の食事を食べてしまっても、叱らないようにする。また、精神的状態が良好でない場合、食事以外に気になることがある、介助者への依存心が強い、睡眠が十分にとれていない、食べる意識や食事への意欲がもてない、食事内容が好みに合わない、生活リズムに乱れがあるなどの原因がある場合は食欲がなかったり、自分で食べようとしないこともあり、誤嚥などの原因にもなるので注意が必要である。また、食事中に興奮状態になるとせっかくの食事からの栄養成分も消費されてしまうので、穏やかな気持ちで食事に臨みたい。

❷介助の工夫

自力で食事がとれない場合には、繊細な心情を十分に配慮しながら、あせらず、根気よく介助し、食事がとれるようになるまで温かく見守りながら、介助に努めることが大切であり、次の点に留意する。

・水分や汁物から優先して摂取をし、喉を潤してから食事に入る。
・嗜好品など、好みのものから1品ずつ介助を始める。
・おにぎりやパンなど手でつかんで食べられる形態にしてみる。
・使っている食具の見直しをして、使いやすいものにしてみる。
・食事の場所（景色のよい窓際など）を変えてみる。
・介助者の位置や高さを変えてみる。
・無理に、急かすようなことをしない。

❸嚥下の準備

食事が始まる前に、嚥下体操や利用者共通の歌を歌い、声を出し、嚥下できるよう準備を行う。

頬筋肉や笑筋肉、呼吸の調子、またそれにより体温を上げることも誤嚥の予防につながる。

> **嚥下体操**
> 食事の前に口や頬を動かすと、唾液の出がよくなり、飲み込みやすく食べやすくなることから、食事の前に行う体操。首を傾ける、手を挙げる、口を開け閉めする、頬を膨らませるなどの動作を行う。

お茶や汁物を上手に交えながら口腔内を潤わせ誤嚥を防ぐ。

❹食事開始の声かけ

「食事を始めましょう」の声かけや食事内容の説明をし、認識してから食事を開始する。

●食事中

❶食事姿勢

食事介助が必要な認知症高齢者に対して、まず必要なことは、介助する者と介助される側の姿勢である。介助する者は同じ目線で行うのが原則であり、そして顎を引いて背筋を伸ばして介助をする姿勢を保つ。介助する者の姿勢が高いと介助される側の顎が上がり、誤嚥の原因となる。

本人のペースに合わせる。スプーンが下から上に向くように介助し、小さめのスプーンが誤嚥防止となる。

❷食べる速度

一口一口の食べる速度やペース・リズムをその方に合わせる。

・時間がかかっても急かさない、急がせないようにする。
・必要以上に大声で話しかけないようにする。
・食事中に、口の中に食物が残っていないか確認をする。

❸救急対応技術

誤嚥・誤飲が発生した場合にスタッフで緊急的対応が可能であるよう、日頃から体系を作っておく。

・認知症は意思表示が困難であるため、状態の変化が分かりにくく、そのために発見が遅れ、気づいたときには重症化していることがある。身体疾患の悪化が周辺症状の悪化を引き起こすことがあり、また、薬剤による影響なども誤嚥・誤飲の原因となることがある。薬の影響でしっかりと覚醒をしていなかったりすると、誤嚥・誤飲となるリスクが高まる。

●対策●

・かかりつけ医と日頃から連携を取っておく、身体疾患の管理・治療を適切に行う体制を構築しておく。

救急時にはスタッフで応急処置ができるようにマニュアルを作成したり、応急処置研修を受講するなど、日頃から緊急時に対応できるように体制を作っておくことが大切である。

●リスク管理研修●

・救急に遭遇した場合、慌てず何をすべきなのか日頃から研修やスタッフとの意思統一を行っておき、事故予防のためヒヤリハット啓蒙活動を日頃から行い、意思統一をしておくことが大切である。

❹食への尊厳

グループホームでは、意思の疎通が困難な方が多く、その分、日頃からの心身状態の把握が最も必要となるので、栄養管理、食事介助などの内容において

も目で見える記録などが必要となる。入居者の個性を重視しつつ、データなどの分析により、おいしく、楽しく食べることへの支援を行いたいものである。

● **食　後**

すぐ横にならず、無理のない範囲でしばらく座っていることが誤嚥防止につながる。

5. 認知症症状の抑制と食事からの残存能力の維持

高齢者が少人数で共同生活を営み、食事の準備や洗濯などを介護スタッフと共同で行うことで、入居者にそれぞれの役割を与え、「自分でできることは自分でやる」ことにより、その人それぞれの能力を最大限に活かし残存能力を維持し認知症の進行を抑制することがスタッフの大きな役割となる。その中で特に食事は誰にも共通する事柄であり、生活の中では大きな位置を占めている。今食べたことや食べたものが記憶から薄れていても、昔の行事食や、子どもの頃よく食べた食材や献立など、認知症高齢者は現在より昔のことは何らかの記憶として残っていることが多く、興味を示すことが多い。入居者、スタッフなどが毎日顔を合わせている家族同士として食事を作ったり、栄養管理、食事介護に取り組むのも食からの支援といえる。

> **回想法**
> アメリカの精神科医が提唱した心理療法で、懐かしい思い出を語り合ったり、誰かに話すことで脳が刺激され、精神状態を安定させることが期待される。

❶ **食事からの回想法**

過去の記憶が何らかの形として残っていることが多いとされているが、入居者の過去に焦点をあて心の豊かさを引き出して、コミュニケーションを深めるために耳を傾ける回想法は認知症にとって不可欠な手法といえる。

これは私たちの人生の先輩として、さまざまな人生史に心を込めて対応することにより心の安定を図ろうとするものである。高齢者は誰しも身体状況の低下をたどるが、精神はより深くなるといわれている。日常会話の中から過去の食生活や当時の食材や料理について語り、それを家族として一緒に料理を作り、その人ができる範囲の調理作業の分担により、回想を行う。

　　①昔の行事や郷土食
　　②以前よく使った食材での調理
　　③得意だったことへの役割分担
　　④野菜作りから季節を感じ、食への興味をもつ
　　⑤施設に子どもたちを招き、行事食や郷土食を教え、入居者の教える
　　　ことへの意欲をかき立てると共に従来からの習わしを地域の子どもたちに引き継ぐ。

❷ **その人らしく**

大規模施設ではなく、本人の自立を支援する介護を大切にし、認知症高齢者が「人間らしく普通に生活をする」という最大の目的を可能とする。

❸ **自宅に近い環境で**

家庭的な雰囲気の環境施設・設備と自宅に近い環境で生活することで、高齢者が安心して平穏な心身状態を保つことができる。

❹個々の「生活習慣」と「生活リズム」

　入居前に個々の生活習慣や生活リズムを調査し、その結果を重視し、入居後もその習慣やリズムを変えることなく生活することによって安定した穏やかな生活が営める。

❺高齢者個々の尊厳

　入居時前に高齢者の歩まれた人生や趣味、傾向性、特技、性格などを聞き取り調査し、個々の人生背景について十分に把握することによって、その人相応の配慮と対応ができる。入居時前に高齢者の歩まれた人生や趣味、傾向性、特技、性格などを聞き取り調査し、個々の人生背景について充分に把握することによって、その人相応の配慮と対応ができる。

❻生活がリハビリテーション

　日常、普通の生活を続けることにより、生活自体がリハビリテーションとなり認知症抑制につながる。

　基本的に時間の拘束、ルールやスケジュール管理はない。比較的自由に生活することができ、食事、入浴、外出など高齢者自身の意志が尊重される。居場所のある生活が誰しも生きる活力を生み出す。「私は必要のない人間ではないか」と思うことは大変辛く悲しいことである。

　高齢者一人一人が役割や家事を分担することにより、高齢者自身も「必要とされているのだ」、「ここに必要のない人間はいない」と思うことにより"生きがい"を抱き、心地よい居場所のある生活が営める。

　以上を整えることが重要だと考える。

第2部 食事介護・ケア編

5 家庭でできる介護食の工夫

5-1 家族と一緒の食事（食べたくなる環境づくり）

在宅における認知症高齢者の症状の現れ方は、進行度合い、原因によってさまざまである。しかし、認知症だからといって介護者は特別な食事を用意する必要はない。咀嚼や嚥下が困難な症状がある場合でも、「高齢者と家族が一緒に食事をする」ことが大切である。高齢者は家族と一緒に食事をとることで栄養状態を良好に保つことができると共に、心に安心感が得られる。家族間の会話や、食卓上での食べ物を刻む音、料理の香りなど、五感のすべてが唾液の分泌を促し食欲を増進するといわれている。

また、家族は食事を摂取する状況から高齢者の変化を一早く把握できるのは食事をとる場面でもある。家族と同じ食事が長期継続して食べられることで健康を維持することができる。

5-2 おいしく満足感のある食事

アルツハイマー病の男性患者は、エネルギーの摂取量が健常者の約1.3倍、穀類、肉類、植物油の摂取量が多い傾向がある。女性では1日に必要なエネルギー量を摂取していない人が多く、海藻や緑黄色野菜の摂取量が低いことから、適正な食生活の支援が必要である。

1. どのような食品をとったらよいか

> **高齢者の魚の嗜好**
> 高齢者にはたい、さけ、かれい、まぐろ、うなぎなどが好まれ、いわし、さんま、さばなどはあまり好まれない傾向がある。

❶ 魚や肉、牛乳、卵、大豆製品は必ずとりたい食品

魚や肉、牛乳、油脂をきちんと食べている高齢者ほど知的活動能力が高く、寝たきりになりにくいといわれている。また、たんぱく質が不足すると低栄養となる。現在、在宅には30～40%の低栄養状態の高齢者が存在する。褥瘡（床ずれ）の原因となり、寝たきりにつながる傾向が高い。高齢になると魚や豆腐などあっさりした料理を好むようになるが、肉や卵などバランスよくとることが大切である。牛乳は、カルシウムも豊富で、骨粗鬆症の予防に役立つ。

❷ 野菜類はいろいろな種類をたっぷりとる

野菜やいも、海藻や果物にはビタミンやミネラル、食物繊維が豊富に含まれている。食物繊維は高血圧や糖尿病、脂質異常症などの生活習慣病、がん、便秘の予防・改善に役立つ。

野菜はゆでる、煮るなど、加熱することで重量が多くても無理なくとれ、

胃の負担が少なくなる。季節の野菜を献立の中にいろいろ取り入れて食卓に変化をつける。

❸穀類や油脂も欠かさずにとりたい

穀類はエネルギー源であるが、食物繊維やビタミンなどの供給源でもある。油脂も少量でエネルギーが高いが、脂溶性ビタミンの吸収促進や生体機能の調整に欠かせない食品でもある。ただし、穀類、油脂共に過剰摂取は、肥満や糖尿病、高血圧などを招くことになるので適量をとる。

2. バランスのよい食事

> **高齢者向きのおやつ**
> 白玉を作って果物とともに、または汁粉に入れる、さつまいもできんつばを作る、ミニホットケーキにあんをはさむなど。

一般的な食事は主食、汁物、主菜、副菜に果物を加えた形が理想的であるが、高齢者は1日に必要な栄養量が3回の食事ではとりにくいので、お茶の時間（おやつ）を含めて4～5回と考える。70歳以上の健康な高齢者で、生活の大部分が座位、静的な活動が中心の場合、男性1,850kcal/日、女性1,450kcal/日が必要である。1日に何をどれだけとったらよいか、具体的には、皿数で主食が4～5つ、主菜が3～4つ、副菜が5～6つ、牛乳・乳製品が2つ、果物が2つを目安とする。

主菜はたんぱく質源のメインのおかずとし、肉、魚、卵、大豆（大豆製品）から1食品を選択し、一皿の料理とする。適正な魚の摂取は、アルツハイマー病の予防になるといわれている。

副菜は野菜類を中心とし、毎食、肉や魚の2倍量を欠かさないように、食物繊維の多い野菜を意識してとるようにする。いも類は、食物繊維のほかビタミンCが期待できるので、意識してとりたい食品である。また、野菜類は淡色野菜のほか、緑黄色野菜に含まれる亜鉛や葉酸は認知症の予防に効果があるとされており、充分にとりたい食品である。

果物は、ビタミンやミネラルが期待できるので、毎日1回は生食が望ましいが、困難な場合は料理のほか、牛乳と一緒にシェイクしたり、ヨーグルトと一緒にとるのも効果的である。

3. 調理上の注意点

家庭で介護食を作る際には、表2-19のような点を注意したい。

表2-19 介護食の調理上の注意点

全般		消化がよく、食べやすいこと。野菜は煮熟する（煮詰める）ことでやわらかくなって食べやすくなる。
栄養素など	塩分	控えめにする。 70歳以上の食塩目標量：男性9.0g/日未満、女性7.5g/日未満（日本人の食事摂取基準2010年版） 高血圧、糖尿病、たんぱく尿のある方は6g/日以内が目安（慢性腎臓病診療ガイド2007年版など） 減塩対策　①旨味のあるおいしいだし汁を使う、②油を使う、③酸味を取り入れる、④香りをきかせる、⑤表面の味をきかせる、⑥料理の味にメリハリを付ける、⑦正しく調味料の計量をする、⑧塩分が多い漬物、煮物、焼き魚は食べ過ぎない、⑨みそ汁の塩分摂取量は汁の量で差が出るので、椀を小振りにする、⑩汁物の回数を減らし具だくさんにする。
	食物繊維	整腸作用を高め、便秘・下痢の対応となる。 目標量：男性19g/日以上、女性17g/日以上（日本人の食事摂取基準2010年版） 副菜を充分に摂取しなければならない。野菜、きのこ、いも、果物に多く含まれている。 繊維の多い食品は「硬くてかみ切りにくく食べにくい」、「すぐお腹が一杯になる」と敬遠されがちであるが、腸の蠕動運動を促し、高齢者に多い便秘の解消に効果があるので、切り方、調理方法（煮熟する）を工夫して摂取しやすくする。
	カルシウム	骨粗鬆症の予防になる。 牛乳・乳製品はカルシウムを多く含むので、毎日コップ1杯の牛乳、ヨーグルト、チーズなどをとる。特にヨーグルトは便秘・下痢症状に対応できる。 牛乳の匂いが嫌い、飲むとお腹がゴロゴロするという場合、温めて飲むか乳糖が分解されているラクターゼ処理の牛乳を飲むとよい。 緑黄色野菜、大豆製品、いわし、かつお、うなぎなどもカルシウムや鉄が多い。 カルシウムの吸収を助けるビタミンDの多い食品の補給も必要になる。
	水分	調理に使用する水を含め、1日1,500～2,000mLはとる。
	脂質	動物性脂肪の摂り過ぎは肥満、脂質異常症、動脈硬化症などのリスクが高まる。
	糖質	糖質の摂り過ぎは中性脂肪が増えて肥満になりやすい（身体を動かす支援も大切）。
その他	温度	高齢者の供食の適温は、一般よりも1～2℃低いとされる。多少加減しながら、熱い料理は熱く、冷たい料理は冷たくする。
	切り方	一口で食べられる大きさ、手でつまむサイズ、箸やスプーンで取りやすい（舌のくぼみに入る）大きさにする。 家族の食事と大きさややわらかさが異なる場合、調理の途中から一人分だけ別の鍋にとって、ひと手間かける配慮が必要である。盛り付けの際に食べやすい大きさに切り、家族と同じように盛り付けた料理を、供食時に調理ばさみなどで切るとよい。
	盛り付け	色合い、形などを目で楽しみ、季節の香りを添えるなど、食欲を高める工夫をする。

5-3 症状に応じた食事介助

1. 口の中に麻痺がある場合

口の麻痺
例えば顔面神経麻痺では三叉神経が麻痺するため、咀嚼筋が働かなくなり、ものがかめなくなる。

- 料理は、咀嚼の機能に応じた硬さにする。
- 口の中でばらばらにならずに適度の塊（食塊）になるようまとめる材料として寒天、ゼラチン、でんぷん、とろみ剤、粘りのある食材などを用い、かめる、つぶせるように、飲み込みやすくまとめる工夫をする。
- 野菜は、山いも、マヨネーズ、ごま、ピーナッツ、くるみなどを衣とした和え物にすると食塊形成ができ、滑りがよくなる。
- 水、お茶や汁はサラサラして流れ込み、危険なので、寒天やゼラチンで濃度をつけると飲み込みやすくなる。

2. 食べたことを忘れ、絶えず食べたがる場合

- エネルギーの過剰摂取にならないように、刺身こんにゃくや和え物などエネルギーの低いものを一品加えて満腹感を高める。
- 一回の食事量を少なくして、食事回数を多くする。
- 一時しのぎにおやつなど軽い食べ物を用意する。
- 食べたことを説明する。
- 目につくところに食べ物を置かない（冷蔵庫の中などにしまう）。

3. 食べないとき・拒食の場合

- 目先を変える。
  料理の味付けや調理法を変える。盛り付け方や食事の演出を変えてみる。
- 好きな食べ物、子どもの頃の思い出のある郷土料理などを用意する。
- 食べられる環境にする。

4. 手指に障害がある場合

俵型おにぎり

ロールサンド

- 食器や自助具を用意する。
  軽くて持ちやすい、柄の太いスプーンやフォーク、バネ付き箸など、食器はふちの付いたあまり深くない皿が扱いやすい。また、食器がすべらないよう、すべり止め付き大型ゴム付きマットがあると便利。
- 料理は、俵型のおにぎりや巻き寿司、ロールサンドなど手で握って食べられる工夫をする。
  大きさは、一口大、手でつまめる、箸やスプーンで取りやすいサイズにし、フォークで刺せる形状にすると食べやすい。家族と同様に盛り付け、食事介助の際に食べやすい大きさに料理ばさみで切ってあげると盛り付けから料理の確認ができ、安心感が得られる。

5-4 咀嚼、嚥下機能低下への対応

1. 在宅介護で作る介護食の注意

●家族と同じ食事をアレンジする

認知症対応の介護食は、「日常食べている家族の食事がバランスよい」という前提があって、ひと手間かけて「家族の食事をアレンジする」ことで食事の一部の形態を変えて介護食にすることが望ましい。

2. 具体的な介護食

- あじの塩焼きは、水分が少なく、パサパサしているので食べにくい。皮や骨を除き、身をほぐしてから大根おろしなどで和える。
- 酢豚は、揚げた肉が硬いので、肉をひき肉に変えて小さめの肉団子にする。または、冷凍のシュウマイ（2～3個）に変えると食べやすくなる。
- さばの立田揚げは、揚げた後、大根おろしで煮る。
- 卵料理は、牛乳などを加えてスクランブルエッグ、かに卵なら通常より多めにあんをかける。
- 天ぷらは、さつまいもやにんじんの精進揚げ、かき揚げ、比較的やわらかい魚類の天ぷらを小さめに切ってから天つゆで煮て天丼風にすると、お粥でも対応できる。
- ハンバーグステーキ・きのこソースは、きのこのソースを薄めて（ミキサーにかけて）、付け合わせと一諸にハンバーグを煮る。
- しゃぶしゃぶは、片栗粉をまぶして湯に通すことで、片栗粉が衣となって肉質が硬くならない。
- 豚肉のしょうが焼きは、肉を少し薄めにして薄味のしょうが入り漬け汁に長めに漬けると、やわらかくなる。

3. 調理の工夫

介護食を作るには、食材により表2-20のような工夫・下ごしらえを行うとよい。

表 2-20　調理の工夫

ご飯、パン、麺類	ご飯	・炊飯器の中央に深めの耐熱容器を置き、その中に5倍の水を加えた米（米40gに水200mL）を入れ、ほかは普通に炊くと、ご飯と粥ができる。
	パン	・硬い順にフランスパン、ライ麦パン、ベーグル、クロワッサン、みみを落とした食パンとなり、硬いほど咀嚼回数も多くなる。 ・トーストにすると、サクサクして食べやすくなる。
	麺類	・やわらかめにゆでる。汁麺の場合は、食事介助の際にはさみで切ってあげたほうが見た目もよく食べやすい。
魚料理		・比較的喉のとおりがよいのは、生食用：まぐろ、はまち、甘えびなど、加熱用：きんめだい、たら、かれい、いわし、銀だらなど。 ・さけ、かじきなどは身が締まりやすいので、片栗粉をまぶして焼く、蒸す、ゆでると水分が保たれてやわらかい。 ・ぶり、さけなどは皮がかみ切れず、そのまま口に入れてしまう人がいるので、皮や身に切り込みを入れると、歯の悪い人でも食べやすい。 ・さばなどの青魚は、熱湯をかけてから調理すると生臭みがとれる。 ・魚の小骨は、食事介助の際に取り除く。 ・魚を包丁で叩いて表面をつぶしても食べやすくなる。
	焼く	・加熱すると表面が硬くなるので、食べにくい料理法。焼き過ぎない、冷えると硬くなるので、熱いうちに食べることが望ましい。 ・照り焼きを食べさせたいときは、煮魚にした後、焼いて表面に焦げ目を付けると味が濃縮され、香りも高まる。食べやすい大きさにほぐして大根おろしで和えると、しっとりする。
	煮る	・盛り付けの際、煮汁を多めにかける。飲み込みにくい場合は、ほぐした魚を煮ると食べやすい。薄味を心がける。
	蒸す	・白身魚を野菜と共に蒸すとやわらかくなり、あっさりしているので高齢者向きである。
肉料理		・脂が入った部位はやわらかいが、高脂肪の肉に偏らないよう注意する。 ・ハム、ソーセージは、嚥下力が低い人には向かない。
	やわらかさ	・やわらかい順に鶏肉、豚肉、牛肉となる。 　　鶏肉では順にささみ、むね肉、もも肉 　　豚肉では順にヒレ肉、ロース肉、肩ロース肉、ばら肉 　　牛肉では順にヒレ肉、リブロース肉、ランプ肉 ・部位ではすね肉や肩肉は硬く、ヒレやささみ（筋を除いてから使う）はやわらかい。 ・形状では大きい塊ほど硬く、ひき肉は最もかみごたえのない食材である。 ・ひき肉では豚肉が牛肉よりやわらかく、合いびき肉でも豚肉の割合が多いほどやわらかい。
	肉質の軟化	・生のパイナップルやキウイフルーツなどを一緒に煮ると、肉がやわらかくなる。 ・ワインや日本酒などの酒類、しょうが汁、調味料にも肉をやわらかくする効果がある。硬い肉も長めにしょうがじょうゆに漬ける、肉を焼く前にマリネにする、煮込むときに酒を加えると効果がある。 ・肉の筋を切る、叩くと線維がほぐれてかみやすくなる。
	焼く	・鶏肉は、皮付きの方が焼き上がりでも硬くならない。ただし、動物性脂肪が多いと問題のある場合やかみ切れない場合は、食事介助の際に除いてあげるとよい。 ・豚肉は、小麦粉をまぶすと硬くならない。薄切り肉の場合は、強火でさっと焼く。
	煮る	・煮る時間が長くなるとコラーゲンが収縮して線維が解かれ、やわらかくなる。圧力鍋を使うと短時間で仕上がる。 ・肉団子の場合、加える水分（水、酒、大根おろし）が多いほど、仕上がりはやわらかくなる。つぶした豆腐を肉の2倍量まで加えられる。また、つなぎとして山いも、れんこん、じゃがいもなどのすりおろしまたはペースト状を入れてもよい。
	蒸す	・片栗粉や上新粉をまぶして蒸すと、焼き物よりやわらかく仕上がる。
大豆・大豆製品		・大豆や枝豆は、やわらかくゆでると歯茎でつぶせるが、飲み込みが困難な場合はつぶしてひき肉料理のつなぎとして使用できる。水に漬けた大豆をミキサーにかけて呉汁や引き上げ湯葉にするのもよい。 ・きな粉は水分がないのでむせやすい。 ・絹ごし豆腐は、木綿豆腐よりも水分が多いので、嚥下機能が低下している人でも食べられる。 ・油揚げ、生揚げ、がんもどき、高野豆腐は、やわらかい食材であるが、かみ切れずに口の中に残るので、嚥下機能の低下した人には不向きである。 ・油揚げは、みそ汁に入れるとかみ切れないが、砂糖を加えて煮るとやわらかくなる。 ・納豆は、粘りのある食材であるので、小粒のものを叩き、みそ汁の具や和え衣に使用できる。
卵料理		・炒り卵、オムレツ、卵焼きなどは、水分を加えるとやわらかくなる。食べにくい場合にはあんかけにするとよい。 ・加熱しすぎると硬くなるので、八分通りで火を止め、後は余熱を利用する。
野菜料理		・野菜には硬い、繊維が多い、弾力がある、かみごたえがあるものが多い。れんこん、ごぼう、たけのこなどは、一度煮たものをすりおろしてひき肉や魚のすり身などに混ぜ合わせると香りが楽しめる。 ・カリフラワー、ブロッコリー、いも類、大根、かぼちゃ、かぶ、にんじん、白菜、なすは、ゆでると葉ものの代わりにお浸し、サラダ、和え物、付け合わせ、煮物などに利用できる。 ・ほうれん草に数種の食材を混ぜたお浸しは食べにくいので、単独の方がよい。炒め物についても同様。
	切り方	・大根、たけのこ、漬物は碁盤目に飾り包丁を入れる。 ・玉ねぎ、ねぎ、さやいんげん、さやえんどうは、繊維に対して直角に切る。 ・なす、きゅうり、トマト、アスパラガスは、皮をむく。 ・白菜、キャベツ、青菜は、葉脈を直角に切ると食べやすい。 ・ごぼうなどは、縦に細く切り込みを入れ、小さめのささがきにする。 ・きゅうりは、せん切り、蛇腹切り、乱切りにする。 ・かまぼこは、みじん切り＞松葉切り＞そのままの順にかみ切りにくくなる。 ・まぐろなど、比較的やわらかい食材は、2cmくらいでも食べられる。 ・べったら漬けは、両面に切り込みを入れると楽にかみ切れる。 ・たくあんは、皮をむいて細かく刻むと食べやすくなる。
調理法の選択		・さけの場合、生、ソテー、から揚げの順に硬くなる。 ・大根の場合、ふろふき大根はみそ汁、サラダに比べて、大きめでも長時間加熱によりスプーンでつぶれる硬さになる。 ・一般に硬い食材は、下ゆでしてから作ると、やわらかくなる。
かみ切りやすさの工夫		・やわらかくてかみ切りにくいのは、油揚げ、こんにゃく、のり、干ししいたけ、えのきたけ、もやし、みつばなどである。 ・やわらかさは、昆布＜切り干し大根＜うずら豆の順である。 ・みつばは、茎を2～3mm幅に切る、こんにゃくは手綱こんにゃくにする、切り干し大根は戻し過ぎくらいにするとやわらかくなる。

4. 冷凍法と便利な食材の利用

冷凍食品
長所として、時間の節約ができ、衛生的であること、価格が安定していることなどが挙げられるが、一度開けたものは早めに使い切る必要がある。

●冷凍の活用

　冷凍庫があれば、冷凍のかぼちゃ、里いも、シュウマイ、麺類などがあると便利である。また、ご飯や粥、カレーやシチューなどの煮込み料理、肉団子やペースト状の魚肉類など、調理時間や手間のかかるものは、まとめて作り、1人分ずつ小分けにして冷凍しておくと重宝する。

〈ホームフリージングに適する食品〉

　①解凍後のテクスチャーが変化しないもの。
　　例：スープストック、ひき肉、パセリ・玉ねぎのみじん切り。
　②でんぷん性食品のパンやケーキ類、米飯、うどん。
　③味が濃く、水分の少ないもの、魚の塩蔵品、煮豆、あんなど。
　④ホームフリージングに適さない野菜類は、ゆでてから凍結する。

★ホームフリージングをするときの注意点

・急速に凍るように小さく包み、表面を平らにする。
・冷凍した食品には製造年月日を書いたメモを貼っておく。
・熱いものは冷やして、温度差をなくしてから入れる。
・食品の酸化や乾燥を防ぐためにラップやポリ袋などで空気が入らないようにきっちり包み、むき出しにしない。
・液体は、冷凍時の膨張を考えて、器の上部に2〜3cmの余裕をもたせる。

★生もののホームフリージング

・魚の鮮度がわかっているときのみ冷凍する。市販の魚類は、解凍品が販売されている場合が多いので、再冷凍すると味が落ちる。
・生肉ならば豚肉や鶏肉の方が牛肉より味が変わりにくい。

●缶詰、瓶詰の利用

　缶詰や瓶詰は保存性が高く、開けるとすぐ食べられる。特に、ツナ、ほたて貝柱、いわしの蒲焼などの缶詰は、魚料理が簡単に作れる食材である。また、ゆで大豆、白桃やみかんなど果物や野菜類、ホワイトソースやミートソースなどのソース類の缶詰は、用途に合わせて購入しておくことで料理の範囲が広がる。ただし、味付けが濃いので、塩分に注意が必要である。魚の缶詰は、骨までやわらかく、味も穏やかで旨みもある。ツナ缶はそぼろやサラダに、ほたて缶は、煮物や卵料理、和え物に、缶汁はソースやスープに利用できる。

●レトルト食品や市販の惣菜にひと工夫

レトルト食品
長所として、安全性が高く栄養成分の損失が少ないことなどが挙げられるが、開封後は速やかに使い切る必要がある。

　食事作りが疎かになると栄養状態が偏るおそれがある。市販の惣菜に少し手を加えれば、味も栄養価も向上する。

　レトルト食品には、お粥やシチューなど多くの商品があるが、かみごたえがあまりない。その理由は、作るときに110〜140℃で加熱殺菌を行っているためであり、かなりやわらかくなっている。パッケージの箱の厚みに合わ

せて材料を小さく切っているので、咀嚼・嚥下困難者に向いている。また、レトルトの合わせ調味料も市販されている。
〈具体的には〉

　　　　レトルトカレー………牛乳を加えると味がまろやかになる。
　　　　とんカツ………………食べやすいサイズに切り、玉ねぎと一緒に煮てから卵でとじる。
　　　　魚や鶏のから揚げ……ゆで野菜を下に敷いて温めた魚や肉を上にのせ、熱い付け汁をかける。
　　　　うなぎの蒲焼…………卵でとじる。豆腐と一緒に煮る。

● ベビーフードや介護用食品の利用

　フリーズドライや瓶詰、レトルト製品など数多く市販されているので、用意しておくと急場しのぎに便利である。そのまま熱湯で温めればよいもの、缶を開ければそのまま食べられるものなどが多くみられる。一般的に味が濃いめである。使うときは、そのもの単独ではなく、他の材料と併用するとよい。

第2部 食事介護・ケア編

6 ソフト食の活用・嚥下状況評価

6-1 咀嚼・嚥下困難者用食（ソフト食）

喉頭挙上
呼吸の道（気道）をふさぎ、食べ物が誤嚥されずに喉を通過するために不可欠な運動。

食物は、口腔内で咀嚼され唾液と混合されて食塊となり、嚥下され、咽頭部を通過して、喉頭挙上により喉頭口が喉頭蓋で閉鎖され、同時に食道口が開大した食道へと送られる。すなわち、咽頭部を食塊と空気が時間差をもって通過するが、嚥下時に食塊の一部の小片が誤って気管へ入るのが誤嚥である。加齢、脳性麻痺、脳血管障害、パーキンソン病などを伴う認知症高齢者では組織の弾性低下や筋力の低下により、嚥下した食塊の通過時に喉頭の挙上の遅れ、喉頭蓋の反転と喉頭の挙上に対して食塊の通過のタイミングが取れず、誤嚥出現の可能性が高くなる。咀嚼力や嚥下力が低下することにより、食事の基本的な要素であるたんぱく質やエネルギーの欠乏した低栄養状態が高い割合でみられる。

1. 嚥下力の評価

反復唾液嚥下テスト
座位の対象者の喉に指を当て、30秒間にできる限り何回「ごっくんと飲み込むことを繰り返して下さい」と説明し、回数を数える。高齢者では3回が正常。

水飲みテスト
30mLの水をむせることなく1回・5秒以内で飲めると正常。

嚥下力を評価するには反復唾液嚥下テスト（RSST）及び改定水飲みテスト（3mL及び30mL）がある。RSSTでは、30秒間に空嚥下（ごっくん）3回未満がソフト食へ移行する判断基準となり、介護保険制度では経口維持加算Ⅱの対象となる。水飲みテストは、吸引機を設置し、医師の指示及び看護師立ち会いのもとで行うもので、3mLをスポイトで口腔底に注ぎ嚥下、30mLはいつも飲んでいるように飲んで、むせの有無、嚥下の有無、呼吸変化の有無などを観察し判定を行う。

2. 嚥下ソフト食の対応範囲

ソフト食
一般に、やわらかいが食べごたえがある、舌でつぶせる程度の硬さがある、食べ物の形があり見た目がおいしそうな食事である。そのために、つなぎとして玉ねぎや山いも、卵などを利用し、やわらかく調理してとろみ材、寒天などで固める。

特別養護老人ホームR苑で行っているソフト食（以下、嚥下ソフト食と呼ぶ）の対応範囲は、刻み食とミキサー食の一部である（図2-15）。嚥下ソフト食喫食者の認知度は、日常生活に支障を来すような症状・行動や意思疎通の困難さが多少みられても、誰かが注意していれば自立できるランクⅡから日常生活に支障を来すような症状・行動や意思疎通の困難さが頻繁にみられ、常に介護を必要とするランクⅣである。次のとおり介護度、寝たきり度及び認知度と比例していることが確認できる（表2-21）。

図 2-15 嚥下ソフト食導入前後における食事形態

| 導入前 | 21.2 | 17.5 | 刻み食 41.3 | 13.8 ミキサー食 | 6.2 経管栄養食 |
| 導入後 | 普通食 18.4 | 粗刻み食 20.4 | 嚥下ソフト食 46.9 | 4.1 | 10.2 |

表 2-21 食時形態別　介護度、寝たきり度、認知度

介護度	食事形態				（人）
	普通食	粗刻み食	嚥下ソフト	ミキサー食	経管栄養食
1	2	1			
2	1	2			
3	3	6	5		
4	2	1	7	1	
5	1		11	1	5
vs. 嚥下ソフト食	＊	＊		＊	＊
寝たきり度					
J					
A	7	4	4		
B	1	5	8		
C	1	1	11	2	5
vs. 嚥下ソフト食	＊				＊
認知度					
Ⅰ	4	1			
Ⅱ	3	5	9	1	
Ⅲ	2	4	12	1	5
Ⅳ			2		
M					
vs. 嚥下ソフト食	＊				＊

＊ $p < 0.05$

3. 嚥下ソフト食の条件

・舌で押しつぶせる程度の硬さのもの。
・すでに食塊となっているもの。
・すべりがよく移行しやすいもの。
・箸でつかめるかスプーンですくえるもの。

写真 2-11 に嚥下ソフト食の一例を示す。

写真 2-11 嚥下ソフト食の一例
主食：粥、主菜：たらの緑焼き、副菜：大根の梅肉がけ、漬物：さくら漬、汁物：小松菜のみそ汁、デザート：ぶどうゼリー

4. 嚥下ソフト食レシピ

> **上新粉**
> 精白うるち米を粉にしたもので、さらに細かくすると上用粉と呼ぶ。

嚥下ソフト食は、上新粉、マヨネーズなどの油脂類、ゼラチン、寒天などをつなぎに使い、しっかりとした形ではあるが飲み込みやすい食事形態である。

〈**主食：粥**〉　全粥に、糊状にした上新粉（米重量の10%）を加えたもので、喫食時はゲル状である。

〈**主菜となる肉類料理、魚介類料理**〉　主材料（肉類、魚介類）を加熱（ゆでる）した後、フードプロセッサーで砕き、上新粉とマヨネーズ、オリーブ油など油脂類を加え、再びスチームコンベクションオーブン（スチコン）で加熱する。

〈**副菜となる野菜料理**〉　主材料の野菜類をゆでてフードプロセッサーで粗く砕き、加水して寒天（全体量の0.4%）とゼラチン（全体量の2.0%）で固める。

〈**汁物**〉　片栗粉（だし汁の2.5%）ととろみ調整食品（だし汁の1.1%）を用いて、飲み込みやすい粘度と硬さに調整する。

〈**デザート**〉　果物類にとろみ調整食品やゼラチンを加え、ヨーグルト状またはゼリー状に成形する。

〈**水分補給**〉　お茶ゼリーは、寒天とゼラチンでゼリー状に成形する。また、汁物の一部には食物繊維の不足を補う目的で、特別用途食品の食物繊維（水溶性食物繊維87%）を加えた。

いずれの料理も、箸でつかめる硬さである。

① 主食

◆嚥下ソフト粥◆

【材料（1人分）】
- 粥
  - 米 ……………………… 100g
  - 水（米の5倍） ………… 500g
- 重湯
  - 上新粉（米の10%） …… 10g
  - 水（粉の6.5倍） ………… 65g

【作り方】
① 炊飯器で粥を炊く。
② 上新粉に分量の半分の水を加え、よく混ぜる。
③ 残りの水を温め、②を加え、糊状になるまで加熱する。
④ ①に③を加え、混ぜ合わせる（写真2-12、13）。
⑤ でき上がったら盛り付けし、温蔵庫（60℃）に入れる。

写真2-12　嚥下ソフト粥①

写真2-13　嚥下ソフト粥②

2 主菜

◆まぐろの山かけ蒸し◆

【材料（1人分）】

ツナ（缶詰）	40g
じゃがいも	10g
だし汁	10g
上新粉	2g
マヨネーズ	3g
卵	4g
しょうが（汁）	0.2g
塩	0.3g
オリーブ油	3g
山かけ	
長いも	20g
めんつゆ	1g
青のり	少々

【作り方】
① ツナはほぐす。
② じゃがいもはゆでてつぶす。
③ ①に②とだし汁を加え、フードプロセッサーにかける。
④ ③に上新粉、マヨネーズ、卵、しょうがの絞り汁、塩を加え混ぜ合わせる。
⑤ プリン型にスプレーでオリーブ油を吹きつけ、④を注ぎ、スチコン（160℃、20分）で、焼き上げる。
⑥ 中心温度を測り、85℃を超えていることを確認する。
⑦ 長いもはすりおろし、めんつゆで味をつける。
⑧ でき上がった具を器に盛り、⑦をかけ、青のりをふる（**写真2-14**）。

◆ほたてのバター焼き◆

【材料（1人分）】

ほたて	40g
はんぺん	10g
だし汁	10g
上新粉	2g
バター	3g
卵	4g
塩	0.3g
さやいんげん	10g
にんじん	5g
赤ピーマン	3g
ひじき	1g
とろみ調整食品	0.3g
ホワイトソース	
牛乳	20g
ホワイトルウ	3g

【作り方】
① ほたてはゆでてほぐす。
② ①にはんぺんとだし汁を加え、フードプロセッサーにかける。
③ ②に上新粉、卵、塩を加え混ぜ合わせる。
④ 型にバターを塗ってスチコンで焼き上げる（160℃、20分）。
⑤ 中心温度を測り、85℃を超えていることを確認する。
⑥ さやいんげん、にんじん、赤ピーマンは粗く刻んだ後、それぞれ塩ゆでし（1％の塩分）、少量の水と共にフードプロセッサーにかけ、加熱する。
⑦ ひじきは水で戻し、⑥と同様に調理する。
⑧ 85℃を超えていることを確認し、とろみ調整食品を加えて混ぜ合わせる。
⑨ 牛乳を温め、ホワイトルウを加え加熱し、85℃を超えていることを確認する。
⑩ ⑤を器に盛り付け、**写真2-15**のように飾り付ける。

写真2-14 まぐろの山かけ蒸し

写真2-15 ほたてのバター焼き

③ 副菜

◆ほうれん草のくずあんかけ◆

【材料(1人分)】
- ほうれん草 ……………………… 50g
- 水 ………………………………… 20g
- 粉ゼラチン ……………………… 1.4g
  - (材料+水の2%)
- 粉寒天 …………………………… 0.2g
  - (材料+水の0.4%)
- 塩 ………………………………… 0.04g
- くずあん
  - だし汁 ………………………… 20g
  - 片栗粉 ………………………… 0.6g
  - しょうゆ ……………………… 0.5g
  - 塩 ……………………………… 0.1g
  - とろみ調整食品 ……………… 0.3g

【作り方】
① ほうれん草はゆでて粗く刻む。
② ①に水5g(分量の中から)を加え、ミキサーにかけ、中心温度75℃まで加熱する。
③ ゼラチンに5gの水(分量の中から)を加え膨潤させた後、湯煎にかける。
④ 粉寒天に残りの水10gを加え加熱し、煮溶かす。
⑤ ③と④を混ぜ合わせる。
⑥ ②に⑤を加え、冷やし固める。
⑦ 片栗粉にだし汁2gを加え、溶かす。
⑧ 残りのだし汁に調味料を加え、加熱する。
⑨ 沸騰する直前に⑦を入れ、とろみを付ける。
⑩ 火からおろし、とろみ調整食品を加え、手早くかき混ぜ、⑥にかける(**写真2-16**)。

◆かぼちゃの含め煮◆

【材料(1人分)】
- かぼちゃ ………………………… 50g
- 水 ………………………………… 20g
- 粉ゼラチン ……………………… 1.4g
  - (材料+水の2%)
- 粉寒天 …………………………… 0.2g
  - (材料+水の0.4%)
- 塩 ………………………………… 0.04g
- くずあん
  - だし汁 ………………………… 20g
  - 片栗粉 ………………………… 0.6g
  - しょうゆ ……………………… 0.5g
  - 塩 ……………………………… 0.1g
  - とろみ調整食品 ……………… 0.3g

【作り方】
① かぼちゃはゆでて粗く刻む。
② ①に水5g(分量の中から)を加え、ミキサーにかけ、中心温度85℃まで加熱する。
③ ゼラチンに5gの水(分量の中から)を加え膨潤させた後、湯煎にかける。
④ 粉寒天に残りの水10gを加え加熱し、煮溶かす。
⑤ ③と④を混ぜ合わせる。
⑥ ②に⑤を加え、冷やし固める。
⑦ 片栗粉にだし汁2gを加え溶かす。
⑧ 残りのだし汁に調味料を加え、加熱する。
⑨ 沸騰する直前に⑦を入れ、とろみを付ける。
⑩ 火からおろし、とろみ調整食品を加え、手早くかき混ぜ、⑥にかける(**写真2-17**)。

写真2-16 ほうれん草のくずあんかけ

写真2-17 かぼちゃの含め煮

④ 汁物

◆白菜のみそ汁◆

【材料（1人分）】
- だし汁（かつお節2%）…… 150g
- 白菜 …………………………… 20g
- 貝割れ大根 …………………… 3g
- みそ …………………………… 8g
- 片栗粉 ………………………… 4g
- とろみ調整食品 ……………… 1.7g

【作り方】
① かつお節でだしをとる。
② 白菜はゆでてフードプロセッサーにかけ、軽くしぼる。
③ 貝割れ大根はゆでてフードプロセッサーにかける。
④ みそにだし汁30gを加えて溶く。
⑤ 片栗粉にだし汁15gを加えて溶く。
⑥ 残りのだし汁に②と③を加えて混ぜ合わせ、加熱する。
⑦ ⑥に④を加え、沸騰する直前に⑤を入れ、とろみを付ける。
⑧ 火を止めて、85℃に下がったらとろみ調整食品を加えて混ぜ合わせる（写真2-18）。

◆かき玉汁◆

【材料（1人分）】
- だし汁（かつお節2%）…… 150g
- 長ねぎ ………………………… 3g
- 卵 ……………………………… 10g
- 塩 ……………………………… 0.4g
- 料理酒 ………………………… 1g
- 薄口しょうゆ ………………… 1g
- 片栗粉 ………………………… 4g
- とろみ調整食品 ……………… 1.7g

【作り方】
① かつお節でだしをとる。
② 長ねぎはゆでてフードプロセッサーにかける。
③ 卵に片栗粉を加え、よく混ぜる。
④ だし汁に塩、酒、しょうゆを加え加熱し、沸騰する直前に③を入れ、とろみを付ける。
⑤ 火を止めて、85℃に下がったらとろみ調整食品を加え、混ぜ合わせる（写真2-19）。

写真2-18 白菜のみそ汁

写真2-19 かき玉汁

⑤ デザート

◆おろしりんご◆

【材料（1人分）】
- りんご……………………………60g
- とろみ調整食品……………1.8g
- ビタミンC…………………0.5g

【作り方】
① りんごをすりおろす。
② ①を加熱する。
③ 火を止めて、85℃に下がったらとろみ調整食品とビタミンCを加え、混ぜ合わせる（写真2-20）。

◆ぶどうゼリー◆

【材料（1人分）】
- ぶどうジュース（100%）……60g
- ゼラチン……………………1.2g

【作り方】
① ぶどうジュースの一部にゼラチンを加え膨潤させ、湯煎にかける。
② 残りのぶどうジュースを加熱する。
③ 火を止めて、85℃に下がったら①を加え、型に入れて冷やす。
④ 適当な大きさに切って器に盛り付ける（写真2-21）。

写真2-20 おろしりんご

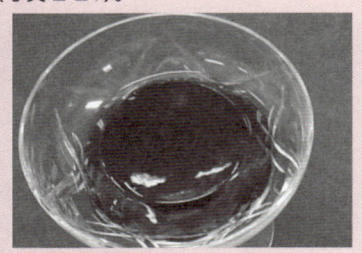

写真2-21 ぶどうゼリー

⑥ 水分補給

◆お茶ゼリー◆

【材料（1人分）】
- ほうじ茶抽出液……………150g
- 粉末寒天……………………0.5g
  （ほうじ茶の0.3%）
- 粉ゼライス…………………1.5g
  （ほうじ茶の1.0%）
- 酢……………………………0.3g
  （ほうじ茶の0.2%）

● スポーツドリンクゼリーも、お茶ゼリーと同様に作る（写真2-23）。

【作り方】
① 湯を沸かし、ほうじ茶葉を入れ、茶こしでこす。
② ゼラチンに5gのほうじ茶を加え、膨潤させた後、湯煎にかける。
③ 残りのほうじ茶を冷まし、寒天を加え、2～3分沸騰させる。
④ 火を止めて②を加え、最後に酢を入れ、冷やし固める。
⑤ 泡立て器で細かく砕き、カップに盛る（写真2-22）。

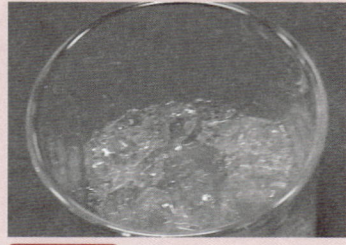

写真2-22 お茶ゼリー

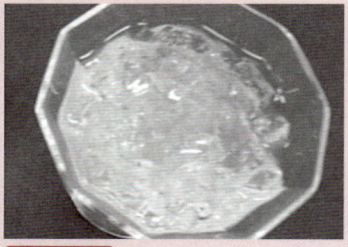

写真2-23 スポーツドリンクゼリー

嚥下ソフト食は30日のサイクルメニューを基本とし、旬の食材を取り入れ季節感のあるメニューを心がけている。給与栄養素量は「日本人の食事摂取基準2010年版」に従って作成し、エネルギー1,450kcal、たんぱく質50〜60g、脂質35g（脂肪エネルギー比20〜25%）とした。

6-2 嚥下ソフト食の評価

1. 嚥下ソフト食の物性

❶ 嚥下ソフト食の硬さと付着性

調整した簡単嚥下困難者用食の物性は、表2-22のとおり。嚥下困難者用食の許可基準と比較すると、「粥」と「まぐろの山かけ蒸し」は許可基準Ⅲで、「ほうれん草のくずあんかけ」と「みそ汁」は許可基準Ⅱの範囲であった（表2-22、23、図2-16）。

❷ 嚥下ソフト食の粘度

これらは、ユニバーサルデザインフードの表示区分の粘度の下限値 $1.5×10^3$ mPa·s と比較し、粘度の高いことが認められた。粘度は、温度が低下するに従って増大するので、温かいうちに摂取した方がよい（図2-17、18）。

嚥下ソフト食は、ユニバーサルデザインフードの表示区分「舌でつぶせる」の硬さと粘度の基準を満たしていることが確認された。水やお茶が飲みにくいレベルの咀嚼力、嚥下力であっても「舌でつぶせる」レベルで対応でき、咀嚼力、嚥下力を向上させる物性である。

表2-22 嚥下ソフト食の物性

嚥下ソフト食	硬さ（N/m²）	凝集性	付着性（J/m³）	測定温度	UDF区分
粥	$6.49×10^3$	0.50	$8.04×10^2$	40℃	3
まぐろの山かけ蒸し	$1.41×10^4$	0.44	$6.28×10^2$	40℃	3
ほうれん草のくずあんかけ	$6.01×10^3$	0.63	$1.20×10^3$	10℃	3
白菜のみそ汁	$0.72×10^3$	0.88	$2.07×10^2$	40℃	4

注）UDF：ユニバーサルデザインフード

表2-23 特別用途食品嚥下困難者用食品

規格	許可基準Ⅰ	許可基準Ⅱ	許可基準Ⅲ
硬さ（N/m²）	$2.5×10^3 〜 1×10^4$	$1×10^3 〜 15×10^4$	$3×10^2 〜 2×10^4$
付着性（J/m³）	$4×10^2$ 以下	$1×10^3$ 以下	$1.5×10^3$ 以下
凝集性	0.2〜0.6	0.2〜0.9	―

資料）食安発0212001号、平成21年2月12日

表2-24 ユニバーサルデザインフード表示区分

表示区分	区分形状	硬さの上限（N/m²）	備考
1	容易にかめる	$5×10^5$	
2	歯茎でつぶせる	$5×10^4$	
3	舌でつぶせる	$2×10^4$	ゲル
4	かまなくてよい	$5×10^3$	

資料）日本介護食品協議会

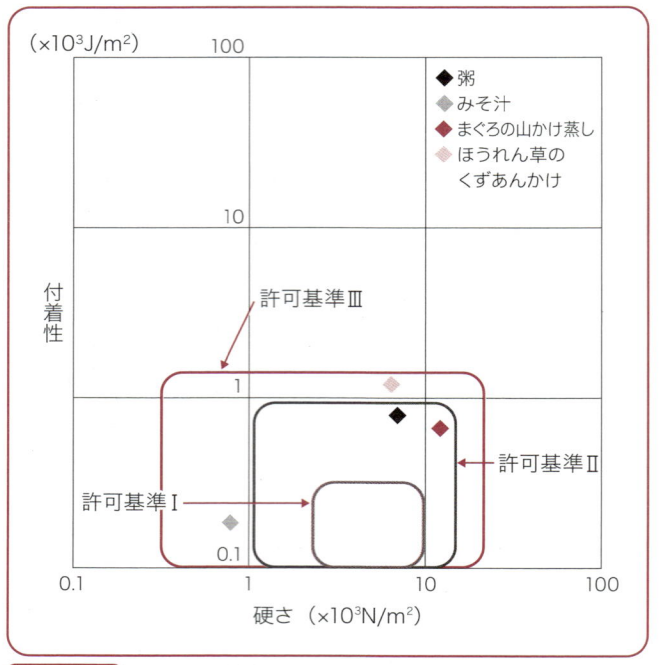

図2-16 硬さと付着性

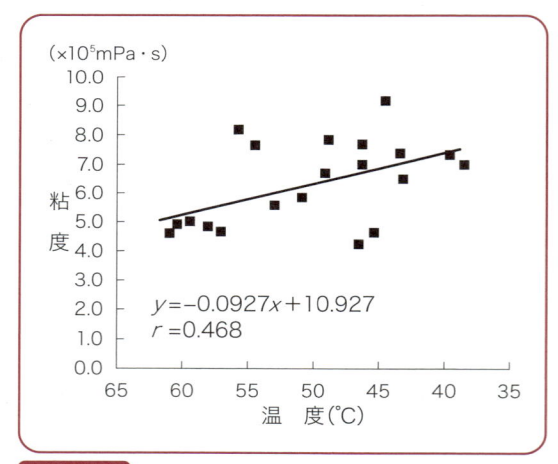

図2-17 粥の温度と粘度の相関関係

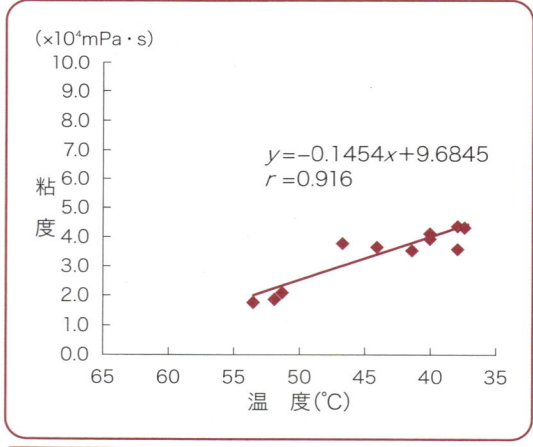

$y=-0.0927x+10.927$
$r=0.468$

図2-18 くずあんの温度と粘度の相関関係

$y=-0.1454x+9.6845$
$r=0.916$

2. 嚥下ソフト食の栄養評価

①食事形態と介護度、BMI、血清アルブミン値の関連

嚥下ソフト食喫食者の介護度は、普通食及び粗刻み食と比べ有意に高く、BMIは低い。アルブミン値は有意差がなかった（表2-25）。

②嚥下ソフト食喫食者の身体状況

嚥下ソフト食を1年間継続摂取している喫食者の身体特性、血液生化学値の経年変化はなく、栄養状態は維持されている（表2-26）。

表 2-25 食事形態別介護度、BMI 及び血清アルブミン値

食事形態	身体状況等	n（人）	年齢（歳）	介護度	BMI (kg/m^2)	アルブミン (g/dL)
全体		49	85.7±6.4	3.8±1.2	19.8±3.5	3.9±0.3
普通食		9	82.8±7.8	2.9±1.4*	22.3±2.7*	4.0±0.4
粗刻み食		10	78.1±10.2*	2.7±0.8	22.0±3.9*	4.2±0.5*
嚥下ソフト食		23	85.7±6.9	4.3±0.8	19.2±2.8	3.8±0.3
ミキサー食		2	87.6±6.3	4.5±0.7*	15.6±0.4	3.4±0.5
経管栄養食		5	86.5±2.1	5.0±0.0*	17.6±2.6	3.7±0.4

平均値±標準偏差； * vs 嚥下ソフト食（p < 0.05）

表 2-26 嚥下ソフト食喫食者の身体状況

	項 目		2005 年 12 月	2006 年 12 月
身体特性	身長	(cm)	147.0±8.1	147.0 ± 8.1
	BMI	(kg/m^2)	18.7±2.4	18.9 ± 2.6
	体重	(kg)	40.8±7.2	41.1 ± 7.2
	上腕周囲長	(cm)	22.4±3.3	21.9 ± 2.8
	上腕三頭筋皮下脂肪厚	(mm)	6.9±3.4	7.6 ± 3.7
	下腿周囲長	(cm)	26.2±3.2	25.5 ± 3.4
	上腕筋面積	(cm^2)	33.3±10.3	31.0 ± 8.4
	上腕筋囲	(cm)	20.2±2.9	19.5 ± 2.5
血液生化学値	総たんぱく質（TP）	(g/dL)	6.6±0.3	6.3 ± 0.4
	ナトリウム	(mEq/L)	143±3	141 ± 3
	カリウム	(mEq/L)	3.8±1.0	3.9 ± 0.6
	クロール	(mEq/L)	105±4	104 ± 4
	アルブミン（Alb）	(g/dL)	3.8±0.4	3.8 ± 0.3
	白血球数	(千/μL)	4.8±0.9	5.1 ± 1.3
	赤血球	(万/μL)	388±44	398 ± 53
	血色素（Hb）	(g/dL)	11.9±1.1	12.1 ± 1.2
	ヘマトクリット（Ht）	(%)	36.9±2.9	37.5 ± 3.8
	MCV	(fL)	95.8±5.6	94.9 ± 4.9
	MCH	(pg)	30.8±1.8	30.4 ± 1.5
	MCHC	(%)	32.4±1.7	32.2 ± 1.0
	血小板数	(万/μL)	17.8±5.6	19.4 ± 6.4

3. 嚥下ソフト食の厨房への導入

①導入の準備
　①試作の繰り返し（栄養士、調理師）
　②給食委員会での試食及び検討
　　委員会組織：施設長、介護部門、養護部門、看護部門、介護支援専門員、機能訓練士
　③委託会社との導入契約
　④利用者家族からの同意（経口維持加算Ⅱ）

②嚥下ソフト食の作業工程（図 2-19）
　嚥下ソフト食への作業工程は常食と別工程のクックチルシステムで行い、

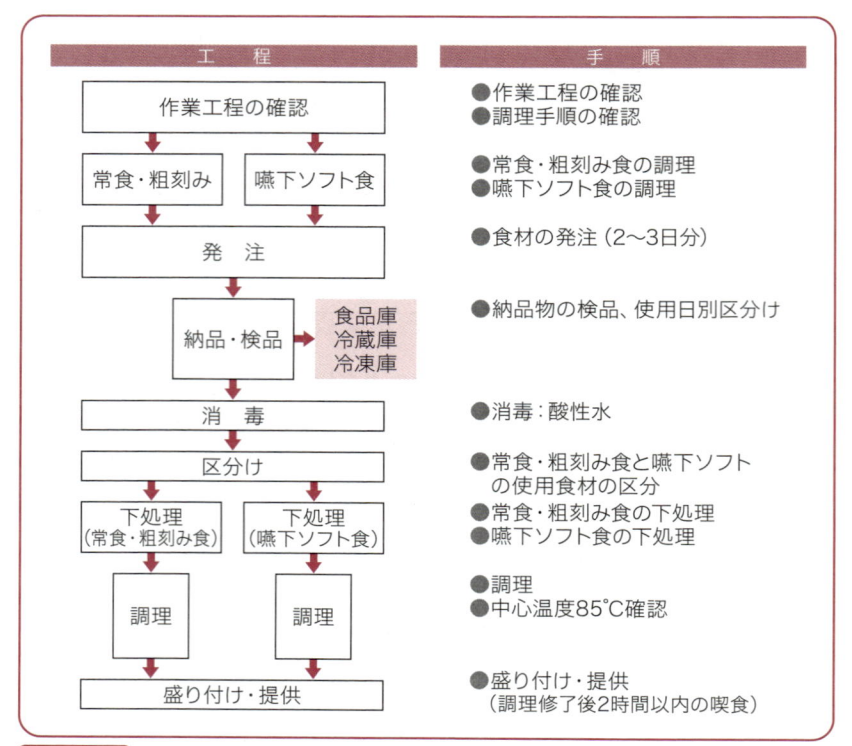

工　　程	手　　順
作業工程の確認	●作業工程の確認 ●調理手順の確認
常食・粗刻み　嚥下ソフト食	●常食・粗刻み食の調理 ●嚥下ソフト食の調理
発　注	●食材の発注（2〜3日分）
納品・検品　食品庫／冷蔵庫／冷凍庫	●納品物の検品、使用日別区分け
消　毒	●消毒：酸性水
区分け	●常食・粗刻み食と嚥下ソフトの使用食材の区分
下処理（常食・粗刻み食）　下処理（嚥下ソフト食）	●常食・粗刻み食の下処理 ●嚥下ソフト食の下処理
調理　調理	●調理 ●中心温度85℃確認
盛り付け・提供	●盛り付け・提供 （調理修了後2時間以内の喫食）

図2-19　常食・粗刻み食・嚥下ソフト食作業工程

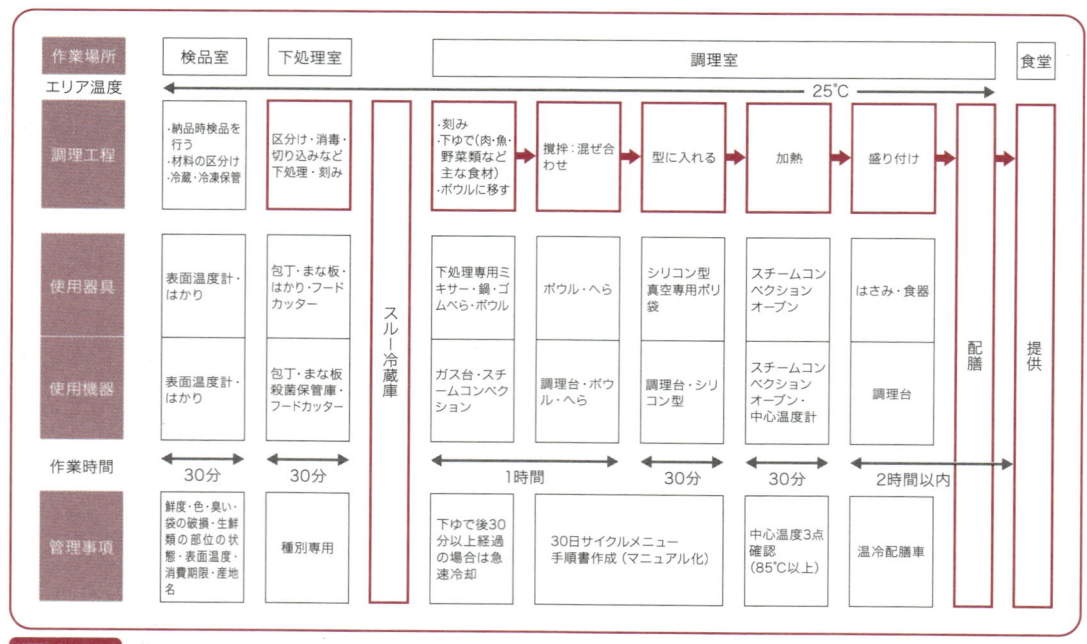

作業場所	検品室	下処理室		調理室					食堂
エリア温度				←―――――――――――――― 25℃ ――――――――――――――→					
調理工程	・納品時検品を行う ・材料の区分け ・冷蔵・冷凍保管	区分け・消毒・切り込みなど下処理・刻み		・刻み ・下ゆで（肉・魚・野菜類など主な食材） ・ボウルに移す	攪拌：混ぜ合わせ	型に入れる	加熱	盛り付け	
使用器具	表面温度計・はかり	包丁・まな板・はかり・フードカッター	スルー冷蔵庫	下処理専用ミキサー・鍋・ゴムべら・ボウル	ボウル・へら	シリコン型真空専用ポリ袋	スチームコンベクションオーブン	はさみ・食器	配膳	提供
使用機器	表面温度計・はかり	包丁・まな板殺菌保管庫・フードカッター		ガス台・スチームコンベクション	調理台・ボウル・へら	調理台・シリコン型	スチームコンベクションオーブン・中心温度計	調理台		
作業時間	←30分→	←30分→		←―― 1時間 ――→		←30分→	←30分→	←―― 2時間以内 ――→		
管理事項	鮮度・色・臭い・袋の破損・生鮮類の部位の状態・表面温度・消費期限・産地名	種別専用		下ゆで後30分以上経過の場合は急速冷却	30日サイクルメニュー手順書作成（マニュアル化）		中心温度3点確認（85℃以上）	温冷配膳車		

図2-20　嚥下ソフト食調理工程表

クックサーブで提供する常食の空き時間を利用する生産計画とした。

③嚥下ソフト食調理工程表（図2-20）

　調理工程は、「総合衛生管理製造過程の承認とHACCPシステムについて」、

「大量調理施設衛生管理マニュアル」を基本に、加熱した食品を急速冷却、チルド保存を行う作業計画を作成した。

参考文献
※1 笹田陽子，工藤ルミ子，重田公子，鈴木和春，樫村修生：特別養護老人ホーム施設入所者における咀嚼・嚥下困難者食の導入による栄養状態．日本食生活学会誌 18(4)：354-361（2008）
※2 笹田陽子，中舘綾子，工藤ルミ子，重田公子，鈴野弘子，石田 裕，鈴木和春，樫村修生：特別養護老人ホームにおける咀嚼・嚥下困難者用食の物理的機能性評価．日本食生活学会誌 19(3)：251-259（2008）
※3 厚生労働省：特別用途食品の表示許可等について，食安発 0212001（2009）
※4 日本介護食品協議会：ユニバーサルデザインフード自主規格（2003）
※5 聖隷三方原病院・コア栄養管理チーム：栄養ケア・マネジメントポケットマニュアル，医歯薬出版，東京（2006）
※6 金谷節子：ベッドサイドから在宅まで使える嚥下食のすべて，医歯薬出版，東京（2006）

第3部
事例・実践 編

第3部 事例・実践 編

1 病院と食事指導

病院事例．病院と地域食事介護

医療法人財団松圓会 東葛クリニック病院（当法人）は、慢性腎臓病（CKD）治療を専門とし、それに関わる合併症治療を行っている。一般病床95床、療養型病床19床、透析台数413台（外来透析患者約1,100名）を抱えており、管理栄養士は、すべての場面において、患者のそばにいることを目指している。今回は、認知症透析患者との関わりについて、外来通院透析 療養型のショートステイ定期的利用の一例を挙げたい。

❶症例

（介入期間：1999年12月～2010年2月、
　うち2007年9月～2012年2月）

- ●年齢●93～95歳
- ●性別●男性
- ●身長●165.0cm
- ●体重●40.7kg
- ●BMI●14.9kg/m²
- ●介護度●要介護4
- ●食事担当●嫁（介助はヘルパーか息子）
  （透析時は病院の弁当）
- ●家族構成●妻 要介護3、
  両下肢大腿骨頸部骨折後、長期臥床により認知症症状悪化、息子 大学教員、嫁 孫
- ●住居形態●一戸建て、バリアフリー住宅
- ●病名●1914年　脳性麻痺
  1945年　メチルアルコール中毒にて全盲
  1980年　高血圧症
  1998年　糖尿病性腎症
  1999年　前立腺肥大、透析導入（84歳時）
  2005年　変形性脊椎症、骨粗鬆症、
  　　　　陳旧性圧迫骨折
  2006年　出血性膀胱炎
  2007年　アルツハイマー性認知症
- ●食事療法●外来透析栄養指導：
  1999年介入時、エネルギー2,000kcal、たんぱく質60g、カリウム2,000mg以下、リン1,000mg以下、塩分7g以下
- ●入院食●2006年6月21日～24日　出血性膀胱炎入院時、エネルギー1,600kcalに変更
  退院後、1,600kcalでの栄養食事指導継続実施。
- ●生化学検査●検査値はすべて透析前のものを表記している（表3-1）。
- ●薬剤処方●2010年2月、ビオフェルミン®錠2錠×2、アダラートCR 1錠20mg×1（非透析日）、オメプラール1錠10mg×1、エポジン注1,500 IU

❷経過

1999年透析導入後2006年くらいまで。

妻、本人共メンタル面クリア。本人は俳句を趣味とし、雑誌への投稿や当院広報紙への掲載など精力的に活動しており、見た目もとても若々しく元気であった。年に数回は、病院の集団栄養教室（透析食教室）に夫婦そろって参加し、仲のよい様子がみられていた。

2005年くらいから、兄弟・知人の死や旧知の魚屋の閉店など落ち込むようなことが続き、

表 3-1 病院事例の経過

	1999年12月	2002年12月	2005年12月	2007年6月	2008年12月	2009年6月	2009年12月	2010年2月
Ht (%)	22.9	24.7	31.3	33.3	30.7	34.3	30.1	33.5
Hb (g/dL)	7.1	8.1	9.9	10.7	10.2	11.0	9.5	10.7
MCV (fL)	96.2	95	91.5	83	91.1	84.5	80.3	84.2
トランスフェリン (mg/dL)	145	152	190	182	142	-	-	-
Alb (g/dL)	3.1	3.5	4	3.4	2.8	3.0	3.0	2.7
ChE (IU/L)	281	207	201	169	187	214	176	153
BUN (mg/dL)	95	59	69	60	71	64	48	41
Cr (mg/dL)	8.9	8.7	9.01	8.55	5.98	6.79	5.57	4.73
T-Cho (mg/dL)	142	151	156	133	118	137	124	133
TG (mg/dL)	178	95	41	63	58	61	77	64
血糖値 (mg/dL)	121	79	95	111	103	120	129	86
HbA1c (%)	4.4	5.7	5	5	4.8	5.6	5.1	-
体重 (DW kg)	43.5	49.5	49.5	44.5	42	42.9	40.9	40.7

そのたびに食欲がなくなり、1kg、2kgと体重が落ちていくこともあった。しかし、喪に服した後は元気を取り戻し、ADL（日常生活動作）は維持されていた。

2007年に入り、妻が左大腿骨頸部骨折で他院に入院、その後右側の骨折も重なり、長期入院臥床生活となったため、認知症状が出現した。本人も2007年5月末にかぜを引いてから、体力の衰えと、認知機能の低下を自他ともに感じるようになった。

6月に入ると、足元がおぼつかなくなり、会話が食い違ったり、意味不明の言動などが時折みられるようになったため、自宅（家族）と病院間の連携策として、家族・透析室間の連絡ノートがスタートした。

家族からは薬の希望、排便・排尿のトラブルに関する質問など、病院からは家族の質問に対する答えや配布物や提出物の依頼など、栄養士からは食事内容の確認（検査でリンなどの食事摂取に関する異常値が観察された時）・栄養情報提供（毎月テーマを決めてリーフレット配布を実施）などを行っていた。

この時点で元々の全盲と両上肢の不自由に認知障害も加わって、食事摂取は全介助となってしまった。

食欲は旺盛で、介助すれば概ね全量摂取できていた。

息子から書き込まれる情報には、自宅に母、父の2人の要介護高齢者を抱え、妻は子ども（当時1歳）の世話で手いっぱいで、自分が仕事と介護の両方を一手に引き受けている窮状が記されることが多くなった。

透析室看護師、臨床工学技士、医師、管理栄養士のカンファレンスで、在宅生活を維持するために、ショートステイの利用を勧めることが検討された。

2007年9月12日から1週間、当法人療養型病床への1週間のショートステイを初利用。

食事摂取は、全介助ではあったが、1,600kcalの食事を概ね100%摂取できていた。以降、3か月に1回は、療養型病床のショートステイを利用することとなった。

2回目のショートステイ前に、かぜによる下痢、嘔吐が頻回で、食欲低下もあるとの情報あり。病院の食事も50～75%摂取であったため、栄養補給に経口濃厚流動食を利用することとなった。甘みのある栄養剤の味がとても気に入ったようで、自宅でも継続して摂取することとした。

表 3-2 認知症高齢者にみられる当院での食事に関する問題行動

> ①食べたことを忘れて何度も食事の要求をする（失認）。
> ②自分のものと他人のものの区別ができなくなる（盗食）。
> ③咀嚼・嚥下がスムーズにできない。（嚥下困難）
> ④食事摂取量や水分摂取量が少ない。食べる内容にムラがある。
> ⑤食べ物とそうでない物の区別がつかない（異食）。
> ⑥食べるのに時間を要する。集中できず、遊んでしまう。徘徊する。
> ⑦拒食する。食事中に寝てしまう（傾眠）。
> ⑧食事の嗜好が大幅に変わる。偏食。
> ⑨水分制限がある場合で、自分で汲んで水道水を飲んだり、トイレの水なども飲んでしまう。
> ⑩箸やスプーンの使い方がわからなくなる（失認）。手づかみ。
> ⑪食べこぼし、周囲を汚して不潔になる（失行）。
> ⑫口の中を食べ物でいっぱいにする（詰め込み）。
> ⑬その他の問題行動：早食い。丸呑み。食事・食器を投げる。暴言。

　定期的にショートステイを利用するようになり、療養型病棟では、ショートステイ時のケアプランとして、食事ADLの向上ができないか検討を始めた。

　2008年8月の利用時、食事の自立摂取のために、食事形態の変更を試みた。

　それまで全介助で普通食の形態であったが、主食はおにぎり（自分で持って食べられるように）、副食は一口大刻み、食器は特別食器（介護食器）とした。

　この変更で、丸1年以上ぶりに、食事の自力摂取が一部可能になった（途中で疲れてしまい動きが止まるので、途中からは介助での摂取）。

　家族にも、食事の自力摂取の試みについて報告するが、自宅では片付けるのが大変であること、食事に手を加える余裕がないことなどから協力は得られず。

　2008年12月から、息子より自宅での介護が負担大のため、療養型病床ショートステイの利用を月1回に増やして欲しいとの希望が挙げられた。

　2009年1月から毎月1週間ショートステイを利用することとなり、新しいケアプランとして、栄養状態を維持・改善することが目標に加えられた。

❸結果及び考察

　体重増加は、2009年1月からの3か月間で0.5kgとわずかだが、本人の表情が明るくなり、全身状態や血液検査データも落ち着いている。息子からも介護負担が大変だが、ショートステイがありがたいとの手紙をもらっている。

　療養型病床の看護職員からは、毎月の変化が見られるので、少しでも自分で食べて、元気でいてもらいたいとの思いを聞いた。

　また、透析室の看護職員からは、「本院の透析室は、今後介護度の高い人が増え、自宅での介護・通院が難しい人も多くなると思うが、療養型病床のショートステイを上手く使って少しでも自宅で生活できる期間を延ばしたい」との思いを聞いている。

　担当の栄養士として、家族・療養型病床のスタッフ・透析室のスタッフと常に情報交換し連携を保ちつつ、個々の患者のニーズに合わせた栄養ケア介入をしていく必要があると考えている。

　外来通院透析では、具体的な栄養介入は、便秘に対するアプローチと口腔ケアの依頼が主な内容であった。

　療養型のショートステイを定期的に利用することとなり、当初認知機能障害に対し、食事面でできることのイメージがつかめなかったが、療養型病床の看護師、介護士から自力摂取というプランを聞いて正直驚いた。実際、提供した

食事を嬉しそうに手にとって食べる姿は、感動的であった。

当院のような一般病院でも、認知症の人をみることは少なくない。

元々認知症の情報のある者もいれば、入院中（特に個室の人に多い）に症状が進む事例もある。

食行動での問題として挙げられるのは、表3-2の通りである。

本症例のように、認知症特有の問題行動がない場合でも、食形態や食器を工夫することによって、自力摂取を促したり、家族の負担を軽減するため短期入院を試みるなど、行うべきことがある。

本症例は、2010年2月までショートステイを利用しながらの在宅生活を継続された後、家族希望によりリハビリ目的で転院となった。

❹結語

当院のような透析医療を中心とした病院では、今後入院患者、通院患者の高齢化、食介護必要者の増加が考えられる。本症例のように、透析導入後認知症を発症することは経験的には少ない（透析という規則正しいスケジュールが功を奏していると考えている）が、認知症のある高齢者が腎不全となり、透析開始となる可能性は高い。認知症による問題行動に加え、食事療法の遵守という課題を抱え、栄養介入が必須となると考えられる。栄養状態の維持・改善にとどまらず、「その人らしく輝く」ことを食事面から援助・支援できる管理栄養士でありたいと考えている。

第3部 事例・実践 編

2 在宅訪問時の栄養管理

在宅訪問事例1. 在宅認知症の人の栄養管理

❶はじめに
　認知機能障害は食べる技術に有害な影響を及ぼすため、在宅において食事が認知症患者自身や介護する家族に大きなストレスとなることがある。また、在宅の介護者が食事や栄養管理の問題について誰にも相談できないために、入院時に栄養障害を呈している認知症患者が多いのも事実である。本項では、アルツハイマー型認知症で、記憶障害、認知機能障害（失語、失認、失行、実行機能障害）をもつ患者の食事や栄養管理に対するアプローチと患者・家族のQOL向上のための介護者への栄養教育や食支援、在宅患者に関わる各職種との連携などについて症例と共に示す。

❷症例
- 年齢●70歳代
- 性別●男性
- 身長●163cm
- 体重●49.5kg
- BMI●18.6kg/m²
- 介護度●要介護5
- 食事担当●妻（60歳代）
- 病名●アルツハイマー型認知症
- 既往歴●糖尿病（50歳代から）
- 生化学検査●
  入院時 Alb2.5g/dL（基準値：4.0〜5.0）、総リンパ球数980/μL（基準値：≧1,800）、Hb9.8g/dL（基準値：13.7〜17.6g/dL）、
- 問題点●誤嚥性肺炎の診断で入院。％AMC、％TSFのデータから、高度の栄養不良を認めた。

❸経過
　自宅では硬い食材は避け、軟菜食としていたが、液体にとろみはつけていなかった。最近、食事介助中にむせたり、食べたものを吐き出すことが多く、食事摂取量が減少傾向にあった。入院中、嚥下機能評価のために妻や居宅職員にも同席してもらい、嚥下造影を行った。検査の結果、摂食姿勢ギャッジアップ60度で、摂食・嚥下障害のGradeⅢ-7（3食とも嚥下食で経口摂取可）（表3-3）と評価され、安全に経口摂取するために、食形態はペースト状かムース状とし、プリンやゼリーは口腔内で崩れてしまうため危険と考え、液体はとろみをつけることとした。摂食介助時は周りに人がいるとそちらに気を取られてしまい食塊の送り込みや嚥下動作が止まってしまうため、テレビを消してカーテンを閉めるなど食事に集中できる環境設定を看護師に指示した。その後、肺炎が改善し、リハビリにて徐々に食事摂取量が増加し、安定して必要エネルギーを摂取できるようになったため、自宅へ退院することが決まり、在宅に向けた栄養指導を行った。
　退院時には主治医、看護師、介護者（妻）、居宅支援事業所ケアマネージャー（以後、居宅ケアマネ）、今後利用するデイサービスの施設職員と管理栄養士でカンファレンスを行った。管理栄養士はデイサービスの施設に安全に経口

摂取するための摂食姿勢と食形態の情報提供を行い、施設において統一された食事介助がなされるように依頼した。

退院後は訪問栄養指導を月2回行い、栄養評価内容及び栄養ケア計画書はその都度作成し、居宅ケアマネと共有した。栄養評価内容に関して居宅ケアマネから質問があったため、栄養評価項目の解説書を作成し、それを使用して繰り返し説明した。

訪問栄養指導では介護者である妻に負担のかからない調理が簡単な嚥下調整食の指導を中心に行った。指導内容は①増粘食材の使い方（適切なとろみの状態の指導）、②フードカッターと電子レンジを利用した簡単に調理できるムース食の調理実習、③医薬品栄養剤を使用したおやつの調理法、④少ない食事量でカロリーが摂取できる調理法、⑤栄養が強化されているレトルト食品など介護食品の情報提供、⑥摂食介助時の環境整備などであった。

実際の指導内容を示す。

① 介護者に増粘剤の使用量が多く粘りが強くならないように注意することと、咽頭をスムーズに通過することができる粘度調整の方法をさまざまな食品を使用し、理解してもらえるよう指導した。

② その日のおかずをもとに、冷蔵庫にある栄養価の高い卵や牛乳を使用してフードカッターで粒がない状態に粉砕し、調味料で味付けし、レンジ蒸し器で蒸してムース状に仕上げる調理実習を行い、安全に摂取できる食形態の指導を行った。

③ 栄養剤の味に飽きないようにシナモンや黒蜜、寒天などを使用して簡単に調理できるおやつの指導を行った（写真3-1）。

④ スキムミルクやしその実油を料理に使用して、カロリーと栄養価をアップする指導を行った。

⑤ 時間のないときや外出時にすばやく栄養補給できる介護食品の情報提供を行った。

⑥ それまではでき上がった料理を患者さんの部屋に運び食事介助を行っていたが、車椅子を移動し管理栄養士と介護者が話をしながら調理実習しているところから見てもらい、『食べること』を認知するよう環境設定から検討を始めた。また、ケアマネジャーと相談し、摂食時の姿勢はギャッジアップ60度を保持することができるようにリクライニング車椅子のレンタルを使用することとなった。車椅子で同じ姿勢を長時間保つことによる褥瘡発生を予防するため、車椅子は下肢の上がるものとし、車椅子用マットもレンタルを使用した。

管理栄養士は、定期的に介護者に連絡し、患者の摂食状況を聞いたり、食事に関わる悩みや疑問がないかを確認した。また、ショートステイ先にも連絡し、摂食状況を確認した。

❹結果

退院時、Alb2.7g/dL、総リンパ球数1,045/μL、Hb10.8mg/dL、体重50kg、BMI 18.8であり、入院時と比べ軽度栄養状態の改善を認めた。その後、訪問栄養指導を月2回行い、在宅においても栄養管理を継続して行うことで、退院4か月後にはAlb3.5g/dL、総リンパ球数2,048/μL、Hb11.3mg/dL、体重50.8kg、BMI 19.1と栄養状態の改善を認めた。また、この期間、誤嚥による肺炎を起こすことなく経口摂取することが可能であった。

介護者の負担にならない嚥下調整食を第一に考え、訪問栄養指導を繰り返し行い、介護者と一緒に調理実習や摂食時の環境を検討することで安定した経口摂取が可能となり、栄養状態の改善につながったと考えている。また、在宅患者に多施設・多職種で関わった経験からみて、栄養評価内容や栄養ケア計画を共有することで患者の栄養管理を円滑に行うことが可能であった。

❺おわりに

認知症の人が住み慣れた自宅で、ストレスのない生活を送るためには、食事は大きな問題となるが、認知症における摂食・嚥下障害に対する対応や栄養管理は非常に難しく、多職種による評価、検討、介入が必要となる。今後は、在

表 3-3 摂食・嚥下障害の Grade

Ⅰ 重度　経口不可	1 2 3	嚥下困難または不能・嚥下訓練適応なし 基礎的嚥下訓練のみの適応あり 条件が整えば誤嚥は減り、摂食訓練が可能
Ⅱ 中等度　経口と代替栄養	4 5 6	楽しみとしての摂食は可能 一部（1－2食）経口摂取 3食経口摂取＋代替栄養
Ⅲ 軽度　経口のみ	7 8 9	嚥下食で3食とも経口摂取 特別に嚥下しにくい食品を除き、3食経口摂取 常食の経口摂取可能、臨床的観察と指導を要する
Ⅳ 正　常	10	正常の摂食嚥下能力

資料）藤島一郎ほか：摂食・嚥下障害スクリーニングのための質問紙の開発、日摂食嚥下リハ誌 6(1)：3-8（2002）

黒ごまプリン　じゃがいも寒天寄せ　栗ようかん風

茶碗蒸し　きな粉とシナモンムース

写真 3-1 医薬品栄養剤を利用した調理の一例

宅認知症の人・家族の QOL 向上のため、食事をキーワードに多施設・多職種による地域のチーム医療で活動することが重要である。

在宅訪問事例 2. 独居認知症の人の在宅訪問栄養食事指導

①症例
- ●年齢●72歳（2000年当時）
- ●性別●女性
- ●身長●160cm
- ●体重●36.5kg
- ●BMI●14.3kg/m^2
- ●介護度●要介護2
- ●食事担当●ヘルパー
- ●家族構成●独居
- ●住居形態●都営アパート
- ●病名●高血圧
- ●既往歴●胃潰瘍、アルコール依存症。その他に両膝関節屈曲拘縮、変形性腰椎症、変形性膝関節症により歩行障害あり

軽度認知症がみられたため、1994年より在宅診療（内科・整形外科）となる。2000年に高血圧症、体重減少により、主治医から在宅訪問栄養指導の依頼があり、導入となる。

- ●スクリーニング● 2000年8月当時、

BMI14.3kg/m², 血清Alb3.7g/dL、低栄養高リスク。体重は同年5月45kg、6月44Kg、7月40.5kg、8月36.5kgと、4か月で－8.5kg、体重減少率18.9％であった。精査入院したが原因は分からなかった。

●アセスメント● 2000年8月当時、ヘルパーによる1日1,400kcal程度の食事と、老人保健施設でのデイサービスの合間に、おやつ（クッキー、チョコレート、飴、ガム、ようかん、ポテトチップ、缶コーヒー）やカップ麺を大量に購入し、缶飲料などをよく摂取されているのを見かけていたため、摂取エネルギー量は1,600kcal程度と考えていたが、体重減少がみられた。その後、認知症が進行し、食事の量について尋ねても答えられなくなり、食事が終わった頃に訪問してみると、食卓はきれいに片付いているもののあまり食べている感じがしなかったため、部屋の中を探したところ、押入や仏壇の裏に食べ物がたくさん置かれており、食べていないことが判明した。
摂取栄養素等量　1,100kcal、たんぱく質55g、塩分8g、水分1,800mL
指示栄養素等量　1,600kcal、たんぱく質65g、塩分7g、水分2,000mL

❷問題点

多職種による栄養ケアの課題としては、認知症による食事摂取量減少から低栄養のリスクが大きいことである。この問題を解決するためにはヘルパー、デイサービス職員、在宅診療の医師・看護師、在宅訪問栄養食事指導の管理栄養士、相談員、ケアマネジャーなど、在宅を支援する関係者間で統一した認識で援助していく必要があった。食事については、ヘルパーが用意した物や購入した物を家の中に隠すことがあると、管理栄養士が発見しケアマネジャーに報告した。

❸経過

●サービス担当者会議● 管理栄養士の提案で、ヘルパーは食事を作ってもすぐに帰らず、食事が終了するまで見守り、その量をノートに記録してから帰るケアプランに変更された。

●栄養ケアプラン● 本人は、在宅でずっと生活したいという意向であった。解決すべき問題は、認知症による食事摂取量減少からの体重減少と全身状態の悪化、カップラー

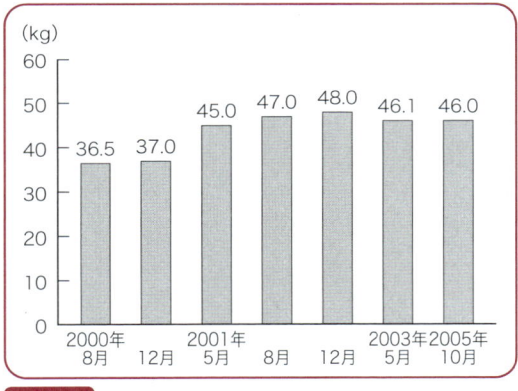

図3-1 体重の推移

図3-2 エネルギーとたんぱく質摂取量の推移

表3-4 在宅訪問事例2の血清アルブミン・血圧の推移

		2000年8月	12月	2001年5月	8月	12月	2003年5月	2005年10月
Alb	(g/dL)	3.7	4.1	3.7	3.7			3.8
血圧	(mmHg)	120/64	168/78	144/66	130/66	120/70	120/76	120/78

メンや漬物摂取による塩分増加であった。
- ・長期目標　食事見守りにより、摂取量や体重のコントロールができること。
- ・短期目標　食べる楽しみを増す。提供された食事は隠さずに食べること。

●実施内容●ノートに記載した食事量での摂取栄養素等量と、必要栄養素等量を比較し、必要量の確保を行う。
- ・ケアマネジャーに提案し、食品が隠せないように部屋のレイアウトを変更する。
- ・ヘルパーと連絡を密にし、情報交換を行う。また、ヘルパーがいる時間に訪問し、メニュー提案や買い物リストに食べてほしい食品を追加する。
- ・食べることの大切さを本人にアピールする。
- ・野菜はあまり好きではないようであったが、料理の中にうまく入れて摂取量を増やした。
- ・食べるのが速く、よくかんでいないため、食事時に訪問した際は、ゆっくり食べるよう、少しずつ出すようにした。

❹結果

●全身状態●食事摂取量の改善により、体重の増加がみられた（図3-1）。血圧は安定し、悪化予防につながった（表3-4）。

●栄養状態●食事摂取量の改善（図3-2）により、血液生化学検査値のAlbが改善し、悪化防止につながった（表3-4）。

❺考察及び結語

在宅診療になった1994年より認知症を発症したが、進行はゆっくりで、2005年まで本人が望む通り在宅で生活できたことは、医療・福祉が全面的に協力し、在宅生活を支援できたことによるものである。

本人は、エアコンが嫌いで、いくら言っても真夏にスイッチを切ってしまい、自分から水分をあまりとらないので、時々発熱していた。訪問する度に部屋で倒れているのではないかと、はらはらしていたが、救急車で運ばれるようなことは一度もなかった。多職種に支援されながら在宅生活を満喫し、過ごされていた姿は今も忘れられない。

認知症である本人が用意された食事を隠したり、捨てたり、食べなかったという行動が存在することが分かって以来、ヘルパーに食事終了時までいてもらい、食事量を確認してノートに記録してから帰ってもらうなどのケアプランの変更をケアマネジャーに提案することが増えた。

ケアマネジャーから、このような30分は無駄で必要ないと言われる場合もある。しかし、認知症の人にとって、食事を誰かと共有しながら楽しく食べられ、意義のある時間となる場合が多く、食事摂取量も増加する。そのことを多職種が周知することも在宅管理栄養士の役割であると考える。

在宅訪問事例 3. 独居認知症の人の食生活支援

❶症例

　私たちは、誰もが健やかに老いることを望んでいる。住み慣れた家で自由な生活を希望して、約2年近くも生活できた一事例である。

- ●事例●Aさん、英文科卒・元英文タイピスト、16年間百貨店勤務。
- ●年齢●87歳、上品で穏やかな方
- ●性別●女性
- ●身長●149cm
- ●体重●37kg
- ●標準体重●48.8kg
- ●BMI●16.7kg/m^2（若い頃からスマート）
- ●介護度●2007年3月要介護1、
　　　　　2008年10月要介護3
- ●食事担当者●本人、ヘルパー
- ●家族構成●独居、夫は死別、子どもはいない。身内は母方の従兄弟71歳（都内在住独身）
- ●住居形態●鉄筋2階一戸建て住宅改修なし。
- ●病名●慢性心不全・高血圧・難聴
- ●既往歴●C型肝炎・陳旧性脳梗塞・洞機能不全症候群（ペースメーカー埋め込み中）
- ●食事療法●特別食、高血圧食（塩分6g未満）
基礎代謝量 900kcal、
必要エネルギー 1200kcal、
たんぱく質 40～50g
　塩分はあまり控えると食欲がなくなるので緩めの指示。
- ●生化学検査●AST44 IU/L、ALT38IU/L、ChE49 IU/L、Na140mEq/L、K3.7 mEq/L、Cl 103 mEq/L、BUN14.4mg/dL、Cre0.59 mg/dL、T-Cho 測定なし、HDL-C 41 mg/dL、LDL-C 91 mg/dL、TP 6.7g/dL、Alb 2.8g/dL、Hb 10.2g/dL
- ●問題点●生活機能 ADLの低下、栄養・食生活（偏った食事、塩分摂り過ぎ）、その他薬の飲み忘れ。

❷経過

　慢性心不全退院後、外来通院困難のため訪問診療月1回、訪問看護週1回、訪問栄養指導月2回導入。調理を介して栄養状態を把握し摂取量の確認、栄養評価を継続する。当初は本人も調理に参加（材料をそろえる程度）することができ、でき上がった料理を、当院で配布しているバランスランチョンマット（写真3-2）の上に乗せ、一人分を把握しつつ食事は3食摂取。佃煮、梅干しが大好物。平均摂取量900～1,000kcal、たんぱく質45g程度、塩分7g以上、食欲あり。

　元気だった頃、レストランで老舗の何々、パンは何々と楽しそうに話す。指導10か月後体重38.5kg、Alb3.0g/L、Hb 11.2g/dLと改善、他のデータは変化なし。

　自立して生活できるよう介護支援専門委員がデイサービスなど体験参加を勧める。「お迎えが来るから行きます」が、「私にはああいう場所は合いませんの、それにお食事もおいしくないのよ！」と、話していた。そのため、家にいることが多い。訪問時、近所の方と食事をしていることもあった。テーブルの上には所狭しと新聞、書類、雑誌、レシート、梅干し、昆布佃煮、のり佃煮、塩さけ、食事の残菜が置いてあり、血圧も高く、時には下肢のむくみも出現。再度入院となる。

　入院時の食事は主食、副菜とも7割摂取。退院に当たり、担当者会議の席で、調理時の減塩方法、だし汁は、昔ながらの取り方（簡単な顆粒状だしの素は使わない）、栄養素のバランス（主食＋主菜＋副菜）など、一通りは説明し食事記録、摂取量を依頼するが、連絡が密でなかった。

　本人にはパンフレットを示し、見えるところに貼った。その後、玄関で転び、捻挫して動作、身の回りのことが疎かになり失禁、薬の飲み忘れ（看護師が毎週訪問時、バイタルほか、カセッ

写真 3-2 バランスランチョンマット

写真 3-3 ある日の夕食

ターに入れ持参）も多くなる。ヘルパーの手を借りなければ生活できない状況になった。食事も朝昼兼用 1 日 2 食となり、同じことを何回も言ったり、話の内容が合わなくなった。趣味多く知的な方であったが、少しずつ記憶が衰えた。例えば、品物があるのに電話で発注しているときなどは電話口に出て取り消した（本人に品物を見せて、「ありますでしょ？」、「あら！本当！よかったわ。気が付いてくれてありがとう！」）。認知症が進み、最近は室内での探し物が多くなる。ドアノブ交換の悪質業社に引っかかったりした。

❸ 結果

身体介護、生活援助にヘルパーが毎日朝夕入り、食事は 3 食に戻る（写真 3-3）。薬の飲み忘れがないようノートに記載。ヘルパー協力のもと飲み忘れ改善。調理後の摂取量もできるだけ記入してもらい、栄養評価する。主食は食べやすいように、時には小さいおにぎりに工夫してくれている。のりは巻かず、塩むすびをヘルパーにお願いするとも聞いている。食欲をなくすより元気に過ごしてもらうには多少の塩分は可とした。摂取量は少し増えたが、同一食品が多く栄養素不足、体重は増加して 40kg へ。Alb 2.4g/dL、Hb 10.1g/dL と低下してきた。他のデータはさほど変化はない。寒いときは自分でストーブをつけていたが、認知症が進むにつれ、ヘルパーなどの計らいで火の不始末にならないようガスの元栓も締められ、暖房はエアコン、電気カーペットに変わり、「寒い」と言っていた。

訪問時、テレビ音声が大きく呼び鈴の音も気づかず、庭先から電話し、ドアを開けてもらう。どのスタッフも困っている（ヘルパーノートより）、2008 年 12 月より、週 3 回デイケア機能訓練へ、ショートスティにも行くようになり。近いうち施設に入ることとなっている。

❹ 考察及び結語

年を重ね、心身共に変化が現れ、今までできていた散歩、花の手入れ、買い物、食事の仕度、着脱などができなくなり自信をなくすきっかけになる。訪問患者は、独居・夫婦のみ・家族同居・それぞれであるが、ほとんどの方は、人恋しく、寂しく、不安で、話がしたい。生まれ育った地域の話、現役で働いていた頃のこと、戦争中のこと、戦後の配給のこと、筆者は患者に一番年が近いので、心と耳を傾けてきた。

特に独居の人は、孤食、刺激がない、会話のない、変化のない、日常生活を自立することさえ面倒になり、考えることも忘れ、その場限りになり、認知症になっていってしまうのであろうか。その上、個性がますます強まる傾向があり、難しい。

A さんにとって住み慣れた家で 2 年近く過ごせたことは、多職種協働で連携ができた結果と思う。相手への思いやりを忘れず、食は生きる源であることを基本に、これからも地域に根ざし多くの方を訪問し傾聴を心がけ、心の通う訪問栄養指導を続けていくつもりである。

在宅訪問事例 4. 嚥下障害により食べる楽しみが減った方への食支援

介護度が重く、「嚥下障害によって食べる楽しみが減った方」への食支援例である。

❶症例

- ●年齢●88歳
- ●性別●女性
- ●身長●約140cm
- ●体重●計測できず
- ●BMI●算出不能
- ●介護度●要介護5、身体障害1級、障害高齢者の日常生活自立度C2、認知症高齢者の日常生活自立度（以下、認知度）Ⅲb（昼夜逆転、幻視、幻聴あり）
- ●介護保険利用●デイケア（2回/週）、褥瘡防止マットレス、ショートステイ（隔週3日間）
- ●食事担当●次女
- ●家族形態●次女と二人暮らし（次女は介護のため休職中）
- ●住宅形態●2階建て（1階でのベッド上だけの生活のため、次女も1階での生活が主流）
- ●病名●脳出血後遺症（左半身に重度の麻痺としびれあり）、貧血
- ●既往歴●脳出血（9年前）、左大腿骨骨折、左脛骨骨折、右上腕骨骨折（骨折後拘縮気味）、肺炎、褥瘡（仙骨部）、巨赤芽球性貧血
- ●食事療法●特別食、貧血食

（指示：エネルギー1,300kcal、たんぱく質44～50g、塩分7g以下）

食欲不振がしばしばみられること、嚥下障害による水分のむせがみられるので、食べやすい食事づくりに重点を置く。

- ●生化学検査●（表3-5）
- ●問題点●10年近く重度の母を介護している次女は、介護疲労が大きい。

❷経過

訪問経緯　主治医である当院の院長より、食べやすい食材選び・食事作りの指導の依頼があった。

【2005年7月4日　初回訪問】

アセスメント実施。食欲が普通の日でも、夕食は食べるが朝は水分補給程度のみ、昼は果物入りヨーグルトだけが精いっぱいという少食である。その内容より低栄養・水分不足のリスクと、食べやすい食事形態について説明。お茶ゼリーを作るところを見せつつその利点を説明するが関心は低く、介護者は今まで通りのとろみ調整食品を使用する方法を選択。今後の訪問について、まずは要介護者が好きなものを使って調理実習を介護者と共に行う。簡単・短時間でできるもの、介護者のおかずにもなるものにする。食べやすく、食欲不振が軽減し、在宅生活の継続ができる食事を目標とする。

表 3-5　在宅訪問事例4の栄養素等摂取量と生化学検査値

	水分量(mL)	エネルギー(kcal)	たんぱく質(g)	TP(g/dL)	Alb(g/dL)	BUN(mg/dL)	Cre(mg/dL)	CRP(mg/dL)	FBS(mg/dL)	WBC(/μL)	RBC(x10^4/dL)	Hb(g/dL)	Ht(%)	MCH(g/dL)
7月 1日				7.1	2.9	27.1	1.23	1.15	100	4,200	295	9.1	29.7	30.8
7月 4日	573	468	15.4											
7月19日	1,201	684	12.2											
8月 1日	1,075	887	30.7											
8月30日	1,471	939	29.6											
9月15日				7.1	2.9	26.6	1.11	4.04	101	4,600	285	8.9	28.6	31.2
9月20日	1,310	1,002	34.8											
11月 7日	623	518	13.6											
12月20日	923	863	25.3											
1月26日	1,305	1,210	32.4											
1月27日				6.7	2.8	29.4	1.02	0.84	99	4,800	262	8.2	26.8	31.3
3月30日	673	823	26.3											

【7月19日】
　水分のみに使っていたとろみ調整食品を利用した調理実習を実施（**写真 3-4**）。食べる一口量はよいが、口に運ぶ速さが速すぎる。咳の出し方、食後の座位時間の確保、市販の栄養補助食品の使い方（試食用にサンプルを置いてくる）について指導する。

【8月1日】
　水分要求量が増え始める。市販の栄養補助食品の利用希望がないため、エンシュアリキッドのゼラチンを使ってのゼリー作りをする。前回と変わらず、自力摂取での口に運ぶタイミングが速すぎて丸呑みをしていることがあり、その危険性を再度話す。「ゆっくり食べましょう」と繰り返して言っても理解は難しいので、飲み込んだことを確認した介護者が、「はい」と言ってから、本人が次の一口を運ぶ実技を行う。

【8月30日】
　2週間、食欲不振が続いていた。寝食分離ができない環境の中で、少しでも楽しい食環境になるように、また「今から食事」という意識をしっかりもった後に食事を始めることも嚥下障害の予防のひとつであることを話す。そのために、2種類のビニール製テーブルクロスを持参する(**写真 3-5**)。「こちらの方がピンク色できれいでいいわ」と笑顔で選ぶ。当日より食前にはベッドのオーバーテーブルに敷くことになる。介護者が作ったエンシュアリキッドのゼリーと、訪問時に作った野菜入り茶碗蒸しを使って交互嚥下の理解を促す。

【9月20日】
　冷たい麦茶はとろみ調整食品を使用しなくともむせずに飲めるようになっていた。そのことを共に喜びつつも、反復唾液嚥下テストは3回/35秒なので、体調によってはとろみ調整食品を使用するよう注意する。最近、自力摂取していないので、「Sさんの好きなスイートポテトを作ったの」と言って自力摂取を促す。見守りの中、さつまいものバタークリーム煮を介助なしで完食できた。

【11月7日】
　食欲のない日が続き、昨日から排便がないことでこの日は落ち着かない。食欲低下に重ねて脱水の心配があることを話す。麺類（当地はうどんの名産地）が好物であるがすすることができないため、長年食べていなかった。そこで、麺を使用して調理実習を行ったところ、麺が食べられたので喜ぶ。

【12月20日】
　2週間前から急に「朝食を食べたい」と言うようになった。「『腹ぺらしになって、○○（娘さんの名前）に朝ごはんはまだか』と言うと『お粥がまだできてない』と言われてしまう」と食欲があることを笑顔で語り、この姿を介護者も楽

写真 3-4 とろみ調整食品を使ったやわらかチキンバーグ

写真 3-5 テーブルクロス

しげに見ていた。

　嚥下機能も改善されてきているが、咽頭残留の予防と栄養補給の目的で食事の最後にはエンシュアリキッドゼリーを食べ、昼にも同ゼリーを食べられるときにはとることを指導する。

【2006年1月26日】

　食欲が安定しており「食事まだ？早く食べたい」と催促するくらいになり、嚥下機能も改善され焼きそばも刻んで食べられたという。惣菜のコロッケを使って調理実習をし、食べやすい食事作り、脂肪摂取量の増やし方を指導する。

【3月30日】

　朝・夕食に主食・主菜・副菜をそろえた食事が食べられ、食欲も安定している。前日は、ショートステイの日で、疲れのためか食事量は落ちていたが、夕飯は本人の希望で牛乳入りのコーヒーとショートケーキを食べていた。刻みにすると市販の惣菜も食べられるものが増えたことで介護者は食事づくりが少し楽になってきている。エンシュアリキッドゼリーは飽きてやめている。昼食は食べないと決め込まず、牛乳またはヨーグルトだけでもとるよう勧める。食事がよく食べられていても水分補給が必要であることは忘れないように助言する。食欲も安定していること、介護者の調理のレパートリーも増えたこと、嚥下機能も改善されてきているので、今回で訪問は終了とする。

❸**考察及び課題**

　訪問栄養食事指導で、生化学検査値（表3-5）の改善はみられなかったこと、また食欲不振に陥ることもあり、その時の食事摂取量・水分量をみると介入前に近い値に戻ることもあったが、少しずつ増加した。体が弱く、介護疲労もみられる介護者から、嚥下障害のある要介護者に好物の洋風料理を簡単に作る方法、また惣菜・レトルトパウチ食品・缶詰などを利用した方法を覚えたこと、どのようなものを作ればよいかわかったと喜ばれた。

　訪問の後半では要介護者に、「食べる楽しみ」をもってもらえた。また食べる姿勢・一口量・食べる速さ・飲み込みの確認・交互嚥下・咳ばらいの促し方を介護者に理解してもらえたことは、嚥下障害リスクの軽減になったと考える。

　管理栄養士の訪問には他にも効果が表れた。来訪者が少ない中で、おしゃれをして（前日に美容師に整髪してもらい、パジャマ・カーディガンを替える）管理栄養士を歓迎してくれた。ベッドサイドで、調理実習したものを食べる姿を見守る管理栄養士に、しきりに「おいしい」と言って喜ばせようとしていた。また、訪問時の朝食まで自力摂取していなかった時も、管理栄養士の声かけで、自力摂取で完食する意欲もみせてくれた。毎回、食後の咳の出し方や声の変化を観察するために残っているとは言わず、食べ終わった後、談話をして過ごした。介護者によれば話の内容は事実と異なることが多かったようだが、故郷のこと、昔話、食べ物にまつわる話を一生懸命に語る姿は笑顔であふれ、介護者も同席して会話に加わり、静かな、楽しい時を過ごせた。

　長い年月、介護度の高い親を介護している体の弱い介護者に少しでも負担をかけずに在宅で過ごしたいと願っている要介護者、できる限り在宅で介護し続けようと思う介護者の気持ちに寄り添うことができたと考える。脳出血後遺症・認知症の進行のみられる要介護者に、好きなものが食べられる「食べる楽しみ」を増やすための訪問食支援は重要なことと考える。

在宅訪問事例 5. 在宅独居高齢者の食生活支援

❶症例
- 年齢●86 歳
- 性別●男性
- 身長●162cm
- 体重●55.3kg
- BMI●21.1kg/m^2
- 介護度●要介護 3、HDS-R（p.23 参照）7点、認知症高齢者の日常生活自立度Ⅲa
- 主介護者●長男
- 介護保険利用●訪問介護サービス週 6 回、デイサービス週 5 回
- 食事担当●訪問介護員または長男
- 家族形態●通常独居
- 住宅形態●持ち家
- 病名●認知症
- 既往歴●クモ膜下出血（認知力低下）
- 問題点●主訴は、認知力低下による生活支障。物忘れ著しく、物探し頻繁でパニックになり、興奮状態となる。食べたことを忘れるため、何回も摂食する。

❷背景
主訴は、認知力低下による生活支障。感情不安定による対応支障あり。年々認知症が進行し、物忘れ著しく、5 分前のことも忘れる。

❸介護保険利用状況
家事動作・生活全般の見守り支援の目的で、訪問介護サービスを週 6 回とデイサービスを週 5 回利用している。デイサービスを利用していないときは、日に何回も近隣の果樹園・親類宅に出かけ、物色、異食などの迷惑行為がみられる。

❹食事支援の内容（経過）
デイサービス利用日、「今から帰るばい、バスは何時に出るとな？」とすれ違い時、誰にでも構わず興奮して声をかける。山間部で、果樹栽培を長年の職としてきた経緯もあり、果物や野菜の栽培の方法について問いかけると、表情が変わり詳細を教えてくれる。時には、事務所内に挨拶に来られ「食事をとっていない」と興奮し訴えるため、お茶を準備し、栽培に関わる内容の話を持ちかけると落ち着かれる。以前から、地域で世話役を引き受けており、元来世話好きな性格でもあるので、昼食時のバイキング食の配膳時には、歩行困難な方の食事の運搬に快く手伝いをされ、「ありがとう」の言葉に、笑顔を向けられる。夕方自宅に帰ると、1 日の疲労感もあり、落ち着かず、即、何かを口にしようとする。担当のヘルパーは氏の動きを確認しつつ、簡単な調理の手伝いを一緒にお願いしながら、夕食の準備を手早く行う。その際、氏はお腹が減った様子で落ち着かなくなるため、夕食準備の合間をぬって、おにぎりを出す。

通常、独居生活であるが、デイサービスとヘルパーサービスを受けることで、食生活を中心とした生活サイクルが成り立っている。

❺まとめ
デイサービスに通うことは、日頃の環境を変え、多数の人間関係の中で家庭的な温かさや安らぎを感じることができ、人間的な活性化が促されている。さらに、デイサービスでの他者との触れ合いや、自宅で一対一でのヘルパーによる生活支援を受けることで、人間が生きるための基本的欲求のひとつである「食」についての話題、自らの半生を顧みることのできる内容で会話をしながら交わる機会をもつことができている。このことは、認知症高齢者が一時でも長く、在宅で生活していくための支援で大変有効であると感じる。

在宅訪問事例 6. 小規模多機能施設での認知症の人（個別対応による成功例）

❶症例
- 年齢●87歳
- 性別●男性
- 身長●157cm
- 体重●53.6kg
- BMI●21.7kg/m²
- 介護度●要介護5、認知度Ⅲb
- 主介護者●長男の妻
- 介護保険利用●通所サービス週4回、ショートステイを週末に利用
- 食事担当●長男の妻
- 家族形態●長男夫婦と同居
- 住宅形態●持ち家
- 病名●アルツハイマー型認知症
- 既往歴●脳梗塞
- 問題点●咀嚼能力が低下しており飲み込み機能が悪く、誤嚥につながる場合がある。

❷事例背景
精神的に不安定で不穏なため、服薬で精神的なコントロールを行うが、身体機能の低下も目立ち、食事の介助を行っても拒否がある。農家で早朝作業があるため、1日の家族の動きが一定ではなく、融通の利くときと、利かないときがあり、時間をかけて食事介助を行うことができずに、食事時間も一定ではない。家族の生活時間の乱れが影響してか、昼夜逆転も発生した。その上、食事摂取動作が緩慢になり介助困難となった。そのため、家族の日中の作業にも影響が出てきた。

❸介護保険の利用状況
家族が介助できる時間を考慮した上で、その他の時間を本人に合わせるために、柔軟性を重視した、小規模多機能型居宅介護サービスの利用を開始した。

通所サービスを週4回、ショートステイを週末に利用。その他自宅訪問を行い、居宅での状況把握や、家族の支援状況を確認して支援を行った。

❹食事支援の内容（経過）
デイサービス利用開始時、職員に対して強い抵抗と拒否があった。食事摂取時の声かけや介助に対しても、大きな声と共に手を振り上げるような動作が頻繁に見られた。周囲の高齢者もその様子を横目で見ながら緊張し、無口で食事をするようになった。そのために、まず他者と一緒に過ごす雰囲気になじむため、職員が一人必ず付き添った。特に食事時には時間をかけペースをみながら介助を行うことで、食事を全量摂取されるようになった。しかし、自宅では、家族が時間をかけて全量の食事を介助することは不可能なため、何とか自力摂取できる方法がないかと思案した。その結果、まず箸を持つ訓練を行った。初めは投げ捨てるなどの拒否がみられたが、幾度となく、食事をするときには箸を持つ行為を繰り返したところ、理解が生まれた。その流れの中で、皿を抱え箸を持たせたところ、食事を箸でかき混ぜる行為が生まれた。その後、声かけをしながら、手をかざして、箸を口にもっていく行為を繰り返したところ、自力で口に持っていく行為が生まれた。ゆっくりではあるが、自分で食事を摂取するようになった。その方法は自宅でも家族に伝授され、付きっきりで食事の介助をする必要がなくなった。家族にも、食事メニューの説明と、皿の配置への気配り、途中の声かけを行うことなど、本人の食べやすい食事環境設定についての情報提供を行った。

❺まとめ
小規模多機能サービス拠点の基本的な役割は、在宅でも365日、24時間途切れないサービスを提供できる仕組みを担うことである。多機能とは、通う、泊まる、訪問を受ける、住むというようにサービス形態が多種あることを指

し、これらのサービスが一体的、複合的に提供できるところに長所がある。

事例6では、通常のデイサービスではなく、小規模多機能型居宅介護サービスに登録を行い、通所サービス、宿泊サービス、訪問サービスを受けることで対応者が限定され、顔なじみになりやすい環境をつくることができた。その点は本人にとって、他者を受け入れやすい環境となった。そのような環境の中で、残存機能を見出し、箸を持つことを繰り返し支援し続けたことは、大きな成果となり、家族の介護に対する不安を解消することに結びつけられたと思う。

★在宅訪問事例5・6のまとめ★

施設の概況

福岡県朝倉市にある当施設（介護老人福祉施設きらら荘）は、福岡県中央部に位置している。市全域の高齢化率は25.9%である。山間部の農村地帯であり、市内地区によって、13.9～44.8%と格差がある。

当施設は介護老人福祉施設（50床）を基本とし、9つの在宅事業（短期入所生活介護、通所介護、訪問介護、訪問入浴、グループホーム、小規模多機能、居宅介護支援、在宅介護支援センター、介護予防事業（独自））を有している。地域社会の介護サービス拠点となるべく創設13年を迎え、『誠心誠意』の理念の下、地域高齢者に、安心を与えるサービスの展開を行っている。

当施設における食事支援の基本方針

介護保険制度の理念は、高齢者の基本的な生活の維持・改善を通じた自立支援であり、食事は自立支援の中心的な内容として介護保険上に位置づけられている。高齢者にとって、食は楽しみをもたらし、人と交流する手段ともなり、生きがいにつながる重要な役目を占めている。管理栄養士である一方でケアマネジャーの業務を行うにあたって、さまざまな高齢者と触れ合い、介護計画を立て支援するうちに、在宅高齢者の生活を支えるには食という視点が一番重要であるという持論がさらに強固なものになった。

そして、高齢者とコミュニケーションを図るときに食の話題を持ち出すことで、共通した環境が発生し、警戒心が緩和され、親近感をもってもらえるのか、スムーズな支援を行うことができた。これは、会話をとりもつのが困難な認知症高齢者にも通じることであると身をもって経験している。

おわりに

認知症高齢者で日頃つじつまの合わない会話をしたり、衣食住もままならない劣悪な状況下にあっても、住み慣れた昔ながらの家で生活を続けていきたいとの気持ちを読み取ることは案外簡単にできる場合が多い。

長年の生活環境は、その人らしさを創造するものであり、それぞれに異なる美しさを併せもつものであると思う。また、その人らしさとは、身体状況、精神状態がどうであれ、生涯かけて磨かれ創られたものに変わりはない。その生涯の中で、食べることは欠かすことができず、生きる上での楽しみのひとつでもある。そのため、食生活を中心とした生活環境を整備、支援することに対して、人として愛情と真心をもって接していくことこそが重要である、とケアマネジャーの業務を行いながら感じている。我々専門職が、多職種協働の視点をもち、さらに幅広く視野を広げ、家族、地域ぐるみで高齢者を支え寄与することこそが今後一層求められてくるのではないだろうか。

第3部 事例・実践 編

3 福祉施設と食事指導

3-1 福祉施設での例

福祉施設事例1. 福祉施設と地域食事介護

本事例は、人生の最終場面において「その人がその人らしく」過ごしてもらうために、ケアワーカーが中心になり管理栄養士などの多職種と連携して、胃瘻による経管栄養から一部経口に移行した経過を報告する。

❶症例
- 年齢● 94歳
- 性別● 女性
- 身長● 148cm
- 体重● 50.0kg 前後にて推移
- BMI● 22.8kg/m²
- 介護度● 要介護5、寝たきり度B2、認知度Ⅳ
- 病名● 高血圧、腎不全、皮脂欠乏性皮膚炎、重度の難聴
- 食事療法● 1,400kcal/日、タンパク質60g、水分摂取量1,100mL/日、摂食率68%（平成21年1月）
- 特別食● 腎臓病食（減塩食）
- 生化学検査● Alb（表3-6）
- 身体状況● 食事は自力摂取、自力での立位困難、移動は車椅子介助、日中は車椅子にて過ごされる。
- 問題点●

2003年7月14日入所：体重は入所時より、ほぼ50kg前後にて推移し、BMI 22.8、入所当時より食事摂取量にはムラがあるが、自分のペースで食べていたので体重は安定していた。医師より腎臓病食による減塩食の指示があった。ただし、食事摂取量が一定しないため、たんぱく質制限は実施しなかった。体重、BMI、栄養補給方法の推移については、**表3-6**に記載した。

摂取状況は、主食は軟飯、副食は常食、箸の使用で自力摂取。

コミュニケーション方法は、重度の難聴のため、ジェスチャーで対応、ご飯を食べる動作を見せながら「もっと召し上がってください」と勧めるなど工夫していた。しかし、ケアワーカーの食事介助を嫌がり、お手拭タオルを食事の上にかぶせる行為が食事終了のサインとなっている。いったんタオルでカバーすると、頑として受け付けない様子がみられた。

【2009年2月11日】

肺雑音があり受診、無熱性肺炎と診断された。近くの提携病院が満床のため隣市の病院に入院した。

【4月7日】

胃瘻を造設して退院。

全身状況は活気がみられ良好である。胃瘻造設部に自分で触れる様子がみられ、自己抜去のリスクが高いため、上下つなぎ服の着用で対応した。

退院直後の家族（キーパーソン：長女）の思いは、「医師からは、元気そうに見えても、いつ何が起こるかわからない状態と言われまし

147

表 3-6 体重経過表（福祉施設事例 1）

年月日	体重 (kg)	BMI (kg/m²)	特記事項
2006 年 4 月	50.8	23.2	経口摂取にて、特に大きな変化はなく自分のペースにて生活していた。
9 月	51.0	23.3	
2007 年 4 月	50.7	23.1	
9 月	52.4	23.9	
2008 年 4 月	49.9	22.8	
9 月	49.0	22.4	Alb　3.5g/dL
2009 年 2 月	48.2	22.0	平成 21 年 2 月より食欲不振続く、その後入院
4 月	45.3	20.7	胃瘻造設し、経管栄養補給開始
5 月	43.2	19.7	胃瘻接続部スキントラブル発生　栄養補給量変更　口腔マッサージ開始
8 月	41.8	19.1	経口摂取開始（段階的に増量）
9 月	41.6	19.0	Alb　3.3g/dL
2010 年 4 月	42.0	19.2	
9 月	41.7	19.0	Alb　3.0g/dL

表 3-7 退院後の栄養補給内容（福祉施設事例 1）

提供方法	栄養補給剤	エネルギー (kcal)	たんぱく質 (g)	脂質 (g)	特記事項
胃瘻にて経管	エンシュアリキッド[*1]	1,000	35.0	35.0	退院時の指示
	水	600	0	0	

[*1] 半消化態栄養剤（アボットジャパン）

表 3-8 退院 1 か月後の栄養補給変更内容（福祉施設事例 1）

提供方法	栄養補給剤	エネルギー (kcal)	たんぱく質 (g)	脂質 (g)	特記事項
胃瘻にて経管	エンシュアリキッド[*1]	750	26.25	26.25	胃瘻接続部スキントラブル発生にて変更
	水	600	0	0	

[*1] 半消化態栄養剤（アボットジャパン）

た。なるべく面会に来ようと思っています。」と話された。

胃瘻造設の経過を尋ねると、「入院時や胃瘻の手術の頃、夫の死期と重なったためほとんど病院に任せっきりになってしまいました。」とのことであった。退院後の栄養補給方法は表 3-7 の通りである。

● サービス担当者会議開催

【5 月 25 日】

家族より「私が面会に来ると、何かもらえると思い手を合わせる仕草があります、アイスクリームでも食べられないかと思っています。」との意向があった。

家族の思いを受けて、嘱託の内科医師に相談すると「お楽しみ程度ならよいでしょう。」との指示を得た。同時期に、腹部の脂肪により胃瘻接続部が圧迫され周囲に皮膚炎症が発生したため、医師より栄養補給量の調整の指示があり、対応した（表 3-8）。

口腔内の状況と経口移行について、訪問歯科医（毎週木曜日）に相談、「アイスクリームくらいなら摂取は可能でしょう。ただし、約 3 か月間、口から食べていないため、舌が肥大していますし、口腔内の乾燥がみられます。ま

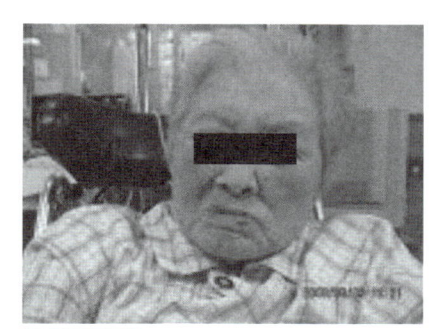

写真 3-6 口腔マッサージ前

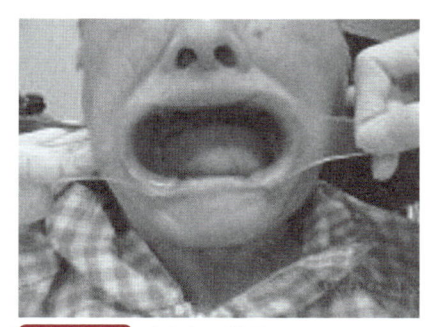

写真 3-7 舌肥大の様子

ず、食べられるお口になるようトレーニングしましょう。」との指示があった。

家族に対して、医師・歯科医師の指導内容を伝えた。ただし、95歳という高齢のため経口移行のリスクが高いことを家族に伝え、理解を得た後、経口移行へのアプローチを開始した。

● 口腔マッサージの取り組み開始
【6月18日】

訪問歯科の歯科衛生士より、ケアワーカーが口腔マッサージ方法の指導を受け、実施。

口腔マッサージ開始前（**写真 3-6、7**）では、舌は肥大しており、口腔周囲に乾燥がみられた。

下記のような口腔マッサージマニュアルを作成し、ケアワーカー間の対応内容の統一を図った。

● 口腔マッサージマニュアル
実施時間帯：昼食後・夕食後に2、3分間実施（嘔吐に十分注意）
準備物：氷水を入れたコップ、スポンジブラシ

・口腔内編
1. 声をかけて反応を確認する。ぐったりしていたり、いつもより反応が鈍い場合は中止。
2. スポンジを氷水コップに入れ、軽く絞って水分をとる（スポンジブラシに水分が残っているとムセにつながるので注意）。
3. 口にスポンジブラシを入れて、上下の歯の土手を優しくなでるマッサージを数回繰り返す。
   ムセのある場合は中断し、様子をみる。ムセが継続するようなら中止する（奥に入れすぎるとオェッとなるので、見える範囲で可）。
4. 続いて、頬の内側と舌を上下ブラッシングする。
5. 3と4を数回繰り返す。

・顔のマッサージ編
1. 顎から頬にかけて、下から上に向かって優しく数回なで上げる。口角を上に軽く引っぱり上げる（ニーの顔になるように）。
2. 下の唇を中央につまむ（**写真 3-8 左**）。

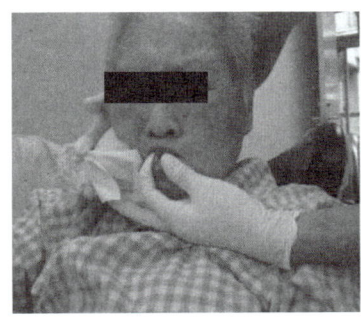

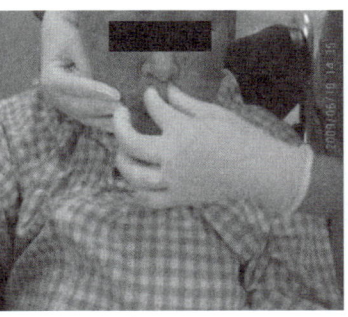

下唇マッサージ　　上唇マッサージ　　口唇周囲マッサージ

写真 3-8 口唇マッサージ

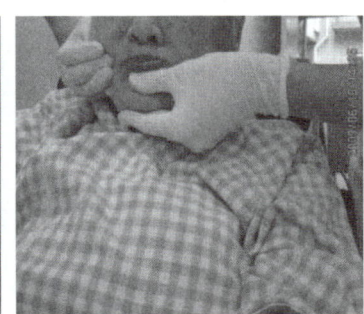

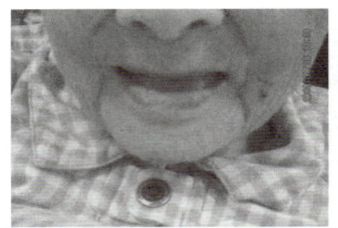

機嫌のよい場合　　　　機嫌の悪い場合

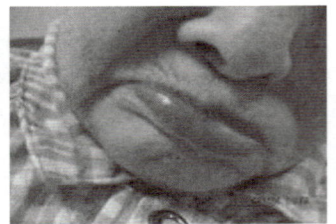

写真 3-9 機嫌の良し悪し

3. 上の唇を中央につまむ（**写真 3-8 中央**）。
4. 下唇の下に親指を横向けに添えて押す（**写真 3-8 右**）。

「お疲れさまでした！唾液がジュワーと出てきましたか？」ゴクンと唾液を飲み込めるか確認して終了。

数日後、機嫌のよい日はスポンジブラシを見ると、自分から口を開ける様子（**写真 3-10 左**）も観察された。しかし、口腔マッサージで唾液が出ても、ゴクンと嚥下されない場合があった。確実にゴクンができなければ次の段階に進めないため、ケアワーカーと相談した。桃の天然水ジュースが好きなので氷水の替わりに使用してみたらどうかというケアワーカーからの提案があり、試行した。ジュースに変更した途端、唾液をゴクンと嚥下したため、継続した。

ジュースの後、水で仕上げのための口腔ケアをするとスポンジブラシを職員から取り上げてポイと投げ捨てる様子（**写真 3-9 右**）あり、味覚の違いが認識可能なことが確認できた。

口腔マッサージ開始後、2週間目に左耳下の蜂窩織炎に罹患されたため、1週間中断した。

徐々に口腔マッサージにより、口唇の乾燥状態が改善され、唾液をムセずに嚥下できるようになった。

【8月6日】

唾液を順調に嚥下できるようになったため、おやつ時にいちご味のメイバランスミニアイス（以下、アイスと略）を介助にて提供、おいしそうに食べられた（**写真 3-10 左**）。数日後、おやつの時間になると自分にもエプロンをかけて欲しいとのジェスチャーが見られ、職員がアイスを準備して、少し手を離したところ、自分でスプーンを持ってアイスを食べ（**写真 3-10 中央**）、満足そうに手拭タオルにて口を拭く様子（**写真 3-10 右**）が見えた。

開始当初はアイス 1/2 個を提供、段階的に全量に増加した。

【9月3日】

口腔マッサージの継続について歯科医師に確認したところ、摂食嚥下に問題はないため中止して可、代わりにおやつ後と夕食後に"歯みが

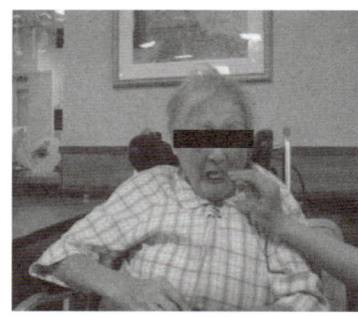

介助にて摂取　　　　自力摂取　　　　口唇の清潔

写真 3-10 食事経過

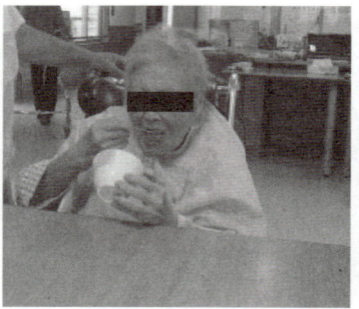

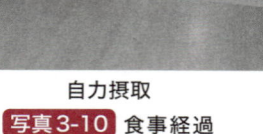

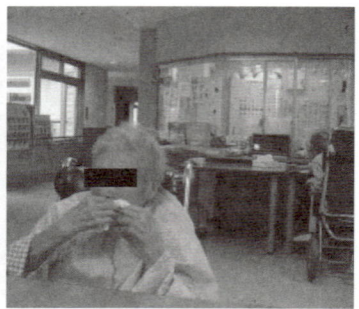

表 3-9 経口・経管の併用による栄養補給内容（福祉施設事例1）

食事時間	提供方法	栄養補給内容	提供量(mL)	エネルギー(kcal)	たんぱく質(g)	脂肪(g)	特記事項
朝食	胃瘻にて経管	メイバランス[*2] (1kcal/mL)	300	300	12.0	8.4	
		水	200	0	0	0	
昼食	経口	ミキサーハーフ食					摂取量にこだわらず、好きなものを提供する（果物から開始し順次増加する）。
		アイソカルゼリー[*3]	66g	80	4.0	1.2	
		水	200	0	0	0	経口から水分拒否ある場合は、不足分を経管にて補充
間食	経口	アイソカルゼリー	66g	80	4.0	1.2	
		水	200	0	0	0	経口から水分拒否ある場合は、不足分を経管にて補充
夕食	胃瘻にて経管	メイバランス (1kcal/mL)	300	300	12.0	8.4	
		水	200	0	0	0	
合計				760	32.0	19.2	

＊2　半消化態流動食（明治乳業）
＊3　栄養補助食品（ネスレニュートリション）

きティッシュ"にて口腔ケアを実施するように指示があった。

【9月15日】
　残暑が解消してきたため、アイスから甘くて嚥下しやすい常温ゼリーを検討し、アイソカルゼリーに変更した。

【10月17日】
　アイソカルゼリーの経口摂取については、今後の経口摂取の幅を広げるために色々な味を試行していくことをケアワーカーが提案した。対応として、毎日おやつ時に数種類の味を準備して並べ、本人に指差しで選んでもらうなど提供方法を工夫した。
　その間、右耳蜂窩織炎、膀胱炎など罹患されるが、概ね機嫌はよく日常をすごしていた。

【2010年6月9日】
　体調は安定されており、家族に経口の様子を伝えると、次の段階として「経口摂取の量をもっと増やしてほしい。」との意向があった。医師に相談して「昼食なら経口と経管を並行してもよい。」との指示を得たので表3-9の通り対応した。食事を提供するために、栄養補給剤をエンシュアリキッドからメイバランスに変更した。
　段階的にメイバランスとアイソカルゼリーの組み合わせから、徐々にミキサーハーフ食に移行してさまざまな味を楽しんでもらうことを目的にし、まずは、果物のミキサー食1品の提供を開始した。

【8月9日】
　昼食・おやつは経口にて摂取する。皆と同じテーブルに着席して、大きな口を開けて食べる様子（写真3-11）が見られた。特に果物が好

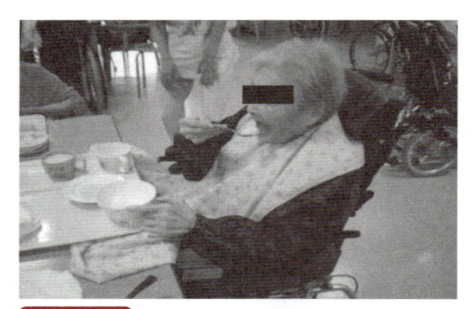

写真3-11 自力にてお粥を摂取

きなため、果物のみ全量を提供した。

朝食・夕食は、従来どおり胃瘻からの経管にて栄養補給を継続する。ただし、気分にムラがあるため、水分補給が計画どおり進まない場合もあった。脱水のリスクが高いため、下記の特別対応プランを立てて職員に伝達し、水分の補給不足に対応した。

● 経口・経管を併用した水分対応

昼食時、経口からの水分拒否の場合は、無理をせず経過観察する。

昼食に続き間食時に水分の拒否があった場合、昼・間食の水分合計が200mL以下であれば、経管にて200mLの水を提供すること。

＊昼食の全量経口摂取を開始して、日数が浅いため試行錯誤で進めている。水分拒否時に気がついた点（例：入浴日は疲労感が強いなど）を、管理栄養士に伝達する。水分量については、腎機能・排便状況を総合的に経過観察している。今後、変更する場合があるので、申し送りに注意する。

経過に十分注意しながら、昼食は経口、水分は経口と経管の併用、朝・夕食は経管にて栄養補給を実施することで、安定して過ごしていた。

【10月20日】

排便内に出血が見られる。貧血もあるため、下血原因究明のため入院となる。

【11月5日】

消化管出血のため永眠される。

❷ 結語

その後、家族からは、「少しでも色々なものを口から食べることができて、表情がとても豊かになり、本人はもとより私たち家族もうれしく思っています。ありがとうございました。」と感謝の言葉をいただいた。

今回の事例が実施できた要因としては、

① 家族が「口からおいしいものを食べさせたい。」という意向が明確に示されたこと、経口移行についてのリスクの理解が得られたこと
② 医師の指示があったこと
③ 現疾患があっても、全身状態が安定していたこと
④ 刺激がなくても覚醒されていたこと
⑤ 口腔マッサージによって嚥下反射があったこと

の5点がそろったことによると考える。

特に家族から、「何か一さじでも口から食べさせたい」と申し出があったときに、特別養護老人ホームの管理栄養士は施設内で提供できるサービスを積極的に活用し、多職種が連携できる環境をマネジメントすることが重要である。たとえ認知症になっても、最期まで「その人らしく笑顔のある人生を送っていただく」そのために、今後も高齢者や家族が最良の方法と思ってもらえる栄養ケア・マネジメントを模索していきたい。

施設の概況

当施設（相模原市 はあとぴあ）は、1998年4月に開所された定員54名の特別養護老人ホームである。認知症対応フロアは現在29名、平均要介護度は施設全体では3.8、認知症対応フロアは4.3であり、日常生活自立度はIV以上の方が2011年現在29名中25名（86.2％）を占めている。医療面の支援は、週に1回、提携病院の嘱託医師による回診、週に1回訪問歯科診療、月2回の精神科医師、皮膚科医師による訪問診療、日勤時間帯の常勤看護師の配置がある。

当施設における食事支援の基本方針

認知症に対応する食事サービスや栄養ケア・マネジメントについては、食事に対して判断力の低下した方に、そのまま口に入れても危険のない食事を基本として、個人の食事に対する認知度に応じた食事サービスの提供に努めている。

福祉施設事例 2. 認知症の人の思いを実現する場面の重要性

❶症例
- 年齢●80歳
- 性別●女性
- 身長●147cm
- 体重●42kg
- BMI●19.4kg/m²
- 介護度●要介護2、認知度Ⅱb、ADL：排泄を除いては自立
- 主介護者●長男
- 介護保険利用●認知症対応型共同生活介護
- 家族形態●独居
- 病名●アルツハイマー型認知症
- 既往歴●高血圧、CKD
- 食事療法●塩分6g
- 問題点●徘徊あり、短期記憶ができない、食べたことを忘れる、尿意・便意が分かりにくい。
- 生活歴●5年前に夫をなくしてから一人暮らしをしていた。嫁いだときから夫の家業である農業を手伝いながら家で食べる野菜畑の管理を任されていた。長男の話では野菜づくりは得意でいもを使ったおやつをよくつくっていた。

❷経過

入所から2か月、夕方になると荷物をまとめて「家に帰る」と玄関に行き、スタッフが「今日はここで泊まるように息子さんから聞いていますよ」と言うと「畑に水をやりに帰る」とか「田んぼの水を止めなくては」、「畑のきゅうりの支えをしなくては」といった訴えを繰り返した。日々の行動もエスカレートし、夕食もままならないときもあり、健康を維持できないのではと心配していた。

スタッフは、発信されるキーワード「畑に水」、「畑のきゅうり」、生活歴より知りえた「野菜づくり」、「いものおやつ」から、本人の思いの実現がケア目標であると考え、園芸療法※を参考にしてホームの一角でさつまいもの栽培を取り入れることにした。まず、さつまいもの栽培方法を聞き、行動を支援するように寄り添い、菜園の準備を進めていくことにした。次のようなスケジュールで実施した（表3-10）。

表3-10　ケアプランと評価（福祉施設事例2）

	作業（ケアプラン）	ホーム行事と行事食	評価
5月	いもの苗作り	畑の整備	さつまいもを見て苗の作り方を教えるが、夕方になると荷造りし「帰る」という。いもに水をかけ、わらでふたをするとよく芽が出るという。
6月	土づくり、苗付け、水やり	ホーム苗付け会	土づくりに一生懸命になる。「家に帰らなくてはいけないのに忙しい」と思っている。
7月	水やり、つるの間引き	間引きしたつるは軸だけにして佃煮や炒め物にして食卓に載せる。	「帰ります」がなくなる。畑をよく見に行く。続く暑さにいもの水やりを進んで行う。「ごはんを食べていない」の発言がなくなる。玄関へ立ち「帰る」の言葉を聞かなくなる。
10月	早掘り	お試し会 焼きいも、いもご飯、おにぎり	つるを短くしていもを大きくすることを職員に教える。草取り、土いじりが日課となる。
11月	収穫、干す、収納	ホームいも掘り会 焼きいも	そろそろ収穫してよいと教えてくれる。「初物」だといいながらいもを喜んで食べる。焼きいもなどの準備を手伝う。ホームになじんでいる。
12月	いもの会	いもを使ったメニューでいもを楽しむ	ホームで活動するときはどの場面でも率先て動いてくれる。

※園芸療法：園芸を手段として心身の状態を改善することであり、その目的は、植物を上手に育てたり収穫を得ることではない。植物を育てることによって、身体的、精神的、社会的によい状態を求めたり、損なわれた機能を回復すること。
園芸療法については、http://members.jcom.home.ne.jp/y.ko/ht-towa.htm

表 3-11 園芸と食事

	園芸作業	行事・レクリエーション	食に関わる連動事業
1月	寒肥果実や花木などはこの時期に剪定や施肥を行う		
2月	いちご、玉ねぎ追肥		金柑の甘露煮、干しいも作り
3月	草取り畑整備		
4月	きゅうり、トマト植え付け	いちご狩り	いちごジャム作り
5月	さつまいもの植え付け		
6月	じゃがいも、玉ねぎの収穫	玉ねぎ干し、梅収穫	らっきょう、梅干し作り、梅シロップ、梅酢作り
7月			きゅうりの漬物
8月	いもづるの整備		いもの茎の佃煮
9月	草取り、畑整備		
10月	いも収穫	柿とり会、いも掘り会	干し柿作り
11月	玉ねぎ、いちごの植え付け	いも掘り	焼きいも
12月			

❸まとめ

園芸療法はさまざまなところで実施されつつある。しかし、職員の準備の負担や計画と効果では職員の独り舞台となり、生活支援につながらない例も多い。今回は、生活歴とキーワードと身体機能のアセスメント評価が適切に行われ、「思い」にマッチングした例である。食事は生活の 1/3 を占めている。主婦歴のある方は何らかの形で料理に関わるように、園芸歴と食品作りを兼ねて暮らしてきた習慣をホームに再現し、居場所づくりを試みた。

さらにこの実践から次年度では表 3-11 のような事業計画が立てられた。

作付け事業計画は、ホームの規模をよく理解し、できるもので計画を立てる。

❹家庭できる干しいも（四国の名称：東山）

①いもを皮付きのまま、蒸し器でやわらかめに蒸す。

②熱いうちに皮をむき、丸干しの場合はそのまま、切り干しにする場合は縦に薄切りしてザルなどに並べる。

※包丁でもよいが、糸や針金を使って切るとくっ付かずにきれいに切れる。干すときは、古い網戸やよしずを利用すると便利である。

③風通しのよいところに 3 日間連続で干す（夜は室内に入れること）。

作り方はいたって簡単であるが、肝心なのは作るタイミング！

条件は、寒い季節で、晴れの日が 3 日間以上続くとき、とのこと。天気予報を見て、「今日から晴れの日が 3 日間続く」というときを見計らって、干しいも用のいもを蒸す。

▶寒い冬のビタミン C いもごはん

材料（1 人分）／米…60g、
さつまいも…40g、酒…4g、塩…0.4g

①米はとぎ、炊飯釜に入れ、水を加えてそのまま 30 分置く。

②さつまいもは皮付きのままきれいに洗い、1.5cm 角ぐらいに切りそろえ、水にさらして充分にアクを抜く。

③炊飯釜に調味料を入れ、さつまいもを加えて全体を混ぜてから、普通のご飯と同様に炊く。

④炊き上がったら充分蒸らし、さつまいもをつぶさないように気をつけて、全体を軽く混ぜる。

福祉施設事例 3. 特別養護老人ホームの栄養管理

施設では、利用者の介護計画（ケアプラン）に沿って各人に栄養ケア計画が立案され、本人・家族の承諾を得て遂行され、進捗状況を定期的に各職種間で検討し対応している。

栄養状態をみる判断材料に入所利用者の体重測定を毎月、必要に応じ隔週・毎週行っているほか、疾病を抱えた利用者については主治医の指示のもと血液検査も行っている。また、摂食量の観察・水分摂取量・排泄の観察は毎日行われ、介護・看護・栄養各チームで情報を共有し必要に応じ適時対応にあたっている。

栄養状態を判断するにあたり、体重、体重の変化率、摂食率、血液検査データなどを総合的に評価している。

認知症利用者の食事について特別養護老人ホームでの実例を挙げ、現れる症状・その対応など述べていきたい。

❶過食

認知症の症状の1つで、食事した後に、「食べていない」と食事をしたがる。食事を定期的にとっているのに満腹感がないため、量を多く要求する場合や、食べた記憶がないために食事をとってしまう。

記憶がないことばかりでなく、心身の不安から食べる行為に走ることもある。役割をもっていただくためにも、食後には何をするかなどの日課を決め、生活習慣を作る工夫を行った。

症例 1
- ●年齢● 70歳
- ●性別● 女性
- ●身長● 147cm
- ●体重● 53.6kg
- ●BMI● 24.8kg/m²
- ●介護度● 要介護3
- ●家族形態● 独居、入院、退院後、独居での生活困難となり施設へ入所
- ●病名● 統合失調症
- ●食事療法● 1,450kcal/日、たんぱく質 65g、摂食率毎食 100%、水分摂取量 1,200mL/日
- ●生化学検査● Alb 3.9g/dL
- ●身体状況● 杖歩行可能、食事自己摂取、排泄自立
- ●問題点● 食べていても満腹感がもてず、食事に対し不満をもっている。主食の量を増やし満足とのことであったが、夜間起きだし介護員とお茶の時間をもったことから、習慣として楽しみにするようになった。日中居眠りがみられ、体重も大きく増加した。まじめな性格ゆえ自己の身の回りについて洗濯・食事作りなどしない環境での生活に、何をしたらよいかなど不安があったと推察される。

入所時体重 45.0kg 粥・常食であった。2か月たち生活が落ち着いたくらいに「もっと食べたい」との意志があり大盛り（粥 250g）で提供する。本人満足とのことであった。1年たち消灯後目が覚めたと起きてきて、お茶と菓子を楽しむことが多くなった。以降、食欲低下がみられず徐々に体重が増加し、現在の 53.6kg となっている。

夜間はお茶だけとし、日中の活動量に注目し、本人と相談して食後に廊下の掃除を日課とする。2年経過し、体調もよくなったのか本人からご飯が食べたいとの希望があり、米飯に変更する。体重は横ばいであるが減少傾向はない。日課ができ、使命感をもっている様子がうかがえる。米飯のエネルギーを抑える工夫を行っている。さらにレクリエーションへの参加、声かけし活動量を多くする工夫も行っている。

❷食欲低下

日頃より摂食量が少ない高齢者が実は食欲低下で摂食量が低下していた場合、摂食不良が見落とされ、大きな（1か月に3〜5%）体重減少がみられ、やっと気づく場合がある。認知症では突然食事を拒否する場合もみられる。定期的な体重測

定・摂食量の観察で早い時期に、食事形態と、盛り付ける食器の検討、嗜好を反映させた食事の提供で対応することが必要である。

症例2
- ●年齢● 97歳
- ●性別● 女性
- ●身長● 129cm
- ●体重● 34.5kg
- ●BMI● 20.7kg/m²
- ●介護度● 要介護3
- ●家族形態● 長男家族と同居後、長男が亡くなってから暴言が多くなり、体調悪化、身の回りのことができなくなり、さらに暴言、暴力がみられ施設へ入所
- ●病名● 脳血管性パーキンソニズム、脳梗塞
- ●食事療法● 1,300kcal/日、たんぱく質58g、水分摂取量1,000mL/日
- ●生化学検査● Alb 3.6g/dL
- ●身体状況● 車椅子、食事自立、排泄介助
- ●問題点● 暴言・暴力は、本人の意向と第三者との意思疎通がうまくいかない結果と考えられるが、考えや意思を口にすることが少なく、また働きかけを煩わしく感じている様子がみえた。また、自殺念慮がみられ、ナースコールのコードを首に巻く行為がみられた。

入所後の食事状況をみると、食事にムラがあり、口から食べ物を吐き出す様子が見られた。食事量も多くはなく主食中心に食べ、副食は残すことが多い。

日頃より食事量は少なく、好き嫌いが多く、そのときの気分で食べたり食べなかったりの生活であったと家族から情報が得られた。施設でも食事量をその都度、自分で決めているようで、声かけを行っても食べることなく、怒り出す姿なども見られる。また、口から吐き出し嚥下しようとしないことがある。体重減少がみられたときは、主食（粥・ご飯）が好きとの家族からの話や食事の様子から、大盛りで提供した。効果は現れている。口から吐き出すことから咀嚼困難かと推測し、食事形態を極刻みへ変更した。極刻みにしても改善は見られないため一口大にし、様子をみる。形態を変えたことが刺激になったのか、食事量は戻っている。その後、しばらくして硬いものを口から出す様子が頻繁に見られ、再び形態を極刻みに戻す。効果はあり、食べるようになった。しかし、またしばらくすると食事量の低下がみられ、体重の減少もみられた。家族の了解を得て食器をランチ皿に変え、盛り付けを変更する。家族の協力で昼食を一緒に食べる機会をつくり実施する。2週間後、食事量は戻る。

認知症の進行もあり、何が食べたいかを尋ねても答えは返ってこない場合が多い。家族に好きなものを聞いて対応しても、嗜好が変わっている場合もあり、食欲が戻らない場合もある。生まれ育った環境を考慮し食事に反映させるのも一つの方法であるが、懐かしい味として記憶に残っているか、苦しい記憶であるのかにより効果は変わってくる。多くの場合、食欲低下が認められたときは、親身に対応することが第一である。「心配してくれる人がいる」ことが大切で、次に無理なく食べられる食物を探すことである。人によるが、おにぎり・そうめん・アイスクリーム・水ようかん・バナナなどが効果的で、食べるきっかけを見出すことである。

症例3
- ●年齢● 77歳
- ●性別● 女性
- ●身長● 149cm
- ●体重● 39.9kg
- ●BMI● 18.0kg/m²
- ●介護度● 要介護3
- ●家族形態● 夫婦のみ
  夫の入院で介護者不在のため入所
- ●病名● 認知症（徘徊あり）
- ●食事療法● 1,650kcal/日、たんぱく質58g、水分摂取1,000mL/日
- ●生化学検査● Alb 3.4g/dL
- ●身体状況● 車椅子自走、食事自己摂取、排泄介助

●問題点● 食事に集中できない、食事認知できない

入所当時から徘徊が続き、施設からの無断外出も見られた。食事摂取は問題なく、体重減少もみられなかった。歩行にふらつきがあり、転倒、骨折し入院。退院後はふらつきがあるが歩行可能で施設内を徘徊していた。食事に関しては、入院前と変わらず自分でほとんど全量摂取していた。体重の減少もみられず、皮膚の状態に異常はなく過ごしていた。表情も豊かであった。2009年5月の体重46.9kg（BMI 21.1kg/m^2）であったが、6月より徐々に体重の減少がみられた。しかし、摂食量に変化なく皮膚の状態に異常もなく経過している。2010年再度転倒し、骨折のため入院、退院後、車椅子を自走して徘徊しているが表情が険しいことが多くなった。また入院前は、食事は必ず食事席に着き、ほぼ全量摂取していたが、退院後は自発的に着く様子はない。食事にも集中できず、1～2口で食事を中断し徘徊を始める。

食事席に7cm×25cmの名札を用意し食事が本人のものと識別できるようにした。また、席を離れて1周してきたところで声かけをし、食事を再開してもらった。食べ終わるまで何度も繰り返している。食事の介助は拒否があるため声かけのみで対応する。呼ばれることを嫌がらず食事を再開し食べている。

食事に集中できない例としては、食物で遊ぶことがある。「ままごと」のように食事を混ぜ合わせ食べようとはしない。食事介助ができる場合は介助を行う。

また、配膳を工夫し、介助皿に主食と副食を数口分ずつ混ぜないで一緒に盛り付け、食べ終わったら再度盛り付ける。

❸咀嚼・嚥下機能低下

認知症の進行で食物を認知することができなくなる。ゆえに口を開けること・口に食物を入れたとしても咀嚼しない・飲み込みがうまくできない。歯が食べられる状態にあるのか確認する必要がある。また、口の中の状態も健全であるかを確認する必要がある。

食事中にむせる場合は、嚥下機能の低下が疑われる。状態に合わせた声かけ・食事介助・食事形態の検討が必要である。

症例4
- ●年齢● 76歳
- ●性別● 女性
- ●身長● 141cm
- ●体重● 39.5kg
- ●BMI● 19.9kg/m^2
- ●介護度● 要介護4
- ●病名● アルツハイマー型認知症
- ●食事療法● 1,450kcal、たんぱく質58g、摂食率毎食100%、水分摂取量1,100mL/日
- ●生化学検査● Alb 3.5g/dL
- ●身体状況● 車椅子自走、食事介助、排泄介助
- ●問題点● 大声で常に叫ぶ、手引き歩行可能、独歩困難、異食あり。常に見守りが必要なため在宅介護困難により入所

入所当初は立ち上がりが頻回で転倒の危険は大きかった。異食は環境整備により防いでいる。

食事は自分で毎食ほとんど摂取していた。6か月過ぎた頃から食事中むせ込みが多くなった。食事状況は口に入れてしっかりかむ様子はなく、食事形態を極刻みに変更している。その後2度食事を喉に詰まらせ、それを境に徐々に活気がなくなり、自分で摂取しなくなった。声かけをして食事を促すが食べようとしない、介助が献立を告げると口を開き、口に入るとすぐ嚥下してしまう。むせ込み・不消化便はみられないので食事形態は粥・極刻みのまま様子をみている。

症例5
- ●年齢● 81歳
- ●性別● 女性
- ●身長● 153cm
- ●体重● 50.1kg
- ●BMI● 21.4kg/m^2
- ●介護度● 要介護4
- ●家族形態● 独居

- ●病名● 認知症（徘徊あり）
- ●食事療法● 1,900kcal/日、たんぱく質 67.5g、摂食率 95%、水分摂取量 1,000mL/日
- ●生化学検査● Alb 3.3g/dL
- ●身体状況● 手引き歩行（車椅子使用可）、食事全介助、排泄介助
- ●問題点● 日中徘徊・独語あり。自身の世界の住人で、食事に興味を示さず認知できない。

　入所時の情報で3日に1日くらいしか摂食はないとのことであった。実際、昼夜問わず徘徊し、食事をしようとしなかった。当然体重の減少がみられ、健常な状態ではないとの認識よりアプローチを開始した。声かけを頻繁に行い、本人が食べる様子をみせたときに軽食を提供し、徐々に食事時間に合わせて食べるよう促した。1か月かかったが、食事量・食事時間・体重は安定した。家族の協力もあり、面会時には好きな食品を持参してもらい会話を楽しんでいた。徘徊は続いていたが、活動量はだんだん少なくなり、5年を経過し現在は、椅子に座って1日過ごすことが多い。食事も自己摂取だったが徐々に一部介助となり、現在は全介助である。食事中もおいしい・辛い・まずいなど言葉が出ていたが無表情になっていった。現在は日によって、食物の認識なく、声をかけ口元に食品を近づけても口を開かないことがある。咀嚼もほとんどせず、すぐ飲み込む様子が見られる。水分にとろみを付け喉越しをよくしている。また、状態に合わせて好物のみかんの缶詰や栄養補助食品を提供し、現在の体重を維持している。

❹異食

　食品ではないことを認知できない。身の回りに口に入るものを置かない、環境整備が必要である。

症例6
- ●年齢● 78 歳
- ●性別● 女性
- ●身長● 155cm
- ●体重● 50.1kg
- ●BMI● 20.9kg/m²
- ●介護度● 要介護5
- ●家族形態● 夫婦で生活。夫も介護が必要。妻の介護ができなくなった。
- ●病名● 認知症
- ●食事療法● 1,550kcal/日、たんぱく質 63g、摂食率毎食 100%、水分摂取量 1,200mL/日
- ●生化学検査● Alb 3.6g/dL
- ●身体状況● 車椅子介助、食事自己摂取、排泄介助
- ●問題点● 生活に興味を示さず意欲、関心がない。無気力。

　サークルのリーダーを務めるなど活発で面倒見の良い性格であった。性格は温厚であるが、認知症の進行で無口で活動的ではなくなっている。食事は好き嫌いなく食べている。テーブルの花や葉を食べているところを発見された。食後、空腹である様子はみられない。環境を整備し口に入るものを置かないようにした。

⑤吸収力の低下

症例7
- ●年齢● 82 歳
- ●性別● 女性
- ●身長● 158cm
- ●体重● 47.2kg
- ●BMI● 18.9kg/m²
- ●介護度● 要介護4
- ●家族形態● 夫婦のみ。夫が亡くなり独居生活、介護者不在のため入所
- ●病名● 認知症（徘徊あり）
- ●食事療法● 熱量 1,500kcal、たんぱく質 50.4g、摂食率毎食 100%、水分摂取量 1,100mL/日
- ●生化学検査● Alb 3.3g/dL
- ●身体状況● 車椅子介助、食事介助、排泄介助（バルーンカテーテル挿入）
- ●問題点● 提供栄養量に対し吸収率悪く、全量摂取していても体重が維持できない。

　在宅生活のときは徘徊していたが、入所時はふ

らつきがあり、歩行不安定で徘徊、活発でなくなっていた。摂食状況は問題はなく、自分で摂取していた。2009年入院し、バルーンカテーテルを挿入したまま退院となる。歩行は入院前より不安定となり手引き歩行で歩いていたが、徐々に活動量は低下した。入院前と比べ退院時の体重減少は大きく、栄養補助食品を毎食提供した。効果があり体重は徐々に増加した。しかし、身体状況・活動は著しく低下し、自身で行えることがほとんどない状態になった。生活活動は寝たきりに近いが、現在の栄養量を提供していても大きな体重増加はなく、また血清アルブミン（Alb）も低値である。本症例や症例5も吸収率は低下しているといえる。活動量の低下で体重は維持できてもAlbの改善に結びついていない。

以上、5種類7つの症例、過食、食欲低下、咀嚼・嚥下機能低下、異食、栄養吸収率の低下について述べた。認知症と付き合っていくため、さらに多くの症例を検討し栄養状態を保つ工夫を模索していきたい。

福祉施設事例4．介護食による行事食・日常食への取り組み

咀嚼・嚥下困難となった場合、食事は、①舌でつぶせる硬さ、②食塊形成しやすい、③喉への移送がスムーズであることが望ましい。また、口腔への刺激を残すため、粒を残した状態で上記3つの条件を備えた食事であることも必要である。さらに付け加えるなら、見た目にもこだわった、見るからにおいしそうである食事が求められる。

❶行事の介護食

ⓐ正月：祝い膳

雑煮
①もち米で粥を作る。ミキサーにかけ（とろみ剤3％使用）、バットで固め、餅もどきを作る。
②にんじん・ほうれん草を各々煮てペースト状にし、薄く固める。固めたものを梅型・短冊に切る。
③雑煮の汁を作る。
④①〜③を碗に盛る。
※とろみ剤はプリン状に固まる素材を使用。

ぶり照り焼き
①ぶり照り焼きを作る。
②ミキサーで①をペースト状にしたものと、繊維を残したもの2種を作る。
③各々をとろみ剤1％使用し、プリン状に固める。
④見た目よく型抜きし、盛り付ける。

えびの西京焼き
①むきえびを使い、西京焼きを作る。
②〜④前記と同様。

松風焼き
①鶏ひき肉で松風焼きを作る。
②〜④前記と同様。

黒豆・陣笠しいたけ・里いもの白煮・花にんじん
各々作り、前記と同様。

錦卵
①ゆで卵を作る。
②白身・黄身を別々に裏ごす（機械を使用）。
③②の各々に砂糖をよく混ぜる。
④型に③の二色を重ね入れ、蒸す。
⑤型から出し、切って盛る。

紅白かまぼこ
①白身魚のすり身・はんぺん・卵白をミキサーにかけ、混ぜる。
②①を成形し蒸す。
③②を見た目よく切り、盛り付ける。

紅白なます
①紅白なますを作る。
②漬けた大根・にんじんを各々ペースト状にする。
③②をとろみ剤1.2％で板状に固める。
④③を短冊状に切り、盛り付ける。

きんかん甘露煮
① きんかん甘露煮をペースト状にする。
② ①をとろみ剤1.2％で固める。
③ 成形し、盛り付ける。

青梅甘露煮
①～③きんかん甘露煮と同じ。

伊達巻
①～③きんかん甘露煮と同じ。

❷日常の介護食
ⓐ三色餅・お汁粉
正月の雑煮で作った餅もどきを使って提供する。

ⓑそうめん
① 舌でつぶせる硬さにそうめんをゆでる。
② 麺つゆ（汁の濃さに味付け）を作る。
③ ②をとろみ剤1％を加え、固まりだしたらそうめんを入れて固める。
④ 盛り付けし、提供する。

正月の祝い膳に日頃の介護食作りの工夫が表れる。プリン状に固めることは誰でも行える。さらにおいしくするため、見た目よく成形・盛り付けることは調理担当者のセンスにかかっている。マニュアルをつくり、成形・盛り付けを工夫したい。

福祉施設事例5. 徘徊、介護拒否、暴言があり、食事量低下

❶症例
施設を自宅と思い、妄想による徘徊、介護拒否、暴言（「どろぼう」など）あり、食事量低下していた方

- 年齢●85歳
- 性別●女性
- 身長●147.2cm
- 体重●47.5kg
- BMI●21.9kg/m²
- 介護度●要介護4
  障害老人の日常生活自立度A2、
  認知症老人の日常生活自立度M、
  認知機能：HDS-R　8点
- 病名●アルツハイマー型認知症
- 身体機能面●基本動作は自立しており、ADLに影響する機能低下は認められない。
- 認知機能面●HDS-Rが8点であり、全般的に認知機能の低下がみられる。
  意思疎通は可能であり、名前の呼びかけに対し返答がある。視線も合う。摂食嚥下機能についても障害はない。

❷経過
日中の状況：施設内の徘徊行動が著明であり、その他はホールで過ごしている。職員が「おはよう」などと声かけすると「うるせい、ばかやろう」、「このどろぼうが」、「汚い顔して」などと言われることが多い。しかし、その日の精神状況などによっては、職員に対し「よく働くのぉ」、「あんたいい顔してらなぁ」と自ら声をかける場面もみられる。

夜間の状況：入眠するまでの間、施設内を徘徊し、他居室への侵入行為や他居室のドアを叩いて回るなどの行動がある。入眠後は途中覚醒することなく、朝まで良眠することが多い。しかし、時おり不眠傾向がみられることもある。

食事の状況：配膳すると自ら箸を持ち、食べ始める。お粥が入っている茶碗の上に小鉢を重ねるなどの、食物の認識低下がある（**表3-12**）。職員が「おいしいですか」などの声かけをすると、「こんな汚いものは食べられない」、「こんな他人の残したものは食べられない」、「まぐねぇ（まずい）」などの返答をし、残食がみられることが多い。朝は覚醒状態が悪く、自室で寝ていることがあり、朝食未摂取のことがあるため、1日の総摂取量が1/6～1/5程度となる（200～320kcal）。徘徊行動著明であり、活動量が多く、消費エネルギーも大きい（基礎代謝量950～1,100kcal×活動係数1.6＝1,520～1,760kcal）。よって体重減少もみられた（体重減少率4.6％、BMI 20.9）。

表3-12 認知症高齢者に対する食事ケアの評価と支援計画表（病院事例2）

日付： 　年　　月　　日　　　　　　　　　　　　　　　　　　　　　　　　　　　　　　　　　　　チェック者：○○○○
対象者氏名：

大項目	小項目	食事の実行状況 問題点	食事動作支援計画				現在の状況（チェックあり○）				
			環境整備	言語による手がかり（言葉による促し）	視覚による手がかり（行為もしくはものを見せることによる促し）	触覚による手がかり（身体に触れさせることによる促し）	問題点	環境整備	言語	視覚	触覚
開始	開始の認識と行動	☑食事場所に向かわない（朝のみ） □着席しない 備考：□移動・着席は事柄子による全介助	☑食物以外は片付ける □食事開始の準備をする □首（楽）により食事開始の合図をする □その他（　　）	☑開始の予告 ☑開始を促す □開始を妨げる行為を止める □その他（　　）	□開始援助のモデルを示す □食物や食器などを身体に置くか □その他（　　）	□開始に必要なエプロンなどを身体に置く □開始に必要な食器などを持たせる □その他（　　）	○	○	○	なし	なし
食物及び食器の操作	食物の認識	□食物に関心を示さない □食物以外のものをすすめる □食物をひと皿にまとめる □少量ずつに分ける □1種類ずつ出す □位置を変える □その他（　　）	□食物の名前を挙げる □食物の選択肢を示す □その他（　　） □誰も手をつけていないことを告げる	□ミニチュア食や野菜の形に再加工する □食物（　　）	□食物をすくうなどの動作を手を添えて行い、食物を確認する □その他（　　）	○	順	なし	なし
	食物などの認識と使用	□適切な食器などで食べ始められない □必要に応じて適切な食器などに変更できない □手づかみで食べる □正しく持てない □こぼす運べない □空スプーンを口に運ぶ（食べても）ずっ繰す □食器などの位置を頻繁に変える □その他（　　）	□手をつけないように言う（汚いと言う） □手をつけないように言う（痛ると、混ぜる） □別の用途に使う □遊びをとられ □その他（　　）	□食器などを指さで触れさせる □より適切な食器などの使用してみせる □その他（　　）	□食器などの位置を知らせる □必要な食器などを手に持たせる □適切な食器などの動作を手を添えて補う □その他（　　）		順	なし
	自他境界の認識	□他人のものも食べる □他人の所に置く □自分の食物を他人にあげてしまう □その他（　　）	□境界を作る □届かないようにする □自分の食物を他人にあげてしまう □その他（　　）				問	順	なし	なし
咀嚼・嚥下	開口	□口を開けない □うまく口の中に入れられない □食物が口元に運ばれてもすぐに口を開けない □こぼす □その他（　　）	□食器の位置を調整する □クッションなどを使用して姿勢を保持する □食物の粘度を調整する □その他（　　）	□本人の食物・食器の範囲を示す □その他（　　）	□開口するモデルを示す □食器を元の口元に近づけてみせる □その他（　　）	□食器などの位置に触れさせる □嗚を軽く突く □顎まで広げる □その他（　　）		問	なし	なし
	咀嚼	□口に入れたものを出す □かまない □一度に多量に口に入れる □その他（　　）	□注意をそらすものを排除する □その他（　　）	□開口を促す □咀嚼動作を続ける □その他（　　）	□咀嚼のモデルを示す □その他（　　）	□手を添えて顎を軽く上下する □その他（　　）		問	なし	なし
	嚥下	□噛嚼し続け嚥下しない □口の中に溜める □角から溢れ出す □その他（　　）	□姿勢を調整する □介助位置を変える □その他（　　）	□嚥下したことを確認する □残食を促す □その他（　　）	□望ましい姿勢を見せる □食物・食器の表情などを促して注意を維持する □その他（　　）	□顎部を支えする □身体を支えて自ら姿勢を戻すよう促す □食器を元に戻して残食の排出を促す □その他（　　）		問	なし	なし
食事行為の持続	姿勢の維持	□ずり落ちる □横に傾く（右、左、前、後） □寝てしまう □拒否行為を向く □その他（　　）	□注意をそらすものを排除する □その他（　　）	□姿勢を正すように促す □その他（　　）	□正しい姿勢を見せる □その他（　　）	□手を添えて望まい姿勢に戻す □身体を支えて自ら姿勢を戻すよう促す □その他（　　）	○		問	なし	なし
	注意の維持	□話をする □拒否行為を向く □よそ見をする □立ち上がる □その他（　　）	□1回量を少量化する □その他（　　）	□摂食を促す □開眼を促す □注意をもらう動作を付ける □その他（　　）	□咀嚼動作を止める □その他（　　）	□身体に触れて注意を喚起する □食器に触れさせて注意を喚起する □その他（　　）		問	なし	なし
	動作の継続	□動かなくなる □保続動作（無意味な行為を続ける） □中断する □その他（　　）	□食器などを片付ける □その他（　　）	□次の動作へも移行を促す □動作の継続を促す □動作の再開を促す □その他（　　）	□嚥下作動を見せて注意をつなぐ □その他（　　）	□手を添えて中断している動作をつなぐ □ひとに入れる □身体に触れて着席を促す □その他（　　）		問	なし	なし
終了	終了の認識と行動	□動作がないのに食事動作を保続する □興味を片付けられ続ける □エプロンをはずさない □その他（　　）		□終了の予告 □動作の維持を防止に行為を止める □動作の再開を促す □その他（　　）	☑食物を見せて中断した意識を示す □空になった食器を見せる □その他（　　）	□使っていた食器などを身体からはずす □終了の動作を行う □その他（　　）		問	なし	なし
備考		《メニュー》 常食・減塩食	《食器の種類・配置など》	《他の食事様子・食事姿勢》	《特記事項（普段の対象者の様子、特徴など）》 妄想あり。自分の食べているものを「他人が残したものリ」などといい、残食する。						

（介護老人保健施設　ヴィラ弘前　栄養科）

※研究代表者 別所遊子：認知症高齢者のセルフケア及びコミュニケーション能力を高める看護プログラムの開発報告書、日本学術振興会科学研究費補助金2006年3月

❸介助の注意点

　カンファレンスにて、入所前の生活環境、生活習慣を考慮すると、本人は施設を自宅と思い、職員を昼は使用人、夜はどろぼうと認識したのでは、と推測された。ドアを叩く行為についても、「戸締りをしているつもりなのではないか？」との意見もあった。今後の対応として、

➡職員の声かけの仕方を統一する。
　（「おはよう」ではなく「おはようございます」ときちんと話すなど）
➡なじみの他入所者とは、歌を歌ったり、笑顔で会話されるため、その方と同室とし、朝食の誘導も共に行う。席を一緒にし、二人の空間を設定する。
➡職員は食事中、必要以上に声かけをしないようにする。
➡主食の形態をおにぎりとし、摂取されるか様子をみる（朝のみ）。
➡補食100mL（200kcal）×3食を追加し、エネルギーアップを図る。

❹結果

　最後までほぼ落ち着いて食事することが多くなり、摂取量も2/3～4/5と増加した（880～1,180kcal）。補食は「特別用意しました」と笑顔で促すと「あれー、迷惑かけて。すまないね」、「おめぇ作るの上手だなぁ」などと話し、喜んで摂取する（600kcal）。

　日中穏やかに過ごす時間も多くなり、徘徊も減少したため、活動係数1.5となり、体重も安定する。必要エネルギー1,440～1,650kcal、摂取エネルギー1,480～1,780kcal。

　本症例では、認知的世界観を職員が理解し、共感するように努め、環境整備やコミュニケーションの図り方を工夫したことにより、本人の情緒の安定につながり、食事摂取量の増加が得られた。

　今後は、体重増加の可能性も考えられるため、その対応策としては、

➡体重管理に努め、状況に応じ補食の必要性を検討する。
➡なじみの他入所者との散歩や外出、外食などの機会を設け、気分転換と活動量の確保に努める。

　以上のことが検討される。

　以下、当施設、栄養ケアマネジメントより、アセスメント（ICFの「生活機能」、表3-13）、栄養ケア計画（表3-14）、栄養モニタリング（表3-15）参照されたい。

　認知症の方の立場、目線に立つということは、難しいことではあるが、発する言葉や過去にさかのぼり、認知症の方をみることは、その人の現在を知る上で、やはり重要である。また、食事場面のみからは推測できる訳もなく、食べるという行為は、その方全体をみることが重要である、と思われる。

表 3-13　ICFの「生活機能」：人が「生きる」ことの3つのレベルのすべてを含む包括概念（福祉施設事例5）

健康状態
病気やけがだけでなく、妊娠・高齢・ストレスなど人が生きることに影響するすべてを含む

- 栄養状態　中　リスク
- 体重減少率　4.6%（47.5kg→45.3kg）
- 食事摂取量　33%→82%
- 心肥大あり
- グリノラート

生命レベル
心身機能・身体構造（body functions）
（機能障害・構造障害）
心身機能とは体の働きや精神の働きのこと（麻痺・拘縮等）

- 意思疎通可
- 名前の呼びかけに返答あり
- 視線は合う
- 自立歩行にて徘徊あり
- 自歯数本あるも歯みがき拒否
- 口臭あり

生活レベル
活動（activity）
（困難→活動制限）
人が生きていくために必要な活動
（生活行為のすべて）
能力　実行状況
できる活動　　している活動
（訓練時に発揮）（日常生活で毎日される）

食事行為は自立して行われるが、妄想あり。途中手が止まり、声がけ促すと『他人の残した汚ねえもの』といい、下膳しようとすると『どろぼう』と怒る。

人生レベル
参加（participation）
（困難→参加制約）
社会参加の中での役割

なじみの利用者とホールにて歌を歌ったり、笑顔で話す。

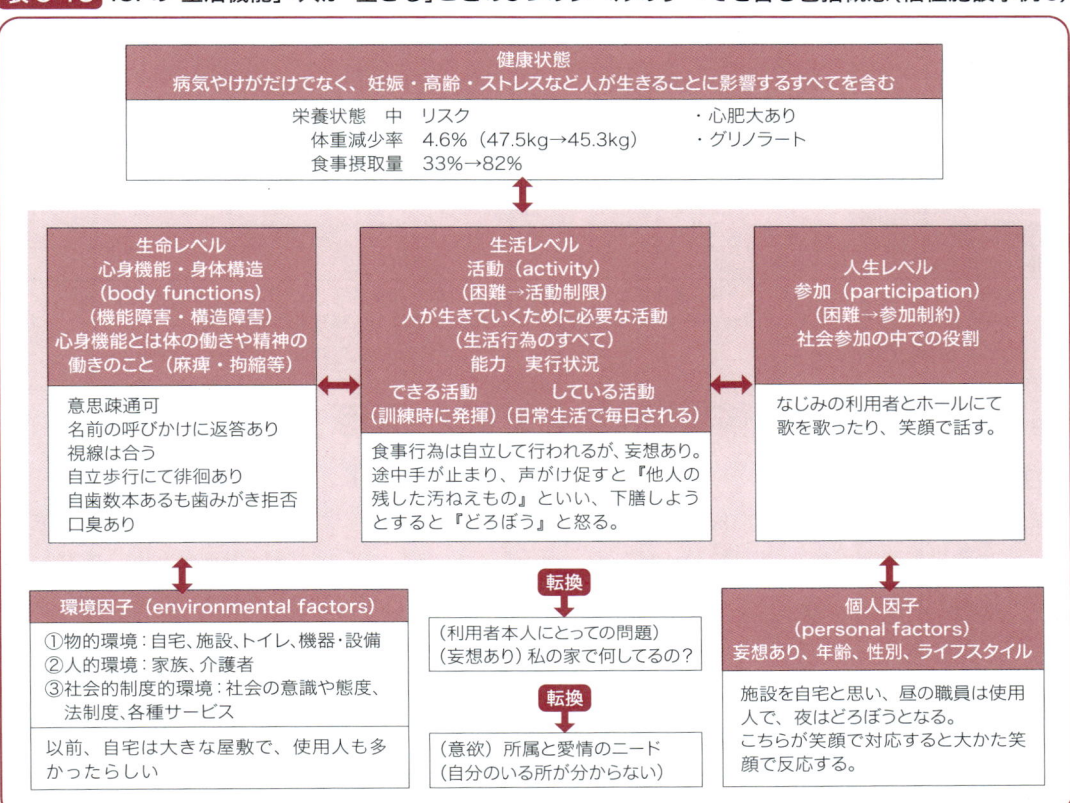

環境因子（environmental factors）
①物的環境：自宅、施設、トイレ、機器・設備
②人的環境：家族、介護者
③社会的制度的環境：社会の意識や態度、法制度、各種サービス

以前、自宅は大きな屋敷で、使用人も多かったらしい

転換
（利用者本人にとっての問題）
（妄想あり）私の家で何してるの？

転換
（意欲）所属と愛情のニード
（自分のいる所が分からない）

個人因子（personal factors）
妄想あり、年齢、性別、ライフスタイル

施設を自宅と思い、昼の職員は使用人で、夜はどろぼうとなる。
こちらが笑顔で対応すると大かた笑顔で反応する。

表 3-14　栄養ケア計画（福祉施設事例5）

働きかけ（修正）

常食：朝のみおにぎり　メイプロテイン 2.0　100mL（200kcal）×3食

解決すべき生活課題（ニーズ）	長期目標	短期目標	サービス内容
自分のペースを尊重してもらい安心して過ごせる。	穏やかに過ごせる。	食事をきちんととる。	・本人の世界を尊重するため、あまり声かけせずそっとしておく。残していても下膳せず、しばらくそのままにしておく。 ・B氏と一緒のテーブルとし、共に誘導する。 ・朝はおにぎりとし欠食を防ぐ。 ・補食メイプロテイン 2.0 を 100mL（200kcal）×3食とする。必ず笑顔にて『特別に持ってきました』と声かけをする。

表 3-15 栄養モニタリング（福祉施設事例 5）

	カンファレンス前	カンファレンス後
食事摂取量 （1 か月平均）[*1]	33%（1/6 〜 1/5 程度）	82%（2/3 〜 4/5 程度）
摂取エネルギー	352kcal	1,312kcal ＋ 600kcal（補食） ＝1,912kcal
必要エネルギー[*2]	1,520 〜 1,760kcal（活動係数 1.6 として）	1,440 〜 1,650kcal（活動係数 1.5 として）
体重減少率	4.6％減（47.5kg → 45.3kg）	1.3%（45kg 前後）
BMI	21.9 → 20.9	20

[*1] 当施設ケアモニタリングでは、1 か月の食事量をすべて合計し、÷日数×3 食（例：30 日×3 ＝ 90）で求める。
[*2] 当施設ケアモニタリングでは、Harris-Benedict 式と体重×30 の両方を算出し、幅をもたせている。

福祉施設事例 6. 徘徊と集中欠如、ほぼ食事未摂取

❶症例

施設内徘徊行動著明であり、何事にも集中できず、食事摂取量もほぼ未摂取であった方

- ●年齢●75 歳
- ●性別●女性
- ●身長●151cm
- ●体重●39kg
- ●BMI●17.2kg/m²
- ●介護度●要介護 2

障害老人の日常生活自立度 B1、認知症老人の日常生活自立度Ⅳ

- ●家族構成●夫、長男夫婦、
- ●病名●アルツハイマー型認知症
- ●状況●在宅にて介護するが、夜間不眠・徘徊がみられ、家族の介護疲れがあり、家庭での介護継続困難。入所となる。
- ●身体機能面●基本動作は自立しており、ADL に影響するだけの機能低下は認められない。問いかけにうなずきなどの反応あるが、発語なく会話が成立しない。意思疎通困難であるため、HDS-R 検査不能となる。視線も合わせない。摂食・嚥下機能については障害なし。自歯なく入れ歯も使用していない。

❷経過

入所初日：場面や場所を問わず、常時徘徊行動著明であった。職員の誘導で椅子に座るが持続せず、すぐ歩きたがる。

食事形態は全粥刻み食とした。食器を手に取るなどの行為はみられたが、継続して座っていることができず、徘徊してしまう（表 3-16 〜 18）。何度も着席を促し、食器を手に持たせるが、一口食べるとまた離席する。時間経過と共に、職員の手を振り払うなどの拒否的行動が認められ、食事摂取量は平均で 1/10 程度となる。

入所 2 日目：席を食堂奥に設置し、立ち上がり、徘徊がみられても職員がすぐ対応できるように配慮する。しかし、時間経過と共に、拒否的行動がみられ、表情も険しくなる。濃厚流動食 100mL を促すと好んで飲んだため 100mL（200kcal）× 3 食補食とした。150mL では飲み切れず残食となるため、100mL を確実に促すこととする（740kcal/ 日）。

入所 5 日目：チューブ型栄養ゼリー（200kcal）を促すと、興味を示し自分で飲み口の蓋を外す行為がみられ、口をつけてすする。食事時間内では全量摂取できず、残食となることが多くみられたため、職員がチューブ型栄養ゼリーを保管し、食事以外にもこまめに摂取してもらうよう促す。2 個 / 日程度摂取するが、食事状況に変化は認められない（1,140kcal/ 日）。

入所7日目：食器を手渡すと、口をつけ、すする、傾ける行為がみられるため、粥をミキサー状に変更し様子をみることとする。2/3程度摂取されたため、食事形態をミキサー食とする（1,740kcal/日）。

入所8日目：自ら、スプーン、食器を手に取り、すするが、すぐ次の食器に持ち替える。動作に戸惑いもみられた。すべての小鉢にスプーンをつけると、落ち着き、自立にて1/2～2/3摂取する（1,700～1,840kcal/日）。

入所10日目：食事中は集中し、離席はみられず、ほぼ全量摂取となる。チューブ型ゼリーを中止する（2,000kcal/日、**表**3-19）。

❸結語

現在食事中の離席はみられず、自立してほぼ全量摂取している。

本症例では、食行動の観察の徹底に努め、少しでも本人が食事に興味をもってもらえるようさまざまなことを職員が試行錯誤し取り組んだ。また、食事摂取量を確保するため、職員が柔軟な姿勢で真摯に本人と向き合った結果、氏が「食事」という行為自体に興味を示した。そして現在では食事に集中しており、食事量も確保されている（身長151cm、体重39kg、BMI 17.2、活動係数1.7とし、必要エネルギー1,200～1,650kcal）。

最近は、食事が終わると立ち上がり、他利用者のお膳に手を伸ばそうとする行為もみられるため、食事摂取量の増加、形態をミキサー食から軟菜食へなど、検討している。

以下当施設、栄養ケアマネジメントより、アセスメント（ICFの「生活機能」）及び栄養ケア計画書（**表**3-17、18）を参照されたい。

表3-16 認知症高齢者に対する食事ケアの評価と支援計画表（病院事例3）

日付： 年 月 日
対象者氏名：　　チェック者：○○○○

大項目	小項目	食事の実行状況／問題点	食事動作支援計画				現在の状況（介護老人保健施設 ヴィラ弘前・栄養科）			
			環境整備	言語による手がかり（言葉による促し）	視覚による手がかり（行為もしくはものを見せることによる促し）	触覚による手がかり（身体に触れることによる促し）	問題点	環境整備	言語	視覚	触覚
開始	開始の認識と行動	☑食事場所に向かわない ☐着席しない 備考：移動・着席は車椅子による全介助	☐食物以外は片付ける ☑食事開始の連絡をする ☐音（楽）により食事開始の合図をする ☐その他（　手引きにて誘導　）	☐開始の予告 ☑開始を促す ☐開始を妨げる行為を止める ☐その他（　　）	☐開始に必要なエプロンなどを身体に着ける ☐開始に必要な食器などを持たせる ☐その他（　　）	☐触覚に必要なエプロンなどを身体に添えて行い、食事を確認させる ☐その他（　　）	○	問題なし	○		
	食物の認識	☐食物に関心を示さない ☐食物以外のものを皿にまとめる ☐手をつけない食物や食器がある ☐安全なものに置きかえられないと言う	☐主食・副食をひと皿にまとめる ☐少量ずつ小分けする ☐1皿盛りつけ出す ☐位置を変える ☐その他（　　）	☐食物の名前を挙げる ☐食物の選択肢を示す ☐その他（　　）	☐ミキサー食、魚や野菜の形に再加工して食物を見せる ☐その他（　　）	☐食事するくらいなどの動作を身体に添えて行い、食物を確認させる ☐その他（　　）		問題なし			
食物及び食器などの操作	認識と使用	☑適切な食器などで食べ始められない ☑必要に応じて適切な食器に変更できない ☐食器などを見ない位置に変えてる ☐別の用途に使う ☐正しく持てない ☐上手に使えない ☐空スプーンを口元に運ぶ ☐ぼうだを持たない ☐食器などを持たれても（流しても）すぐ離す ☑食器の位置を頻繁に変える	☐境界を作る ☐届かない位置にあげる ☐その他（　　）	☐食器などの位置を示す ☑より適切な食器などの使用をしみせる ☐配置を見元の位置に戻す ☐その他（　　）	☑食器などを見せる ☑介助者が使用してみせる ☐その他（　　）	☑食器に触れさせる ☑食器を身体に触れさせる ☑食器などを切るなど動作に手を添えて一緒に行う ☐その他（　　）	○	問題なし			○
	自他境界の認識	☐他のものを食べる ☐他人のに運ぶ ☐自分の食物を他人にあげてしまう	☐本人の食物・食器の範囲を示す ☐その他（　　）	☐食器などのモデルを示す ☐食器などの位置を変える ☐その他（　　）	☐食器などの位置を手を添えて一緒に変える ☐その他（　　）		問題なし			
	開口	☐口を開けない ☐うまく口の中に入れられない ☐食物が口元に運ばれても口を開けない ☐その他（　　）		☐口を開ける ☐咀嚼を促す ☐その他（　　）	☐口を開けるモデルを示す ☐食器を口元に近づけて示す ☐その他（　　）	☐食器などを口元に運ぶ ☐顎まで入れる ☐その他（　　）		問題なし			
咀嚼・嚥下	咀嚼	☐口に入れたものを吐き出す ☐一度に多量に口に入れる ☐その他（　　）	☐食物の粘度を調節する ☐その他（　　）	☐咀嚼を促す ☐咀嚼を妨げる行為を止める ☐その他（　　）	☐咀嚼のモデルを示す ☐その他（　　）	☐手を添えて顎を上下する ☐その他（　　）		問題なし			
	嚥下	☐咀嚼し続け嚥下しない ☐口の中に溜め込む ☐角から流出する	☐介助位置を調整する ☐クッションなど使用して姿勢を保持する ☐その他（　　）	☐嚥下を促す ☐嚥下したことを確認する ☐残渣の排出を促す ☐その他（　　）	☐嚥下行為のモデルを示す ☐食物などを見せて注意を続ける ☐その他（　　）	☐顎部を支える ☐食器などを口に当てて残渣の排出を促すタッピング ☐その他（　　）		問題なし			
食事行為の持続	姿勢の維持	☐ずり落ちる ☐傾く（右、左、前、後） ☐寝てしまう	☐介助位置を調整する ☐クッションなどを使用して姿勢を保持する ☐その他（　　）	☐姿勢を正すように促す ☐その他（　　）	☐望ましい姿勢を見せる ☐その他（　　）	☐手を添えて望ましい姿勢に戻す ☐その他（　　）		問題なし			
	注意の維持	☐よく見ない ☐排膳する ☐傾く（右、左、前、後） ☐その他（　　）	☐注意をそらすものを排除する ☐その他（　　）	☐覚醒を促す ☐継続を促す ☐問題を促す ☐注意をそらす行為を止める ☐その他（　　）	☐食物、食器などを見せて注意を戻す ☐介助者の表情で注意を維持する ☐その他（　　）	☐手を添えて身体に触れて注意に戻す ☐身体に触れて注意を継続する ☐その他（　　）		問題なし	◎		
	動作の維持	☐動かなくなる ☐保続動作（無意味な行動を続ける）	☐1回量を少量化する ☐その他（　　）	☐次の動作へ移行を促す ☐助ます ☐動作の継続を妨げる行動を止める ☐その他（　　）	☐動作などを見せて中断している動作を見せる ☐その他（　　）	☐手を添えて中断している動作をつなぐ ☐ひとり入る ☐身体に触れて着席を促す ☐その他（　　）		問題なし	○		
終了	終了の認識と行動	☐食物がないのに食事動作を継続する ☐食器などを片付けない ☑エプロンなどをはずさない ☐その他（　　）	☐食器などを片付ける ☐その他（　　）	☐終了の予告 ☐終了の認識を促す ☐その他（　　）	☐終了のモデルを示す ☐空になった食器などを見せる ☐その他（　　）	☐使っていた食器などを身体から離す ☐終了の動作を行う ☐その他（　　）	○	問題なし			◎
備考	＜メニュー＞ 全粥ミーキサー食		＜食器の種類・配置など＞ すべての小鉢にスプーンをつける	＜食事の奥の姿勢＞ 食堂の奥の方へ座ってもらう		＜特記事項（食卓の対象者の様子、特徴など）＞ 意思疎通難しく、常に排泄している。					

※研究代表者 別所遊子：認知症性高齢者のセルフケア及びコミュニケーション能力を高める看護プログラムの開発報告書。日本学術振興会科学研究費補助金 2006年3月

表 3-17 ICFの「生活機能」：人が「生きる」ことの3つのレベルのすべてを含む包括概念（福祉施設事例 5）

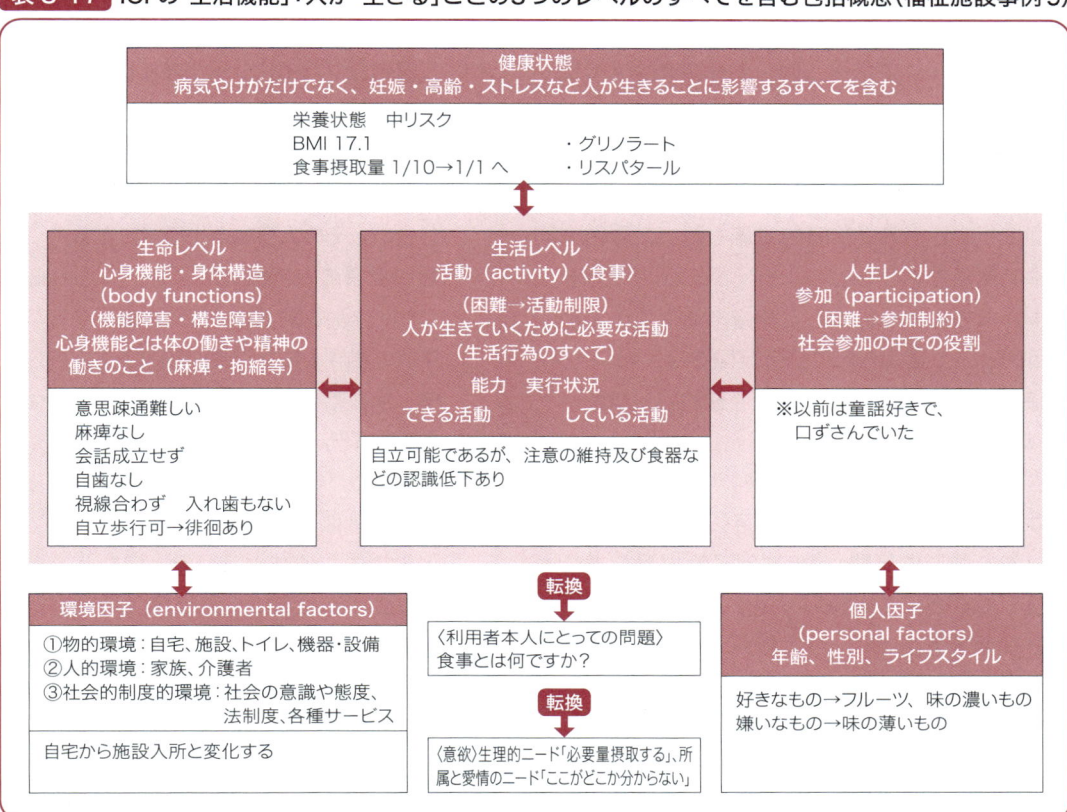

健康状態
病気やけがだけでなく、妊娠・高齢・ストレスなど人が生きることに影響するすべてを含む

栄養状態　中リスク
BMI 17.1　　　　　　　・グリノラート
食事摂取量 1/10→1/1 へ　・リスパタール

生命レベル
心身機能・身体構造
（body functions）
（機能障害・構造障害）
心身機能とは体の働きや精神の
働きのこと（麻痺・拘縮等）

- 意思疎通難しい
- 麻痺なし
- 会話成立せず
- 自歯なし
- 視線合わず　入れ歯もない
- 自立歩行可→徘徊あり

生活レベル
活動（activity）〈食事〉
（困難→活動制限）
人が生きていくために必要な活動
（生活行為のすべて）

能力　　実行状況
できる活動　している活動

自立可能であるが、注意の維持及び食器などの認識低下あり

人生レベル
参加（participation）
（困難→参加制約）
社会参加の中での役割

※以前は童謡好きで、口ずさんでいた

環境因子（environmental factors）
①物的環境：自宅、施設、トイレ、機器・設備
②人的環境：家族、介護者
③社会的制度的環境：社会の意識や態度、法制度、各種サービス

自宅から施設入所と変化する

転換
〈利用者本人にとっての問題〉
食事とは何ですか？
転換
〈意欲〉生理的ニード「必要量摂取する」、所属と愛情のニード「ここがどこか分からない」

個人因子（personal factors）
年齢、性別、ライフスタイル

好きなもの→フルーツ、味の濃いもの
嫌いなもの→味の薄いもの

表 3-18 栄養ケア計画（福祉施設事例 5）

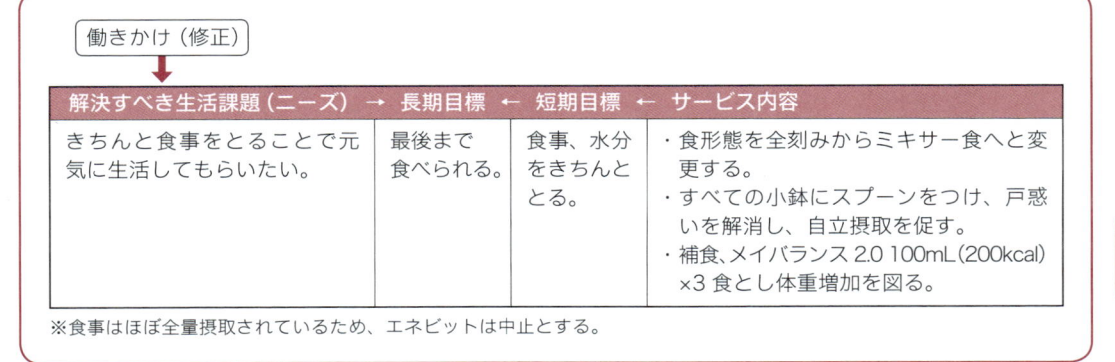

働きかけ（修正）

解決すべき生活課題（ニーズ）→	長期目標 ←	短期目標 ←	サービス内容
きちんと食事をとることで元気に生活してもらいたい。	最後まで食べられる。	食事、水分をきちんととる。	・食形態を全刻みからミキサー食へと変更する。 ・すべての小鉢にスプーンをつけ、戸惑いを解消し、自立摂取を促す。 ・補食、メイバランス 2.0 100mL（200kcal）×3 食とし体重増加を図る。

※食事はほぼ全量摂取されているため、エネビットは中止とする。

表 3-19 栄養モニタリング（福祉施設事例 5）

	対　応	摂取量	摂取エネルギー
初日		1/10	
2日目	濃厚流動食 200kcal×3 食	1/10	740kcal
5日目	チューブ型栄養ゼリー 200kcal×2	1/10	1,140kcal
7日目	粥をミキサーにする	2/3	1,840kcal
8日目	小鉢すべてにスプーンをつける	1/2 ～ 2/3	1,700 ～ 1,840kcal
10日目	チューブ型栄養ゼリーを中止にする	全量摂取	2,000kcal

福祉施設事例 7. グループホームでの栄養管理

認知症グループホームは、小規模な生活の場で5～9人（当ホームは9人と8人の2ユニット）を単位とした共同住居の形態で、食事の支度や掃除、洗濯などを認知症の方がスタッフと共同で行い、1日中家庭的で落ち着いた雰囲気の中で生活を送ることにより、認知症の進行を穏やかなものとし、安心と尊厳ある生活の継続を目的として運営されている（図3-3、4）。

❶施設の概要（(株)ウイズネット グループホームみんなの家・西東京）

当施設は、さいたま市を本拠地とする株式会社ウイズネット（1998年1月設立、グループホームを中心に展開）、東京地区第1号の複合施設として2008年8月1日に開設された。

併設事業所として、特定施設入居者生活介護（介護付有料老人ホーム、定員：92床、全室個室）、短期入所生活介護（ショートステイみんなの家・西東京、定員：10床、全室個室）、介護予防通所介護・通所介護（デイサービス遊・西東京、定員1日：20人、月～土曜と祭日の利用）、併設ヘルパーステーションの事業を展開している（表3-20）。

私ども株式会社ウイズネットは、「必要な人に、必要なサービスの提供を」を理念として掲げている。

当施設の特徴として、以下の4点が挙げられる。

①入居者のプライバシーが守られ、家族との語らいも大切にと考えた環境の提供、スケジュールがなく、入居者の方が自身のリズムで生活できる、入居者の方が互いに尊重し合い、その人らしい生活ができる。
②職員会議の定期開催により、入居者個々のケース討議を行い、日々のケアを行う。
③家族、親族の方々へホームでの生活状況、催し物などを伝えるために「ネット通信」を毎月発刊、また入居者個々の状態を知らせるため「ひとこと通信」も添えている。
④地域との関わりをより深くもつために、小中学生や地域ボランティアなどを積極的に受け入れる。

また、職員の心構えとして入居者一人一人のADL（日常生活動作）に応じたケアはもちろんのこと、グループホームでは「精神的ケア」が最も重要であり、一人一人の生活歴や既往症、健康状態をしっかり把握した上で、常に目配り、気配りに留意した支援を心がけている。

食事提供に当たっては、給食提供事業者ニフスに全面委託を行い、事業所職員間の連携を図りながら個々の利用者の心身の状態に配慮した食事を提供することで、生命の維持はもとより、健康の維持増進やQOLの向上に努めている。

①グループホーム　みんなの家・西東京の利用者状況

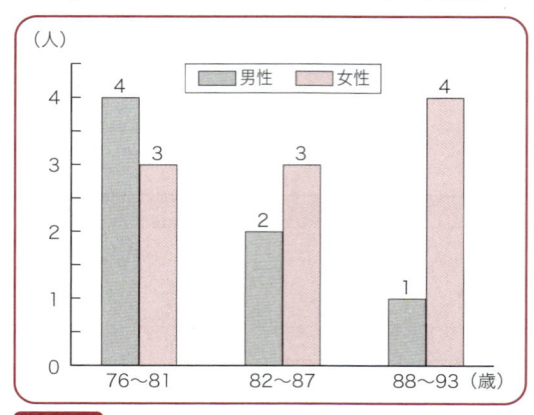

図3-3 入居者の年齢構成　　注）平成20年度

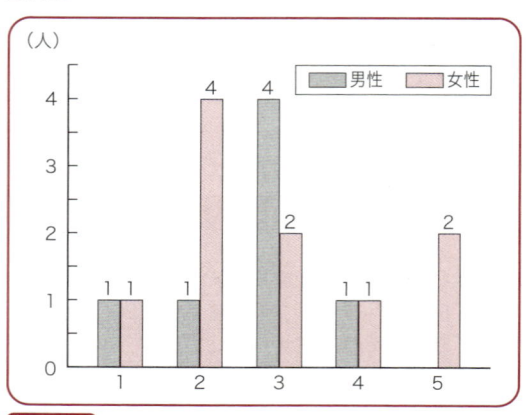

図3-4 入居者の介護度　　注）平成20年度

表 3-20 グループホーム みんなの家・西東京

入所No.	氏名	生年月日	年齢	性別	介護度	認知度	主食	副食	主食摂取割合	副食摂取割合	低栄養状態評価 軽度:90~80%、中等度:79~70%、高度:70%未満	身長	体重	BMI	適正体重	BEE	エネルギー必要量	月摂取エネルギー	充足率	たんぱく質必要量	月平均たんぱく質	日常生活度	認知症(起因)	移動	食事介助	着替え
1	M・S	1933.1.10	78歳7か月	女性	要3	Ⅲa	常	常	10	8	110	143	49.3	24	45.0	1029	1,234	1,274	103%	64	52.7	A1	アルツハイマー性	自立	自立	半介助
2	K・A	1930.7.1	81歳1か月	女性	要2	Ⅲa	常	常	10	10	120	148	57.7	26	48.2	1109	1,331	1,415	106%	75	55.5	A1	アルツハイマー性	自立	自立	自立
3	M・K	1930.2.26	81歳5か月	女性	要5	Ⅲb	常	常	8	9	68	149.6	33.3	15	49.2	873	1,257	1,203	96%	43	47.2	A1	アルツハイマー性	自立	自立	全介助
4	F・N	1920.12.9	90歳8か月	女性	要5	Ⅲb	粥	常	10	10	104	132	40.0	23	38.3	863	1,036	1,415	137%	52	55.5	J2	アルツハイマー性	自立	自立	半介助
5	Y・O	1926.3.8	85歳5か月	男性	要3	Ⅳ	常	常	10	10	101	150	50.0	22	49.5	949	1,139	1,415	124%	65	55.5	A1	アルツハイマー性	自立	自立	自立
6	S・O	1930.8.10	80歳12か月	男性	要3	Ⅲb	常	常	10	8	88	161	50.0	19	57.0	1031	1,237	1,274	103%	65	52.7	J2	アルツハイマー性	自立	全介助	半介助
7	S・S	1919.4.1	92歳4か月	女性	要4	Ⅱa	常	常	5	5	121 高	135.5	49.0	27	40.4	951	1,370	708	52%	64	27.8	A1	アルツハイマー性	自立	半介助	全介助
8	A・E	1918.1.1	93歳7か月	女性	要5	Ⅲb	常	常	9	8	91	136.5	37.2	20	41.0	830	996	1,203	121%	48	47.2	A1	アルツハイマー性	車椅子	半介助	全介助
9	S・SI	1922.11.25	88歳8か月	男性	要1	Ⅱb	粥	常	10	9	96	151	48.4	21	50.2	905	1,086	1,344	124%	63	52.7	A1	アルツハイマー性	自立	自立	自立
10	K・W	1920.7.6	91歳1か月	女性	要2	Ⅱb	常	常	10	10	86	147.2	40.8	19	47.7	898	1,078	1,415	131%	53	55.5	J2	脳血管性	自立	自立	自立
11	U・A	1920.11.8	90歳9か月	男性	要3	Ⅲb	常	常	10	10	114	164.4	67.7	25	59.5	1224	1,469	1,415	96%	88	55.5	A1	アルツハイマー性	自立	自立	自立
12	Y・K	1923.2.16	88歳5か月	女性	要2	Ⅱb	常	常	10	9	90	142	40.0	20	44.4	895	1,074	1,344	125%	52	52.7	B1	脳血管性	自立	自立	自立
13	H・T	1908.11.26	102歳10か月	男性	要3	Ⅱa	常	常	10	9	91	149.5	50.0	22	50.8	1012	1,519	1,400	95%	52	55.5	B1	脳血管性	杖	自立	半介助
14	J・K	1932.9.13	78歳10か月	男性	要2	Ⅱa	常	常	8	7	65 軽	161	37.0	14	57.0	865	1,246	1,061	85%	48	41.63	B1	アルツハイマー性	杖	自立	自立
15	Y・E	1922.12.11	88歳8か月	女性	要3	Ⅱa	常	常	10	10	101	140	41.5	21	43.1	940	1,411	1,415	100%	44.2	42	J2	アルツハイマー性	自立	自立	半介助
16	T・T	1928.1.28	83歳6か月	男性	要4	Ⅳ	常	常	9	9	110	152	56.0	24	50.8	1049	1,258	1,344	107%	73	55.5	A1	アルツハイマー性	自立	自立	全介助
17	T・O	1923.8.27	87歳11か月	女性	要1	Ⅱb	常	常	9	9	84	145.7	39.4	19	46.7	896	1,075	1,344	125%	51	55.5	J2	アルツハイマー性	自立	自立	自立

※平成21年1月15日現在

認知症高齢者の日常生活自立度
Ⅰ　Ⅱa　Ⅱb　Ⅲa　Ⅲb　Ⅳ　M

介護度
1　2　3　4　5

グループホーム男女別割合
男性　女性

認知症高齢者の日常生活度（寝たきり度）
J1　J2　A1　A2　B1　B2

▼1日の流れ

```
5時   6時   7時   8時    9時    10時        11時        12時
              起床    朝食   掃除・バイタルチェック・お茶・散歩・体操・昼食
13時  14時  15時  16時   17時   18時        19時        20時
   バイタルチェック・おやつ・入浴・レクリエーション    夕食              就寝
                                    ★入浴時間は個々人の希望により夕食後のこともある
```

図 3-5 グループホームすこや家・西東京「生活の流れ」（個々人により違いあり）

※グループホームでの日常生活での食事ケア（ポイントと具体例）

おおよその生活の流れを図 3-5 に示す。

①入居者一人一人のペースを大切に、楽しく食べられるような言葉かけや働きかけを行う。

②入居者一人一人の身体機能（咀嚼・嚥下機能など）や健康状態（便秘・下痢など）に合わせた調理方法とする（表 3-20、図 3-6～8）。

③入居者一人一人の摂取エネルギーや水分摂取、栄養バランスを、1日全体を通しておおよそ把握する。

年間行事予定を表 3-21 に示す。

事例 1　糖尿病などで、食事（熱量：kcal）制限が必要な入居者への対応

　　　　入居者の方が、食べ物を要求された場合「自分の体なので、よく考えておやつ（間食）をとるように」と話したら、自分から間食を減らした。

事例 2　食事を拒否される入居者への対応

　　　　「お茶だけでもどうぞ飲みに来て下さい」、「薬を飲まないといけないので、少し召し上がりませんか」、「○○さんがいないと皆さん寂しくて食事が始まりません」などの声かけで、食事をされた。

食事提供においては、下準備は給食の委託会社（全面委託）が行い、盛り付けに関しては入居者の方々による盛り付け、配膳、下膳、片付けなどの手伝いをお願している。また、主食のご飯については、ユニットごとに炊飯し、体調に合わせて分量を決めている。

※個々人の希望に沿った活動内容

地域での生活支援として、入居者がホームの中だけで過ごすのではなく、積極的に外へ出かける環境の整備も行っている。

大きなスーパーやレストランなどがホームの近くにあり、買い物や食事会などを企画し、デイサービスの車を利用し、入居者の皆さんと出かける機会を多くもつようにしている。また、日常の買い物についても単に外に出るということだけで気分転換が図られ、食事もおいしく食べられるようになった方もいる。

◎散歩：施設周辺を散策、日用品の買い物も職員と一緒に出かけ楽しんでいる。

◎誕生会：赤飯やケーキ作りなど（写真 3-12）

◎外食会：ファミリーレストランにて自分で好きなメニューを選び外食を楽しんでいる。

◎おやつ作り：ホットケーキ、団子、おはぎなど

◎昼食作り：すいとん、ちらし寿司など

② 入居者のADL（図3-6〜8）

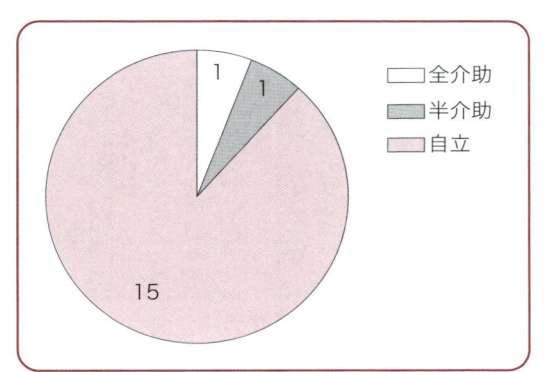

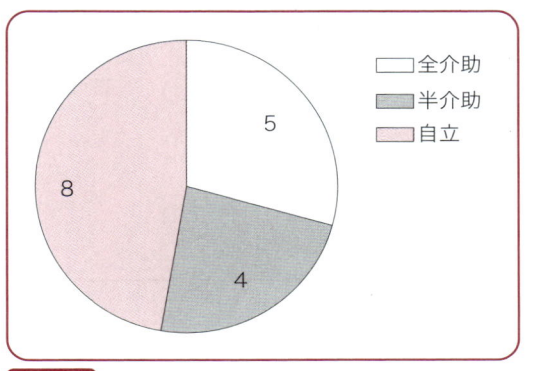

図3-6 食事摂取状況 （自立15、半介助1、全介助1）

図3-7 着替え形態 （自立8、半介助4、全介助5）

❷**事例** 糖尿病があり、入居後体重増加が顕著な認知症高齢者への食事援助。

健康管理表を表3-22に、体重変化を図3-9に示す。

症例
- ●年齢●82歳
- ●性別●男性
- ●身長●150cm
- ●体重●50kg
- ●BMI●22kg/m^2
- ●介護度●要介護3
- ●介護保険利用●あり
- ●家族構成●妻と二人暮らし（入居前）
- ●住居形態●個室
- ●既往歴●胸部動脈瘤、メニエール病、2型糖尿病、前立腺肥大、脂質異常症、アルツハイマー型認知症
- ●食事療法●主：常食、副：常食アレルギー・食事制限なし
- ●生化学検査●Alb 4.2g/dL、血糖124mg/dL、HbA1c 6.1%、Hb 13.0g/dL
- ●運動麻痺●なし
- ●ROM制限●あり。股関節（左内旋15度、右内旋10度）、足関節、左背屈
- ●筋力低下●あり。
- ●基本動作能力●寝返り、起き上がり、移動、座位、立位、歩行、会話（自立。繰り返し同じ発言をする）
- ●生化学検査●Alb 4.2g/dL、血糖124mg/dL、HbA1c 6.1% Hb 13.0g/dL

2008年7月、アルツハイマー型認知症の診断を受ける。主な症状として、物忘れ・見当識障害、作話などがあり、時おり興奮状態もみられた。

また、妻の体調悪化（体重の減少、うつ病発症）もあり、2008年8月1日グループホームみんなの家へ入居となる。入居当初は、マンションの会合に出なくてはいけない、銀行の用事が済んでいないなどと帰宅願望が強かったが、時間の経過と共にその訴えも減少し、現在は精神的に落ち着かれ平穏に日々を過ごしている。

入居後の生活面では、他利用者・職員との関係も良好で、レクリエーション活動や行事への参加も活発である。しかし、生活環境の変化により体重の増加が顕著であり、医師による在宅療養管理指導において、6か月で5kgの体重の増加があった。これ以上の増加は体への負担が大きいので、50kg以下に保つようにとの指導を受けている。

体重増加の防止として、食事面を中心に生活全般の見直しを行った。

【運動】外出の機会を増やす（日常雑貨の買い物、施設周辺の散歩、植木の手入れなど）、居室・共同生活部分の掃除。

【訪問リハビリ】長期目標：ADLの維持向上、

171

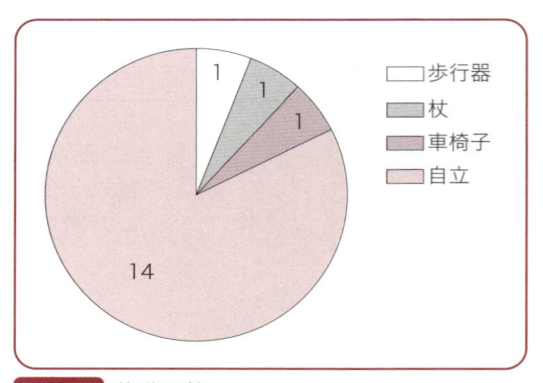

図 3-8 移動形態

写真 3-12 お誕生会の様子

表 3-21 年間行事予定

	行　　　事
4月	お花見、誕生会（2ユニット合同でお祝い）
5月	端午の節句、母の日、誕生会（2ユニット合同でお祝い）
6月	父の日、誕生会（2ユニット合同でお祝い）
7月	七夕祭り、誕生会（2ユニット合同でお祝い）
8月	開設記念日、納涼祭、盆供養、誕生会（2ユニット合同でお祝い）
9月	敬老会、お彼岸、十五夜、誕生会（2ユニット合同でお祝い）
10月	運動会、紅葉ドライブ、誕生会（2ユニット合同でお祝い）
11月	文化祭、誕生会（2ユニット合同でお祝い）
12月	ゆず湯（冬至）、クリスマス会、誕生会（2ユニット合同でお祝い）
1月	新年会、初詣、七草粥、鏡開き、誕生会（2ユニット合同でお祝い）
2月	節分、誕生会（2ユニット合同でお祝い）
3月	ひな祭り、誕生会（2ユニット合同でお祝い）

短期目標：筋力向上・浮腫の軽減治療プログラム：マッサージ、ROM（関節可動域）訓練、筋力強化訓練

【食事】副食は施設管理、主食については、ユニットごとの炊飯となっており、自分の好きな分量を自由に摂取していたため、摂取過剰となっていると考えた。盛り付け時、本人に体重増加による体へのリスク（医師より体重を50kgに維持するよう指示あり）を話し、適正分量（ご飯160g）とした。

2009年2月現在、体重の増加は止まっているが、今後とも体重50kgを目標に適切な栄養量の提供を行いながら経過を見守っていきたい。

❸まとめ

　高齢者にとって、食事は生活の中での楽しみのひとつであり、他者とのコミュニケーションの場面を広げると共に、QOLの向上にもつながる。特に、認知症の方に対しては残された能力を最大限に活用してもらえるよう、グループの中での役割を担うことで、心の安定と生活に満足いただけるよう支援をしていかなければならないと思う。

　なお、多くのグループホームが抱える課題として、食生活の面だけに限定すれば、食の専門家はいない。ただ家庭的雰囲気の中で、利用者の意思を尊重した食生活の継続が重要視され、栄養管理（個々人に適した栄養量の提供）・衛生管理などを計画的に実施していくことは困難

表 3-22 事例の健康管理票　　　　　　　　　　　　　　　　　　　　　　　　　　　2010 年 12 月

日	午前			午後			朝食		昼食		夕食		おやつ	排尿回数	排便回数	入浴（○×）
	体温	血圧	脈拍	体温	血圧	脈拍	主	副	主	副	主	副				
1	36.2	123/59	60	36.4	98/55	75	10	10	10	10	10	10	10	6	1	○
2	36.1	141/71	61	36.3	122/72	67	10	10	10	10	10	10	10	6	0	○
3	36.3	130/74	72	36.5	141/82	78	10	10	10	10	10	10	10	8	0	×
4	36.2	125/73	68	外出	外出	外出	10	10	外	出	10	10	10	6	1	×
29	36.3	155/86	64	36.2	138/72	62	10	10	10	10	10	10	10	8	1	○
30	36.3	139/71	75	36.4	135/75	80	10	10	10	10	外	泊	10	4	0	×
31						外泊										

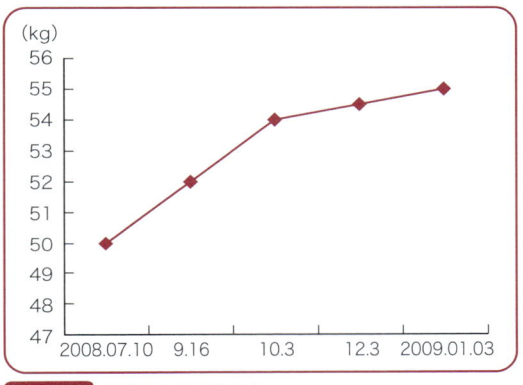

な状況である。しかし、その中にあっても利用者が安全で必要な栄養素の確保を心がけ、楽しみのある食生活の提供に努めていきたいものである。

図 3-9 事例の体重変化
（2008 年 7 月 10 日～2009 年 1 月 3 日）

福祉施設事例 8. 在宅認知症の人の栄養ケア・マネジメント

農村の厳格な風習を守って生活してきた老夫婦で、妻が脳梗塞後遺症から認知症が始まった。老老介護であるが地域で生活をすることを選び、食生活・栄養支援が始まった。

❶症例

- 年齢● 84 歳
- 性別● 女性
- 身長● 145cm
- 体重● 37kg
- BMI ● 17.6kg/m^2（2007 年 2 月）
- 介護度● 旧要介護 2

　介護保険申請をする。ただし、主介護者である夫がかたくなに「他人を家庭に入れてまでお世話になりたくない」との意向で介護保険は使用せず。夫が全面的な介護を受け持つ。

介護度3（2006 年 10 月 3 日再入院）
- 主介護者● 夫（87 歳）
- 食事形態● 常食（施設の食形態では受け付けない）
- 家族形態● 夫と長男の家族が介護の中心。長男夫婦は月～金曜は勤務があり、日中の介護は夫が中心である。
- 住宅形態● 一敷地内に別棟（図 3-10）。出入りは居間の縁側より行っている。
- 既往歴● 高血圧、心臓病、20 年来近くの医院に通院、認知症
- 入院歴●
  - 1999 年 2 月
    心筋梗塞・脳梗塞で 3 カ月の入院加療
  - 1999 年 5 月

通院と訪問管理医療・訪問看護始まる
・1999年5月～2006年10月
　訪問管理医療の利用。この頃より年4～5回の入退院を繰り返し受けてきた。
・2006年10月3日
　再入院、再度の脳梗塞
●食事療法● 常食（施設の食形態では受け付けない）
　食事栄養量：1,200±200kcal、
　　　　　　たんぱく質60g
●問題点●
栄養管理上：
・食事の準備や用意ができない。
・火気の取り扱いができない。
・食事摂取のバランスが取れない。
・痩せている。
・義歯が合わない。
・外食ができない。
・薬の量が多い。
生活上：
・主介護者である夫（87歳）がかたくなに「他人様の世話になりたくない」との意向で介護保険は使用せず。
・本人の社会性が阻害されている。
・入浴ができなくなる。
・介護者である夫の介護軽減ができない。
●生活状況●
・結婚前教師をしており、結婚後は農家に嫁ぐ。
・地域のリーダー的存在として活躍していた。
・夫の介護への遠慮から、地域社会との触れ合いが断たれる。
・本人の希望では地域社会と関わりをもちたい。
・以前は農業を手伝い、自分の身の回りのことをしていた。

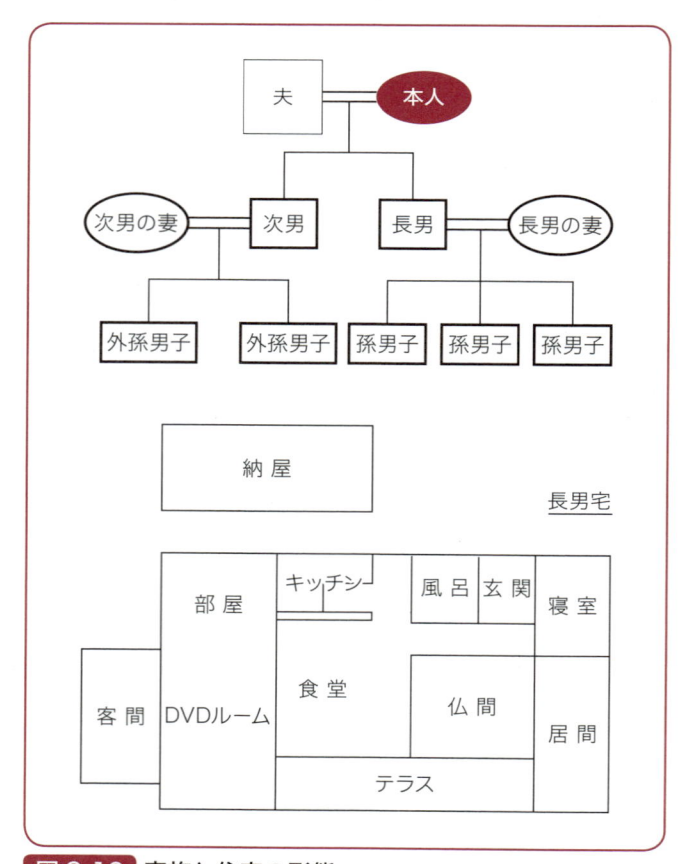

図 3-10 家族と住宅の形態

②経過状況

経過	本人の状態	ケア方法
2006年10月	心筋梗塞・脳梗塞の後遺症と認知症で在宅療養	訪問医療及び訪問医療看護を利用しつつ在宅療養が始まる。 ・買い物ができなくなる。 ・火気の取り扱いができない。 ・入浴が大変になる。 ・ADL（日常生活動作）が低下 通所サービスを利用 サービス内容 ・入浴・食事・趣味活動への参加
11月	食事を作る気力がない	食事は介護者である夫が作る 買い物は嫁が担当 食べやすい食事の作り方や食材の選択方法の支援 1,200kcal・たんぱく質60g 食事バランスガイド （第1回支援、図3-12） 　主食3つ（SV） 　副菜4つ（SV） 　主菜3つ（SV） 　牛乳等2つ（SV） 　果物2つ（SV） 　おやつ200kcal が摂取できるように支援
12月	食事摂取量が少ない	食事をするが便秘と下痢を繰り返す 消化のよい食材と作り方の支援 食事バランスガイド （第2回支援） 　主食2.5つ（SV） 　副菜3つ（SV） 　主菜2つ（SV） 　牛乳等2つ（SV） 　果物1つ（SV） 　おやつ150kcal カルシウム・カリウム・マグネシウムの摂取量の援助 CZポチ200（流動食、クリニコ）を週2～3本摂取 （要介護者だけでなく介護者の夫と共に提供）
2007年1月	便秘	食物繊維摂取の確保 本人の好きなかぼちゃの煮物を水分の多い煮方に支援 食事バランスガイド （第3回支援） 　主食2.5つ（SV） 　副菜3つ（SV） 　主菜2つ（SV） 　牛乳等2つ（SV） 　果物2つ（SV） 　おやつ150kcal

経過	本人の状態	ケア方法
	水分摂取	食事時や間食にお茶やみそ汁を摂取するように声かけ支援 （朝・間食・昼・間食・夜にお茶を各150mL） 薬と共に水80mL×2回 計900mL
2月	味覚が衰えてくる	味は単純なものしかわからなくなってきた。塩味・甘味・酸味と香り（柚子など）を生かすように調理の工夫の支援 食事バランスガイド（第4回支援） 　主食2.5つ（SV） 　副菜3つ（SV） 　主菜2つ（SV） 　牛乳等2つ（SV） 　果物1つ（SV） 　おやつ150kcal
	義歯が合わない	歯茎がやせて、義歯がガタガタして合っていない。粘度の高い食品を摂取すると義歯が取れてしまう。歯科通院を勧める。
3月	低栄養になる	BMI17.6kg/m^{2}になる。 食事バランスガイド（第5回支援） 　主食2.5つ（SV） 　副菜3つ（SV） 　主菜2つ（SV） 　牛乳等1つ（SV） 　果物1つ（SV） 　おやつ150kcal 栄養補助食品の使用 週2～3回の補給から毎日1本200kcal補給 （介護者である夫と共に提供） 糖質6：良質たんぱく2：ミネラルなど2の割合で食事提供。
	水分摂取が上手にできなくなる 肌のかさつきが出てくる	水分摂取がうまくできず水分不足となる。 ホットスポーツドリンク（150mL）×3回 アイソトニック飲料の使用を勧める
	薬剤の数が多い	朝食後　8錠 夕食後　6.5錠 薬の軽減を図るため、担当ケアマネジャーに相談する。
3月19日	再々入院となる	脳梗塞の再発作により、かかりつけ医である病院に入院となったため、在宅支援を打ち切る。

❸ 食事バランスガイド

第 1 ～ 5 回の支援による食事バランスの推移を図 3-11 に示す。

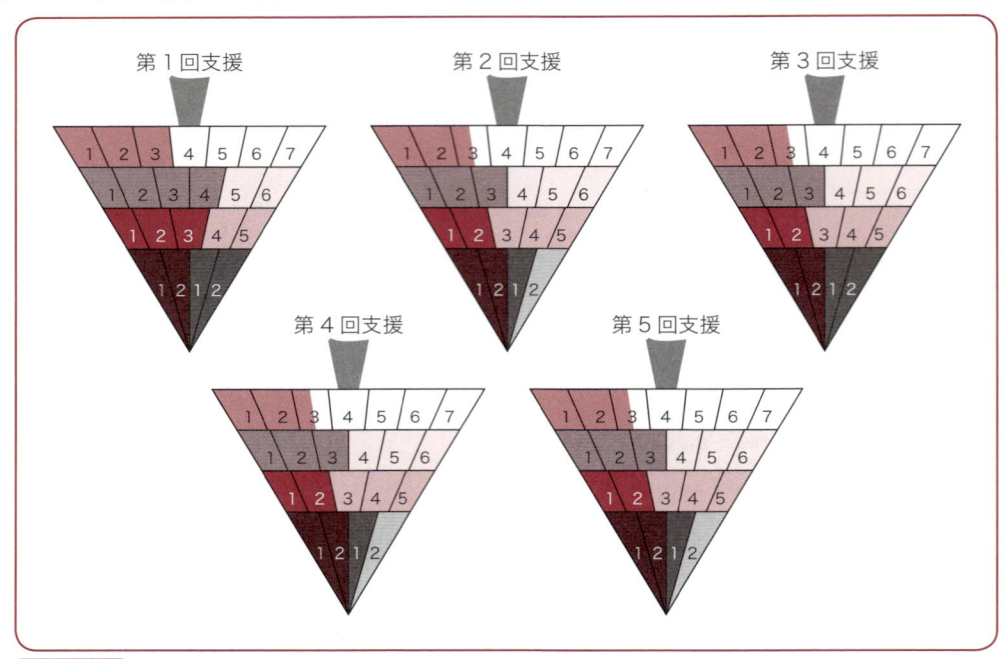

図 3-11 食事バランスガイド（第 1 ～ 5 回支援）

❹ 支援の仕組み

多職種連携による支援の仕組みを図 3-12 に示す。

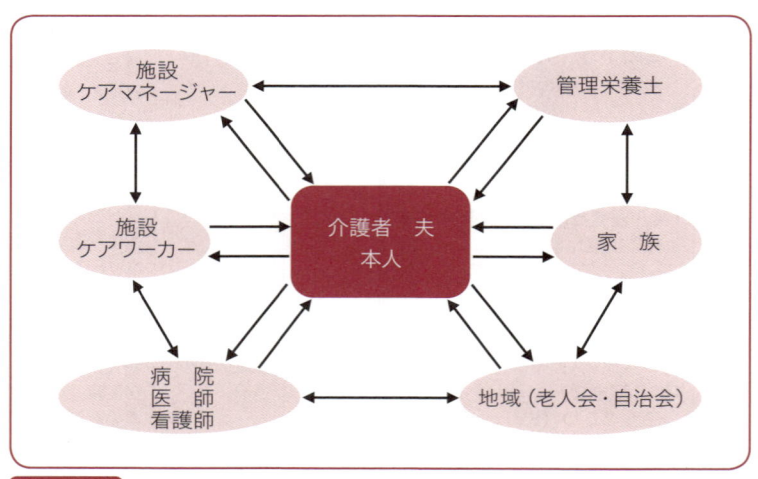

図 3-12 支援の仕組み

❺在宅の食生活・栄養支援のポイント

施設給食の献立は、利用者の咀嚼・嚥下機能に合わせた食事を提供するために、常食献立を刻み食・ソフト食・ミキサー食などに加工している。一方、家庭では、施設給食でいう「常食・刻み食・ソフト食・ミキサー食」などのように指示に従い、画一的に区分調整したものではない。そして、要介護者の咀嚼・嚥下機能に合わせた食事を提供することは現実には難しい。増粘剤（とろみ調整食品）を入れてミキサーにかけた食事を指導した場合、聞いてはもらえるが、実施は難しいのが現状のようである。

施設給食と家庭での食材購入の方式には違いがある。施設では献立に沿った食材を購入するが、家庭では嗜好や暮らし方に沿った食材を購入する。

在宅での支援は、周辺環境（スーパーマーケットの所在地など）・家族の支援関係（調理担当者）・家族構成・家族関係（共に食事をする家族の存在）などの情報を把握することが必要である。

この事例では、同じ敷地内に住む長男の妻が主に食品を調達し、主介護者（要介護者の夫）が調理を担当している。また、長男の妻は、作った料理を日々届けているので、要介護者の摂食・嚥下状況や体調など、主介護者と連携をもつことが欠かせない。実際、長男の妻が調理したさばの煮付けが口腔内で硬い食塊になり飲み込めなかったことや、小松菜のお浸しがかみ切れずに口腔内に残っていることがあった。そこで、管理栄養士が長男の妻と主介護者に対して、食品の選び方と食品の特徴を生かす調理の工夫のアドバイスを次のように行った。

- さば→銀だらに、もしくはたれに増粘剤でとろみを付ける。
- お浸しの小松菜→畑でつくったモロヘイヤをゆで、包丁で細かく叩く。
- 刻んだモロヘイヤを天然の増粘剤としても活用する。みそ汁に入れると他の具材の喉の通りが滑らかになり、冷奴の上に乗せると豆腐も喉越しよく飲み込むことができる。

実際、たれに増粘剤でとろみを付けることで、要介護者は大好きなさばの煮付けを上手に食べることができた。主介護者と長男の妻は、指導者である管理栄養士と共に調理を体験し、身近でできることや増粘剤の簡単な活用の仕方を学んだ。

管理栄養士は、家庭の食事は「常食」であること、主介護者は家族と生活を共にしていることを念頭に食事の実践指導を行った。長年の自分のライフスタイルがある高齢者の手助けとして、生活に寄り添い、難しくなく、手間がかからず理解しやすい支援を心がけた。管理栄養士は、在宅栄養ケアを行う場合、ケアの手法を具体的に構築して示していくことが大切と思われる。

❻あとがき

要介護者は、認知症があろうとも長年連れ添った主介護者である夫や家族への愛情や遠慮は残っている。介護の基本は、介護者と家族を理解し、本人の気持ちを汲み取り、見え隠れする本人の本当の希望も見落とすことなく、管理栄養士の視点に立った介護ケアを具体的に示し、援助していくことである。

福祉施設事例9. 在宅認知症の人の栄養指導（施設との関わり）

在宅介護を行っている家族などの負担は、身体的・精神的に大きい。まして、要介護者が認知症を患っている場合には、自分のことだけで手一杯な状態といえる。そのため、介護者の毎日は肉体的・精神的疲労が蓄積しがちである。介護に疲れ、施設入所を望んでも、施設数・待機者数・場所・経済などの問題で在宅介護にせざるを得ない現状がある。また、在宅で介護を続ける意思を家族で共有していても、毎日のこととなると負担は大きい。

在宅での介護を続けていくために、施設に何を求めることができるのかを述べていきたい。

❶地域包括支援センター

　各市町村には地域住民の保健・福祉・医療・虐待防止・介護予防などを総合的に行う機関として、介護保険法で定められた地域包括支援センターが設置されている。この施設には専門的知識をもった保健師・主任ケアマネジャー・社会福祉士などが常駐しており、相談に対応している。介護の必要が認められた場合には、地域包括センターで介護予防計画書を作成する。あるいは担当介護支援専門員を紹介し、介護する人・される人がそれぞれの思いを入れた介護計画書を作成し生活を支援していく。担当介護支援専門員（ケアマネジャー）は、介護計画書を作成、実施していく中で不都合はないかなどのモニタリングを行い、計画について継続か、変更の必要があるかを、実施しているサービス担当者と会議を開き検討し、よりよい状態・環境で生活ができるよう支援を行う。

　これら一連の流れは当事者（介護を受ける人や介護者）の同意を確認して行われている。また、モニタリングも実際に当事者を訪問し、確認が行われる。当然、介護支援専門員との考え方の違い、介護計画書についての不満などの問題が生じる場合もある。地域包括支援センターへ再度相談し、助言・担当の変更などを行うことができる。

　施設と併設されたサービスなど、在宅向けサービスについて述べていく。

❷在宅サービス

【訪問介護サービス】
　介護保険法上では介護支援専門員の立てる介護計画書に沿って実施されるサービスの１つである。ヘルパーが家庭を訪問し、洗濯・食事の支度・掃除を行う生活介護と食事介助・排泄介助・体位交換など身体介護を行うものである。

【訪問看護】
　看護師が医師の指示に従い患者の家庭を訪問し、リハビリテーション・医療処置などを行うものである。また、介護計画書（ケアプラン）に沿って薬の管理・処置を行う。

❸通所介護サービス（デイサービス）

　介護保険を利用して介護施設を日帰りで利用できるサービス。活動・入浴・食事・送迎サービスが受けられる。家に閉じこもる高齢者の気分転換に、介護者（家族）の介護軽減に利用される場合が多い。

❹デイケア

　デイサービスと同じようなサービスで、医師が認めた場合の利用可能な病院や老人保健施設が提供するリハビリテーションサービスである。

❺通所リハビリテーション

　リハビリテーションを主目的に行うデイサービスである。

❻療養通所介護

　医療ニーズと介護ニーズを併せもつ中重度の在宅療養者の方を対象に、「医療、通所介護計画」に基づき看護師が入浴、排泄など日常生活上の世話及び機能訓練を行うサービス。
　医療機関、訪問看護ステーションと連携し、訪問と通所サービスを一体的に提供する。

❼短期入所サービス（ショートステイ）

【短期入所生活介護サービス】
　特別養護老人ホームなどの福祉系施設に要介護者が短期間入所し、日常の生活介護や機能訓練などのサービスを受けることができる。

【短期入所療養介護サービス】
　療養型医療施設など、医療系の施設や介護老人保健施設に短期間入所し、医療的治療や介護・機能訓練・看護を受けることができる。

　上記の他に医師の訪問や訪問歯科診療・訪問リハビリテーション・訪問入浴・地域密着サービス・夜間対応ヘルパー・小規模多機能施設・福祉用具貸与・住宅改修など、在宅での生活が続けられるような体制があるが、上手に使えるかが課題であろう。

　実際に在宅生活者が短期入所と通所介護サービスを利用し、栄養改善した例を紹介する。

福祉施設事例 7

- ●症例● 低栄養、褥瘡。
- ●年齢● 75 歳
- ●性別● 男性
- ●身長● 162cm
- ●体重● 42.7kg
- ●BMI● 16.3kg/m²
- ●介護度● 要介護 5、仙骨部・下肢（ふくらはぎ）に褥瘡あり（ステージ 3：皮膚全層及び皮下組織に至る深在性筋膜に及ぶ損傷）。
- ●介護保険利用● 通所介護サービス週 2 回、短期入所サービス月 4 回利用
- ●食事担当● 家族、主に妻
- ●家族形態● 妻、長男（長男就労のため日中不在）
- ●住宅形態● 2 階建て（1 階ベッドの生活のため日中も 1 階での生活が主流）
- ●病名● 脳出血後遺症（左半身に重度の麻痺としびれあり）、貧血
- ●既往歴● 軽度脳梗塞、大腸がん（発症 3 年後再発、上行結腸がん）
- ●食事療法● 主食 米飯、副食 極刻み、スプーンを使い自食しているが、疲れるためか途中で手が止まり、介助を要する。自宅では妻が病気がちで食事は 2 回。栄養補助食品が処方されている。
- ●生化学検査● Alb 1.7g/dL
- ●問題点● 歯の具合が悪く咀嚼に問題がある。飲み込みも滑らかではない。食欲低下はみられない。好き嫌いなし。認知症により短い会話しかできないため、生活に対する本人の意向を確認できなかった。
  - ・妻：経済的不安があり、できる限り自宅で介護していきたい。
  - ・長男：できる限り自宅にいてもらいたい。協力できることはしていきたい。
- ●総合的な援助方針●
  ①褥瘡の改善を目標に、主治医・栄養士と連携しながら適切な水分・栄養素などがとれるように支援する。
  ②寝たきりの生活にならず社会交流の機会がもてるように支援する。
  ③体調管理・口腔ケアを適切に行い、感染症を予防できるように支援する。
  ④安全に外出でき、また安楽に過ごせるように環境整備を図る。
  ⑤家族の介護負担を軽減し、在宅生活が維持できるように支援する。

❶栄養ケア計画

長期目標：褥瘡を改善する（6 か月）。
短期目標：適切な水分・食事がとれる。

ケア内容
①提供栄養量：1 日 1,500kcal 以上（短期入所サービス利用時）
昼食時 1,000kcal 以上（通所介護サービス利用時）
②水分目標：短期入所サービス利用時 1 日 1,500mL、通所介護サービス利用時 1 日 900mL
褥瘡の改善のためアルギニンを添加した水分 450mL を提供。
③栄養改善のため必要な食事を提供する。
④体重測定値を検討し、対応する。
以上を実施し、2 週間ごとに評価する。

❷経過と結果

通所サービス利用開始時に直面した問題は、水分でむせる様子はみられないが、飲み込みに時間がかかることであった。水分 900mL を利用時間内にとるため介護員が根気よく回数を重ねることで（1 回 100mL × 9 回）摂取することができた。

食事は、食欲低下はなく毎食全量を摂取できた。摂取状況は、開始時自食が主であったが徐々に手の動きが悪くなり、2 か月経過時から全介助になっている。水分・食事摂取は順調であるが、2 回食のため体重の増加にには結びつかない。

褥瘡は、4 か月経過した時点で著しく改善され、医師も完治と診断している。Alb も同時

期の血液検査で 1.7g/dL から 2.5g/dL と改善がみられている。

水分は、短期入所利用時が 1 日 1,200mL 以上であるが 1,500mL はとれていなかった。食事は、毎食全量摂取している。

週2回の通所介護サービスへの外出と週一度の短期入所サービスでの1泊で寝たきりの生活ではなく、社会交流ができ、離床時間がサービス開始前に比べ長くなった。

❸考察

①水分は、在宅生活に留意し、安易にとろみを付けず提供している。飲み込む姿勢と一口に含む量を加減すれば、むせることなく飲み込める。アルギニンを含む水分を常時飲んだことが褥瘡の改善につながったと考える。

②食事は毎食全量摂取し、下痢・嘔吐がみられなかったことから消化吸収されていると考えられる。

③体重増加はみられていないが、褥瘡が改善され Alb も上昇していることより栄養素などが体内で消費され蓄積には回っていないといえる（表 3-23）。今後は体重をみながら提供栄養量を検討していきたい。

表 3-23 A さんの体重推移

2 週間おき	体 重 (kg)	Alb (g/dL)	2 週間おき	体 重 (kg)	Alb (g/dL)
1	41.3	1.7	11	39.9	
2	40.9		12	39.9	
3	41.6		13	39.1	2.5
4	42.1		14	39.3	
5	40.1		15	39.7	
6	42.1		16	39.6	
7	40.6		17	38.4	
8	41.0		18	39.1	
9	41.8		19	39.0	
10	39.4				

❹総括

この事例の場合、家族にとって短期入所サービスや通所介護サービスを利用することで、総合的な援助方針である①褥瘡の改善、②寝たきりの生活にならず社会交流の機会をもつ、③体調管理・口腔ケアを適切に行い、感染症を予防する、④安全に外出でき、また安楽に過ごせるよう環境整備する、⑤ご家族の介護負担を軽減し、在宅生活が維持できるよう支援することが実現できている。これは在宅生活を維持するため施設に何ができるかを担当ケアマネジャーが考え、ケアプランを作成実行した成果と考えられる。

第3部 事例・実践 編

4 地域活動における認知症の人への対応

低栄養改善「ご長寿・お達者栄養教室」の実際 ─ 長寿を目指した暮らしの支援 ─

❶はじめに

川崎市保健福祉センターにて実施した低栄養改善のための「ご長寿・お達者栄養教室」について報告する。本事業は地域包括支援センターより依頼された方を対象として、地域の医療機関や食生活改善推進員の協力のもとに、6か月間の介護予防サービスによって低栄養改善と閉じこもりを予防した事例である。

❷目的

低栄養状態によって生活機能の低下に陥りやすい高齢者が、「食べること」により低栄養状態を早期に改善し、自らが望む自分らしい生活を取り戻すことを支援する。

❸対象

基本チェックリストにより直近の6か月間で2～3kg以上体重が減少した、またはBMIが18.5未満の方で、この栄養教室に参加を希望した高齢者。

目標
- 高齢者自身が立てたゴールや目標を実現する(自己実現の課題と意欲)。
- 主観的健康感の向上
- 低栄養の改善

❹事業内容

栄養相談を基本として集団的な栄養教育を行う。参加者への事業説明を十分に行いながら支援を行う(表3-24、25)。

【栄養相談】
- 事前アセスメントの結果における「解決すべき課題」の共有
- 個別サービス計画の作成と実行に向けての支援(長期目標、短期目標)

表 3-24 事業の留意点

日程		内容
1回目	10月上旬	1. 身体計測 2.「栄養改善事業事前・事後アセスメント票(表3-26)」の事前調査、自己チェック記入 3.「栄養相談経過記録表」記入、「10日間の食事チェック表」などの宿題を渡す
2回目	11月上旬	1. アセスメントに基づく医師による栄養改善方針の指示 2.「栄養改善計画」の作成。(高齢者自身によるゴール内容、目標と期限、計画の決定) 　(1)「今はできないこと」が目標となる。できない原因を明白にして、次の支援につなげる 　(2) 決めたことを行動に移すには、支援が必要である。 　　・いつまでに何を行動するのか、皆の前で発表する。 　　・行動を起こしたら、頑張りを周囲のみんなで認める。 　　・1週間に1回程度は定期的に電話でケアし、意識を目標達成に集中させる。 　　・「これができたら好きなことができる」など、生活を楽しくプラス思考できるように支援する。
6回目	2月上旬	1. プログラム3カ月目経過後、医師による栄養改善方針の指示(内容が適切かどうか)
8回目	3月中旬	1. 身体計測 2.「栄養改善事業事前・事後アセスメント票」に、変化の結果について事後調査記入(改善すべき弱みは何か、継続の工夫は何か、解決の工夫は何か) 3.「栄養改善計画(表3-26)」の実施をしてみて、問題や障害になったこと、計画を修正したことなど含めて、参加者が自ら自己評価を行う。 4.「栄養相談経過記録表(表3-28)」記入、カンファレンス終了後、参加者に書類をコピーして渡した。

表 3-25 教室プログラム（集団と個別）

日程		内容	従事者
1	10月上旬午後	オリエンテーション、身体計測（身長・体重・体脂肪・骨密度・血圧・5m歩行）、栄養講話「何をどれだけ食べたらよいか」、個別面談、茶話会	検査技師、保健師、管理栄養士
	10月中旬	電話ケア、実施状況の把握	管理栄養士
	10月翌々日	カンファレンス、実施状況確認、今後の方向性	医師、保健師、管理栄養士
2	11月上旬午後	体重測定、医師講話「高齢者の生理と栄養」本人・医師・栄養士による三者面接（目標決定）、茶話会	外部医師、保健師、管理栄養士、食生活改善推進員
3①	12月上旬午前	体重測定、調理実習「はつらつ元気メニュー」（ハンバーグ）会食、個別相談、血行をよくする縫いぐるみ体操	管理栄養士、食生活改善推進員
3②	12月翌週午前	体重測定、調理実習「はつらつ元気メニュー」（キッシュ）会食、個別相談	管理栄養士、食生活改善推進員
4	12月中旬午前	体重測定、体調を整える体操（練功十八法）、茶話会、個別相談	練功指導員、食生活改善推進員、管理栄養士
5	1月中旬午前	体重測定、歯科講話「美味しく食べる口の衛生」と咀嚼検査、医師面談、個別相談、茶話会	歯科衛生士、医師、管理栄養士、食生活改善推進員
6	2月上旬午後	体重測定、医師講話「100歳めざして、達者に暮らす」、医師面接、個別相談、茶話会	外部医師、医師、管理栄養士、食生活改善推進員
7	2月下旬午前	体重測定、栄養講話「簡単らくらく調理の工夫」、調理実習「簡単楽々おいしい食事（青椒肉絲）」、会食、個別面談	管理栄養士、食生活改善推進員
	2月同日午後	ケースの経過と今後の支援	医師、管理栄養士
8	3月中旬午前	身体計測（身長・体重、体脂肪、骨密度、血圧、5m歩行）、個別面談、茶話会、事後アセスメント（グループワーク）	検査技師、保健師、管理栄養士
	3月同日午後	カンファレンス、実施経過と今後の支援、事業評価	医師、保健師、管理栄養士

・低栄養状態の改善に関する情報提供
・個別サービス計画実施上の問題解決及び計画の修正

【栄養教育】

　栄養改善に関する基礎的知識や実技指導により実践意欲を高める。

❺事例

　この教室に参加された女性（80歳）について報告する。

　1. 利用者情報

　独居老人、生活自立度（障害高齢者：J1、認知症高齢者：Ⅰ）、認定情報：非該当（以前は支援であった）

　家族は他県に子ども夫婦がいる。自宅一戸建てに居住。年金暮らし。

　若いときには職業婦人として自立していた。

●病歴● 5年前に胃潰瘍で2/3切除、4年前に帯状疱疹で顔面麻痺が残り、半年前に脳梗塞、狭心症、糖尿病、眼科、耳鼻科、歯科に通院。診療内容や薬にこだわり、服薬せずに病院を転々と受診して回る。

　2. 基本チェックリスト

　6か月間で2～3kg以上体重減少。身長152cm、体重35kg、BMI15.1で低栄養状態。

　3. 介護予防サービス・支援計画

〈アセスメント領域と現状、本人の意欲・意向〉

①活動（運動、移動）はほぼ自立しているがふらつきあり。家庭生活はほぼ自立、休みながら家事をこなす。
　食事は惣菜や弁当が多い。自炊できるようにしたい。

②社会参加では、大勢の人といるのは苦手。友人や知人とは電話や訪問の付き合いあり、町会の催し物にも参加している。テレビを見て過ごすことが多い。外出しないといけないと思う。

③健康管理は体調不良。薬が体に合わずに体調が悪い。どうしたらよいかいつも考えている。

〈領域における課題（背景と病因）〉

①活動と家庭生活は体力的に問題があるが、

現在は問題なく生活しているので課題はなし。
② 社会参加は、本人がテレビを見ないでもっと外に出ないといけないと言ったので、課題ありとした。
③ 健康管理は既往歴が多く、服薬にこだわりがあり、治療や継続通院が難しく、経過観察もできないので課題あり。

〈総合的課題と課題に対する目標と具体策の提案〉
① 体重が少なく、体力がなくて疲れやすいので、栄養改善教室に参加して改善する（表3-26〜28）。
② 家でテレビを見て過ごしているので、栄養教室に参加して多者との交流を増やし、コミュニケーションを図る。

4. 目標とする生活
1日（短期目標）：3食とも栄養によい食事をとる。
1年（長期）：体重を増やして体力をつける。

5. 支援のポイント
自炊できる料理を習い、自宅で継続して栄養のある食事がとれるようにする。会話がしやすい配慮が必要。

表 3-26　栄養改善事業　事前・事後アセスメント票

記入者：＿＿＿＿＿＿＿＿＿＿　（■管理栄養士　□栄養士　□看護職員）
実施年月日　事前：平成○年10月上旬　／　事後：平成　翌年3月中旬

氏名	（フリガナ）AB　（80歳）昭和○年　○月　○日生　男・㊛	栄養状態や訴えに関する利用者及び家族の希望	体重を増やしたい

「実施のための利用者の情報」

わたしの趣味は？（いくつでも）
ラジオ、NHK、落語を聴く。ナツメロやジャズ、宗教、以前は洋裁をしていた。
わたしが一番やってみたいことは？（いくつでも）
旅行や浅草に行って漫談などを楽しみたい。劇場に行ってみたい。糠床もつくりたい。
わたしの好きな食べ物は？（いくつでも）
せんべい、魚、果物、野菜、いちじく、かに、寿司
わたしの嫌いな食べ物は？（いくつでも）
ケーキ、豆腐は好んで食べていない。
食べ物でアレルギー症状（食べると下痢や湿疹などの症状がでる食べ物）がでますか？
いいえ・㊉（具体的に：　お惣菜を買って食べると下痢をすることがある　）
医師に食事療法をするように言われていますか？
㊇・はい（具体的に：　　　　　　　　　　　　　　　　　　　　　　　）
食事姿勢や食べる動作に不自由を感じますか？
いいえ・㊉（具体的に：平成14年帯状疱疹のため左側で上手に咀嚼できない。）
食事は小さくしたり、刻んだりしないと食べられませんか？
いいえ・㊉（具体的に：炒飯などに入れる野菜は細かくしている。肉はひき肉を使っている。）
食事はおもに、いつ、どこで、誰と、どんなものをどのように食べていますか？（例えば昨日はどうでしたか？）
朝　　8時頃　ご飯軽め1膳、みそ汁、梅干、漬物、納豆1/2パック
昼　　14時頃　ご飯、さんま1/2匹、キャベツ
夜　　18時頃　ご飯、おかず（野菜、肉や魚、納豆1/2パック）
間食　なし
毎日の食事づくりは、誰がどのようにしていますか？
自分で3食作っている。

p.184 に続く。

「自己チェック表」（次の質問にお答えください。「はい」の場合には、担当者が具体的な内容をおうかがいします。）

番号	質問	答え	具体的な内容
1	歯や口腔、飲み込みの問題がありますか	（はい）／いいえ	歯茎と唇の間に食べカスが残る（帯状疱疹の後遺症）
2	下痢が続いたり、下剤を服用していますか	はい／（いいえ）	
3	便秘が続いていますか	はい／（いいえ）	お腹のマッサージをしている。水分をとるようにしている。
4	最近、入院を経験しましたか	（はい）／いいえ	半年前に脳梗塞、狭心症、糖尿病
5	1日に5種類以上の薬を飲んでいますか	はい／（いいえ）	眠れないときに安定剤を少し。目薬を2種類
6	1日に食べるのは2食以下ですか	はい／（いいえ）	食事調査をしてみましょう
7	主食（ご飯など）や主菜（肉、魚などのおかず）を食べる量が減ってきましたか	はい／（いいえ）	何回かに分けて食べている。
8	牛乳・乳製品をとっていますか	（はい）／いいえ	チーズ、ヨーグルトを毎日、食べるようにしている。
9	毎日、一人で食事をしていますか	（はい）／いいえ	
10	日常的に体を動かさなくなってきましたか	はい／（いいえ）	スーパーなどに買い物に行き、歩くようにしている。
11	自分で（あるいは担当者が）食べ物を買いに行ったり、食事の支度をするのに不自由を感じていますか	（はい）／いいえ	くたびれるので、休み休み買い物したり、食事の支度をしている。
12	食べる気力や楽しみを感じていますか	はい／（いいえ）	しょうがなく食べている。

（担当者が計測結果や健診などの検査結果を記入します。）

身長	151.0cm	体重減少		kg/	か月
体重	35.6kg	Alb			g/dL
BMI	15.6	上腕周囲長			cm
骨密度	2.405 （115%、89%）				

「事前・事後アセスメント」

低栄養リスク	事前アセスメント（開始時、10月上旬）	事後アセスメント（終了時、3月中旬）
体重（kg）	35.6	37.0
身長（cm）	151.0	151.3
BMI（kg/m²）	15.6	16.2
体重増減率（%）		1.4kg 増加　（+3.9%）
5m歩行（秒）	4.7	4.6

質問項目	事前	事後
毎日の生活に満足していますか。　次の5段階で評価してください。 5 非常に満足　4 ほぼ満足　3 どちらともいえない　2 やや不満　1 非常に不満	2	4
あなたの現在の健康状態はいかがですか。　次の5段階で評価してください。 5 よい　4 まあよい　3 普通　2 あまりよくない　1 よくない	2	3
趣味の会や老人クラブなどのグループ活動に参加していますか。　次の3段階で評価してください。 3 欠かさず参加　2 時々参加　1 参加していない	1	2
参加しているグループや地域の中で何らかの役割をもっていますか。次の3段階で評価してください。 3 決まった役割がある　2 時々用事を頼まれる　1 全く役割がない	1	1
家庭で何らかの役割をもっていますか。次の3段階で評価してください。 3 決まった役割がある　2 時々用事を頼まれる　1 全く役割がない	3	3

サービス継続の必要性（栄養改善の観点から）	無・（有）
（継続及び終了理由の記載）	今回の教室は終了しましたが、引き続いて食事に関心をもっていただくためにも、食生活改善推進員の活動に参加することになった。
主観的健康感 現在の健康状態　あてはまる番号1つに○	5　4　3　②　1　／　5　④　3　2　1 よい、まあよい、普通、あまりよくない、よくない　／　よい、まあよい、普通、あまりよくない、よくない
目標の達成度	個別サービス計画の策定時に設定した目標の達成度を0〜100点で評価してください。　　100点

〈メモ〉　この「ご長寿・お達者栄養教室」では『低栄養を防ぎ、老化を遅らせる高齢者のための食生活指針⑮カ条（熊谷修先生による）』を何度も重ねて学習した。

　特に、3食のバランスをよくとり欠食は絶対に避ける。油脂類の摂取が不足しないように注意する。動物性たんぱく質を十分にとる。肉と魚の摂取は1：1程度になるようにする。肉はさまざまな種類を摂取し、偏らないようにする。牛乳は毎日200mL以上は飲むようにするなどは重要なポイントとした。

表 3-27 ご長寿お達者栄養改善計画

【作成：第2日目】
私のゴール
　元気になって、どこかに遊びに行きたい。
私の目標（最終日まで）
　体重37kgを目標にする。今まで食事量が少なかったので増やしたい。
わたしの計画
　今より余計に食べる。無理をしない。
自己評価（最終日に記入）
　自宅から会場まで、歩いて通えるほど元気になった。
　食事に気を使うようになって、体重が目標の37kgに増えてよかった。
　これから食生活改善推進員の仲間として活動に参加したい。

表 3-28 栄養相談経過記録表

第1回栄養相談（70分）13：35〜14：45		実施日　10月上旬	担当者
身長　151.0cm	体重　35.6kg	BMI　15.6	Alb
骨密度　2.405（115%、89%）		5m歩行　4.7秒	主観的健康感　2

〈当日の予定〉身体検査、事前アセスメント調査、自己チェック表記入、面接、食事チェック「テイク10」の宿題
〈解決すべき課題や相談の経過〉
① 体重を増やしたい。元気になったら色々な所に行きたい。次回までに宿題を積極的に取り組みたい。
　肉は好きでないが食べるようにしている。
② 肌のつやが悪く目にも力がない。足取りもふらふらして買い物のキャリカーを押して来所した。
③ 体重35.6kg、BMI15.6の必要エネルギーは、1,161kcal/日。少しでも体重増加を目指す。
　BMI18.5、体重42.2kgでは1,273kcal/日。BMI22、体重50.2kgでは1,365kcal/日が必要となる。

電話ケア（1週間目、3週間目）	実施日　10月中旬、下旬	担当者

[1週間目] 体調が悪くて脈が速く、血圧が高い。A病院で検査をしたが異常なし。精神科受診を勧められたので近々行ってみようと思う。4日前に奥歯が抜けて、土〜月曜日までご飯が食べられなかった。昨日、歯科に行って食べられるようになった。**食事チェックの宿題はやっている。**
[3週間目] 体調不良。牛乳を飲んで下痢した。点滴を3日間、2時間かけて1本ずつ打った。薬が合わなかったが、今やっと調子が戻ってきた。内耳のバランスをとる所に石が入っていて動く。

担当者連絡会	実施日　10月中旬	担当者

・スタッフに参加者の近況報告を行った。持病が多いこと、主治医が多いこと、こだわりについて。
・最後まで、楽しくプログラムに参加できるように、元気になれるように支援することを共有した。

第2回栄養相談		実施日　11月上旬	担当者
身長　150.7cm	体重　36.2kg	BMI　15.9	健康感　1
上腕周囲長　18.5cm	上腕三頭筋皮脂厚　6mm	上腕筋面積　22.5cm^2	

〈当日の予定〉医師講話「高齢者の生理と低栄養予防」と三者面談、目標「私のゴール」に決定、発表
〈解決すべき課題や相談の経過〉
① 体調が悪く遅れて来所。神社にお参りしてから来所。C医院の医師講話の後に個別相談を行った。医師がよく話を聞いてくれたので安心した。首の運動を左右前後に1回に10回×3セットやるのを習った。耳の痛みはいつも食べると治る。胃を2/3も取ったので疲れやすい。医師からエンシュアリキッドの処方を勧められた。無理をしないように言われた。医師が濃厚流動食の試飲をさせてくれた。
② 「私のゴール」はA病院の受診予約のため作成できず、後日電話で決めることにした。
② 最近は、ヨーグルトを飲んでリハビリし、食事に気をつけて睡眠障害も改善した。足の筋肉もついたし体重も戻った。でも食事量はまだ少ない。
③ 1回目面接の翌日から中旬までの「テイク10」の食事記録は100点満点中85点で不足が15点。動物性たんぱく質は40点中31点で不足が9点であったが、がんばって宿題に取り組んだ。
[電話ケア：中旬] ゴールは「元気になって、どこかに遊びに行きたい」に決定した。
　血圧は下が高いが主治医は仕方がないと言う。足がだるいので12月上旬にC病院へ行く。
　血液の流れが悪いと思う。心臓の検査をする。塩辛いのをやめて水分をとるようにした。

第3回栄養相談		実施日　12月上旬	担当者
身長　150.9cm	体重　35.9kg	BMI　15.8	健康感　4 　体脂肪　10.1%

[電話ケア：来所1週間前] 貧血気味、午前5時から目覚める、体重は36kgくらいある。毎日歩いている。
　栄養士から電話がなかったので、3回目の①料理教室に参加せず家の片付けをしていた。
[電話ケア：同日] 1週間後に開催する食生活改善推進員の料理教室に誘うと参加することになった。

〈当日の予定〉 3回目を欠席したので、3の②として他の食生活改善推進員の料理教室に参加する。
〈解決すべき課題や相談の経過〉
① 食べて元気になったので買い物に行った。重いものを持ったら体調を崩した。でも、食べるようになって本当に元気になった。出かけるため身支度にも気を遣いお化粧をした。髪も綺麗に整えた。今朝は眠れずに3時半から起きていたというが顔のつやはよかった。医師からは精神科を紹介されたが薬が合わない。
② 料理教室では、「ほうれん草のキッシュ、トリプルサラダ、ぶどうのムース」を全量摂取した。おいしかった。530kcal、たんぱく質17.4g、塩分1.3g、食生活改善推進員にお料理を習って楽しかった。
③ 教室前の血圧は122/77だが、脈拍は92と高かった。両親共に痩せ型だったとの話。次回の約束をした。

第4回栄養相談				実施日　12月中旬	担当者
身長　150.9cm		体重　36.0kg		BMI　15.8	Alb
上腕周囲長		上腕三頭筋皮脂厚		上腕筋面積	主観的健康感

[電話ケア：前日] 2日前に精神安定剤をもらいにB医院を受診。以前、帯状疱疹が出たが、これは体力がないから出ると言われた。首が痛いので塗り薬を塗ってもらって帰宅。体調が悪くて横になった。健康診断をしてから足の脈もみてもらったが普通とのこと。体操を勧められた。たんぱく質をとるように言われた。3時間しか眠れない。もらった安定剤は身体に合っている。明日は練功に参加する。
〈当日の予定〉 体調を整える体操「練功十八法」体験、茶話会
〈解決すべき課題や相談の経過〉
① 練功十八法を楽しく体験した。安定剤が身体に合っているので8時半から朝5時半までよく眠れた。
② ご飯も食べている。食事チェックではたんぱく質のおかずが不足したので今日からはしっかり食べる。
③ 眼鏡を作ったが、遠くがあまり見えずに外出が怖い。今日は30分歩いてきた。
④ 今週は体調が悪かった。先日、鵜骨鶏の卵を飲んだら具合が悪くなって2日間寝込んだ。先日、病院でブドウ糖を注射したら体調がよくなった。
⑤ 前回の調理実習の献立を覚えていない。最近物忘れがひどく、引き算も忘れた。髪の毛が痩せてきた。
⑥ 「テイク10」の食事記録は記録していなかった。体調がよくなってから付ける約束をした。

第5回栄養相談				実施日　1月中旬	担当者
身長　151.0cm		体重　36.3kg		BMI　15.9	主観的健康感

[電話ケア：前日] 「おいしく食べる口の衛生」教室のお誘いをした。体調が悪そうであったが、話しているうちに段々元気になってきた。バスに乗って早めに来られるとのこと。
〈当日の予定〉 歯科衛生士の講話。嚥下や誤嚥の話、口腔リハビリの学習と唾液のテスト、歯みがきの仕方
〈解決すべき課題や相談の経過〉
① 口はよく動かなかった。歯ブラシの使い方、舌ブラシについての講話がよかった。
② この前の練功体操は楽しかった。家に帰るのも体が楽だった。思い出した時に足首を回しているが身体が温まる。無理をしない程度に歩いている。
③ この前の教室の4日後に下痢が3日間続いた。ノロウイルスかもしれない。点滴を3日間打った。
④ 最近は牛乳を午後3時に毎日コップ半分飲んでいる。
⑤ 今は疲れやすいけど食欲はある。野菜をたくさん食べるようにしている。紹介された精神科には行っていない。漢方薬は合わない。
⑦ センターの医師面接では無理をしないように楽しく教室に参加していると答えていた。

第6回栄養相談				実施日　2月上旬	担当者
身長　150.8cm		体重　36.4kg		BMI　16.0	主観的健康感　3

[電話ケア：前日] 講話参加のお誘いをした。話している間にみるみる元気な声になった。身体を動かさないとよくないと思って今日は体操に行ったという。疲れたけどよかった。明日は楽しみにしている。ありがとうと言われた。
〈当日の予定〉 医師講話『100歳めざして、達者に暮らす』、茶話会
〈面接：解決すべき課題や相談の経過〉
① 本日の先生のお話をきいて、肉もしっかり食べようと思う。
② 前日午後に包括支援センターの紹介で「転倒予防教室」に参加した。疲れたけれど心臓の調子がよくなった気がする。歩数計を買ったので使いたい。
③ 首の調子が悪くて土曜にB病院を受診。骨が縮まっているとのこと。月曜日にC病院の整形と内科を受診して湿布をしている。
④ 食事はちゃんと3食食べているし、今は間食も食べている。肉を食べると便秘ぎみになる。朝は前夜の鍋の残りにご飯を入れておじやにした。昼は麻婆豆腐、ご飯、夜はねぎと肉、炒め物、白菜、ご飯と色々と食べている。
⑤ 「テイク10」の食事記録で足りない食品をしっかり食べていく。「テイク10」の食事記録は明日から付けたい。

第7回栄養相談				実施日　2月下旬	担当者
身長　151.0cm		体重　36.4kg		BMI　16.0	主観的健康感

〈当日の予定〉 栄養講話「簡単らくらく調理の工夫」と調理実習「青椒肉絲」
〈解決すべき課題や相談の経過〉
① 今日の食事の勉強は役に立つ。簡単においしく調理できた。
② 今日は30分前に歩いてきた。昨日は初めて運動に行った。テレビを見るときにも足伸ばしをしている。足を揉んだら足が温かくなって靴下がいらなかったという。元気で何より。
③ 今朝はうなぎの肝吸いを飲んできて調子がよい。元気になった。洗濯もした。いつもは8時半頃起きているが今朝は7時に起きた。行動もシャキシャキして元気に受け答えをした。

④ ますます生き生きとして綺麗になった。顔のつやもよく手の甲もピカピカしている。
⑤ 6回目面接の翌日から中旬までの「テイク10」の食事記録は91点で不足が9点。動物性たんぱく質は35点で不足が5点であった。また、中旬から7回目の面接前日までの「テイク10」では食事記録は94点で不足が6点。動物性たんぱく質が35点で不足が5点であり、食事チェック表を記入することで、自主的に改善がみられた。

担当者連絡会		実施日　2月同日	担当者

・センター医師　体調をみながら、楽しく教室に参加してもらう。
・管理栄養士　食事にも気を配り肌のつやもよく元気になった。教室終了後は食生活改善推進員の活動に参加するように勧めている。体調第一、無理せずに仲間づくりを勧めたい。

第8回栄養相談	80歳		実施日　3月中旬	担当者
身長　151.3cm	体重　37.0kg		BMI　16.2	Alb
上腕周囲長　19cm	上腕三頭筋皮脂厚　6mm		上腕筋面積　24cm²	主観的健康感　4
血圧　102/50	骨密度　2.184（105%）		5m歩行　4.6秒	体脂肪率　13.6%

[電話ケア：前日]　電話をすると、教室の参加を楽しみにしていた。
〈当日の予定〉　身体検査、事後アセスメント調査、面接、事業評価、茶話会
〈面接：解決すべき課題や相談の経過〉
① 今日はここに来なくてはいけないと思って、午前3時半からうつらうつらして6時前には起きた。睡眠が上手にとれないと発言すると、他の参加者から「年だから私も同じよ」と言われて納得。続けて寝なくても、昼寝をしたりして体調を整えるようにしているという。
② 肉や魚を食べて、食品数が多くとれるようになった。食べられるようになった。間食もするようになったので、食事量が増えて体重が1.4kg増えた。9か月前からだと35kgだったので合計2kg増えた。
③ テイク10食事記録は94点と増加。動物性たんぱく質は35点と変わらず。顔のつやも身なりも美しくなり、口紅をさして、しっかりした身どりで教室に参加された。
④ 11月上旬と比べて4か月間で上腕三頭筋皮脂厚は6mmと変わらないが、上腕周囲長が0.5cm増え、上腕筋面積が1.5cm²増加していた。食事して運動して筋肉が増えて体力がついたといえる。
⑤ 運動リハビリは疲れたけど、帰り道は元気に歩いて帰り身体が軽くなったという。12月上旬には体脂肪が10.1%だったが、今では13.6%と増えた。5m歩行では10月4.7秒から3月4.6秒に短縮した。
⑥ この教室に楽しく参加できて100%の効果があったという。教室が終了したときに買い物カートを忘れて元気に歩いて帰り、後から取りに戻るほど元気になった。主観的健康感も2から4へと向上した。

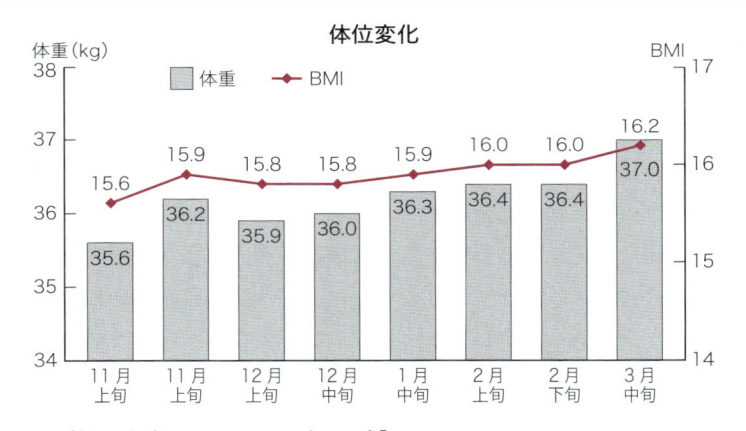

体位変化

月	11月上旬	11月上旬	12月上旬	12月中旬	1月中旬	2月上旬	2月下旬	3月中旬
体重(kg)	35.6	36.2	35.9	36.0	36.3	36.4	36.4	37.0
BMI	15.6	15.9	15.8	15.8	15.9	16.0	16.0	16.2

【食事チェック（熊谷先生のテイク10表記入）】

10月初旬～中旬

日	肉	魚介	卵	牛乳	大豆	海藻	いも	果物	油脂	緑野	合計
1	1	1	1	1	0	0	0	1	1	1	7
2	1	1	1	0	1	0	1	1	1	1	8
3	1	1	1	1	0	1	1	1	0	1	8
4	1	1	1	1	1	0	1	1	1	1	9
5	1	1	1	1	1	1	1	1	1	1	10
6	1	1	0	1	1	1	1	1	1	1	9
7	0	1	0	1	1	1	1	1	1	1	8
8	1	1	1	1	1	0	1	1	1	1	9
9	1	1	1	0	1	1	1	1	1	1	9
10	0	1	1	1	1	1	1	1	1	1	9
	6	10	9	6	9	6	9	10	10	10	85

	主食の状況			動物性たんぱく質			
	朝	昼	夕	肉	魚	卵	乳
1	1	1	1	1	1	1	1
2	1	1	1	1	1	1	0
3	1	1	1	1	1	1	1
4	1	1	1	1	1	1	1
5	1	1	1	1	1	1	1
6	1	0.5	1	1	1	0	1
7	1	0.5	1	0	1	0	1
8	1	1	1	1	1	1	1
9	1	1	1	1	1	1	0
10	1	1	1	1	0	1	1
	10	9	10	10	6	9	6

2月初旬〜中旬

日	肉	魚介	卵	牛乳	大豆	海藻	いも	果物	油脂	緑野	合計
1	1	1	1	0	0	1	1	1	1	1	8
2	1	1	1	0	1	1	1	1	1	1	9
3	0	0	1	0	1	1	1	1	0	1	6
4	1	1	1	1	1	1	1	1	1	1	9
5	1	1	1	1	0	1	1	1	1	1	9
6	1	1	1	1	1	1	1	1	1	1	10
7	1	1	1	1	1	1	1	1	1	1	10
8	1	1	1	1	1	1	1	1	1	1	10
9	1	1	1	1	1	1	1	1	1	1	10
10	1	1	1	1	1	1	1	1	1	1	10
	9	9	10	6	8	10	10	10	9	10	91

	主食の状況			動物性たんぱく質			
	朝	昼	夕	肉	魚	卵	乳
1	1	1	1	1	1	1	0
2	1	1	1	1	1	1	0
3	0.5	0.5	1	1	0	1	0
4	1	1	1	1	1	1	0
5	1	1	1	1	1	1	1
6	1	1	1	1	1	1	1
7	0.5	1	1	1	1	1	1
8	1	1	1	1	1	1	1
9	1	1	1	1	1	1	1
10	1	1	1	1	1	1	1
	9	9.5	10	10	9	10	6

2月中旬〜下旬

日	肉	魚介	卵	牛乳	大豆	海藻	いも	果物	油脂	緑野	合計
1	1	1	0	0	1	1	1	1	1	1	8
2	1	1	1	1	1	1	1	1	1	1	10
3	0	1	1	1	1	1	1	1	1	1	9
4	1	1	1	1	1	1	1	1	1	1	10
5	1	1	1	1	1	1	1	1	1	1	10
6	1	1	1	0	1	1	1	1	1	1	9
7	1	1	1	1	1	0	1	1	1	1	9
8	1	1	1	1	1	1	1	1	1	1	10
9	0	1	1	1	1	1	1	1	1	1	9
10	1	1	1	1	1	1	1	1	1	1	10
	8	10	9	8	10	9	10	10	10	10	94

	主食の状況			動物性たんぱく質			
	朝	昼	夕	肉	魚	卵	乳
1	0	1	1	1	1	0	0
2	1	1	1	1	1	1	1
3	1	0	1	0	1	1	1
4	0.5	1	1	1	1	1	1
5	1	1	1	1	1	1	1
6	1	1	1	1	1	1	0
7	1	1	1	1	1	1	1
8	1	1	1	1	1	1	1
9	0.5	1	1	1	1	1	1
10	1	1	1	1	1	1	1
	8	9	10	8	10	9	8

❻テイク10表の記入と評価

　食事チェックの「テイク10」は、人間総合科学大学の熊谷修教授が東京都老人総合研究所地域保健研究グループ研究員在任時に監修された「低栄養予防ハンドブック」（地域ケア政策ネットワーク）の「食事多様性チェックシート」を指す。肉類、魚介類、卵、牛乳・乳製品、大豆・大豆製品、海藻類、いも類、果物、油脂、緑黄色野菜の10品目について、10日間記録するもので、多様な食品摂取により、単品では満たされない栄養素を補い合う食生活の習慣化を目指す。この記録により、食事の偏りや不足を修正するのに有効であり、食べたら1点となる。合計点は将来の要介護リスクが反映されている*。

＊熊谷 修ほか：日本公衛誌 50：1117-1124（2003）

　「主食と動物性たんぱく質の摂取状況チェックシート」では、主食を毎食ごとに摂取しているかどうか。目安量は、ご飯茶碗に軽く1杯（110〜120g）、食パン6枚切り1枚、うどん・そばなどの麺類は2/3玉となる。とれていれば○印を入れるが、筆者は目安量をとれていれば1、半量ならば0.5という表示に変更した。これで欠食の状況を把握する。

　動物性たんぱく質の摂取量は、肉類60〜70g、魚介類80g、卵1個、乳製品は牛乳コップ1杯を目安にしておよそとれていれば○印を入れるが、筆者は目安量をとれていれば1、半量ならば0.5という表示に変更した。

❼おわりに

　高齢者自らが、元気になってどこかに遊びに行きたいという目標達成を目指し、半年間取り組んだところ、体位・体力・社会性の向上をもたらした。少子高齢社会において、高齢者が元気に暮らす社会づくりのためにも、食による健康づくりは重要である。

第3部 事例・実践 編

5 認知症の人に適した献立

5-1 献立作成の注意点

1. 高齢者の食事指針

①基本は健常者と同じであるか
認知症患者の特徴として、拒食、偏食などに陥りやすいので、量より質を重視した献立作成を心がける。表3-29 に「高齢者のための食生活指針」表3-30 に「低栄養を予防し老化を遅らせるための食生活指針」を示す。

表3-29 高齢者のための食生活指針

① 低栄養に気を付けよう－体重低下は黄信号
② 調理の工夫で多様な食生活を－何でも食べよう、だが食べ過ぎに気を付けて
③ 副食から食べよう－年をとったらおかずが大切
④ 食生活をリズムに乗せよう－食事はゆっくり欠かさずに
⑤ よく体を動かそう－空腹感は最高の味付け
⑥ 食生活の知恵を身につけよう－食生活の知恵は若さと健康づくりの羅針盤
⑦ おいしく、楽しく、食事をとろう－豊かな心が育む健やかな高齢期(はぐく)
● 食生活指針と食事バランスガイドの概要
　この食生活指針は、日々の生活の中で「なにをどれだけ、どのように食べたらよいのか」、具体的に実践できる目標として作られたものです。

資料）厚生省：健康づくりのための食生活指針（1990）

表3-30 低栄養を予防し老化を遅らせるための食生活指針

栄養状態を改善し、元気で長生きするための食生活のポイントを示したもの。全部で15項目あるが、なかでも2～6が特に低栄養を予防するために大切な動物性食品や油脂類のとり方に関する項目になっている。

1. 3食のバランスをよくとり、欠食は絶対避ける
2. 油脂類の摂取が不足しないように注意する
3. 動物性たんぱく質を十分にとる
4. 肉と魚の摂取は1：1程度になるようにする
5. 肉はさまざまな種類を摂取し、かたよらないようにする
6. 牛乳は毎日200mL以上飲むようにする
7. 野菜は緑黄色野菜や根菜類など豊富な種類を毎日食べる
8. 食欲がないときはおかずを先に食べ、ご飯は残す
9. 食材の調理法や保存法に習熟する
10. 酢、香辛料、香り野菜を十分に取り入れる
11. 調味料をじょうずに使いおいしく食べる
12. 和風、中華、洋食とさまざまな料理を取り入れる
13. 会食の機会を豊富につくる
14. かむ力を維持するために義歯は定期的に点検を受ける
15. 健康情報を積極的に取り入れる

出典）熊谷 修ほか：日本公衛誌 46：1003-1012（1999）
Kumagai S, et al.: Geriatrics & Gerontology International 3：s21-s26（2003）

②歯の状態が悪い人が多いため、消化がよく栄養価の高い食品の選択が望ましい。
③摂取量は、個人差が著しいので、年齢に依らず、認知症者の運動量に合わせる。
④嚥下困難者に対する配慮した献立作成(リハビリテーションなどの専門家による食事評価を行い対応するか、また、介護食の項と嚥下障害者の食事形態(表3-31)を参照して当たると適した献立作成に役立つ)。

表3-31 嚥下障害者の食事形態

嚥下障害者に適した料理

　嚥下障害者の食事は、粘りの強いものは薄め、やわらかく、喉ごしのよいものが基本です。下記を参考に、症状に合わせて献立・調理方法(材料の刻み方など)を工夫し、見て美しく、おいしいものを心がけましょう。

〈嚥下障害者の食事形態〉
・好ましい食事形態
　プリン状　………　プリン、豆腐あんかけ、ムース、茶碗蒸しなど
　ゼリー状　………　スープゼリー、牛乳ゼリー、煮こごりなど
　ポタージュ状　……　かぼちゃ、豆、じゃがいもポタージュ、シチューなど
　乳化状　…………　ドリンクヨーグルト、アイスクリーム、フルーツヨーグルトなど
　マッシュ状………　マッシュポテト、かぼちゃマッシュなど(ゆるめ)
　とろろ状　………　生卵、とろろ汁、納豆ペーストなど
　ネクター状　……　白桃(缶)、りんごコンポート、バナナペーストなど
　粥状　……………　ねっとりした粥、パン粥(とろりとするまで煮たもの)、くず湯(ややゆるめ)、
　　　　　　　　　　　煮込みうどん(とろけるくらい煮込んだもの)など
　ミンチ状　………　つみれ、肉団子あんかけ、ハンバーグ(いずれもやわらかめのもの)

・注意が必要な食品
　スポンジ状　……　凍り豆腐(使うときは汁をたっぷり含ませ、ごく細かく刻む)
　繊維状　…………　せり、もやし、たけのこ、セロリ、ごぼうなど
　かまぼこ状　……　かまぼこ、ちくわ、焼き魚など(ボソボソするもの)
　酸味のあるもの　…　酢の物、酢みそ和えなど(酢が強いとむせるので薄める)
　熱すぎるもの　……　汁、うどん、シチューなどややぬるめがよい
　刺激物　…………　からし、七味、わさびなど(使うときは少量)
　その他　…………　餅、ほうれん草の葉先、のり、わかめ、ウエハース、大豆、丸い飴、こんにゃく、水、
　　　　　　　　　　　ジュース類など、気管にへばり付いたり喉を詰まらせるもの

目を離さず見守ることが大切

　嚥下障害者の食事を介護する場合は、本人の意思を尊重し、食事中は常に目を離さないで見守ることが大切です。さらに、以下の点に気をつけましょう。
●お膳に並んだものを見せ、食べる順序を聞いていて、本人の好むとおりに食べさせる。
●水か湯を一口飲ませ、嚥下の状態を確かめてから食べさせる。
●食べやすい大きさ(健常者よりやや小さめ)にして、一口ずつよくかんで飲み込むのを確かめる。
　口の中に残渣物がないことを確かめながら食べさせる。
●脳卒中などの後遺症で片麻痺がある場合には、麻痺がない側の口に食べ物を入れる。

残存機能の活用が大切

　食の自立は生きることの自立にもつながります。残存機能を活用し、できるだけ本人の力で食事をとるようにすることが、リハビリテーションにもつながります。その際、"相手の身になって介護する"ことが大切であり、介護の原点といえます。
●自分で食べられる場合は、介護の必要なときにだけ助け、なるべく自分で食べさせるようにする。
●軽い食器など、使いやすく、使い慣れたものを使う。
●箸もスプーンも持てなくても、自分で食べたいという意志がある場合は、手をきれいにして、握り飯など食べられるものにするなどの工夫をする。

資料)杉橋啓子監修・著:厚生省健康増進課指導「健康増進のしおり」No.89より一部抜粋

2. 献立チェックポイント

①栄養バランスよく、上手に組み合わされているか。
②主食より副食にポイントを置いた献立に作成されているか。
③栄養素が、毎食合理的に配分されているか。
④高齢者に、不足がちな食品を組み入れているか（表 3-32）。
⑤栄養素を3食で補えない場合は、おやつで、補うよう配慮されているか。
⑥季節感を出すため、季節の食品を用いているか（季節の食品は、栄養価は高い）。
⑦人手と器具、設備を考えて献立作成されているか。
⑧喫食者の嗜好の尊重。
⑨減塩食を意識するあまり、全部薄味にすると、理解できない認知症者が、食欲不振に陥ったり拒食するので、少量一点だけ、味のアクセントとして、少量の佃煮、減塩小梅などを用いての配慮が必要、献立作成に当たっては、柔軟な対応が望まれる。食べない方が問題である（減塩食の場合は、減塩食品を使用するなど、工夫して対応のこと）。
⑩便秘及び下痢を起こしやすいので、その症状に合わせ、対応した献立であるか。
⑪副菜を充実させる。
⑫献立に期待感がある。

表 3-32 高齢者に欠乏しやすい栄養素

栄養素		食品名	生理作用	欠乏症状
カルシウム (Ca)		動物の骨類、脱脂粉乳、牛乳、バター、桜えび、しらす干し、ひじき、いわしの丸干し、小魚の佃煮、豆腐、チーズなど	① 丈夫な骨と歯をつくる ② 神経の動きを健全にする神経を調整させ、興奮を抑え鎮静、くつろぎ、熟睡をもたらす ③ 心臓の拍動を正しくする ④ 爪の成長を健やかにする	① 骨と歯が弱くなる ② 姿勢が悪くなる ③ 神経質、神経過敏となる ④ 神経性の頭痛を起こしやすくなる ※体内での利用にはビタミンDが必要
鉄 (Fe)		肝臓、あんず、卵黄、かき、かつお、春菊、えだ豆、パセリ、ほうれん草、レタス、ごぼうなど	① 体内における酸素の運搬を司るヘモグロビンの主成分 ② 顔色をよくし元気をよくする	① 貧血（低血色素性貧血）を起こす ② 疲れやすく、忘れっぽく、根気がなくなる ※体内での利用には微量の銅が必要
ビタミン	A	肝臓（特に魚の肝臓）肝油、バター、卵黄、うなぎ、はもなど〈プロビタンA〉ほうれん草、〈カロチン〉にんじん、春菊、かぼちゃ	発育を促し上皮細胞を保護し感染に対する抵抗力を増す 目の働きをよくし鳥目を治すなど	発育が阻止され夜盲を生じ乾燥性眼球、角膜軟化症になる 皮膚が角質化する
	B_1	穀類の胚芽、ぬか、豆類、卵黄、バター、レバー、そば粉、豚肉、うずら卵、セロリなど	炭水化物の代謝を促進し、食欲及び消化機能を刺激し、神経機能を調節する	食欲が減退し、疲労しやすく、脚気症状や神経炎症状を起こし、体重が減少する
	B_2	酵母、うなぎの肝、ベーコン、どじょう、卵白、納豆、セロリ、魚肉ソーセージ、粉乳、レバーペースト、干ししいたけなど	発育を促進し、食欲を増し、口の荒れを防ぎ、肝臓の働きをよくし、アルコールやニコチン中毒を予防する	発育が阻害され、唇や口の粘膜に炎症を起こす 胃腸障害や目の異常を起こす

資料）杉橋啓子：一人暮らしの高齢者の実態調査、川崎市（多摩区、高津区）

カレーに例をとると、いつも同じ食材ではなく、鶏肉カレー、野菜カレー、魚介類のカレーなど、変化をもたせる。今日は何かと、期待感のもてる献立作成が望ましい。処遇の原点は、「自分がしてもらいたいことを、して差し上げること」この基本を忘れずに365日3度の食事づくりの基礎である献立作成に当たってもらいたい。

認知症者の食事対応は、癒しの食事が求められており、料理も絵のように、見て美しく、食べておいしい、心を和ませる食事が求められている（郷土食、行事食なども取り入れる）。

認知症者の声を聞き、要望に合った料理こそ、心満たされるものがある。

3. 高齢者の食事摂取基準

各人の食事摂取基準は、一人一人の生活の違いにより厳密には異なる（表3-33、34）。

表 3-33 高齢者の食事摂取基準

栄養素	単位(/日)	指標	男性 50〜69歳	男性 70歳以上	女性 50〜69歳	女性 70歳以上	男性 18〜29歳	女性 18〜29歳
基準としたエネルギー	kcal	推定エネルギー必要量	2,100	1,850	1,650	1,450	2,250	1,700
たんぱく質	g	推奨量	60	60	50	50	60	50
脂肪エネルギー比率	%エネルギー	目標量	20以上25未満	20以上25未満	20以上25未満	20以上25未満	20以上30未満	20以上30未満
飽和脂肪酸	%エネルギー	目標量	4.5以上7.0未満	4.5以上7.0未満	4.5以上7.0未満	4.5以上7.0未満	4.5以上7.0未満	4.5以上7.0未満
n-6系脂肪酸	%エネルギー	目標量	10未満	10未満	10未満	10未満	10未満	10未満
n-3系脂肪酸	g	目標量	2.4以上	2.2以上	2.1以上	1.8以上	2.1以上	1.8以上
コレステロール	mg	目標量	750未満	750未満	600未満	600未満	750未満	600未満
炭水化物	%エネルギー	目標量	50以上70未満	50以上70未満	50以上70未満	50以上70未満	50以上70未満	50以上70未満
食物繊維	g	目標量	19以上	19以上	17以上	17以上	19以上	17以上
ビタミンA	μgRE	推奨量	850	800	700	650	850	650
ビタミンA	μgRE	耐容上限量	2,700	2,700	2,700	2,700	2,700	2,700
ビタミンD	μg	目安量	5.5	5.5	5.5	5.5	5.5	5.5
ビタミンD	μg	耐容上限量	50	50	50	50	50	50
ビタミンE	mg	目安量	7.0	7.0	6.5	6.5	7.0	6.5
ビタミンE	mg	耐容上限量	850	750	700	650	800	650
ビタミンK	μg	目安量	75	75	65	65	75	60
ビタミンB_1	mg	推奨量	1.3	1.2	1.1	0.9	1.4	1.1
ビタミンB_2	mg	推奨量	1.5	1.3	1.2	1.0	1.6	1.2
ナイアシン	mgNE	推奨量	14	13	11	10	15	11
ビタミンB_6	mg	推奨量	1.4	1.4	1.1	1.1	1.4	1.1
ビタミンB_{12}	μg	推奨量	2.4	2.4	2.4	2.4	2.4	2.4
葉酸	μg	推奨量	240	240	240	240	240	240
パントテン酸	mg	目安量	6	6	5	5	5	5
ビオチン	μg	目安量	50	50	50	50	50	50
ビタミンC	mg	推奨量	100	100	100	100	100	100
ナトリウム（食塩相当量）	mg (g)	推定平均必要量	600 (1.5)	600 (1.5)	600 (1.5)	600 (1.5)	600 (1.5)	600 (1.5)
ナトリウム（食塩相当量）	mg (g)	目標量	(9.0未満)	(9.0未満)	(7.5未満)	(7.5未満)	(9.0未満)	(7.5未満)
カリウム	mg	目安量	2,500	2,500	2,000	2,000	2,500	2000

カルシウム	mg	推奨量	700		650	600	800	650
		耐容上限量	2,300		2,300		2,300	
マグネシウム	mg	推奨量	350	320	290	260	340	270
リン	mg	目安量	1,000		900		1,000	900
		耐容上限量	3,000		3,000		3,000	
鉄	mg	推奨量	7.5	7.0	11.0（月経あり） 6.5（月経なし）	6.0	7.0	10.5 （月経あり）
		耐容上限量	50		45	40	50	40
亜鉛	mg	推奨量	12	11	9		12	9
		耐容上限量	45	40	35	30	40	35
銅	mg	推奨量	0.9	0.8	0.7		0.9	0.7
		耐容上限量	10		10		10	
マンガン	mg	目安量	4.0		3.5		4.0	3.5
		耐容上限量	11		11		11	
ヨウ素	μg	推奨量	130		130		130	
		耐容上限量	2,200		2,200		2,200	
セレン	μg	推奨量	30		25		30	25
		耐容上限量	280	260	230	210	280	220
クロム	μg	推奨量	40	35	30	25	40	30
モリブデン	μg	推奨量	25		25	20	25	20
		耐容上限量	600	500	500	450	550	450

推定平均必要量：ある母集団における平均必要量の推定値。ある母集団に属する50%の人が必要量を満たすと推定される1日の摂取量。
推奨量：ある母集団のほとんど（97～98%）の人において1日の必要量を満たすと推定される1日の摂取量。
目安量：推定平均必要量及び推奨量を算定するのに十分な科学的根拠が得られない場合に、特定の集団の人々がある一定の栄養状態を維持するのに十分な量
許容上限量：ある母集団に属するほとんどすべての人々が、健康障害をもたらす危険がないとみなされる習慣的な摂取量の上限を与える量。
目標量：生活習慣病の一次予防を目的として、現在の日本人が当面の目標とすべき摂取量。
資料）厚生労働省：日本人の食事摂取基準2010年版（2009）

表 3-34 年齢区分別摂取量及び年齢区分別食品構成（地域、配食サービス向き） (g)

栄養素等		50～69歳	70歳以上
エネルギー	(kcal)	2,100	1,850
たんぱく質	(g)	60	60
カルシウム	(mg)	700	700
鉄	(mg)	7.5	7.0
ビタミン B_1	(mg)	1.3	1.2
ビタミン B_2	(mg)	1.5	1.3
ビタミン C	(mg)	100	100
脂肪エネルギー比率	(%)	20～25	20～25

食品群	50～69歳	70歳以上
穀類	350	320
種実類	5	5
いも類	80	70
砂糖類	5	5
菓子類	20	20
油脂類	15	10
豆類	60	60
果実類	150	150
緑黄色野菜	120	120
その他の野菜	230	230
きのこ類	10	10
海藻類	10	10
調味嗜好飲料	50	50
魚介類	70	70
肉類	50	50
卵類	40	40
乳類	200	200
その他の食品	5	5

4. 献立作成の基本的な考え方

●食事の構成と食品の使い方

毎食、主食、主菜、副菜を基本にそろえる（図3-13）

献立のパターンを参考に、嗜好を重視し、健康と疾病予防のための、必要な食品を組み入れ、献立作成のこと（写真3-13～15）。

```
主 食 ── 穀物
主 菜 ┬─ 主として、魚介、肉、卵など
      │  …………たんぱく質を盛り込むことを考える。
      ├─ 豆製品
副 菜 ├─ いも
      └─ 緑黄色野菜、淡色野菜、果物…ビタミン、ミネラル
```

●献立のパターン（例）

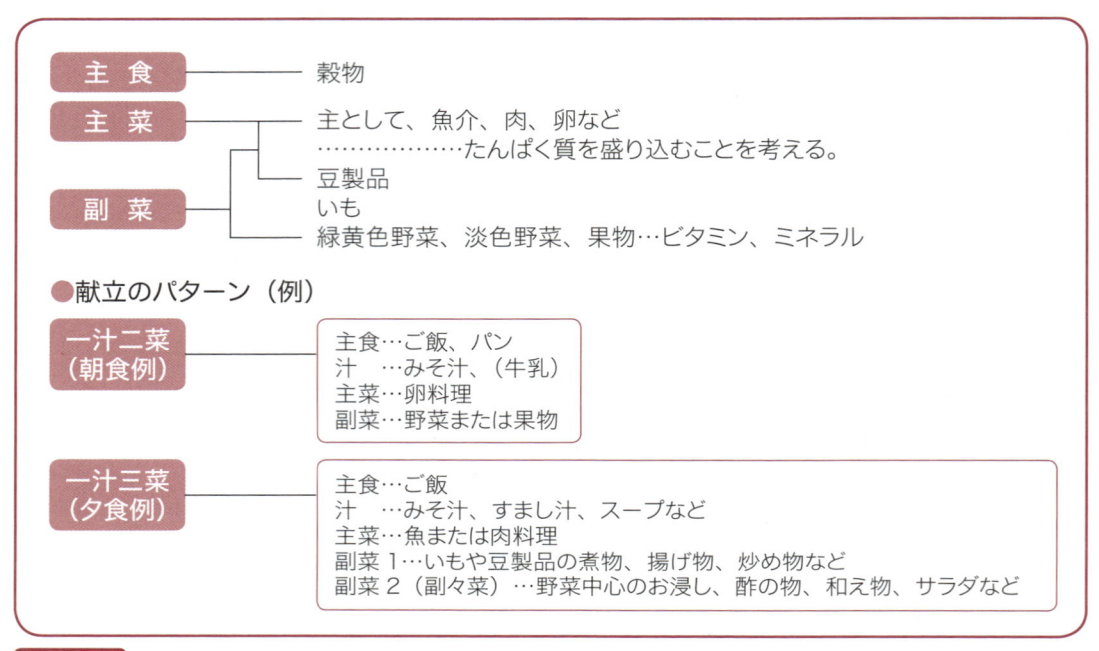

一汁二菜（朝食例）
- 主食…ご飯、パン
- 汁　…みそ汁、（牛乳）
- 主菜…卵料理
- 副菜…野菜または果物

一汁三菜（夕食例）
- 主食…ご飯
- 汁　…みそ汁、すまし汁、スープなど
- 主菜…魚または肉料理
- 副菜1…いもや豆製品の煮物、揚げ物、炒め物など
- 副菜2（副々菜）…野菜中心のお浸し、酢の物、和え物、サラダなど

図3-13 献立の組み方

資料）介護食士テキストより宮入照子作成

写真3-13 食事風景

写真3-14 納涼祭

写真3-15 行事食　そうめん流し

5. 調理上の注意点

①材料の大きさ・硬さを考慮し、健常者よりやや小さめに切る（丸飲みすることがある）。

②魚の骨は毛抜きで抜き、貝類はむき身だけ用いる（貝を殻付きで提供したところ、歯を損傷した）。

③果物は種を除き、すぐに食べられる状態で提供する（さくらんぼなどでは茎と種を食べてしまうことがある）。

④焼きのりは、もみのりなどにして提供する。ほうれん草・みつばなども葉先を細かく切る（焼きのりは喉にへばり付き、葉先は喉に詰まり、へばり付くことがある）。

⑤わさびは、しょうゆで溶き、すぐに食べられる状態で提供する（わさび・からしなどをそのまま添えると、一口で食べ、むせることがある）。

⑥酢の物用の酢は、だし汁などで薄めて使う（普通の酢では、激しくむせることがある）。

⑦香辛料は適度に使う（嗜好にも個人差があるので、柔軟な対応とする）。

⑧赤・緑・黄・オレンジ色などを利用して盛り付ける。食器も食材に合わせて工夫する。食欲をそそり、目を楽しませる。喫食者の立場に立って配慮する。

※料理は五感で食べるといわれるので、満足していただけるよう、種々創意工夫を行って提供する。

認知症予防のためには抗酸化作用、あるいは脳の神経伝達や血行を促す作用をもつ栄養素・成分がよいとされる。そこで、これらを多く含む食品を、参考までに表 3-35 に示す。

表 3-35 認知症予防のために効果的な食べ物と栄養素・成分

野菜、果物：ビタミン C・E、βカロテンを含む。抗酸化作用があり、認知症の予防に効果的と思われる。
・ビタミン C … 柑橘類（オレンジ、グレープフルーツ、みかんなど）、柿、キウイフルーツ、いちご、ブロッコリー、小松菜などに多い。 ・ビタミン E … アーモンド、かぼちゃ、アボカド、ほうれん草、うなぎ、はまちなどに多い。 ・βカロテン … かぼちゃ、ほうれん草、小松菜、にら、にんじん、チンゲン菜、わけぎ、赤ピーマン、トマトジュース、パセリ、サニーレタスなどに多い。
魚（特に青背の魚）：いわし、さば、さんま、はまちなどには DHA、EPA という不飽和脂肪酸が含まれ、脳の神経伝達や血行をよくするので、積極的に献立に組み入れたい。

5-2 献立例

特にことわりがない場合、1人分で記載した。

1. 普通食（高齢者福祉施設）

春の献立1　　　　　　　　　　　　　　　　　　　　　　　（府中市立特別養護老人ホーム よつや苑）

	献立名	材料 (g)
朝食	ご飯	・米…60　・カルシウム強化米…0.6
	温泉卵	・卵…50　・だし汁…6　・しょうゆ…2　・みりん…1
	切干大根の炒め煮	・切干大根…3　・にんじん…10　・油揚げ…3　・ごま油…2　・だし汁…20 ・しょうゆ…1.5　・三温糖…0.5
	漬物	・しその実漬け…10
	みそ汁	・なす…25　・白玉麩…1　・だし汁…190　・みそ…10
	ヨーグルト	・ヨーグルト…100
昼食	山菜おこわ	・もち米…40　・米…20　・山菜水煮…20　・油揚げ…3　・昆布　・塩・酒
	天ぷら	・えび…25　・かぼちゃ…20　・たらの芽…10　・薄力粉…20 ・かたくり粉…5　・ベーキングパウダー…0.6　・卵…10　・揚げ油…6 ・大根(大根おろし)…45 【天つゆ】・だし汁…50　・しょうゆ…4　・みりん…4
	豆腐けんちん煮	・木綿豆腐…50　・にんじん…15　・しらたき…15　・さやえんどう…7 ・ごま油…2　・だし汁…30　・塩…0.3　・しょうゆ…4
	菜の花からし和え	・菜の花…25　・ほたて貝柱…10　・からし　・三温糖…1 ・しょうゆ…2
	すまし汁	・はんぺん…4　・みつば…3　・だし汁…190　・しょうゆ…2　・塩…0.8
間食	牛乳	・牛乳…140
	桜ムース	・桜ムース…35
夕食	ご飯	・米…60　・カルシウム強化米…0.6
	★鶏肉おろししょうゆ焼き	・鶏もも肉…60　・大根…45　・ねぎ…6　・しょうが…1　・レモン…5 ・白すりごま…1　・しょうゆ…5　・みりん…3　・油…2　・キャベツ…20 ・にんじん…5
	じゃがいもスープ煮	・じゃがいも…55　・にんじん…10　・水…40　・コンソメ…2 ・ホールコーン…8　・バター…1
	春菊とみつばののり和え	・春菊…30　・みつば…5　・のり佃煮…5　・だし汁…3
	漬物	・きゅうりぬか漬け…20
	みそ汁	・白菜…30　・油揚げ…3　・だし汁…190　・みそ…10

エ1,546kcal　た65.0g　脂39.3g　炭215.6g　力816mg　鉄10.6mg　A726μgRE　B₁1.82mg　B₂1.36mg　C116mg

★鶏肉おろししょうゆ焼き 《作り方》

① 大根としょうがはおろし、ねぎはみじん切りレモンは絞る。
② 付け合わせのキャベツ、にんじんはせん切りにして合わせ、ゆでる。
③ 大根おろしに白すりごま、ねぎ、レモン汁と調味料を加えて鶏肉を漬け込む。
④ 天板に油を引き、鶏肉を並べ、中火で蒸し焼きにする。
⑤ 肉を漬け込んでいたタレをかき混ぜながら鍋でよく加熱し、焼き上がった肉にかけて仕上げる。
⑥ 盛り付けは、鶏肉の上に大根おろしが乗るようにし、付け合わせのキャベツとにんじんをゆでて添える。

※食事を楽しんでいただけるように、例えば春の献立ではふき、グリンピースなどの旬の食材を使用し、季節感を味わえるように心がける。また、できる限り高齢者が食べやすいやわらかいものを使用し、特に肉などは蒸し焼きにするなど、水分を多くしてやわらかめに仕上げる工夫をしている。

春の献立2

（府中市立特別養護老人ホーム よつや苑）

	献立名	材料（g）
朝食	かに雑炊	・米…40　・カルシウム強化米…0.4　・だし汁…250　・生しいたけ…10　・にんじん…10　・みつば…5　・ずわいがに水煮…15　・塩…0.3　・しょうゆ…3
	信田煮	・信田煮…40　・だし汁…50　・しょうゆ…2　・みりん…2
	三色豆佃煮	・三色豆佃煮…20
	梅干し	・減塩梅干し…10
	ヨーグルト	・ヨーグルト…100
昼食	グリンピースご飯	・米…60　・カルシウム強化米…0.6　・グリンピース…10　・塩　・酒　・昆布
	★さわらしょうが焼き	・さわら…50　・塩　・こしょう　・しょうが…0.5　・しょうゆ…4　・サラダ油…1　・有塩バター…1　・甘酢しょうが…10
	がんもとふきの煮物	・がんもどき…20　・にんじん…8　・ふき…12　・だし汁…40　・しょうゆ…4　・三温糖…3　・みりん…2
	キャベツとかまぼこのわさび漬け和え	・キャベツ…20　・かまぼこ…10　・わさび漬け…1　・しょうゆ…2
	漬物	・かぶぬか漬け…20
間食	牛乳	・牛乳…140
	春のおまんじゅう	・まんじゅう…44
夕食	ご飯	・米…60　・カルシウム強化米…0.6
	★豚肉ねぎみそ焼き	・豚肩ロース…50　・しょうゆ…1　・酒…2　・ねぎ…10　・みそ…4　・三温糖…2　・ピーマン…10　・トマト…30　・レタス…10
	大根とあさりの煮物	・大根…50　・あさり水煮…10　・だし汁…40　・しょうゆ…3　・酒…2　・みりん…2
	里いもごま和え	・里いも…45　・黒すりごま…2　・砂糖…2　・しょうゆ…2　・だし汁…5
	漬物	・野沢菜漬け…10
	とろろ昆布汁	・とろろ昆布…1.5　・みつば…3　・だし汁…190　・しょうゆ…2　・塩…0.8

エ1,438kcal　た60.0g　脂31.5g　炭200.1g　カ670mg　鉄10.7mg　A258μgRE　B₁2.06mg　B₂0.98mg　C45mg

★さわらしょうが焼き 《作り方》

① さわらに塩、こしょうをし、しょうがじょうゆに漬け込む。
② 天板に油とバターを引いてさわらを並べ、蒸し焼きにする。
③ 七分通り火が通ったら、浸け込んであったしょうがじょうゆをかけて、さらに焼く（最後に溶かしバターを塗ると、バターの風味が残る）。
④ 焼き上がったさわらを盛り付け、甘酢しょうがを添える。

★豚肉ねぎみそ焼き 《作り方》

① 豚肉は食べやすい大きさに切り、酒、しょうゆで下味を付ける。
② ねぎは縦に半分にしてスライスする。
③ ピーマンはせん切りにしてゆでる。
④ フライパンに油を熱し、豚肉を火が通るまで炒め、調味料とねぎを加えて、全体にからめる。
⑤ ④とピーマンを合わせ、天板に広げオーブンで軽く焼く。
⑥ 焼き上がったら盛り付けをし、くし型トマトとせん切りレタスを添える。

エ エネルギー、た たんぱく質、脂 脂質、炭 炭水化物、カ カルシウム、鉄 鉄、A レチノール当量、B₁ ビタミンB₁、B₂ ビタミンB₂、C ビタミンC を示す。以下、同じ。

夏の献立1　　　　　　　　　　　　　　　　　　　　　　　　　　　　（府中市立特別養護老人ホーム　よつや苑）

	献立名	材料 (g)
朝食	ご飯	・米…60　・カルシウム強化米…0.6
	納豆	・納豆…20　・ねぎ…3　・だし割りしょうゆ…2
	ひじき炒め煮	・ひじき…3　・にんじん…10　・油揚げ…3　・油…2　・だし汁…10　・しょうゆ…3　・三温糖…1
	漬物	・しば漬け…10
	みそ汁	・大根…30　・白玉麩…1　・だし汁…190　・みそ…10
	ヨーグルト	・ヨーグルト…100
昼食	ご飯	・米…60　・カルシウム強化米…0.6
	豚肉しゃぶしゃぶ風	・豚肩ロース…50　・きゅうり…10　・玉ねぎ…10　・にんじん…8　・練りごま…5　・薄口しょうゆ…3　・みりん…2　・三温糖…1　・酢…3　・だし汁…5　・キャベツ…20　・トマト…20
	セロリとじゃこのきんぴら	・セロリ…30　・ちりめんじゃこ…3　・油…2　・三温糖…1　・しょうゆ…3
	えだ豆と夏みかんのおろし和え	・えだ豆…15　・夏みかん缶詰…20　・大根…40　・酢…3　・砂糖…1.5　・塩…0.4
	漬物	・かぶぬか漬け…20
間食	牛乳	・牛乳…140
	カルピスゼリー	・カルピス…20　・水…60　・砂糖…2　・ゼラチン…1.7　・寒天…0.1　・ミントの葉
夕食	ご飯	・米…60　・カルシウム強化米…0.6
	★あじしそ風味焼き	・あじ…50　・減塩梅干し…2　・みそ…2　・酒…2　・みりん…2　・しそ…2
	なすの揚げ煮	・なす…40　・揚げ油…2　・しょうゆ…4　・酒…2　・みりん…2　・だし汁…20
	きゅうりとみょうがのごま酢和え	・きゅうり…30　・塩…0.3　・みょうが…10　・みりん…1　・しょうゆ…2　・だし汁…3　・白すりごま…1　・みそ…2　・砂糖…2　・酢…4
	漬物	・たくあん…10
	みそ汁	・絹ごし豆腐…30　・ねぎ…10　・だし汁…190　・みそ…10

エ 1,425kcal　た 59.9g　脂 32.3g　炭 212.5g　カ 730mg　鉄 8.8mg　A 253μgRE　B₁ 2.33mg　B₂ 1.03mg　C 49mg

★あじしそ風味焼き　《作り方》

① あじは三枚に卸して骨を取る。
② しそはみじん切りにする。
③ 梅干しとみそを練り、酒、みりんを加え混ぜ、しそを加える。
④ オーブンで蒸し焼きにし、仕上げに残りの調味料をかけ、さらに焼く。

写真3-16　あじしそ風味焼き

夏の献立2　　　　　　　　　　　　　　　　　　　　　（府中市立特別養護老人ホーム よつや苑）

	献立名	材料(g)
朝食	ご飯	・米…60　・カルシウム強化米…0.6
	焼たらこ	・たらこ…20
	オクラなめ茸和え	・オクラ…20　・なめ茸…8
	梅干し	・減塩梅干し…10
	みそ汁	・じゃがいも…30　・玉ねぎ…10　・だし汁…190　・みそ…10
	ヨーグルト	・ヨーグルト…100
昼食	サラダそうめん	・そうめん…65　・かにかまぼこ…10　・ロースハム…5　・きゅうり…10 ・トマト…20　・刻みのり　・だし汁…200　・しょうゆ…20　・みりん…20 ・酒…2　・塩…0.4　・かつお厚削り節…8　・昆布（乾）…3 ・干ししいたけ…0.5
	だし巻き卵	・卵…60　・だし汁…15　・塩…0.3　・薄口しょうゆ…1　・みりん…2 ・三温糖…2　・油…1　・甘酢しょうが…8
	とうがんの鶏そぼろあんかけ	・とうがん…80　・鶏ひき肉…20　・だし汁…40　・三温糖…4 ・しょうゆ…4　・片栗粉…2
	果物	・すいか…100
間食	牛乳	・牛乳…140
	カステラ	・カステラ…40
夕食	ご飯	・米…60　・カルシウム強化米…0.6
	★蒸し鶏ねぎソース	・鶏もも肉…60　・しょうが　・にんにく　・ねぎの緑部分　・ねぎ…10 ・しょうゆ…5　・ごま油…1　・酒…1　・酢…2　・万能ねぎ…3 ・レタス…15　・トマト…30
	五目大豆煮	・大豆（乾）…10　・昆布（乾）…2　・にんじん…10　・油揚げ…3 ・グリンピース…3　・だし汁…50　・しょうゆ…4　・三温糖…1 ・みりん…3
	はるさめサラダ	・はるさめ（乾燥）…4　・きゅうり…20　・ロースハム…10 ・マヨネーズ…9　・からし
	漬物	・かぶぬか漬け…20
	みそ汁	・なめこ…10　・ねぎ…20　・だし汁…190　・みそ…10

エ1,574kcal　た69.4g　脂33.1g　炭202.0g　カ600mg　鉄8.9mg　A343μgRE　$B_1$1.80mg　$B_2$1.37mg　C93mg

★蒸し鶏ねぎソース《作り方》
① しょうがは大きめに切り、にんにくは叩く。
② ねぎはみじん切り、万能ねぎは小口切り、トマトはくし型、レタスはせん切りにする。
③ 鶏肉を天板に並べ、①とねぎの緑部分を乗せて蒸し焼きにする。
④ みじん切りにしたねぎと調味料を合わせてソースを作る。
⑤ 蒸し上がった鶏肉を盛り付け、ソースをかけて万能ねぎを上に散らす。トマトとレタスを添える。

秋・冬の献立　日曜日　　　　　　　　　　　　　　　（世田谷区立特別養護老人ホーム　きたざわ苑）

	献立名	材料(g)
朝食	シナモンロール	・デニッシュペストリー　1個…50
	バターロール	・ロールパン　1/2個…25
	ミネストローネ	・ホールトマト…20　・玉ねぎ…10　・じゃがいも…10　・キャベツ…5 ・にんじん…2　・セロリ…2　・ベーコン…5　・オリーブ油…1 ・アルファベットマカロニ（乾）…1　・コンソメ…2　・塩…0.3　・パセリ…1
	りんごゼリー	・りんごゼリー…100
	牛乳	・牛乳…160
間食	ヤクルト	・ヤクルト…65
昼食	ほうとう	・うどん（ゆで）…150　・かぼちゃ…30　・里いも…20　・白菜…20 ・ねぎ…20　・にんじん…10　・大根…20　・油揚げ…5　・豚ロース…30 ・みそ…6　・しょうゆ…3　・みりん…2　・酒…2　・砂糖…2
	かに重ね蒸し	・ずわいがに（缶詰）…10　・すけとうだらすり身…15 ・しばえび…6　・玉ねぎ…6　・卵（全卵）…4　・酒…1.5　・パン粉…0.2 ・卵（卵白）…1　・豚ばら肉…1　・片栗粉…0.2　・塩…0.3　・砂糖…2.3 ・かつお昆布だし…5　・酒…2　・しょうゆ…1　・みりん…1 ・にんじん…20　・さやえんどう（ゆで）…3
	いちご	・いちご…60
間食	バナナケーキ	・バナナ…20　・レモン果汁…1　・全粒粉…10　・ベーキングパウダー…0.6 ・塩…0.1　・卵…5　・砂糖…5　・無塩バター…5　・くるみ…3
夕食	ご飯	・米…55　・強化米…0.5
	揚げ鶏の甘酢かけ	・鶏もも肉…60　・酒…2　・しょうが…1　・にんにく…1　・片栗粉…6 ・油…6　・ねぎ…20　・しょうゆ…5　・砂糖…2　・穀物酢…2 ・ごま…1　・キャベツ…30　・パセリ…1
	冬野菜のサラダ	・ブロッコリー（ゆで）…20　・カリフラワー（ゆで）…20　・トマト…20 ・卵…20　・マヨネーズ…10
	漬物	・大根べったら漬け…10
	中華風 コーンスープ	・卵…30　・とうもろこし（缶詰）…30　・ねぎ…1　・コンソメ…1 ・塩…0.4　・酒…1

エ 1,680kcal　た 61.5g　脂 60.9g　炭 205.9g　カ 638mg　鉄 14.0mg　A 818μgRE　B₁ 2.39mg　B₂ 1.07mg　C 246mg

秋・冬の献立　月曜日　　　　　　　　　　　　　　　　（世田谷区立特別養護老人ホーム　きたざわ苑）

	献立名	材料(g)
朝食	白粥	・米…40　・強化米…0.3
	切昆布とじゃこの炒め煮	・昆布…5　・にんじん…10　・油揚げ…5　・しらす干し…5　・ごま油…1　・みりん風調味料…5　・しょうゆ…5　・合成清酒…5
	漬物	・しそ…10
	みそ汁	・わかめ（乾）…0.5　・えのきたけ…10　・煮干しだし…190　・みそ…10
	牛乳	・牛乳…160
間食	ドリンクヨーグルト	・ドリンクヨーグルト…100
昼食	ご飯	・米…55　・強化米…0.5
	豚肉のしょうが焼き	・豚ロース…60　・玉ねぎ…40　・しょうが…1　・しょうゆ…3　・みりん…2　・油…1　・キャベツ…40　・黄ピーマン…15　・赤ピーマン…15　・パセリ…1
	山いものポン酢和え	・山いも…50　・すだち…5　・しょうゆ…5　・しそ…1
	漬物	・野沢菜漬け…15
	みそ汁	・ごぼう…10　・油揚げ…5　・ねぎ…5　・煮干しだし…190　・みそ…10
間食	黒棒	・黒棒…18
夕食	茶飯	・米…50　・しょうゆ…1　・酒…1　・昆布…0.5
	おでん	・さつま揚げ…25　・つみれ…25　・卵…20　・大根…50　・こんにゃく…30　・昆布…5　・しょうゆ…2　・酒…2　・みりん…2
	ゆかり和え	・キャベツ…60　・ゆかり粉…1　・しそ…1
	漬物	・福神漬け…10
	みそ汁	・しじみ…10　・ねぎ…5　・煮干しだし…190　・みそ…10

エ1,329kcal　た51.0g　脂31.9g　炭207.6g　カ794mg　鉄11.5mg　A296μgRE　$B_1$2.28mg　$B_2$0.89mg　C115mg

秋・冬の献立　火曜日　　　　　　　　　　　　　　　　　（世田谷区立特別養護老人ホーム　きたざわ苑）

	献立名	材料(g)
朝食	白粥	・米…40　・強化米…0.3
	かぼちゃの含め煮	・かぼちゃ…55　・かつお昆布だし…60　・しょうゆ…6　・酒…2　・みりん…2　・砂糖…3
	佃煮	・削り節佃煮…10
	みそ汁	・なす…20　・油揚げ…3　・煮干しだし…190　・みそ…10
	牛乳	・牛乳…160
間食	乳酸菌飲料	・乳酸菌飲料…100
昼食	ご飯	・米…55　・強化米…0.5
	かつおのたたき	・かつお…80　・大根…30　・みょうが…5　・玉ねぎ…10　・しそ…0.5　・しょうが…5　・にんにく…1　・万能ねぎ…2　・しょうゆ…5　・酢…3
	★なすの利休煮	・なす…50　・しょうゆ…4　・酒…2　・みりん…3　・ごま…1
	漬物	・大根漬物…15
	みそ汁	・小松菜（ゆで）…20　・えのきたけ…3　・煮干しだし…190　・みそ…10
間食	マロンババロア	・ババロアの素…12　・栗甘露煮…5　・水…16　・牛乳…32
夕食	ご飯	・米…55　・強化米…0.5
	★鶏肉のやわらか煮	・鶏もも肉…60　・はるさめ（乾）…5　・にんじん…10　・ねぎ…5　・さやえんどう…5　・かつお昆布だし…50　・しょうゆ…5　・酒…2　・みりん…2　・砂糖…4　・片栗粉…2
	かぶのゆず香和え	・かぶ…35　・かぶ葉…3　・ゆず果皮…1　・ゆず果汁…3　・酢…1　・砂糖…5
	漬物	・しそ…10
	みそ汁	・大豆もやし…10　・にら…5　・煮干しだし…190　・みそ…10

エ 1,370kcal　た 61.4g　脂 25.7g　炭 216.2g　カ 514mg　鉄 13.9mg　A 475μgRE　B₁ 2.93mg　B₂ 1.01mg　C 57mg

★なすの利休煮　《作り方》

① なすは虎むきにし、4〜6等分する
② ①を水にさらし、アクをとる。
③ 調味料を火にかけ、漬け汁を作り、冷まさずに保温する。
④ ②の水分をよくきり、素揚げにする。
⑤ ④の油をよくきり、熱いうちに③に漬け込む。
⑥ ⑤を器に盛り、炒ったごまをふる（炒ったけしの実でもよい）。
※ごまの代わりに針しょうが・炒った桜えびを③に加えても、香ばしくなりおいしい。

★鶏肉のやわらか煮　《作り方》

① はるさめは戻す。
② にんじん、ねぎはせん切りする。
③ さやえんどうは筋をとり塩ゆでにし、斜めに2〜3等分する。
④ 鶏肉は一枚ヒレ大に切る。一口大でもよい。
⑤ ④をだし汁と調味料で、やわらかくなるまで煮る。
⑥ ②を⑤の煮汁で煮る。
⑦ ⑥がやわらかくなったら①を加え、煮汁がしみ込む程度にさっと煮る。
⑧ ⑦にとろみが少なかったら、水溶き片栗粉でとろみをつける。
⑨ ⑤を盛り、⑧をかけ、③を散らす。

写真 3-17　鶏肉のやわらか煮

秋・冬の献立　水曜日		（世田谷区立特別養護老人ホーム　きたざわ苑）

	献立名	材料 (g)
朝食	きのこ雑炊	・米…40　・強化米…0.3　・かつお昆布だし…200　・酒…1　・しょうゆ…5 ・しいたけ…5　・しめじ…5　・えのきだけ…5　・みつば…5
	かんぴょうの煮付け	・かんぴょう…6　・にんじん…20　・油揚げ…5　・しょうゆ…4　・砂糖…2 ・みりん…1　・酒…1
	漬物	・梅干し…8
	牛乳	・牛乳…160
間食	ドリンクヨーグルト	・ドリンクヨーグルト…100
昼食	ご飯	・米…55　・強化米…0.5
	肉じゃが	・牛肉…40　・じゃがいも…50　・にんじん…20　・玉ねぎ…30 ・しらたき…20　・さやえんどう…3　・しょうゆ…8　・酒…2　・みりん…2 ・砂糖…3　・水…60
	★ひじきサラダ	・ひじき（乾）…3　・きゅうり…20　・にんじん…8　・玉ねぎ…5 ・大豆（ゆで）…10　・厚焼き卵…5　・マヨネーズ…5　・砂糖…1 ・しょうゆ…1　・レタス…2
	漬物	・福神漬け…10
	野菜スープ	・玉ねぎ…10　・にんじん…5　・レタス…10　・固形コンソメ…3 ・水…190
間食	シフォンケーキ	・薄力粉…12.5　・ベーキングパウダー…2.5　・塩…0.6　・卵…31.5 ・砂糖…12.5　・油…2.5　・水…6.2
夕食	ご飯	・米…55　・強化米…0.5
	さんまの塩焼き	・さんま…50　・塩…0.5　・大根…30　・レモン…20.5
	★柿の白和え	・柿…40　・豆腐…40　・ごま…3　・砂糖…5　・塩…0.5
	漬物	・野沢菜…15
	みそ汁	・なめこ（水煮缶詰）…20　・ねぎ…5　・煮干しだし…190　・みそ…10

エ1,517kcal　た53.7g　脂42.4g　炭226.1g　カ667mg　鉄14.9mg　A596μgRE　B₁2.81mg　B₂1.04mg　C88mg

★ひじきサラダ 《作り方》

① ひじきは戻してゆでる。
② きゅうりとにんじんはせん切りにし、軽く塩を振る（軽くゆでてもよい）。
③ 玉ねぎは薄くスライスし、水にさらして辛味を除く。
④ レタスはせん切りにして水にさらし、水分をよくきる。
⑤ 厚焼き卵は、小さめのさいの目切りにする（炒り卵でもよい）。
⑥ 調味料を合わせ、よく水をきった①〜③、大豆の水煮と⑤を加え和える。
⑦ ④を敷き、⑥を盛る。

★柿の白和え 《作り方》

① 柿は、甘く硬めの物を選ぶ。
　（和え衣で和えるとやわらかくなる）
② 豆腐は、一度ゆでてからよく水を絞っておく。
③ ごまは炒って、よくすっておく。
④ ③に砂糖・塩を加え、さらにする。
⑤ ④に②を加え、フードプロセッサーで滑らかになるまでかくはんする。
⑥ ①を厚めの短冊切りか、半月切りにする。
⑦ ⑥を⑤の和え衣で和える。
　※ごまは練りごまを利用すると、滑らかさとコクがあっておいしい。

秋・冬の献立　木曜日　　　　　　　　　　　　　　　　（世田谷区立特別養護老人ホーム　きたざわ苑）

	献立名	材料(g)
朝食	白粥	・米…40　・強化米…0.3
	がんもの含め煮	・がんもどき…30　・にんじん…20　・かつお昆布だし…40　・しょうゆ…4 ・酒…2　・みりん…2　・砂糖…3
	漬物	・なすしば漬け…10
	みそ汁	・玉ねぎ…20　・わかめ（乾）…0.5　・煮干しだし…190　・みそ…10
	牛乳	・牛乳…160
間食	ジョア	・ジョア…125
昼食	ご飯	・米…55　・強化米…0.5
	魚の金山寺焼き	・銀だら…60　・金山寺みそ…15　・しょうゆ…3　・みりん…1 ・万能ねぎ…3　・しょうが甘酢漬け…15
	とうがんのかにあんかけ	・とうがん…70　・ずわいがに（缶詰）…10　・万能ねぎ…3 ・かつお昆布だし…60　・しょうゆ…1　・塩…1
	漬物	・たくあん漬け…10
	すまし汁	・そうめん…5　・焼きちくわ…3　・ねぎ…3　・酒…1　・しょうゆ…0.8 ・塩…0.5　・かつお昆布だし…190
間食	杏仁豆腐	・牛乳…40　・砂糖…6　・脱脂粉乳…5　・寒天…0.4　・ゼラチン…0.4 ・水…40　・みかん（缶詰）…20　・砂糖…10　・水…20 ・アーモンドエッセンス
夕食	ご飯	・米…55　・強化米…0.5
	クリームシチュー	・鶏もも肉…40　・じゃがいも…50　・にんじん…20　・玉ねぎ…30 ・グリーンピース（ゆで）…10　・有塩バター…8　・薄力粉…8 ・牛乳…100　・塩…1
	ツナサラダ	・キャベツ…45　・まぐろフレーク…20　・玉ねぎ…5　・きゅうり…20 ・マヨネーズ…3　・しょうゆ…2　・レタス…5
	佃煮	・昆布佃煮…10
	みそ汁	・ごぼう…10　・もずく…10　・ねぎ…5　・煮干しだし…190　・みそ…10

エ 1,631kcal　た 60.8g　脂 47.3g　炭 235.7g　カ 872mg　鉄 12.6mg　A 1,200μgRE　B_1 2.94mg　B_2 1.02mg　C 85mg

秋・冬の献立　金曜日　　　　　　　　　　　　　　　　（世田谷区立特別養護老人ホーム　きたざわ苑）

	献立名	材料(g)
朝食	白粥	・米…40　・強化米…0.3
	ぜんまいの炒め煮	・ぜんまい（ゆで）…25　・にんじん…10　・油揚げ…3　・ごま油…2 ・酒…2　・しょうゆ…4　・みりん…3　・かつお昆布だし…20
	漬物	・きゅうりしょうゆ漬け…10
	みそ汁	・キャベツ…20　・焼き麩…1　・煮干しだし…190　・みそ…10
	牛乳	・牛乳…160
間食	ドリンクヨーグルト	・ドリンクヨーグルト…100
昼食	タコライス（きたざわ苑バージョン）	・米…50　・強化米…0.3　・豚ひき肉…45　・玉ねぎ…25　・しょうが…1 ・しょうゆ…4　・砂糖…5　・甜麺醤…5　・豆板醤　・トマト…20 ・レタス…30　・卵…50
	ピーナッツ豆腐	・ピーナッツバター…10.5　・牛乳…23.1　・寒天…0.3　・水…46.2 ・砂糖…2.3　・塩…0.3　・しょうゆ…3　・わさび…0.5　・しそ…1
	漬物	・福神漬け…10
	わかめスープ	・わかめ（乾）…1　・ねぎ…3　・ごま…1　・コンソメ…2　・塩…0.5 ・水…190
	みかん	・みかん…100
間食	たいやき	・たいやき…50
夕食	ご飯	・米…55　・強化米…0.5
	魚のおろし煮	・かれい…50　・大根…40　・ねぎ…3　・しょうゆ…3　・酒…1 ・みりん…2　・砂糖…3　・油…5
	二色和え	・ほうれん草…45　・卵…15　・かつお昆布だし…30　・酒…2 ・しょうゆ…3
	漬物	・かぶぬかみそ漬け…15
	みそ汁	・豆腐…20　・万能ねぎ…3　・煮干しだし…190　・みそ…10

エ1,468kcal　た58.7g　脂40.4g　炭211.2g　カ577mg　鉄13.0mg　A572μgRE　$B_1$2.97mg　$B_2$1.27mg　C81mg

> 秋・冬の献立　土曜日

(世田谷区立特別養護老人ホーム　きたざわ苑)

	献立名	材　料 (g)
朝食	貝柱雑炊	・米…40　・強化米…3　・かつお昆布だし…200　・酒…1　・しょうゆ…5 ・ほたて貝（缶詰）…10　・にんじん…5　・みつば…3
	さつまいもの レモン煮	・さつまいも…50　・干しぶどう（レーズン）…2　・レモン…3　・砂糖…6 ・ぶどう酒…5
	漬物	・白菜塩漬け…15
	牛乳	・牛乳…160
間食	乳酸菌飲料	・乳酸菌飲料…100
昼食	栗おこわ	・もち米…25　・米…25　・ささげ…20　・栗（ゆで）…30　・ごま…2 ・塩…0.5
	豚肉の卵とじ煮	・豚肩肉…40　・玉ねぎ…30　・卵…40　・にんじん…15　・根みつば…7 ・しょうゆ…4　・砂糖…3　・みりん…2　・酒…2
	くるみ和え	・ほうれん草…50　・にんじん…10　・くるみ…7　・しょうゆ…4　・砂糖…3
	佃煮	・あみ佃煮…10
	みそ汁	・大根…20　・油揚げ…3　・煮干しだし…190　・みそ…10
間食	ブルーベリー ムース	・牛乳…50　・ブルーベリージャム…50　・ゼラチン…2
夕食	ご飯	・米…55　・強化米…0.5
	鮭のかす汁	・しろさけ…50　・大根…50　・にんじん…20　・里いも…20　・白菜…20 ・みそ…12　・酒かす…5
	きんぴらごぼう	・ごぼう…30　・にんじん…10　・しらたき…15　・ピーマン…3　・ごま油…1 ・しょうゆ…5　・砂糖…2　・とうがらし　・ごま…1　・かつお昆布だし…7
	佃煮	・えのきたけ味付け…10
	バナナ	・バナナ…50

エ 1,586kcal　た 65.1g　脂 30.0g　炭 252.6g　カ 670mg　鉄 26.4mg　A 818μgRE　B₁ 7.33mg　B₂ 1.52mg　C 104mg

[洋風料理]

カリフラワーとミートボールのシチュー

摂取しにくい牛乳を料理に使うことでカルシウムが補給できる。カリフラワーは下ゆでしないで仕上げ用を残して直接鍋に入れ、煮崩れするほど煮ると、スープの味がまろやかになる。とろみとしてブールマニエを使用すると、簡単にシチューができる。また、ミートボールを白身魚や野菜（かぶなど）に替えてもよい。

【材料】4人分

カリフラワー…1/2個(150〜200g)	玉ねぎ………… 1/2個(100g)	ブールマニエ
ミートボール	生パン粉……… 大さじ2(6g)	┌ バター……………………… 12g
┌ 豚ひき肉……………… 150g	油……………………………… 6g	└ 小麦粉……………………… 9g
│ しょうゆ…………………… 9g	固形スープの素… 1/2個(4g)	牛乳………………………… 300g
│ こしょう………………… 少量	水…………………………… 300g	塩…………………………… 少量
│ おろし玉ねぎ …大さじ1.5(27g)		こしょう…………………… 少量
└ 溶き卵(卵白)…………… 15g		

① ボールにひき肉を入れ、粘りが出るまでよく混ぜる。しょうゆ、こしょうを加えた後、おろし玉ねぎ、溶き卵、パン粉の順に加える。大さじ1の肉団子に丸める。
② カリフラワーは小さめの房に分ける。玉ねぎはみじん切りにする。
③ 鍋に油を加え、玉ねぎが透明になるまで炒め、カリフラワーの2/3量、水、固形スープの素を加えて弱火で約5分煮る。
④ ③に肉団子を加え強火にし、煮立ったらアクを除き、弱火にし、10〜15分煮る。
⑤ ブールマニエを作る。バターをやわらかく練り、小麦粉を加えて混ぜ合わせ、④の一部を加えて溶いてから④に加える。
⑥ 温めた牛乳と残りのカリフラワーを加えて時々混ぜながら5分煮て、塩、こしょうで味を調え、火を止める。

パンプキンサラダ

煮物に使用するかぼちゃもサラダに利用できる。かぼちゃのほか、じゃがいもやさつまいも、長いもに替えたり、また、中にツナ缶などを一緒に加えてもよい。野菜は、種類によって栄養成分が異なり、かぼちゃは緑黄色野菜でカロテンが、いも類はビタミンCが期待できる。かぼちゃやいも類は加熱に20分必要だが電子レンジを使うと調理時間が短縮される。

【材料】2人分

かぼちゃまたは冷凍かぼちゃ ………………………… 140g	マヨネーズ………………… 30g	ガーリックパウダー……… 少々
おろし玉ねぎ…… 小さじ1(6g)	めんつゆ……… 小さじ1/2(3g)	サラダ菜…………………… 2枚

① かぼちゃは皮をとって1cm厚さに切り、水をひとふりしてラップに包み、電子レンジに2〜3分かける。
② かぼちゃをスプーンの底で粒が少し残るくらいにすりつぶし、おろし玉ねぎと調味料を加えて和える。
③ 器にサラダ菜を敷き、②を添える。

にんじんスープ

牛乳を使用したスープであるが、野菜やブイヨンを使うことで、にんじん特有の臭いが緩和される。にんじんスープに米やご飯を入れることでとろみが付くので、嚥下困難者にも飲みやすい。米をご飯にする場合は2.5倍量入れる。また、粥でもよい。

【材料】2～3人分

にんじん……………… 100g	固形スープの素……… 1/2個	こしょう……………… 少量
玉ねぎ………………… 50g	水……………………… 300g	パセリ………………… 少量
米……………………… 20g	牛乳…………………… 300g	
油……………………… 6g	塩……………………… 1g	

① にんじんは7～8mm幅の半月切り、玉ねぎは繊維に直角にいちょう切りにする。
② 鍋に油を加え、玉ねぎを入れ透き通るぐらいまで中火でよく炒める。にんじんを加え全体に油がのったら水と固形スープの素を加える。煮立ったら塩、こしょう、洗った米を加え、弱火にして30分焦がさないように煮る。途中、スープが少なくなったら水を補ってもよい。
③ ミキサーにかけ、牛乳を加えてひと煮たちしたら火を止める。
④ 器に盛り、好みでパセリのみじん切りを振る。

切り身魚のトマトソース煮

魚を肉（鶏肉や豚肉）に替えてもよい。ただし、肉の場合には最低20分は煮る。付け合わせにゆで野菜を一緒に添えると、野菜も無理なくとれる。

【材料】2人分

魚の切り身（たい、たらなど）　　　　　………………… 2切れ(150g)	油……………………… 18g	洋風スープ…………… 100g
塩……………………… 少量	玉ねぎ………………… 50g	塩……………………… 少量
こしょう……………… 少量	にんにく……………… 少量	こしょう……………… 少量
小麦粉………………… 6g	トマト………………… 100g	砂糖…………………… 6g
	白ワイン…… 大さじ1(15g)	パセリのみじん切り…小さじ1
	トマトケチャップ…… 15g	キャベツ(ゆで)……… 80g

① 魚は一切れを3つくらいに切り、塩、こしょうを振り5分置く。水気をよくふき、小麦粉をまぶす。
② 玉ねぎ、にんにくはみじん切り、トマトは皮をむき粗みじん切りにする。キャベツはやわらかくゆで、リボン状に切る。
③ 浅鍋に油を加え、玉ねぎ、にんにくを中火でゆっくり、少し色づくぐらいまでよく炒める。
④ ③にトマトを加え、炒めて酸味を飛ばし、ソースがかぶるように魚を入れ、ワイン、トマトケチャップを加えて水分を飛ばす。
⑤ 水を加え、煮立ったら調味をし、弱火で10～15分煮、味を調える。
⑥ 器にキャベツを敷き、中央に⑤を盛り、パセリを振る。

中国風料理

ゆでかじきの野菜あん

身の硬い魚に片栗粉を付けてゆでると、魚の表面がつるっとして喉の通りがよい。

【材料】2〜3人分

- かじき…… 2切れ (200g)
- 塩……………………… 0.75g
- こしょう………………少量
- しょうが汁…………… 3g
- 片栗粉………… 大さじ1 (9g)
- 玉ねぎ………………… 100g
- 赤ピーマン…………… 20g
- オクラ………… 2本 (20g)
- 生しいたけ…… 2枚 (20g)

油…………… 大さじ1/2 (6g)

あん

Ⓐ
- 中華スープ…………… 80g
- トマトケチャップ…… 15g
- 塩……………………… 1g
- しょうゆ……………… 18g
- 酒……………………… 5g
- 砂糖…………………… 12g
- 酢……………………… 5g

- 片栗粉…… 大さじ1/2 (4.5g)
- 水……………………… 23g

① かじきは繊維に対し2cm幅に切り、塩、こしょう、しょうが汁を振り、5分置く。
② 玉ねぎ、ピーマン、生しいたけは色紙切り、オクラは塩をまぶし、揉んでから水洗いし、輪切りにする。
③ 玉ねぎ、ピーマン、生しいたけ、オクラの順に1分ごとにずらして入れてやわらかくゆで、ざるにとり、水気をきる。
④ Ⓐの調味料は小鍋に入れ合わせる。片栗粉も水を加えて用意する。
⑤ ①の汁気をふき、片栗粉をまぶす。
⑥ たっぷりの沸騰湯に⑤を入れ、浮き上がってから3分後にざるにあける。
⑦ フライパンに油を加え、③の野菜を炒め、温めたⒶの調味料を加え、ひと煮たちしたら水溶き片栗粉を加え、もう一度煮立ったら火を止める。
⑧ 皿に③を盛り（大きい場合には適度な大きさに切って）、⑦のあんをかける。

ワンタン

粥になるとエネルギーが不足する。汁替りにワンタン（ゆで時間を長めにする）が加わると炭水化物とたんぱく質が一緒にとれる。また、肉に大根おろしを加わえることで水分を補う他、肉がやわらかくなる。ワンタンの皮はゆでることによりつるっとして飲み込みがよく、汁にとろみが付く。ワンタンの代わりにゆで餃子でもよい。卵白の代わりに水を大さじ1増やしてもよい。

【材料】4人分

ワンタンの皮 …… 1袋	水 …… 30g	塩 …… 1g
┌ 大根おろし … 70～100g	┌ 卵白 …… 1/2個分(20g)	ごま油 …… 大さじ1/2(6g)
│ 豚のひき肉 …… 150g	│ ねぎ …… 1/2本(40g)	└ こしょう …… 少量
│ 塩 …… 1.5g	│ ほうれん草 …… 2株(60g)	溶き卵 …… 1個分
│ 酒 …… 15g	│ 中華スープ …… 800g	
└ こしょう …… 少量	└ しょうゆ …… 18g	

① 豚のひき肉は粘りが出るまでよく混ぜ、塩、こしょう、酒、水の順に加えてさらによく混ぜる。大根おろしを加え、最後に卵白を加え、バットにあけ、皮の枚数に合わせて等分する。
② ほうれん草は色よくゆでて長さ2cmに、ねぎは5mm幅の小口切りにする。
③ ワンタンの皮に①の具を入れ、端を水でぬらして三角形にし、両端に水をつけて合わせる。
④ たっぷりの熱湯に③を入れ、浮き上がってきたらざるに上げる。
⑤ スープを火にかけ、煮立ったらほうれん草、ねぎを入れて調味し、④を加えて再沸騰したら溶き卵を流す。最後にごま油を加える。
　（中華スープは湯500gに中華風顆粒だしの素小さじ1(4g)、または固形スープの素は1/2個(2g)が目安）

ほたてとあさつきの卵炒め甘酢かけ

本来は丸く1枚に仕上げるが、炒り卵にすると卵全体に甘酢あんがからまって食べやすくなる。また、卵に貝柱の汁も加えると、炒り卵がやわらかくなる。

【材料】4人分

┌ ほたて貝柱フレーク …… 70g	卵 …… 4個(200g)	砂糖 …… 6g
│ あさつき …… 1把	塩 …… 0.5g	しょうゆ …… 6g
│ しょうが汁 … 小さじ1(3g)	こしょう …… 少々	┌ 片栗粉 …… 4g
│ 片栗粉 …… 3g	甘酢あん	└ 水 …… 15g
│ 水 …… 10g	┌ 中華スープ …… 100g	
└ ごま油 …… 大さじ1(12g)	└ 酢 …… 6g	

① 卵を割りほぐし、塩、しょうゆを加えよく混ぜ、ほたて貝柱フレーク、あさつきの小口切りを加える。
② ①に水溶き片栗粉を加える。
③ 鍋に甘酢あんの材料を合わせて加熱し、水溶き片栗粉を加えてとろみを付ける。
④ フライパンにごま油を熱し、②を流し入れ、外側から内側に大きく混ぜながら炒め、やわらかい大きな塊に仕上げる。
⑤ 器に盛り、③の甘酢あんをかける。

[和風料理]

茶粥の天ぷらのせ

いつもの粥に緑茶を用いて茶粥に、上に天ぷらをのせて銀あんをかけると天ぷらも食べやすくなる。また、天ぷらは小さめに切ってから天つゆでさっと煮てもよい。

【材料】2人分

- 緑茶………………… 500g
- 米…………………… 80g
- 塩…………………… 少量
- 天ぷら……………… 適量
  - えび、あじ、あなご、なす、かぼちゃ、かき揚げなど
- 銀あん
  - だし汁………………… 100g
  - しょうゆ……………… 6g
  - みりん………………… 6g
  - 片栗粉………………… 3g
  - 水……………………… 10g

① 緑茶を用意し、冷ます。
② 鍋に①と洗った米を入れ、吹きこぼれないように時々混ぜながら、30分くらい炊く。
③ 塩を加えて火を止める。
④ 天ぷらは比較的やわらかい魚や野菜を小さめに切る。
⑤ 銀あんを作る。だし汁を煮立て調味し、再沸騰したら水溶き片栗粉を加えてとろみを付ける。
⑥ 器に粥を入れ、上に天ぷらをのせ、⑤の銀あんをかける。

あんかけ卵焼き

卵料理は水分が多く入るとやわらかくふんわりと仕上がる。しかし、焼きすぎるとパサパサして食べにくい。食べやすい大きさにした卵焼きの切断面を上にし、その上から銀あんをかけるとしっとりして食べやすくなる。卵の中にうなぎの蒲焼きやかに缶、ほたて貝柱の水煮缶、やわらかく煮たひじきの煮物などを入れて焼いてもよい。

【材料】1本分（2人分）

- 卵…………………… 3個（150g）
- だし汁……………… 50g
- 砂糖………………… 3g
- みりん……………… 9g
- 塩…………………… 1g
- しょうゆ…………… 2～3滴
- 銀あん
  - だし汁… 1/2カップ（100g）
  - しょうゆ……………… 6g
  - みりん………………… 6g
  - 片栗粉………………… 3g
  - 水……………………… 10g
- 大根おろし………………… 60g
- 菜の花2本または
  ブロッコリー2切れ（20g）

① 卵は割りほぐし、だし汁と調味料を加えてよく混ぜる。
② 卵焼き器に少量の油を加えてよくなじませる。
　お玉1杯の①を流し入れ、半熟状になったら向こう側から手前に包むようにして巻く。向こう側に移動をし、同様に3回ほど繰り返して焼く。
③ 焼き上がったらすだれで巻くと形が定まる。
④ 銀あんを作る。だし汁を煮立て、しょうゆ・みりんを加え、再び煮立ったら水溶き片栗粉を加えてとろみを付ける。
⑤ ②を食べやすい大きさに切り、1人分の切断面を上にして盛り、④の銀あんをかける。
⑥ 大根おろしとゆで菜の花（またはやわらかくゆでたブロッコリー）を食べやすい大きさに切り、横に添える。

うな卵丼

忙しいときにうなぎの蒲焼きを利用してご飯ものにすると便利。焼きあなごやとんかつに替えてもよい。ただし、とんかつの場合はカツを少し長く煮ると食べやすくなる。ごぼうは硬くかみにくいので、玉ねぎに替えるとよい。蒲焼きのたれを調味料として用いてもよい。

【材料】1人分

うなぎの蒲焼き……1/2串	だし汁……100g	ご飯……1椀分(150g)
ごぼうまたは玉ねぎ……50g	しょうゆ……6〜9g	みつば(茎のみ)……2〜3本
卵……1個(50g)	みりん……6〜9g	粉さんしょう……少量

① うなぎの蒲焼きは串からはずして1.5cm幅に切る。
② ごぼうは皮をたわしでよく洗い、小さめの笹がきにし、水にさらす。みつばの茎は2cmくらいに切る。
③ 浅鍋にだし汁と調味料を合わせて煮立て、ごぼうを入れ、やわらかくなったらうなぎの蒲焼きを加えてさっと煮る。
④ 卵を溶きほぐし、③に回し入れ、半熟状にする。やや固まったらみつばの茎を入れ、火を止める。
⑤ 温かいご飯を盛り、④をのせ、粉さんしょうを振る。

生たらの更紗蒸し

下調理した白身魚の蒸し物は淡白で高齢者向きの料理である。上に野菜をのせて一緒に蒸すことで野菜にも魚の旨みが加わっておいしくなる。魚は酒蒸しにして大根おろしをのせる、かぶやれんこんのすりおろしやとろろ昆布などを上にのせて蒸してもよい。かけ汁をポン酢やレモン汁、土佐酢などに変えると色々に味付けが変えられる。

【材料】2人分

┌ 生たら(一切れ70〜100g)……2切れ	生しいたけ 2枚……20g	たれ
│ 塩……少量	貝割れ菜……20g	┌ だし汁……20g
│ 酒……10g	ねぎ……20g	│ しょうゆ……6g
└ にんじん……20g	昆布 5cm角……2枚	└ みりん……6g

① 生たらは少し深みのある器に一切れずつ入れ、塩、酒を振り、5分置く。
② にんじん、生しいたけ、貝割れ菜は短めに切り、ねぎは2cmの斜め切りにする。
③ ①に②の貝割れ菜以外の野菜を彩りよくのせ、蒸気の上がっている蒸し器に入れ、強火で5分蒸した後、合わせた熱いたれと貝割れ菜を加え、3分蒸してから火を止める。

なすのくずまわし

なすを油で炒めてから煮るとやわらかくなり、皮が付いていても食べやすい。また、煮上がりに乾物のそうめんをゆでないで直に加えることによってとろみが付く。しかし、そうめんに塩分があるので薄味にする。また、仕上がってから時間がたつとそうめんが水分を吸ってしまうので、でき立てを食べることが望ましい。食事介助の際にそうめんが長くて食べにくい場合は切って盛り付けてもよい。

【材料】2人分

なす……………………… 3個	赤とうがらし…………… 1/2本	砂糖…………………………… 9g
ベーコン………………… 10g	そうめん………… 1/3把(20g)	しょうゆ…………………… 12g
油………………………… 12g	だし汁…………… 200〜250g	

① なすは柄を切り落とし、縦半分に切る。皮側に鹿の子状の浅い切り込みを入れる。
② ベーコンは1cm幅に切る。
③ 鍋に油とベーコンを加え、なすを入れて全体に油がのるくらいまで炒める。
④ 鍋にだしを加え、煮立ったら、砂糖と赤とうがらし(種を除く)を加えて2〜4分煮る。
⑤ しょうゆを加え、1〜2分煮た後、三つ折りにしたそうめんを加え、汁にそうめんが浸るよう中に入れ、透明になって火が通るまで約10分煮る。
⑥ 器になすを盛り、そうめんを添える。

かれいの煮こごり

魚は銀だら、かれいなどの白身魚の他、あなご、うなぎなどでもよい。また、一晩冷蔵庫に保存すると煮こごりができるので、利用するとよい。

【材料】プリン型4個分

⌈ かれい…………… 正味120g	だし汁……………………… 100g
｜ だし汁…………………… 100g	⌈ ゼラチン…………… 1袋(5g)
｜ しょうゆ………………… 12g	⌊ 水…………………………… 25g
｜ 砂糖……………………… 9g	
⌊ 酒………………………… 10g	

① 水にゼラチンを振り入れ、5分置く。
② 鍋にだし汁と調味料で煮汁を作り、煮立たせ、かれいを入れて煮る。
③ ②の骨と皮、卵を取り除き、汁ごとフードプロセッサーにかける。
④ ①にだし汁100gを入れて煮溶かし、③に加える。
⑤ 流水で粗熱がとれたら、水でぬらした型に流し、氷水または冷蔵庫で冷やし固める。
⑥ 型から抜き、適当な大きさに切り、皿に盛る。上に針しょうが、またはおろししょうがを添える。

冷やししゃぶしゃぶ

しゃぶしゃぶの肉は脂の多い豚肉のやわらかい部分が適する。高齢者には、肉に片栗粉をまぶしてさっとゆでるとつるっとして喉通りがよい。野菜はゆでると比較的食べやすい。

【材料】2人分

豚肉しゃぶしゃぶ用	100g
片栗粉	9g
キャベツ	60g
オクラ	2本(20g)
トマト	60g

しゃぶしゃぶ用のたれ
だし汁	50g
みりん	6g
しょうゆ	12g
塩	1g
練りごま	40g
ラー油	少量

① 豚肉は1枚ずつていねいに広げて片栗粉をまぶす。
② たっぷりの湯を沸かして、①を入れて火を通し、水にとったら、すぐざるにとり、水気をきる。
③ キャベツはやわらかくゆで、トマトは皮を除く。野菜は食べやすい大きさに切る。
④ 皿に、キャベツ、オクラ、トマトを盛り、適当な大きさに切った②を手前に盛り合わせ、合わせたたれをかける。

さけと野菜の焼き漬け

切り身のさけの塩焼きは、高齢者には調味液に漬け込んでおくとしっとりしてやわらかくなり食べやすくなる。

【材料】2人分

生さけ(1切れ70〜100g)	2切れ
塩	0.7g
酒	1g弱
にんじん	20g
ピーマン	1個
生しいたけ	2枚(20g)
玉ねぎ	1/4個(50g)
赤とうがらし	1/2本

漬け汁
だし汁	大さじ1(15g)
しょうゆ	18g
酢	15g
みりん	18g

① 生さけに塩を振り、10分置く。水気をふき取り、酒を振りかけ、両面をこんがり焼く。必要以上に焼かない。
② にんじん、ピーマン、生しいたけは千切りにする。玉ねぎは薄切り、赤とうがらしは水に漬け、やわらかくなったらはさみで輪切りにする。
③ 湯ににんじん、ピーマン、生しいたけ、玉ねぎの順に加えてゆで、にんじんがやわらかくなったら火を止め、水気をきる。
④ 器に③の1/2量を敷き、上に①をのせ、その上に残りの野菜③をのせ、熱い漬け汁をかける。

かきと豆腐の治部煮風

治部煮は本来、鴨肉で作る郷土料理であるが、その代用に鶏むね肉、鶏ささみを用いている。今回はかきを使用しているが白身魚に替えてもよい。かきの表面に片栗粉をまぶすと透明感が出て、つるっとして硬くならない。かきの中心部分はやわらかいが、周囲が硬くなりやすいので、食べにくい場合は除くとよい。また、かきが大きかったら供食時に切ってあげると崩れなくて盛り付けがきれいにできる。小粒を選ぶとかえって火が通り過ぎる傾向が強い。

【材料】2人分
かき(むき身)…大6個(約120g)
絹ごし豆腐……………… 1/2丁
わけぎ…………………… 60g
だし汁………………… 100g
しょうゆ……………… 6g
みりん………………… 9g

① かきは薄い塩水で振り洗いし、ふきんで水気をとり、片栗粉をまぶす。
② 豆腐は軽く水気をきり、8つに切る。
③ わけぎは3cmの長さに切る。
④ 浅い平鍋にだし汁、しょうゆ、塩、みりんを合わせて煮立て、わけぎ、豆腐の順にさっと煮る。
⑤ わけぎがくたっとしてきたら①のかきを加え、かきが膨れてきたら火を止める。
⑥ 器に盛り、煮汁をたっぷり張る。好みで七味とうがらし、ゆずのすりおろしをのせる。

2. 年間行事食

❶行事食

　食事については、嗜好調査、残菜調査、利用者会議や日常の利用者の意見を献立に反映させている。そして、季節感を盛り込んだり、旬の食材を使用し、季節感を味わっていただく工夫をしている。また、暦を参考に行事食を盛り込み、季節と節目を大切にしている。

　その他、お楽しみ食として、寿司を利用者の前で握ったり、まぐろをさばくなど、利用者に楽しみながら食事をしてもらえるような企画を積極的に取り入れている。

　気分転換と新鮮な空気に触れることにより食事を楽しむ野外食や、人気のメニューを取り入れたバイキング食も企画している。バイキングや選択食については、利用者や調理師による提案を取り入れると同時に、出前での楽しみも味わってもらっている。

　祝日はあずきご飯を提供して祝い、お楽しみ喫茶では利用者の目の前での実演やおやつの選択など、いつもと違う雰囲気と選択する楽しみを味わってもらっている。また、冬場には鍋を囲み、家庭的な雰囲気の中で食事を楽しんでもらえるように工夫をしている。

　しかし、利用者の重度化に伴い、介護保険下で企画が難しくなり、いかにして楽しんでもらえるか工夫を行っている。餅つきでは、咀嚼や嚥下の機能が低下している方にも楽しんでもらえるように、餅に似せた喉越しのよい代替食を作るなどの工夫も行い、毎年、次のような行事食を実施している。

❷年間行事食一覧

月日	行　事	献　立・食事内容	サービスの留意点
4月	花　見	お菓子や甘酒など	野外で食べやすいもの、嗜好や嚥下機能に合ったものを用意する。
	バイキング	たけのこご飯、うぐいすあんパン、ジャムサンド、メンチカツ、じゃがいもの煮付け、ミモザサラダ、赤だし汁、杏仁豆腐	春の食材を使った料理の提供。粥食や食事形態による配慮をする。
	選択食	たいの木の芽みそ焼きまたは、う巻き卵または、香草ヒレカツレツ	季節感を取り入れ、選択する楽しみを味わえる食事。
	選択食（出前）	ちらし寿司または、にぎり寿司または、ねぎとろ丼	日常と違う出前での楽しみ。
5月	端午の節句	五目寿司、ふきの信田煮、すまし汁、びわ缶詰	端午の節句の雰囲気のある盛り付け、粥食の方への対応にも配慮。
	バイキング	菜めし、えびフライ、ほたてフライ、ナポリタン、野菜と高野豆腐の煮物、かき玉汁、紅茶ゼリー	利用者に好まれる洋食メニューの取り入れ、食が進むような盛り付けの配慮。
	選択食	牛肉とスナップえんどうの炒め物または、揚げさわらの甘酢あんかけ	季節の香りを取り入れ、選択する楽しみを味わえる食事。
	選択食	えび天丼または、オムライス	利用者になじみのメニューを選択する楽しみ。
6月	バイキング	五目炒飯、肉団子、ブロッコリーのかにあんかけ、中華サラダ、わかめスープ、ミルクゼリー	中華を中心としたメニューと雰囲気作り。
	選択食	豚肉しゃぶしゃぶ風または、あゆのゆかり揚げ	旬の食材である、あゆを使用し季節感を味わってもらう。
	選択食	かつ丼または、あなごちらし	利用者の要望を取り入れたメニューでの選択食。
7月	七　夕	七夕そうめん、だし巻き卵、とうがんの鶏そぼろあんかけ、すいか	涼しげな夏の雰囲気で、食事形態による盛り付けへの配慮。
	土用の丑	ご飯、うなぎ蒲焼き、だし巻き卵、きゅうりとわかめの酢の物、晩菊漬け、みょうがとしいたけのすまし汁	夏バテ予防の意味を込めてうなぎの蒲焼きを提供。代替食や食事形態により骨や皮について配慮。
	納涼祭	模擬店（焼きそば、お好み焼き、枝豆、フランクフルトソーセージ、フライドポテト、ジュース、ビール）	模擬店で祭りの雰囲気を楽しんでもらう。

月日	行事	献立・食事内容	サービスの留意点
7月	選択食	マーボーなすまたは、たちうおのバター焼き	夏の雰囲気と日頃使用することの少ない食材を取り入れる。
	選択食	牛丼または、三色丼	利用者の意向の反映と楽しみのある食事。粥食など食事形態による配慮をする。
8月	土用二の丑	ご飯、うなぎ蒲焼き、とうがんくず煮、三色酢の物、かぶぬか漬け	夏バテ予防の意味を込めてうなぎの蒲焼きを提供。代替食や食事形態により骨や皮について配慮。
	夕涼み会	フルーツポンチ、枝豆、アイスクリーム、ジュース、ビール	屋台を用意し雰囲気づくりを行い、花火を見ながら夏を楽しんでもらう。
	バイキング	五目寿司、鶏から揚げ、大根とあさりの煮物、トマトサラダ、かにくず汁、パインゼリー	利用者に人気の五目寿司、夏の雰囲気と彩りのよい食欲の出るようなメニューと盛り付け。
	選択食	肉団子または、あじフライ	目先の変わった盛り付けと雰囲気で、選択した食事を食べる楽しみ。
	選択食（出前）	うな重または、うなぎまぶしまたは、親子丼	日常と違う出前での楽しみ。
9月	敬老会	まつたけご飯、赤だし汁、かます紅葉焼き、天ぷら、百合根まんじゅうあんかけ、春菊の菊花和え、かぶぬか漬け、茶碗蒸し	豪華なお祝い膳にて長寿を祝う。
	選択食	さんま竜田揚げまたは、イタリアンハンバーグ	季節感のある食材と目先の変わったメニューの選択食。
	選択食（出前）	うな重または、うなぎまぶしまたは、親子丼	日常と違った出前での楽しみ。
	十五夜	うさぎまんじゅう	秋とお月見の雰囲気が感じられるような見た目にも楽しめるお菓子の提供。
	秋分の日	五目寿司、すまし汁、揚げなす肉みそかけ、梨　おやつ　おはぎ	秋を感じさせる食材の使用。粥食など食事形態による配慮をする。
10月	十三夜	おやつ　月見まんじゅう	秋とお月見の雰囲気が感じられるようなお菓子の提供。
	お楽しみ食	にぎり寿司（寿司バイキング）、たいの潮汁、小松菜と油揚げのからし和え、カルピスゼリー	屋台形式で利用者の目の前での実演、日常と違う雰囲気とその場で選択したものを食べる楽しみ。粥食への配慮も行う。
	選択食	鶏ときのこの炒め物または、さけのちゃんちゃん焼き	郷土料理をメニューに組み込み、目先も変わり、選択できる楽しみ。
	選択食	親子丼または、かき揚げ丼	利用者に人気のかき揚げメニューを組み入れた選択食。利用者会議での意見を反映。
11月	霜月祭	喫茶（焼きそば、カレーライス、豚汁、デザート、甘酒など）	地域交流を目的としている。喫茶コーナーでは雰囲気も変わり、好みのものを注文する楽しみ。
	選択食	揚げ鶏みぞれ和えまたは、えびフライ	利用者の意向の反映と選択の楽しみのある食事。
	選択食	えび天丼または、鉄火丼または、ねぎとろ丼	利用者に人気のメニューでの選択食。
12月	鍋会食	ご飯、寄せ鍋、和え物、漬物、果物	温かい鍋料理で冬の雰囲気を感じてもらう。食事形態による配慮も行う。
	冬至	ご飯、ぶりステーキ、かぼちゃのいとこ煮、なめこおろし和え、こんぶ佃煮	かぼちゃ料理の提供。ゆず湯と共に冬を味わってもらう。
	クリスマス	チキンライス、えびフライ、ブロッコリーのサラダ、オニオンスープ、いちごのゼリー	チキンライスへの飾りつけ、華やかな盛り付けで楽しんでもらう。粥食の方への配慮も行う。
	もちつき	三色餅（あんこ、からみ、きなこ）、だし巻き卵、彩りなます、しその実漬け、すまし汁	つきたての餅を召し上がっていただく。嚥下状態により餅が食べられない方への代替食などによる配慮も行う。
	年越し	ご飯、年越しそば、さけの幽庵焼き、煮物、和え物、ぬか漬け	ご飯と共に小さな年越しそばの提供。年越しそばを食べながら一年の終わりを感じてもらう。
	選択食	金目だいのみそ焼きまたは、ロールキャベツ	和風と洋風のメニューでの選択食。
	選択食	かつ丼または、海鮮ちらし	利用者に好まれるメニューを取り入れての選択食。
1月	新年会	舟盛り、おせち料理、おとそ、雑煮	手作りの祝い膳で新年を祝う。一年間元気でいられるようにと、楽しんでもらう。
	正月1日〜3日	手作りおせち料理	雰囲気づくりにも留意し、お正月を味わってもらう。
	七草	七草粥、信田巻き、うぐいす煮豆、しその実漬け	七草粥を食べて無病息災を願う。雰囲気づくりにも配慮。
	鏡開き	お汁粉（代替の餅を使用）	お楽しみ喫茶でお汁粉の提供。
	鍋会食	ご飯、石狩鍋、和え物、漬物、果物	温かい鍋料理で冬の雰囲気を感じてもらう。食事形態による配慮を行う。
	選択食（出前）	にぎり寿司または、ちらし寿司	日常と違った出前での楽しみ。

月日	行 事	献 立・食事内容	サービスの留意点
2月	節分	いわし料理、炊き合わせ、和え物 おやつ　鬼の和菓子	いわし料理とおやつの鬼の和菓子で雰囲気を楽しんでもらう。
	立春	菜の花寿司、炒り鶏、すまし汁、いちご おやつ　春のおまんじゅう	春を感じさせる料理の提供。おやつには春らしい雰囲気のおまんじゅうを提供。
	選択食	さわらみそ焼きまたは、鶏肉の香草焼き	旬の食材やハーブを使った料理などで変化のあるメニューでの選択食。
	お楽しみ食 （お刺身食）	ご飯、刺身、和え物、漬物、すまし汁	まぐろを利用者の目の前でさばき、新鮮なものを提供する。にぎり寿司、また、たいのお造りなど演出にも工夫をし、楽しんでもらう。
	選択食（出前）	うな重または、うなぎまぶしまたは、親子丼	日常と違う出前での楽しみ。
3月	ひなまつり	ちらし寿司、菜の花と油揚げのからし和え、すまし汁、いちご	生ものを使用し、華やかに飾ったちらし寿司にてひなまつりを楽しんでいただく。粥食の方への配慮も行う。
	バイキング	グリンピースご飯、えびフライ、ほたてフライ、菜の花ごま和え、ナポリタン、豆腐スープ、いちごゼリー	春を感じさせるメニューを楽しんでもらう。
	選択食	白身魚のうに焼きまたは、牛肉とブロッコリーの炒め物	魚と肉の選択食。
	春分の日	桜ご飯、さわらしょうが焼き、ふきの信田煮、きゅうりとわかめの酢の物、かぶぬか漬け おやつ　ぼたもち	春を感じさせる食材を使用。
	選択食	牛丼または、かき揚げ丼	利用者に好まれるメニューを取り入れての選択食。
その他	祝　日	あずきご飯、焼物、煮物、和え物など	あずきご飯で祝日を祝う。
	月1回	お楽しみ喫茶にておやつの選択	1品は利用者の目の前で調理する。人気メニューは焼きそば、たこ焼など。

年間行事食例を**写真3-18**に示す。

お正月のお祝膳

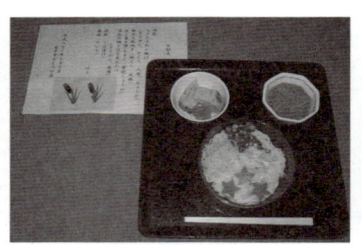

立春の菜の花寿司

ひなまつり

七夕そうめん

お刺身食の演出に

クリスマスメニュー

写真3-18 年間行事食の一例

3. 治療食（透析食、透析導入食、熱量コントロール食）

[第1日目]

	献立名	常　食	透析食	透析導入食	熱量コントロール食
朝食	ご飯	米 …………60g	米 …………60g	米 …………60g	米 …………43g
	あさつきのみそ汁	だし汁 ……100g みそ …………7g あさつき ……3g			だし汁 ……100g みそ …………7g あさつき ……3g
	目玉焼き	卵 …………50g 油 ……………1g キャベツ ……40g しょうゆ ……3g	卵 …………50g 油 ……………1g キャベツ ……40g しょうゆ ……3g	卵 …………50g 油 ……………1g キャベツ ……40g しょうゆ ……3g	卵 …………50g 油 ……………1g キャベツ ……40g しょうゆ ……3g
	ほうれん草の 　　梅肉和え	ほうれん草 …60g 梅びしお ……5g みりん ………3g しょうゆ ……1g かつお節 …0.5g	玉ねぎ ………60g しそ …………1g みりん ………1g しょうゆ ……3g かつお節 …0.5g	玉ねぎ ………60g しそ …………1g みりん ………1g しょうゆ ……3g かつお節 …0.5g	ほうれん草 …60g 梅びしお ……5g みりん ………3g しょうゆ ……1g かつお節 …0.5g
	たくあん	たくあん ……10g			
	牛乳	牛乳 ………200g	低リン乳 …125g	低リン乳 …125g	牛乳 ………200g
	味付けのり	味付けのり …1g		味付けのり …1g MCTミニゼリー…25g	味付けのり …1g

★展開の内容

ご飯：熱量コントロール食は、米を減らす。
みそ汁：透析食、透析導入食には提供しない。
　　　　ただし、食欲がなく全体の食事摂取量が低下しているときは提供する場合がある。
付け合わせのキャベツ：透析食、透析導入食は、ゆでこぼしてカリウムを減らす。
ほうれん草の梅肉和え：透析食、透析導入食は、ほうれん草、梅びしおは使用せず、玉ねぎ、しそを用いて
　　　　　　　　　　　カリウムを減らす。
たくあん：透析食、透析導入食、熱量コントロール食には提供しない。
牛乳：透析食、透析導入食は、牛乳を低リン牛乳に変更する。
その他：透析食、透析導入食は、粉あめゼリーでエネルギーを増やす。

	献立名	常食	透析食	透析導入食	熱量コントロール食
昼食	ご飯	米 60g	米 60g	米 60g	米 43g
	コンソメスープ	ビーフコンソメ…1g 塩 0.5g こしょう ……適宜 レタス 5g			ビーフコンソメ…1g 塩 0.5g こしょう ……適宜 レタス 5g
	タンドリーチキン	鶏もも皮付き…60g 塩 0.6g ヨーグルト(無糖)…15g ケチャップ …10g おろしにんにく…1g おろししょうが…1g レモン汁 …… 1g パプリカ ……適宜 カレー粉 ……適宜 油 …………… 2g	鶏もも皮付き…60g 塩 0.6g ヨーグルト(無糖)…15g ケチャップ …10g おろしにんにく…1g おろししょうが…1g レモン汁 …… 1g パプリカ ……適宜 カレー粉 ……適宜 油 …………… 2g	鶏もも皮付き…40g 塩 0.4g ヨーグルト(無糖)…8g ケチャップ … 5g おろしにんにく…0.5g おろししょうが…0.5g レモン汁 …… 0.5 パプリカ ……適宜 カレー粉 ……適宜 油 …………… 1	鶏むね皮なし…60g 塩 0.6g ヨーグルト(無糖)…15g ケチャップ …10g おろしにんにく…1g おろししょうが…1g レモン汁 …… 1g パプリカ ……適宜 カレー粉 ……適宜 油 …………… 2g
	付け合わせ	カリフラワー…30g 塩 0.1g こしょう ……適宜 油 …………… 1g さやいんげん…20g バター …… 1g 塩 0.1g こしょう ……適宜	カリフラワー…30g 塩 0.1g こしょう ……適宜 油 …………… 1g さやいんげん…20g バター …… 1g 塩 0.1g こしょう ……適宜	カリフラワー…30g 塩 0.1g こしょう ……適宜 油 …………… 1g さやいんげん…20g バター …… 1g 塩 0.1g こしょう ……適宜	カリフラワー…30g 塩 0.1g こしょう ……適宜 油 …………… 1g さやいんげん…20g バター …… 1g 塩 0.1g こしょう ……適宜
	野菜サラダ	大根 …… 40g きゅうり …… 20g にんじん … 0.5g 玉ねぎ ………10g ノンオイルドレッシング ………… 10g サラダ菜 …… 5g	大根 …… 40g きゅうり …… 20g にんじん … 0.5g 玉ねぎ ………10g マヨネーズ …10g 塩 0.3g こしょう ……適宜 サラダ菜 …… 5g	大根 …… 40g きゅうり …… 20g にんじん … 0.5g 玉ねぎ ………10g マヨネーズ …10g 塩 0.3g こしょう ……適宜 サラダ菜 …… 5g	大根 …… 40g きゅうり …… 20g にんじん … 0.5g 玉ねぎ ………10g ノンオイルドレッシング ………… 10g サラダ菜 …… 5g
	果物	みかん ………50g	みかん(缶詰)…50g	みかん(缶詰)…50g	みかん ………100g

★展開の内容

ご飯：熱量コントロール食は、米を減らす。
コンソメスープ：透析食、透析導入食には提供しない。
　　　　　　　ただし、食欲がなく全体の食事摂取量が低下しているときには提供する場合がある。
タンドリーチキン：透析導入食は肉、調味料を減らす。熱量コントロール食は、肉の部位をむね肉に変更する。
野菜サラダ：透析食、透析導入食はゆでこぼしてカリウムを減らし、マヨネーズを使用する。
　　　　　　ただし、サラダ菜はそのまま使用する。
果物：透析食、透析導入食は、カリウムを多く含むものは、缶詰や他の果物に代える。
　　　熱量コントロール食の果物は0.5単位とする。

	献立名	常食	透析食	透析導入食	熱量コントロール食
間食		黒ごまウエハース鉄入 …………… 8g	黒ごまウエハース鉄入 …………… 8g	鉄ジュース…100mL	バナナ ……… 50g
夕食	とろろこんぶのすまし汁	だし汁 …… 150g 塩 …………… 1g 酒 …………… 1g 薄口しょうゆ…1g とろろ昆布 … 1g			だし汁 …… 150g 塩 …………… 1g 酒 …………… 1g 薄口しょうゆ…1g とろろ昆布 … 1g
	鉄火丼	米 ………… 60g 酢 ………… 15g 砂糖 ………… 3g 塩 ………… 1.2g まぐろ赤身 … 60g しょうゆ …… 4g みず菜 ……… 5g 刻みのり …… 1g	米 ………… 60g 刺身盛り合わせ まぐろ ……… 40g まだい ……… 40g 大根つま …… 30g しそ ………… 1g しょうゆ …… 3g わさび ……… 1g	米 ………… 60g 刺身盛り合わせ まぐろ ……… 20g まだい ……… 20g 大根つま …… 30g しそ ………… 1g しょうゆ …… 3g わさび ……… 1g	米 ………… 43g 刺身盛り合わせ まぐろ ……… 40g まだい ……… 40g 大根つま …… 30g しそ ………… 1g しょうゆ …… 3g わさび ……… 1g
	精進揚げ	かぼちゃ …… 20g ピーマン …… 10g なす ……… 30g しめじ ……… 20g 小麦粉 ……… 10g 卵 …………… 5g 水 ………… 10g 油 ………… 10g 抹茶塩 …… 0.5g	かぼちゃ …… 20g ピーマン …… 10g なす ……… 30g しめじ ……… 20g 小麦粉 ……… 10g 卵 …………… 5g 水 ………… 10g 油 ………… 10g 抹茶塩 …… 0.5g	かぼちゃ …… 20g ピーマン …… 10g なす ……… 30g しめじ ……… 20g 小麦粉 ……… 10g 卵 …………… 5g 水 ………… 10g 油 ………… 10g 抹茶塩 …… 0.5g	ピーマン …… 20g なす ……… 30g しめじ ……… 20g 油 …………… 2g 抹茶塩 …… 0.5g
	白菜のくるみ和え	白菜 ………… 60g くるみ ……… 3g しょうゆ …… 3g 砂糖 ………… 1g みりん ……… 1g	白菜 ………… 60g しょうゆ …… 3g 砂糖 ………… 1g みりん ……… 1g	白菜 ………… 60g しょうゆ …… 3g 砂糖 ………… 1g みりん ……… 1g	白菜 ………… 60g しょうゆ …… 3g 砂糖 ………… 1g みりん ……… 1g
栄養素	エネルギー (kcal)	1,595	1,603	1,574	1,195
	たんぱく質 (g)	64.0	60.3	49.1	64.0
	脂質 (g)	45.0	49.9	45.4	27.7
	食塩相当量 (g)	9.1	4.0	4.0	7.9
	鉄 (mg)	9.8	8.2	11.5	6.7
	カリウム (mg)	2,697	2,099	1,947	2,901

★展開の内容

すまし汁：透析食、透析導入食には提供しない。
　　　　　ただし、食欲がなく全体の食事摂取量が低下しているときには提供する場合がある。
鉄 火 丼：透析食、透析導入食は、酢飯にせずに白米にする。熱量コントロール食は、米を減らす。
　　　　　まぐろは刺身盛りにし、しょうゆ、わさびを付ける。
精進揚げ：透析食、透析導入食の野菜は、水にさらしてから調理する。熱量コントロール食は、野菜を素焼きにする。
白菜の和え物：透析食、透析導入食は熱量コントロール食のくるみを除く。
熱量コントロール食は、基礎食 1,200kcal として計算

第2日目

	献立名	常食	透析食	透析導入食	熱量コントロール食
朝食	ご飯	米 …… 60g	米 …… 60g	米 …… 60g	米 …… 43g
	キャベツのみそ汁	だし汁 …… 100g みそ …… 7g キャベツ …… 20g			だし汁 …… 100g みそ …… 7g キャベツ …… 20g
	がんもの煮つけ	がんもどき …40g 砂糖 …… 2g みりん …… 2g しょうゆ …… 4g だし汁 …… 適宜 でんぷん …… 1g	がんもどき …40g 砂糖 …… 2g みりん …… 2g しょうゆ …… 4g だし汁 …… 適宜 でんぷん …… 1g	がんもどき …30g 砂糖 …… 2g みりん …… 2g しょうゆ …… 4g だし汁 …… 適宜 でんぷん …… 1g	がんもどき …30g 砂糖 …… 2g みりん …… 2g しょうゆ …… 4g だし汁 …… 適宜 でんぷん …… 1g
	ごま和え	春菊 …… 60g すりごま …… 2g みりん …… 2g 砂糖 …… 2g しょうゆ …… 5g	チンゲン菜 …60g すりごま …… 2g みりん …… 2g 砂糖 …… 2g しょうゆ …… 5g	チンゲン菜 …60g すりごま …… 2g みりん …… 2g 砂糖 …… 2g しょうゆ …… 5g	春菊 …… 60g すりごま …… 2g みりん …… 2g 合成甘味料 …… 2g しょうゆ …… 5g
	ふりかけ	ふりかけ …… 1袋	ふりかけ …… 1袋	ふりかけ …… 1袋	ふりかけ …… 1袋
	牛乳	牛乳 …… 200g	低リン乳 …… 125g MCTミニゼリー…25g	低リン乳 …… 125g 粉あめゼリー…90g*	牛乳 …… 200g

★展開内容

ご飯：熱量コントロール食は、米を減らす。
みそ汁：透析食、透析導入食には提供しない。
　　　　ただし、食欲がなく全体の食事摂取量が低下しているときには提供する場合がある。
がんもの煮つけ：透析導入食、熱量コントロール食は、がんもどきの重量を減らす。
ごま和え：透析食、透析導入食は、春菊をチンゲン菜に代えてカリウムを減らす。
　　　　　熱量コントロール食は和え衣の砂糖を合成甘味料に代える。
ふりかけ：鉄を強化したもの。
牛乳：透析食、透析導入食は、牛乳を低リン牛乳に変更する。
その他：透析導入食は、粉あめゼリーを提供する。
＊粉あめゼリーの材料：粉あめ 30g、鉄ジュース 65mL、ゼラチン 1.5g ＋水 10mL

	献立名	常食	透析食	透析導入食	熱量コントロール食
昼食	ご飯	米 ……………60g	米 ……………60g	米 ……………60g	米 ……………43g
	なめこのみそ汁	だし汁 …… 100g みそ …………… 7g なめこ …………15g			だし汁 …… 100g みそ …………… 7g なめこ …………15g
	豚卵丼	豚肩ロースこま肉…60g 玉ねぎ …………40g 砂糖 …………… 2g みりん ………… 3g しょうゆ ……… 8g だし汁 …………30g 卵 ………………50g みつば ………… 3g	豚肩ロースこま肉…60g 玉ねぎ …………40g 砂糖 …………… 2g みりん ………… 3g しょうゆ ……… 8g だし汁 …………30g 卵 ………………50g みつば ………… 3g	豚肩ロースこま肉…20g 玉ねぎ …………40g 砂糖 …………… 2g みりん ………… 3g しょうゆ ……… 8g だし汁 …………30g 卵 ………………50g みつば ………… 3g	豚ももこま肉…40g 玉ねぎ …………40g 砂糖 …………… 2g みりん ………… 3g しょうゆ ……… 8g だし汁 …………30g 卵 ………………50g みつば ………… 3g
	ぜんまいの炒め煮	ぜんまい ………50g にんじん ………10g ごま油 ………… 1g 砂糖 …………… 2g みりん ………… 3g しょうゆ ……… 5g	ぜんまい ………50g にんじん ………10g ごま油 ………… 1g 砂糖 …………… 2g みりん ………… 3g しょうゆ ……… 5g	ぜんまい ………50g にんじん ………10g ごま油 ………… 1g 砂糖 …………… 2g みりん ………… 3g しょうゆ ……… 5g	ぜんまい ………50g にんじん ………10g ごま油 ………… 1g 砂糖 …………… 2g みりん ………… 3g しょうゆ ……… 5g
	きゅうりの酢の物	きゅうり ………40g 塩 ……………… 0.3g 砂糖 …………… 2g 酢 ……………… 5g	きゅうり ………40g 砂糖 …………… 2g 酢 ……………… 5g	きゅうり ………40g 砂糖 …………… 2g 酢 ……………… 5g	きゅうり ………40g 塩 ……………… 0.3g 合成甘味料 … 2g 酢 ……………… 5g

★展開内容

ご飯：熱量コントロール食は、米を減らす。
みそ汁：透析食、透析導入食には提供しない。
　　　　ただし、食欲がなく全体の食事摂取量が低下しているときには提供する場合がある。
豚卵丼：透析食、透析導入食は肉を鶏もも肉に変更する。さらに透析導入食は肉の量を減らす。
　　　　熱量コントロール食は、肉を豚ももこま肉に変更する。
きゅうりの酢の物：透析食、透析導入食のきゅうりは、塩もみせず、ゆでこぼしをする。
　　　　　　　　熱量コントロール食は、砂糖の替わりに合成甘味料を使用する。

	献立名	常食	透析食	透析導入食	熱量コントロール食
間食		カルシウムせんべい ……… 7g	カルシウムせんべい ……… 7g	マクトンビスキー ……… 20g	キウイフルーツ ……… 75g
夕食	ご飯	米 …… 60g	米 …… 60g	米 …… 60g	米 …… 43g
	わかめのみそ汁	だし汁 …… 150g みそ …… 10g わかめ（乾）… 1g			だし汁 …… 150g みそ …… 10g わかめ（乾）… 1g
	さばの山椒焼き	さば …… 70g みりん …… 3g 酒 …… 3g しょうゆ …… 5g 油 …… 2g さんしょう …適宜	さば …… 70g みりん …… 3g 酒 …… 3g しょうゆ …… 5g 油 …… 2g さんしょう …適宜	さば …… 70g みりん …… 3g 酒 …… 3g しょうゆ …… 5g 油 …… 5g でんぷん …… 3g さんしょう …適宜	すずき …… 60g みりん …… 3g 酒 …… 3g しょうゆ …… 5g 油 …… 2g さんしょう …適宜
	生麩の甘煮 （付け合わせ）	生麩 …… 10g だし汁 …適宜 砂糖 …… 1g	生麩 …… 10g だし汁 …適宜 砂糖 …… 1g	笹の葉（飾り）	笹の葉（飾り）
	炊き合わせ	かぶ …… 40g たけのこ …… 20g 生しいたけ …10g にんじん …10g オクラ …… 10g 砂糖 …… 1g みりん …… 1g 薄口しょうゆ… 5g 酒 …… 2g だし汁 …適宜	かぶ …… 40g たけのこ …… 20g 生しいたけ …10g にんじん …10g オクラ …… 10g 砂糖 …… 1g みりん …… 1g 薄口しょうゆ… 5g 酒 …… 2g だし汁 …適宜	かぶ …… 40g たけのこ …… 20g 生しいたけ …10g にんじん …10g オクラ …… 10g 砂糖 …… 1g みりん …… 1g 薄口しょうゆ… 5g 酒 …… 2g だし汁 …適宜	かぶ …… 40g たけのこ …… 20g 生しいたけ …10g にんじん …10g オクラ …… 10g 砂糖 …… 1g みりん …… 1g 薄口しょうゆ… 5g 酒 …… 2g だし汁 …適宜
	果物	りんご（缶詰）… 50g	りんご（缶詰）… 50g	りんご（缶詰）… 50g	りんご …… 75g
栄養素	エネルギー （kcal）	1,535	1,549	1,550	1,228
	たんぱく質 （g）	68.6	60.2	49.6	57.5
	脂質 （g）	43.3	47.1	36.5	31.7
	食塩相当量 （g）	10.1	5.7	5.5	9.9
	ビタミンC （mg）	43	98	98	100
	鉄 （mg）	8.9	6.9	6.3	7.4
	食物繊維 （g）	11.5	7.5	7.4	13.9
	カリウム （mg）	2,056	1,549	1,403	2,217

★展開内容

ご飯：熱量コントロール食は、米を減らす。
すまし汁：透析食、透析導入食には提供しない。
　　　　　ただし、食欲がなく全体の食事摂取量が低下しているときには提供する場合がある。
さばの山椒焼き：透析導入食は、ボリュームとエネルギー増加を図るために、から揚げにする。
　　　　　　　　熱量コントロール食はさばをすずきに代える（さばの場合、重量が30gと小さくなる）。
　　　　　　　　透析導入食、糖尿病食は付け合わせの生麩を除く。
炊き合わせ：透析食、透析導入食で使用する野菜はカリウムの摂取量が基準値以下のことから、
　　　　　　常食と同じように調理する。
果物：熱量コントロール食はりんご（缶詰）を生りんご0.5単位に代える。

4. おやつ

盛り付けの際、認知症の方には見た目の色彩に気を配ると「食べたい！」という意欲がわく。色の濃い（特に赤い）ものは、認識されやすいので、工夫して取り入れるとよい。

アレンジ蒸しパン

そのままでは食べにくい食材や、とりにくい栄養素を生地に混ぜることで、摂取しやすくなる。蒸しパンにすることで、ふんわり軽い食感となり水分摂取にも合わせやすく、食事以外の補給メニューとして組みやすい。生地に上新粉を使うことにより、パサつき感を抑えることができる。

【材料】5人分

- 小麦粉……………………… 50g
- 上新粉……………………… 50g
- ベーキングパウダー……… 2g
- 砂糖………………………… 50g
- 卵…………………………… 1個
- 牛乳または豆乳…………… 50g

① 小麦粉、上新粉、ベーキングパウダーは、合わせてふるう。
② 砂糖を加え、さらに卵を加えて混ぜる。
③ 牛乳または豆乳を加え、ひと混ぜする。
④ AやBを好みで加え、アレンジする。
⑤ カップに生地を八分目まで入れ、蒸し器に入れてふきんをかけ、強火で10〜12分蒸し上げる。
　＊大きめの型に入れ、蒸し上がりを食べやすい大きさに切ってもよい。

色々アレンジ

Ⓐ 色や風味付け：ほうれん草やにんじんのピューレ
　　　　　　　　ココア、ごまペースト
　　　　　　　　メープルシロップ
　　　　　　　　など

Ⓑ 歯触りの変化・アクセント：
　　　　　　　　さつまいも・かぼちゃ（さいの目切り）、
　　　　　　　　きな粉、あずき、
　　　　　　　　黒砂糖（粗く砕く）、
　　　　　　　　ゆず（みじん切り）、
　　　　　　　　プルーン（粗刻み）、
　　　　　　　　りんごのコンポート（粗刻み）
　　　　　　　　シナモン、クリームチーズ
　　　　　　　　など

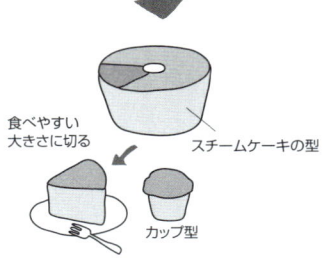

写真3-19　アレンジ蒸しパン

バラエティゼリー

「食べる」感覚が鈍くなっているときに、舌先に甘みを感じ、舌の上で溶けるので、嚥下困難者や食欲のない方に向いている。色々アレンジして、高齢者に不足しがちな水分補給に役立てたい。

【材料】5人分
ゼラチン………… 6g　　水………… 40g　　砂糖………… 30g　　湯（50℃以上）…250g

① 耐熱容器に水を入れ、ゼラチンを振り入れる。
② 電子レンジ（500W）で、30秒加熱して溶かす。
③ ②に砂糖と湯を加え、よく混ぜる。
④ 好みの味を付け、器に入れて冷蔵庫で冷やし固める。

写真3-20　バラエティゼリー

色々アレンジ

作り方③のときに、砂糖と水の代わりに他の材料を入れる。

フルーツゼリー：果汁の絞り汁、フルーツジュース

野菜ゼリー：野菜の絞り汁、野菜ジュース

水分補給ゼリー：スポーツドリンク、乳酸菌飲料

キラキラゼリー：固まったゼリーをフォークで引っかいて削り取りながら器に盛る。

フルーツ in ゼリー：③のときに、さいの目切りのフルーツを入れる（生のキウイフルーツとパイナップルは、たんぱく質分解酵素で固まらない）。

ムース風ゼリー：③のときに、泡立ててから器に入れて冷やす。

ミルクゼリー：湯200gを牛乳に替える。

ココアゼリー：③のときに、砂糖10gとココア（粉）10gを混ぜ、湯5gで練り、温めた牛乳200gを加える。

抹茶ゼリー：③のときに、砂糖30gと抹茶5gを混ぜ、湯10gで練り、水240gを加える。

黒糖ゼリー：砂糖を黒糖に替える。きな粉ソースをかける。
きな粉ソース：きな粉10g+牛乳15g+はちみつ5g

カスタードゼリー：牛乳200g、砂糖20g、卵1個をよく混ぜ、ざるでこして入れる。

レアチーズゼリー：クリームチーズ50g、砂糖10g、卵1個、牛乳150gをミキサーにかける。お好みでジャムを添える。

季節のひと口まんじゅう

皮のあるまんじゅうは喉に詰まりやすいので、くず皮にして喉越しをよくする。水分が取りにくい方にも食べやすい一品。あんに季節のものを加え、その香りと共にいただくのもよい。

【材料】1人3個、5人分

- 粉寒天……………………… 1g
- 水…………………………… 60g
- 水溶きくず粉
  - くず粉…………………… 10g
  - 水………………………… 40g
- あん………………………… 80g

① 粉寒天は分量の水で湿らせる。
② あんは絞り袋に入れて一口大に絞り出し、形を丸く整える。
③ ①を沸騰させ、水溶きくず粉を加え、鍋底から返すように混ぜる。絶えず木べらで混ぜながら煮詰め、すくったときにゆっくり落ちるくらいになったら火を止める。
④ ③が冷めたら②をスプーンに乗せてくぐらせ、バットに並べて冷蔵庫で冷やす。

色々アレンジ

春：練りあんと粒あん
　　白あん＋桜の葉の塩漬けみじん切り
夏：ずんだあん
　　抹茶あん
　　白あん＋ゆかり
秋：さつまいもあん
　　黄身あん
　　栗あん
冬：みそあん
　　白あん＋ゆず
　　かぼちゃあん
　　＊あんがやわらかいときは、あんを皿に広げ電子レンジで600W30秒ごとに混ぜながら硬さを調節するとよい。

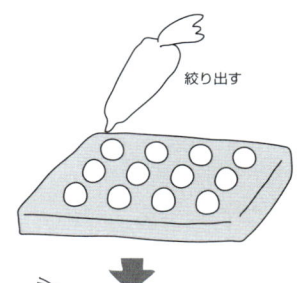

写真3-21　季節のひと口まんじゅう

簡単フレッシュアイスクリーム＆シャーベット

果物や野菜の目先を変え、一度砕いてアイスクリームやシャーベットにすることで、舌の上で溶ける。嚥下困難者・食べる意欲のない方・発熱している方などに向いている。

【材料】5人分
果物や野菜……………… 300g　　生クリームまたはヨーグルトまたは水………………… 100g
砂糖…………… 40〜50g

① 果物は、1cm角に切って完全に凍ったものをフードプロセッサーにかける。野菜は、一度火を通しペースト状にして、完全に凍ったものをフードプロセッサーにかける。
② サクサクのフレーク状になったら砂糖を入れる。
　＊初めから砂糖を入れると、歯が滑ってしまう。
　＊砂糖の量は、材料の甘さで調節する。
③ かくはんしながら生クリームを加えればアイスクリームに、ヨーグルトを加えればヨーグルトアイスに、水を加えればシャーベットになる。

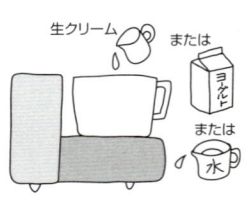

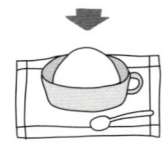

色々アレンジ

ブルーベリー、
バナナ、
いちご＋レモン汁、
マンゴー＋レモン汁、
にんじん＋パパイヤ＋レモン汁、
トマト（湯むきして種をとる）＋はちみつ＋レモン汁、
ほうれん草（ゆでる）、
かぼちゃ（ペースト）、
さつまいも（ペースト）

5. 介護食

❶対象者

認知症高齢者を食行動から次の5つに分類した。

タイプ1：認知症の初期でランクI～II[※1]
　　　　食行動で時々食べたことを忘れる
　　　　声かけで食堂へ行ける
　　　　食事介助は見守りが必要

タイプ2：認知症の中期（前半）でランクIII[※1]
　　　　食行動に過食・拒食がみられる
　　　　誘導で食堂へ行ける
　　　　食べるときに声かけが必要
　　　　食事介助は一部半介助が必要

タイプ3：認知症の中期（後半）でランクIV[※1]
　　　　食行動に盗食・異食がみられる
　　　　声かけだけでは食べることができず動作の誘導が必要
　　　　頻繁に食事を要求する
　　　　食事介助は半介助が必要

タイプ4：認知症の末期でランクM[※1]
　　　　食事動作ができず食事介助は全介助が必要

タイプ5：タイプ4の中で終末期の定義（①認知症である、②意思疎通が困難か不可能な状態である、③認知症の原因疾患に伴い嚥下が困難か不可能な状態である、④前①～③の状態が非可逆的である[※2]）に該当

[※1] 認知症高齢者の日常生活自立度判定基準に基づくランク
[※2] 三宅貴夫先生が定義、京都保健会盛林診療所長、認知症の人と家族の会顧問

❷食事形態の考え方

タイプ1：食事量に配意し、記憶に残る料理名で呼びかけ、捕食力を誘発させる。煮物は視覚的になじんだ料理・形なので食べる行動に移行しやすい、箸でつまめ、口の中に入る大きさ、咀嚼しやすい形、咀嚼を誘発させる硬さにする。

タイプ2：タイプ1と同じ考え方で、認識機能障害がさらに進み、咀嚼力低下もみられる。タイプ1よりも筋力の低下がみられ、捕食力に合わせてつまみやすい形、スプーンに乗りやすい大きさ、咀嚼力の低下に合わせた硬さにする。

タイプ3：特異な食行動がみられ、常時見守りや介助が必要なくらい認識機能が低下している。捕食力がなくなり、咀嚼力や食塊形成力は低下しているため、誤嚥や喉詰まりがないよう安全性が求められる。舌で押しつぶせる硬さ、嚥下できる大きさ、食塊形成しやすいまとまりにし、残された口腔保持力を刺激して送り込み力を誘発させ、嚥下力につなげる。残された食べる機能でさらにレベル1とレベル2に分ける。

　かまなくても飲み込める大きさ。食材を5mmと2mmに切って混合する。割合を変えることで硬さを調整し、咀嚼力を誘発し、風味を引き出し味覚や嗅覚を刺激する。食事介助で触覚を刺激できる一口量（ティースプーン1杯強）にすることで舌を刺激して残された送り込み力と嚥下力につなげる。

タイプ4：全介助になるので、捕食力、咀嚼力、食塊形成力はない。唯一残された口腔内保持力の五感（味覚、嗅覚、触覚）も刺激し、まとまりやすく、すべりのよい、残された送り込み力、嚥下力につなげる。残された食べる機能でさらにレベル1～3に分ける。

　わずかに残された感覚機能を旨味（おいしさ）と風味（香り）で味蕾と鼻腔、温度刺激し、食事介助でティースプーンすり切り1杯量にすることで触覚刺激をし、送り込み力、嚥下力を刺激して反射運動や蠕動運動を助ける。

❸ 主食

全粥、ミキサー粥からの脱皮

ご飯の種類	タイプ3		タイプ4			食事形態のポイント
	R1	R2	R1	R2	R3	
全　粥	○	○				
軟　飯	○					① 全粥に対してエネルギー量が増える ② 全粥よりまとまりがよい ③ カレー、炊き込みご飯などが出せる
ミキサー粥			○	○	○	とろみ食材を加え、粘りをとる
つぶし粥（軟飯を使用）		○	○			① 少量も可能（居宅対応可能） ② 片栗粉を入れてすべりをよくする
ごっくん粥を使用		○	○	○	○	① 簡単で誰でも同じ食事形態が可能 ② 少量が可能（居宅対応可能）

注）R1〜R3は、レベルを示す。

【炊飯のポイント】
① 気温によって浸漬時間を変える
　（夏：30分、冬：2時間）。
② 蒸している間は蓋を開けてはいけない。米粒ひとつひとつが水分をしっかり吸い込みつぶれやすいやわらかさになる。
③ 炊飯後混ぜることで、米粒の間にある余分な水蒸気を飛ばすことでふっくらしたご飯に仕上がる。
④ 炊飯器の蒸らし時間は、炊飯器のマニュアルで確認すること。
⑤ 炊飯器にやわらか、粥モードがあるかを確認すること。普通モードでは目的のやわらかさに炊き上がらない。
⑥ 器に一人分の粥（米と水）を入れ、家族用と一緒に普通モードで炊くとおいしく、目的のやわらかさに炊ける。

---

a. 軟飯（タイプ3）

【材料】
米……………45g　　もち米……………5g　　水……………175g

作り方
① 米をよくとぎ、分量の水を入れて120分間浸漬する。
② 炊飯器のスイッチを入れ、スイッチが切れたら30分間蒸らす。

〈ポイント〉
① 炊飯中の吹きこぼれを防止するため、炊飯量の1/3にすること。炊飯器の種類により、粥モードや蒸らし時間設定ができないものがあるので、必ず事前確認する。
② 軟飯は米にもち米を1割混合することで、まとまりとすべりを強化できる。
③ 全粥の方にカレーライスや丼物などが提供できる。
　ソースや煮汁が主食にしみ込むことが少なく、全粥と同じ押しつぶせる硬さになる。
④ お粥が嫌いな方でも、体調に合わせて水分量を少しずつ減らすことで、無理なくご飯に戻すことができる。

写真3-22　もち米入り軟飯

エ 172kcal　た 3.0g　脂 0.5g　炭 37.2g　カ 3mg　鉄 0.4mg　A 0μgRE　B₁ 0.04mg　B₂ 0.01mg　C 0mg

b. つぶし粥（タイプ3R2、タイプ4R1）

【材料】
軟飯……………………… 約120g　　片栗粉………………………… 2g　　水………………………… 75g

作り方
① 鍋に水と片栗粉を入れてかくはんし、火にかけて透き通ったら火を止める。
② 軟飯をすり鉢に入れ、①を少しずつ加えながらすり棒でする。

〈ポイント〉
① 全粥は食べにくくても、米粒を小さくすることで飲み込みやすくなる。全粥をミキサーにかけたり、すり鉢にかけると米の粘りで口腔内に貼り付き飲み込みにくくなる。そこで、軟飯（もち米1割混合）をつぶすことでまとまりをよくし、片栗粉溶液を混ぜることで、貼り付き感のない喉越しがソフトな粥となる。
② 硬さは片栗粉溶液の量で調整できる。

写真3-23　つぶし粥

エ 135kcal　た 2.2g　脂 0.3g　炭 29.5g　カ 2mg　鉄 0.3mg　A 0μg　B₁ 0.03mg　B₂ 0.01mg　C 0mg

c. 全粥（タイプ3）

【材料】
米……………………… 30g　　水……………………… 180g

作り方
① 分量の水を入れて120分間浸漬する。
② 炊飯器のスイッチを入れ、スイッチが切れたら30分間蒸らす。

〈ポイント〉
① 炊飯中の吹きこぼれを防止するため、水は炊飯量の1/5にすること。炊飯器の種類により粥モードや蒸らし時間設定ができないものがあるので、必ず事前に確認する。
② でき上がり量150gを想定した炊飯前の水量である。
③ 米粒の大きさが飲み込めない人（タイプ3R2）では、洗米して水きりした米をフードカッターにかけ、3mmくらいの大きさに砕いてから炊飯する。

エ 107kcal　た 1.8g　脂 0.3g　炭 23.1g　カ 2mg　鉄 0.2mg　A 0μgRE　B₁ 0.02mg　B₂ 0.01mg　C 0mg

d. ミキサー粥（タイプ4）

【材料】
ごっくん粥（まつや）……約20g　　（寒天溶液）
湯………………………… 110g　　湯………………………………… 25g
寒天溶液………………… 15g　　介護食用即溶性寒天（伊那食品）…1g

作り方
① 湯（80℃）に寒天溶液を加え、ごっくん粥をかくはんしながら3回くらいに分けて振り入れ、かき混ぜる。
② 蓋（ラップ）をして5分くらい蒸らす。
（寒天溶液の作り方）
湯（80℃）に寒天を振り入れてよくかくはんし、溶かす。
〈ポイント〉
（寒天を使用する理由）
① わずかに残る米の粘りがとれる。
② 食塊形成力がほとんどない人に対応できる。
③ 味覚・嗅覚刺激を促し、口腔内保持力に対応できる。
④ わずかに残る嚥下反射機能に訴え、送り込み力を誘発させる。
⑤ 乾燥した口腔でもわずかな送り込み力で飲み込める。
⑥ 食道に残された蠕動運動に対応したまとまりと送り込みに対応できる。

写真3-24　ミキサー粥

（ミキサー粥の欠点）
全粥をミキサーにかけると、粘りが出て口腔内に貼り付き食べにくい形態となる。粘りを取り除くために、湯を加えて粘りをとる、とろみ調整食品を加えるなどの方法がある。しかし、水を加えると量が増えて食べきれず、とろみ調整食品を加えると高価になり、味が変わってしまう。

（ごっくん粥を使用する利点）
ごっくん粥は低粘性の米を加熱した粉体である。湯に溶かしかくはんするだけで、短時間（5分）に、食べる量の、米風味のおいしいミキサー粥ができる。

エ 74kcal　た 1.1g　脂 0.2g　炭 17.0g　力 7mg　鉄 0mg　A 0μgRE　B_1 0.00mg　B_2 0.00mg　C 0mg

❹主菜① 鶏肉とかぶの煮物

(g)

食材名	タイプ1	タイプ2	タイプ3	タイプ4
鶏ひき肉（二度ひき）	50	40	10	
酒	2.5	2.0	0.5	
ミートムース（鶏レバー）※1	30	30	30	30
牛乳	3.0	3.0	3.0	3.0
パン粉	5	5	5	5
卵	10	10	10	30
ミートムース（チキン）※1		10	40	50
（煮汁：肉用）				
だし汁（昆布）	50	50	50	50
薄口しょうゆ	4	4	4	4
みりん	3	3	3	3
酒	2	2	2	2
しょうが絞り汁	2	2	2	2
片栗粉　｝水溶き片栗粉			0.6	0.6
水			1.2	1.2
かぶ	25	25	25	25
かぶ茎	5	3		
かぶ葉			0.5	0.5
ゆで用塩	適宜	適宜	適宜	適宜
水	適宜	適宜	適宜	適宜
（煮汁：かぶ用）				
だし汁（昆布）	30	30	30	30
塩	少々	少々	少々	少々
酒	1.5	1.5	1.5	1.5
みりん	1.5	1.5	1.5	1.5
（寒天溶液）				
介護食用ウルトラ寒天※2			0.3	0.8
だし汁（昆布）			10	20

※1 明治ケンコウハム製。　※2 伊那食品製。

タイプ1 エ 204kcal　た 16.9g　脂 8.7g　炭 10.8g　カ 65mg　鉄 3.8mg　A 4,883μgRE　B₁ 0.11mg　B₂ 0.28mg　C 13mg
タイプ2 エ 212kcal　た 15.7g　脂 9.8g　炭 11.7g　カ 59mg　鉄 3.7mg　A 4,875μgRE　B₁ 0.11mg　B₂ 0.26mg　C 12mg
タイプ3 エ 241kcal　た 12.2g　脂 13.1g　炭 15.2g　カ 53mg　鉄 3.4mg　A 4,861μgRE　B₁ 0.09mg　B₂ 0.20mg　C 13mg
タイプ4 エ 284kcal　た 13.0g　脂 15.6g　炭 19.5g　カ 62mg　鉄 3.5mg　A 4,873μgRE　B₁ 0.10mg　B₂ 0.23mg　C 14mg

※外観は写真3-25、作り方は図3-14参照。

〈ポイント〉
① 肉のパサつき感はパン粉と卵でまとめて滑らかな食感に変える。レバー臭は牛乳で消す。
② タイプ3は鶏のひき肉とミートムースを混合し咀嚼を誘発させる硬さで、10回程度の押しつぶしで飲み込みやすい大きさ・まとまり・すべりにする。
③ 鼻腔刺激を促し、脳を賦活させるためにしょうがで香りを付ける。
④ ミートムースを使用することでとろみ食材が少なくてすむ。
⑤ 彩りにかぶの葉を使う。
⑥ かぶのとろみは介護食用ウルトラ寒天を使い、あん風に仕上げる。咀嚼を誘発し、まとまりとすべりのよい食感になる。
⑦ 食材と寒天溶液を混ぜるときは湯せんする。寒天溶液は溶けた状態を確認して使用する。

タイプ1　タイプ2　タイプ3　タイプ4

写真3-25 鶏肉とかぶの煮物

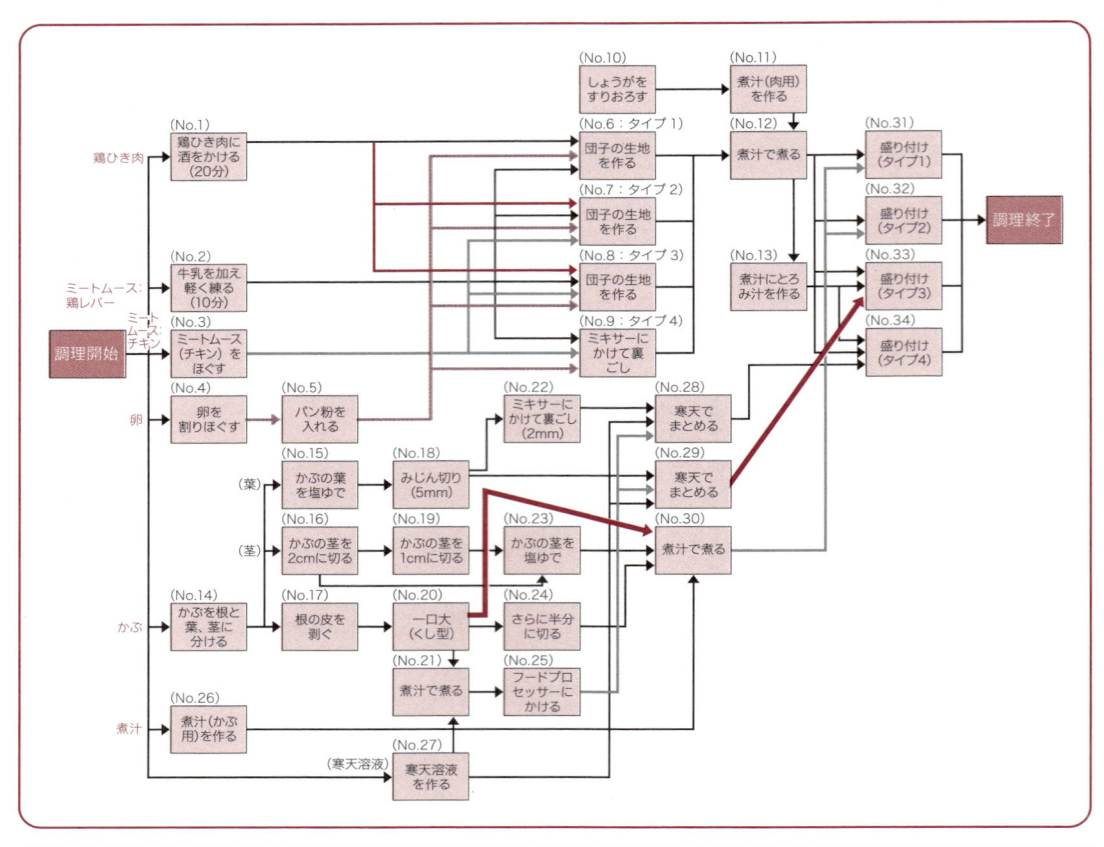

No.	調理内容	No.	調理内容
No.1	鶏ひき肉に酒を加えて軽く練り、20分寝かせ、タイプ1、タイプ2、タイプ3の分量に分ける。	No.18	（タイプ3、4）15を5mmのみじん切りにする。
No.2	ミートムース（鶏レバー）は自然解凍後、牛乳を加えて軽く練り、10分寝かせ、タイプ1タイプ2タイプ3タイプ4の分量に分ける。	No.19	（タイプ2）16の茎を半分（1cm）に切る。
No.3	ミートムース（チキン）は自然解凍後、ほぐしてタイプ2、タイプ3、タイプ4の分量に分ける。	No.20	17をひと口大（くし形）に切る。
No.4	卵は割りほぐす。	No.21	20のタイプ3、4の分量を26の煮汁で煮染める。
No.5	4の卵にパン粉を入れてふやかし、タイプ1、タイプ2、タイプ3、タイプ4の分量に分ける。	No.22	18のタイプ4の分量をミキサーにかけてメッシュ20で裏ごしする。
No.6	（タイプ1）ボールに1と2、5を入れてよく練る。	No.23	鍋に2仕切りして18、19を塩ゆでする。
No.7	（タイプ2）ボールに1と2、3、5を入れてよく練る。	No.24	（タイプ2）20をさらに半分に切る。
No.8	（タイプ3）ボールに1と2、3、5を入れてよく練る。	No.25	（タイプ3、4）21を冷ましてミキサーにかける。
No.9	（タイプ4）2、3、5をミキサーにかけ、裏ごし（20メッシュ）する。	No.26	鍋に煮汁（かぶ用）の材料を入れて合わせ、煮染めてタイプ1・2、タイプ3・4の分量に分ける。
No.10	しょうがはすりおろし、汁を絞る。	No.27	温かいだし汁（80℃）にウルトラ寒天を振り入れ、かくはんして溶かし、タイプ3、タイプ4の分量に分ける。
No.11	鍋に煮汁（肉用）の材料と10を入れて合わせる。	No.28	（タイプ4）22に27の寒天溶液を加え混ぜる。
No.12	鍋に仕切り（4区分）をし、11を入れて煮立て、6、7、8、9をぬらしたスプーンで1個（15g）を目安に丸めて入れ、弱火で煮含める。	No.29	（タイプ3）18に27の寒天溶液を加え混ぜる。
No.13	12からタイプ3、4用に煮汁を取り出し濾し、鍋に入れて加熱し、水溶き片栗粉を加えてとろみ汁を作る。	No.30	（タイプ1、2）鍋に2区切りし、26の煮汁を入れ、20と23、24に加えて煮染める。
No.14	かぶを根と葉、茎に分ける。	No.31	器に12の（タイプ1）と30の（タイプ1）を盛り付ける。
No.15	（タイプ3、4）14の葉をやわらかく塩ゆでする。	No.32	器に12の（タイプ2）と30の（タイプ2）を盛り付ける。
No.16	（タイプ1、2）14の茎を2cmに切る。	No.33	器に12の（タイプ3）を盛り付け、13のとろみ汁をかけ、その上に29をのせる。
No.17	（タイプ1、2）根は皮をむき、くし形に切る。	No.34	器に12の（タイプ4）を盛り付け、13のとろみ汁をかけ、その上に28をのせる。

図 3-14 タイプ別大量調理工程　鶏肉とかぶの煮物

主菜②

さけのとろろ蒸し（タイプ3）

【材料】
生さけ切り身………… 50g
木綿豆腐……………… 20g
冷凍とろろ（マルハニチロ食品）
　……………………… 13g
卵黄…………………… 10g
塩……………………… 0.7g
酒……………………… 2g

（とろろ）
冷凍とろろ（マルハニチロ食品）
　……………………… 10g
卵白…………………… 8g
塩……………………… 少々
片栗粉………………… 1g

（くずあん）
昆布だし汁…………… 20g
みりん………………… 2g
薄口しょうゆ………… 2g
片栗粉　水溶き ……… 0.7g
水　　　片栗粉 ……… 1g
しょうが汁…………… 1g

作り方
① さけの皮を取り、10g を 5mm に切り、40g をフードプロセッサーですり身状にする。
② 木綿豆腐はゆでて軽く水きりし、フードプロセッサーでクリーム状になるまでよくかくはんする。
③ ボールにとろろと卵黄を入れ、クリーム状になるまでかくはんする。
④ ③に①と②を入れ、よく混ぜ合わせて塩・酒で調味し、魚の形に成形する。
⑤ バットにクッキングシートを敷き、④のさけを並べて7分蒸す。
⑥ ⑤にとろろを形よくかけて3分蒸す。
⑦ ⑥を器に盛り付けて付け合わせ（好み）を添え、くずあんをかける。
⑧ （とろろの作り方）冷凍とろろは冷蔵庫で自然解凍する。卵白は泡立て器でメレンゲ状にする。ボールにとろろ、塩、片栗粉を入れよくかくはんし、卵白の泡がつぶれないように軽く合わせる。
⑨ （くずあんの作り方）だし汁にみりん、薄口しょうゆを入れて調味し、水溶き片栗粉でとろみを付ける。火から下ろし、しょうが汁を入れる。

写真3-26 さけのとろろ蒸し

〈ポイント〉
① タイプ3はさけのみじん切りとすり身を混合して咀嚼を誘発させる硬さにする。豆腐ととろろを10回程度の押しつぶしで飲み込みやすいまとまり・すべりにする。
混合比率は、残された食べる機能に合わせて変える。
② さけをフードプロセッサーにかけるときは、弾力性の強い練り物にならないよう、数秒ずつ数回に分けてかくはんし、すり身状にする。2～3人分の少量の場合はみじん切りにし、すり鉢で半潰しにする。
③ タイプ4はすり身をさらに裏ごし（20メッシュ）にかけて飲み込める大きさにし、均一にする。
④ くずあんのだし汁はでき上がり量である。2～3分煮込むので、とろみを付けることで蒸発量が多くなる。煮込むと片栗粉濃度が高くなるので、でき上がり量は必ずチェックし、その人に合ったとろみ濃度を一定にする。
⑤ しょうが汁は嗅覚を刺激するため、最後に入れてしょうが風味を生かす。
⑥ タイプ1、2は視覚に訴えるために、卵黄はさけの中に入れず黄身あんにするとよい。

エ196kcal　た14.5g　脂10.6g　炭8.4g　力51mg　鉄1.0mg　A66μgRE　$B_1$0.11mg　$B_2$0.16mg　C1mg

❺ 副菜（小鉢）

ほうれん草のお浸し（タイプ3）

【材料】
ほうれん草……………… 40g
だし汁（かつお）……… 10g
薄口しょうゆ…………… 2g
寒天溶液………………… 6g

（寒天溶液）
手作りぱぱ寒天（伊那食品）………… 1g
介護食用ウルトラ寒天（伊那食品）… 1g
水……………………………………… 75g

作り方
① ほうれん草はゆで、水にとってさらし、水気をきる。
② ①の茎は5mm以下にカットし、葉はみじん切りにし、茎と葉を合わせる。
③ 寒天溶液とだし汁を温め、②を入れて混ぜ、しょうゆをかけて調味する。
④ 器に盛り、細かく刻んだかつお節をかける。
⑤ タイプ4はほうれん草をフードプロセッサーにかけ、寒天で寄せる。

〈ポイント〉
① ゆでたほうれん草は水分をゆでる前の重量の約7割になるように絞るとおいしくなり、寒天濃度が一定になり最適な形態になる。
② 食材と寒天溶液を混ぜるときは湯せんする。寒天溶液は溶けた状態を確認して使用する。

写真3-27 ほうれん草のお浸し

エ 9kcal　た 1.0g　脂 0.2g　炭 1.4g　カ 33mg　鉄 0.8mg　A 140μgRE　B_1 0.05mg　B_2 0.08mg　C 14mg

❻ おやつ

草団子（タイプ3）

【材料】
よもぎ粉………………0.5g
湯………………………適宜
ごっくん粥（まつや）……10g
砂糖……………………2.5g
湯………………………40g

作り方
① ボールによもぎ粉を入れてたっぷりの湯を注ぎ、かき混ぜて充分に戻し、目の細かいざるで水気をきる。
② ごっくん粥と砂糖を混ぜる。湯の中に3回くらいに分けて振り入れ、よくかくはんする。
③ ②に①のよもぎ粉を入れて混ぜる。12～15gを目安に団子に丸める。

〈ポイント〉
ごっくん粥は加熱ずみで粘りを押さえた米粉であり、湯に溶かすだけで食べられる。団子の硬さはごっくん粥の量を変えることで調整できる。

写真3-28 草団子

エ 49kcal　た 0.8g　脂 0.1g　炭 11.4g　カ 6mg　鉄 0.2mg　A 22μgRE　B_1 0.01mg　B_2 0.02mg　C 2mg

❼水分補給

水分のとろみづけ

【材料】
- ほうじ茶、ポカリスエット 5人分
  - ほうじ茶またはポカリスエット（大塚製薬）…500mL
  - 介護食用ウルトラ寒天（伊那食品） ………… 1g
  - 手作りぱぱ寒天（伊那食品） ………………… 1g
- OS-1（経口補水液）3人分
  - OS-1（大塚製薬工業製） ……………… 300mL
  - 介護食用ウルトラ寒天（伊那食品） ………… 1g
  - 手作りぱぱ寒天（伊那食品） ……………… 0.5g
- 野菜ジュース 3人分
  - 野菜・果実濃縮飲料（3倍希釈）（カゴメ）…120mL
  - 水……………………………………………… 90mL
  - 寒天溶液……………………………………… 90g
  - （寒天溶液）
  - 介護食用ウルトラ寒天（伊那食品） ………… 2g
  - 手作りぱぱ寒天（伊那食品） ………………… 2g
  - 水……………………………………………… 250g

作り方
- ほうじ茶、ポカリスエット、OS-1
  ① ほうじ茶またはポカリスエット、OS-1を鍋に入れて80℃に温め、火を止め、手作りぱぱ寒天と介護食用ウルトラ寒天を振り入れてよくかくはんし、溶かす。
  ② ①をゼリーカップに入れて表面の泡を取り除き、粗熱がとれたらラップなどで軽く蓋をし、冷蔵庫で冷やす。
- 野菜ジュース
  ①（寒天溶液の作り方）鍋に水を入れて80℃に温め、火を止め、手作りぱぱ寒天と介護食用ウルトラ寒天を振り入れてよくかくはんし、溶かす。
  ② 果実濃縮飲料を水で希釈し、60℃に温め、①の寒天溶液を入れてかくはんする。
  ③ ②をゼリー型に入れて表面の泡を取り除き、粗熱がとれたらラップなどで軽く蓋をし、冷蔵庫で冷やす。

〈ポイント〉
① 水分は加熱し過ぎると蒸発量が多く、寒天濃度が変化するため、80〜90℃になったら火を止める。
② 寒天溶液は冬場など、室温と温度差が大きいと表面に膜が張るので、軽く混ぜ、粗熱がとれたら急激に温度を下げないために軽く蓋をする。蒸発も防ぐことができる。
③ 飲みやすい寒天ゼリーは時間の経過で離水するのが早いため、凝集性のあるソフト寒天を混合して離水を防止する。しかし、時間経過で離水が増え、固形部分の食感が変化する。1日分の調理が適当である。
④ OS-1は成分調整した経口補水液のため、沸騰させない。
⑤ 野菜・果実濃縮飲料を使用することで、野菜・果実の栄養素を損失することなく摂取できる。

レシピと協力会社の問い合わせ先

イーコスモス　〒247-0006　横浜市栄区笠間4-12-6-A
　　　　　　　電話・FAX 045-892-2038
　　　　　　　E-mail：nyamamot@sf6.so-net.ne.jp

6. 配食サービス

❶ 日常献立夕食①

(世田谷区立特別養護老人ホーム　きたざわ苑)

献立名	材料(g)	献立名	材料(g)
ご飯		★かぼちゃの安倍川風	
米	55	かぼちゃ	60
強化米	0.5	きな粉	5
牛肉とアスパラの炒め物		砂糖	4
牛もも肉	50	塩	0.2
しょうが	1	漬物	
酒	1	きゅうりぬかみそ漬け	13
しょうゆ	1	みそ汁	
じゃがいも	35	大根	20
グリーンアスパラガス	30	油揚げ	3
玉ねぎ	20	煮干しだし汁	190
赤ピーマン	5	みそ	10
黄ピーマン	5	じゃがいもの煮付け	
油	2	じゃがいも	60
オイスターソース	6	にんじん	20
酒	2	さやいんげん	5
しょうゆ	2	しょうゆ	4
砂糖	1	酒	2
		みりん	2
		砂糖	3
		果物	
		バナナ	30

夕食　エ581kcal　た23.5g　脂8.1g　炭102.2g　力84mg　鉄6.6mg　A 371μgRE　B_1 1.27mg　B_2 0.37mg　C 93mg

★かぼちゃの安倍川風　《作り方》
① かぼちゃは種とわたをとって薄切りにし、鍋に入れてひたひたの水を加え、やわらかく煮る。
② きな粉に砂糖、塩を加えて混ぜ、盛り付けた①にかける。

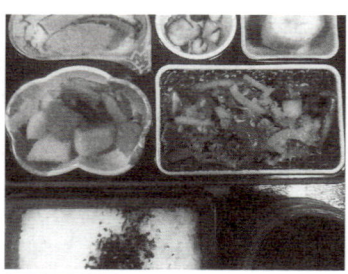

写真3-29　日常献立夕食①

日常献立夕食②

(世田谷区立特別養護老人ホーム　きたざわ苑)

	献立名	材料(g)	献立名	材料(g)
夕食	ご飯		漬物	
	米	55	梅干し	6
	強化米	0.5	すまし汁	
	さばのみそ煮		なると	6
	さば	60	ほうれん草	10
	大根	45	かつお昆布だし汁	190
	みそ	10	酒	2
	砂糖	2	薄口しょうゆ	1
	みりん	2	煮豆	
	酒	3	いんげん豆	25
	しょうが	5	砂糖	12
	さやいんげん	5	果物	
	★拌三絲		キウイフルーツ	30
	はるさめ	7		
	きゅうり	15		
	ロースハム	10		
	ごま	1		
	酢	5		
	砂糖	5		
	薄口しょうゆ	1		
	ごま油	1		

エ613kcal　た25.9g　脂11.8g　炭97.2g　カ109mg　鉄6.3mg　A58μgRE　B$_1$1.26mg　B$_2$0.35mg　C37mg

★拌三絲 《作り方》

① はるさめは熱湯で戻す。
② きゅうりは薄い半月切り、ロースハムはせん切りにする。ごまはすりごまにする。
③ すりごま、酢、砂糖、薄口しょうゆ、ごま油をよく混ぜ、はるさめときゅうり、ハムを混ぜ合わせた上からかけて和える。
※長く置くと水が出てくるので、配食の直前に和える。

写真3-30　日常献立夕食②

敬老祝膳（弁当） (世田谷区立特別養護老人ホーム　きたざわ苑)

	献立名	材料(g)	献立名	材料(g)
夕食	秋のお赤飯		★秋野菜炊き合わせ	
	米	25	なす	30
	もち米	25	干ししいたけ	3
	栗	20	里いも	30
	ささげ	8	生麩	10
	ごま	2	さやえんどう	5
	塩	0.8	しょうゆ	5
	漬物		砂糖	3
	大根	10	酢の物	
	天ぷら		菊	30
	かぼちゃ	40	ずわいがに（缶詰）	5
	まいたけ	20	緑豆はるさめ	3
	さやいんげん	20	酢	5
	ブラックタイガー	30	砂糖	4
	大根	30	塩	0.7
	薄力粉	5	ごま	1
	卵	5	果物盛り合わせ	
	油	5	メロン	50
	かつお昆布だし汁	20	ぶどう	30
	酒	5	すまし汁	
	しょうゆ	5	まつたけ	10
	みりん	5	すだち	0.5
			ぎんなん	0.3
			薄口しょうゆ	2
			酒	2
			塩	1

エ 561kcal　た 21.9g　脂 8.7g　炭 99.2g　カ 206mg　鉄 4.1mg　A 150μgRE　B₁ 0.47mg　B₂ 0.41mg　C 56mg

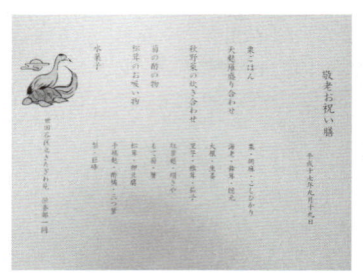

おしながき　　　弁当全品

写真3-31　敬老祝膳配食弁当

★秋野菜炊き合わせ 《作り方》

① なすはへたを取り、縦半分に切って皮側に浅く斜め格子状の切り込みを入れ、さらに横半分に切って水に放つ。
② 干ししいたけは水で戻し、食べやすい大きさに切る。戻し汁は取っておく。
③ 里いもは皮をむいて面取りし、塩を振ってもみ洗いしてぬめりをとる。大きい場合はさらに切る。
④ さやえんどうはすじを取って色よくゆでる。
⑤ 里いもを鍋に入れて②の汁と水でひたひたにし、火にかける。沸騰したら落とし蓋をし、10分煮たら水気をきったなす、調味料を加えてさらに煮る。
⑥ 里いもがやわらかくなったら生麩を入れ、仕上げに④を加えて少し熱を通し、火を止める。

おせち料理

(世田谷区立特別養護老人ホーム　きたざわ苑)

献立名	材料(g)	献立名	材料(g)
祝肴		**おせち盛り合わせ**	
ぶり	30	だて巻き	20
えび	20	かまぼこ(紅)	10
しょうゆ	5	かまぼこ(白)	10
酒	3	ねりきり	30
みりん	5	**栗きんとん**	
しそ	1	栗甘露煮	10
三種肴		さつまいも	40
かずのこ	30	砂糖	8
かつお節	1	みりん	1
はぜ甘露煮	10	**なます**	
黒豆	20	大根	30
長呂儀	3	にんじん	8
松風焼き		酢	5
鶏ひき肉	20	砂糖	2
卵	1	塩	0.5
パン粉	1	いくら	10
玉ねぎ	10	**赤飯**	
にんじん	2	米	25
けしの実	0.1	もち米	25
しょうゆ	1	ささげ	8
みそ	2	ごま	2
砂糖	0.5	塩	0.8
油	1	**新春雑煮**	
しそ	1	もち	25
炊き合わせ		かまぼこ	5
やつがしら	40	大根	5
たけのこ	25	にんじん	5
ごぼう	15	糸みつば	3
にんじん	10	ゆず	1
干ししいたけ	5	だし汁	150
ふきのとう	10	しょうゆ	5
こんぶ巻き	5	酒	1
生麩	5	みりん	1
和種なばな	5		
しょうゆ	3		
酒	1		
みりん	2		
砂糖	3		

昼食

エ 1001kcal　た 53.9g　脂 18.6g　炭 152.5g　カ 305mg　鉄 6.4mg　A 307μgRE　B₁ 0.55mg　B₂ 0.62mg　C 34mg

普通おせち弁当全品　　　刻みおせち弁当全品

写真3-32　おせち料理配食弁当

❷四季の献立

①認知症者の献立作成での注意点

1. 食べ慣れた食事を中心にし、郷土食、行事食、伝統料理を取り入れ、安心して食べてもらう。
2. 昔の楽しい思い出を思い起こさせる献立で、食事に興味をもってもらう。
3. 季節を感じる食材や、季節の香り（山菜、しょうが、しそ、ゆず、ごまなど）を使用する。
4. 食感を大切にし、やわらかいものだけでなく、漬物など歯触りのある食材を使用し、咀嚼機能、脳への刺激、満腹感を促す。
5. さまざまな味を大切にし、塩味、甘味、酸味、苦味、旨味を使い、一食の中に味のメリハリを作る。
6. 調理法は、煮る、焼く、蒸す、炒めるを取り入れ、食材のおいしさを引き出す。
7. 赤、緑、黄、黒など、食材の彩りをそろえ、食事に興味をもってもらう。
8. 食材の切り方に工夫する。やわらかいものは大きめに、硬いものは小さく切ることにより口の中に入れたときの触感を感じてもらう。

②盛り付けの際の注意点

1. 食べたいと思わせる彩りや盛り付けを心がける。
2. 魚は骨抜きをし、貝類は身だけを使用する。
3. 果物の皮や種、ヘタは取り除き、そのまま食べられる状態にする。
4. わさび、からしなどの刺激物は塊のまま付けない。
5. ホイルカップや紙、葉らんなどの食べられないものは使用しない。

③認知症者の食事の問題点

1. 食べ方がわからない。
   - 食物という認識ができない。
   - 箸、スプーンの使い方がわからない。
   - 料理の品数が多いとどれから食べてよいかわからない。

【対応方法】
   - 一緒に食べることにより、安心して食べられることを伝え、食べ方を思い出してもらう。
   - 箸、スプーンを持ってもらい、介助者が手を添えて口まで運び、食事の方法を伝える。
   - 手で食べられるように、おかずを具にしたおにぎり、サンドイッチなどに変更する。
   - 目の前に1品ずつ用意し、順番に食べてもらうか、持ちやすい大きさの器に少量ずつ盛り合わせにする。
   - 咀嚼・嚥下困難で、食事を刻んだり、ペースト状にすると、食物という理解・認識が難しくなる。昔からなじみのある、野菜や卵を入れたおじや、バナナ、果物の缶詰、葛湯などを勧める。
   - 慣れ親しんだ食器（ご飯茶碗、みそ汁椀、箸、スプーンなど）を使用する

2. 食べたことを忘れてしまう
   - 満腹感がない

【対応方法】
   - 食べ終えた食器をそのままにしておく。
   - おかわりは茶碗を変え、何杯食べたかわかるよう並べておく。

春献立

献立名	材　料(g)
★混ぜ寿司	・米…55　・酢…7　・砂糖…2　・塩…0.2　・干ししいたけ…1.5 ・かんぴょう…1.5　・れんこん…10　・だし汁…40　・薄口しょうゆ…2 ・みりん…2　・砂糖…1　・いんげん…5　・卵…5　・さけそぼろ…5
えびと新玉ねぎのかき揚げ	・えび…15　・玉ねぎ…35　・にんじん…5　・みつば…3　・油…10 ・天ぷら粉…15　・卵…5
車麩とたけのこの煮物	・車麩…5　・たけのこ…20　・にんじん…15　・ふき…10　・わかめ…1 ・だし汁…100　・薄口しょうゆ…5　・酒…3　・砂糖…1
ほうれん草のからし和え	・ほうれん草…30　・しょうゆ…4　・だし汁…10　・からし…5
りんごのコンポート	・りんご…45　・りんごジュース…15　・干しぶどう…0.5
漬け物	・大根のみそ漬け…5
しめじと油揚げのみそ汁	・しめじ…20　・油揚げ…3　・万能ねぎ…3　・だし汁…180　・みそ…8

エ566kcal　た17.2g　脂14.6g　炭90.3g　カ114mg　鉄3.1mg　A298μgRE　B₁0.2mg　B₂0.34mg　C25mg

★混ぜ寿司 《作り方》
① 酢飯を作る。
② しいたけ・かんぴょうは戻す。
③ かんぴょうは塩でよく洗いやわらかくゆで、1cm ぐらいに切る。
④ れんこんはいちょう切りにし、下ゆでする。
⑤ しいたけは薄切りにする。
⑥ かんぴょう・しいたけ・れんこんを甘辛く煮る。
⑦ 甘辛く煮たかんぴょう・しいたけ・れんこんを酢飯と合わせる。
⑧ いんげん、卵、さけそぼろを彩りよく盛り付ける。

写真3-33　春献立

夏献立

献立名	材　料(g)
梅ごはん	・米…55　・水…105　・梅干し…3　・白ごま…1
豚肉となすのみそ炒め物	・豚肉…35　・なす…45　・にんじん…5　・ピーマン…5　・玉ねぎ…10 ・みそ…5　・みりん…2　・酒…1　・ごま油…5
★さんまの蒲焼き	・さんま…20　・塩…0.1　・酒…2　・しょうが…0.5　・片栗粉…5 ・油…2　・だし汁…5　・しょうゆ…4　・みりん…4　・砂糖…0.5 ・キャベツ…30
ひじきの煮物	・ひじき…3　・大豆…5　・ちくわ…5　・だし汁…30　・しょうゆ…2 ・みりん…2　・砂糖…1
ほうれん草の煮浸し	・ほうれん草…30　・油揚げ…2　・しめじ…3　・だし汁…25　・しょうゆ…5 ・みりん…3
漬物	・野沢菜漬け…5
すまし汁	・万能ねぎ…5　・だし汁…180　・薄口しょうゆ…3　・塩…0.3　・酒…2

エ556kcal　た20.2g　脂20.7g　炭67.8g　カ139mg　鉄4.7mg　A171μgRE　B₁0.38mg　B₂0.34mg　C32mg

★さんまの蒲焼き 《作り方》
① さんまは塩・酒を振りかけ、くさみ抜きをする。
② さんまの水分を除き、片栗粉をまぶす。
③ フライパンを熱し、油を入れ、さんまを皮目から焼き、両面を焼く。
④ 表面に火が通ったところでだし汁、しょうゆ、みりん、砂糖を合わせた調味料、しょうがのせん切りを加え、蓋をして蒸し焼きにする。

写真3-34　夏献立

秋献立 配食サービス

献立名	材　料(g)
★炊き込みご飯	・米…60　・昆布…2　・酒…2　・しょうゆ…4.5　・塩…0.2 ・干ししいたけ…1　・にんじん…10　・油揚げ…5　・ぎんなん（缶）…3
★鶏肉と野菜のみそ煮	・鶏もも肉…30　・里いも…45　・こんにゃく…12　・にんじん…18 ・たけのこ(ゆで)…15　・だし汁…60　・みそ…10　・砂糖…5　・みりん…4 ・酒…5　・さやえんどう…3
★かぼちゃのミルク煮	・かぼちゃ…55　・牛乳…40　・砂糖…2.5　・塩…0.1　・バター…2
春菊の梅わさび和え	・春菊…35　・にんじん…8　・ちりめんじゃこ…8　・梅干し…5　・みりん…0.5 ・わさび…0.3
ひじきと大豆の煮物	・ひじき…3　・大豆…10　・だし汁…20　・砂糖…3　・しょうゆ…3 ・酒…3
りんごのコンポート	・りんご…60　・砂糖…5
なめことねぎのみそ汁	・なめこ…10　・ねぎ…12　・だし汁…180　・みそ…10

※認知症の方のお弁当作りの留意点：盛り付ける際には、ホイルカップや紙、葉らんなどの食べられないものは使用しないようにする。また、果物の皮やいちごのへたも取り除くようにする。わさびや辛子の塊など、そのまま口に入れてしまうと危険なものは使用しないようにする。

エ611kcal　た26.2g　脂9.9g　炭117.5g　カ287mg　鉄6.5mg　A650μgRE　$B_1$0.43mg　$B_2$0.44mg　C41mg

★炊き込みご飯 《作り方》
① 干ししいたけは戻し、にんじんと共にせん切りにし、油揚げは5mm幅に切る。
② 調味料、しいたけ、にんじん、油揚げ、ぎんなんを加えて炊く。

★鶏肉と野菜のみそ煮 《作り方》
① 里いも、にんじんは乱切りにし、こんにゃくは薄い短冊切り、ゆでたけのこは薄いいちょう切りにする。
② 鶏肉を油で炒め、①を加え、油が回ったら調味料を加え、弱火で煮る。
③ 盛り付けたら、色よくゆでてせん切りしたさやえんどうを飾る。

★かぼちゃのミルク煮 《作り方》
① かぼちゃは一口大に切る。
② 牛乳に①、砂糖、塩を加え、弱火で煮る。
③ 仕上げにバターで香りづけをする。

写真3-35　秋献立

冬献立 配食サービス

献立名	材 料(g)
★ゆかりご飯	・米…65　・ゆかり…0.1
★銀だらの 　金山寺みそ焼き	・銀だら…60　・しょうゆ…3　・酒…3　・金山寺みそ…15　・みりん…0.6 ・万能ねぎ…3　・しそ…1枚
★炒り豆腐	・豆腐…40　・にんじん…10　・干ししいたけ…1　・油…2　・砂糖…2 ・塩…0.1　・しょうゆ…3　・だし汁…40　・卵…10　・片栗粉…1 ・さやえんどう…3
ほうれん草の卵和え	・ほうれん草…35　・卵…10　・油…1　・だし汁…2　・酒…2 ・しょうゆ…3
豆昆布煮	・大豆…15　・昆布…1.5　・だし汁…50　・しょうゆ…3　・みりん…3 ・砂糖…3　・酒…1
桜大根漬	・桜大根漬…10
みかん	・みかん…40
はんぺんとみつばのすまし汁	・はんぺん…12　・みつば…4　・だし汁…180　・薄口しょうゆ…2.2　・塩…0.4

※認知症の方には、みかんの皮は剥いて出す。

エ618kcal　た27.2g　脂20.4g　炭82.0g　カ171mg　鉄4.5mg　A955μgRE　$B_1$0.40mg　$B_2$0.39mg　C28mg

★銀だらの金山寺みそ焼き 《作り方》
① 銀だらは、しょうゆ、酒に漬け、下味をつける。
② みりんを加えた金山寺みそを銀だらの上にのせ、焼く。
③ 焼き上がったら、小口切りにした万能ねぎをかける。

★炒り豆腐 《作り方》
① 豆腐は湯通しをし、水気をきる。
② 干ししいたけは戻し、にんじんと共にせん切りにする。
③ 豆腐、にんじん、しいたけを油で炒め、調味料を加える。
④ 卵を加え、片栗粉でとろみを付ける。
⑤ 盛り付けたら、色よくゆでてせん切りにしたさやえんどうを飾る。

★ほうれん草の卵和え 《作り方》
① ほうれん草はゆでて絞り、水気をきる。
② 卵は油で炒め、炒り卵にする。
③ ①に②と調味料を加え、和える。

写真3-36　冬献立

5-3 四季の薬膳

1. はじめに

　食と健康の重要性は、中国漢末期に記された「神農本草経」や「黄帝内径」にも"薬食一如"、"薬食同源"という言葉で伝えられてきたが、日本にも"医食同源"という言葉がある。そこで、私たちが知っておきたい薬膳の基本、中医学（中国医学）の歴史の中で実践経験による確立された食物と生薬の作用を重視する薬膳の基本と、私たちの日常生活での薬膳について紹介する。

2. 薬膳の基本知識

❶ 2種類の薬膳と目的

　薬膳には一般の人を対象とした疾病予防、老化防止を目的とした「健康づくりのための食養薬膳」と、個人を対象とした「治療のための治療（食治）薬膳」があるが、食養薬膳も治療薬膳も中医学の理論に基づいて、食物の作用と中薬（漢方薬）を用いて作る料理である。

　薬膳は、食品の性能を応用して、一定の臓腑に作用し、気血の調和と、陰陽を平衡し、疾病の予防や治療を行う。

❷ 薬膳の基本は「陰陽五行学説」

　中国では古くから「易」の思想が伝承され、世の中に存在するすべての事象にはすべて陰と陽があると考えた。そして、陰陽に「五行」という考え方が合体して、「陰陽五行」と呼ばれる考え方、つまり中医学の理論が確立された。薬膳は中医学理論に基づくので、陰陽五行学説が基本となる。

　「陰」は衰退、静止、寒性、不変などの性質をもち、「陽」は亢進、活動、熱性、変化しやすいなどの性質をもつ。生理、病理もすべてこの陰陽学説の影響を受け、陰陽は互いに対立すると共に影響し合う。

❸ 五行学説：五元論

　五行の五とは木火土金水の五つの要素であり、行とは「運行」を表す（図3-15）。五行学説では、すべての事象にはこの5つの要素が含まれ、互いに変化し影響し合って成り立つ。表3-36では、何と何がつながっているか、関係しているかを示した。

　・木：肝は、「生理機能調整（疏泄）」を行い、滞りなく流通させるので、伸びやかな木に属す。

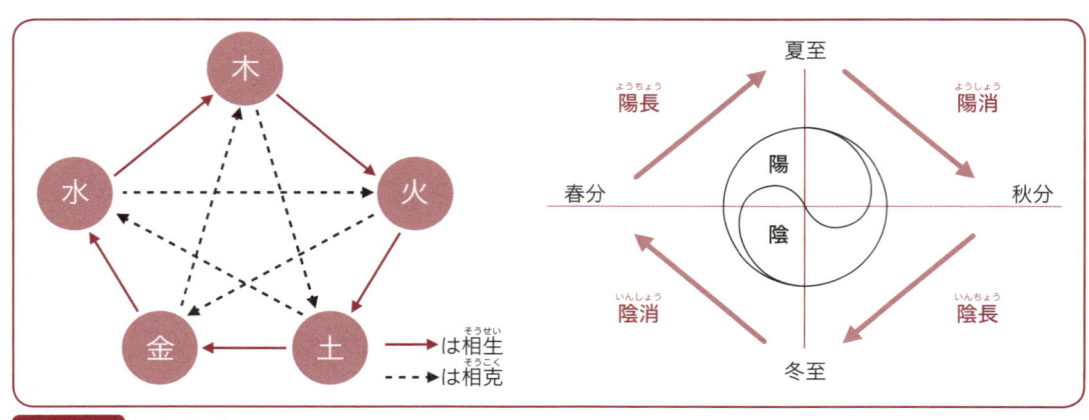

図3-15 五行学説

表 3-36　陰陽五行学説と薬膳

| 陰 | 秋冬 | 地 | 夜 | 裏 | 内側 | 静止 | 重 | 虚 | 渋 | 血 | 抑制 | 衰退 | 下部 | 女 |
| 陽 | 春夏 | 天 | 昼 | 表 | 外側 | 運動 | 軽 | 実 | 熱 | 気 | 興奮 | 亢進 | 上部 | 男 |

・火：心は、「温煦作用（温める）」や温熱特性があるので、火に属す。
・土：脾は、食物から気や血を「化生する（変化させ生み出す）」源であり、万物を化生するので、土に属する。
・金：肺は、呼気により津液（体液）を全身に巡らせて、粛降（肺気を腎へ正常に降ろす）作用をもち、収斂（出過ぎる汗や固摂作用が緩んだ状態から生じる津液の漏れを防ぐ）ので、金に属する。
・水：腎は水を司り、精（生命の根本となるもの、木や血に変化して、全身の物質的・機能的な根源となる）は、成長と発育・老化・生殖・死などと直接関わる。

　五臓は相生関係で循環し、肝に蔵する血は心を養い、心の熱は脾を温め、脾は水穀（食物）を精微（消化されてできた滋養物質）で化生して肺を養う。肺は清粛、収斂作用で腎を助ける。一方、相克では、肝は脾気が滞らないように疏泄し、脾は運化作用で腎水を制御し、腎水は心火の亢進の制御し、心は肺の清粛、収斂作用を制御する。例として「肝」は肝臓ではなく、肝臓、胆嚢、筋、目など一連の器官を指す。

❹ 臓象（臓腑）学説

　昔から、五臓六腑に染み渡るという言葉が使われるが、五臓は肝、心、脾（今では膵臓）、肺、腎のこと、六腑は胆（現在は胆を入れずに五腑というそうである）、小腸、胃、大腸、膀胱、三焦（現在は特定していないが、上焦（心、肺）、中焦（脾、胃）、下焦（肝、腎）の辺り）のことである。このほかに奇恒の腑（形体は腑であるが、臓の働きに似ているもの）として、骨、髄、脳、胆（入れても入れなくてもよいという）、女子胞（子宮）がある。

　五臓は精気を内に蔵している実質器官で「臓」と呼ばれ、生命活動の中枢となって働く。これに対し、六腑は中空器官で、飲食物を消化吸収し、水分の吸収、配布、排泄に関与する。

　臓腑間には、ある臓器と1つの腑との間に表裏の関係があり、一対となって五行の一行に属する。心胞が入り、六臓六腑の表裏関係として五行配当がある（図 3-37）。心が休まると小腸が働ける。夜に小腸が働く。

表 3-37　五行配当

| 五　行 | 木 | 火 | | 土 | 金 | 水 |
		君　火	相　火			
臓（表）	肝	心	心胞	脾	肺	腎
腑（裏）	胆	小腸	三焦	胃	大腸	膀胱

❺ 気血津液学説

　中医学では、基本的に身体を動かす基本物質は「気・血・津液」とされている。「気」は命の源、「血」は血液、「津液」は体内の水分のことである。3つがうまく循環しないと関係する臓器に負担がかかり、病気になる。

　「気・血・津液」は「精」が生成変化したものであり、「精」には両親から引き継いだ「先天の精」と水穀から得た「後天の精」があり、2つから「原気または元気、真気」が作られる。「血」の働きは栄養を臓器に運ぶほか、「神（精神活動）」も関わる。そして、血液循環を正常に保つために、正常

な脈管系と臓器の正常な生理機能の2つが重要であり、特に心・肺・肝・脾の4つが重要である。「津液」の源は飲食物であり，津液の生成は五臓の働きにより、特に脾を中心に胃・大腸・小腸などの協力により生成される。津液は皮膚や筋肉、毛髪などを潤し臓腑を滋養する。また、口、目、鼻などの穴に注ぎ、関節腔に流れ、骨髄に入り身体を滋養する。

❻四診と弁証

薬膳では、舌や体格、顔、皮膚、爪、大小便などの状態をみて診断する「望診」、言葉や呼吸、咳などの音声や口臭、体臭、排泄物の臭いで診断する「聞診」、患者や家族などに自覚症状や発病の状況と経過、病歴、生活状況、家族歴など質問して診断する「問診」、脈や胸、腹に触れて診断する「切診」の四診により症状を把握した後、弁証を行って弁証施膳を行う。弁証には、八綱弁証、気血津液弁証、臓腑弁証などがあり、八綱弁証には表裏弁証、寒熱弁証、虚実弁証、陰陽弁証などがある。

3. 食物の性能

❶食物の五性（五気）

食物には、寒熱温涼の四味（気味）のほかに、どこにも属さない平性を加えて五性という（表3-38）。通常の食べ物288品のうち、寒涼性約34％、温熱性約28％、平性37.8％と大部分が平性である。

表 3-38 食物の五性

食物	主な作用	主な食物
寒涼性	温熱性の体質や病証に、清熱作用、瀉火、瀉下、涼血作用を持つ	ゴーヤ、緑豆、菊花、なす、セロリ、かに
温熱性	寒涼性の体質や病証に、温散寒邪、温中散寒、温陽、温化作用	にら、ねぎ、しょうが、にんにく、さんしょう、羊肉
平性	寒涼性にも温熱性にも属さず。養生、疾病予防、健康維持	米、大豆、鶏卵、牛乳、にんじん

❷食物の五味と帰経

食物には酸（＋渋）苦甘（＋淡）、辛鹹の五味がありそれぞれの味と作用をもつ（表3-39）。苦味が一番少なく、辛味、鹹味と酸味が多くなり甘味が3分の2を占める。また、からだの部位に作用が伝えられていく経路を示しているのが帰経である。臓器は帰経につながる食味を求めるがとり過ぎはよくない。

表 3-39 食物の五味

味	作　用	帰経（作用する臓器、作用、機能）	食　物
酸	収斂・固渋の作用（止咳、止瀉）	入肝	肝胆臓腑の疾患改善	烏梅、さんざし、ざくろ
苦	燥湿・泄降の作用（清熱、瀉火）	入心	心火上炎、小腸証改善	ゴーヤ、緑茶、杏仁
甘	補虚・緩急・潤燥の作用（緩和攣急、薬性調和、潤肺止咳、潤腸通便）	入脾	貧血、体質虚弱改善	紅茶、山いも、ローヤルゼリー、大棗（なつめ）、はちみつ、飴糖
辛	発散・行気の作用（発汗解表、行気）	入肺	表証、肺氣不宣咳嗽改善	ねぎ、しょうが、陳皮
鹹	軟堅・散結の作用（化痰軟堅）	入腎	肝腎不足、消耗性疾患改善	すっぽん、昆布、海藻、はと麦

❸食物の昇浮降沈

人体は、体内機能の活動が昇浮したり降沈したりしてバランスをとって健康を保持しているが、食物の性、味、品質の違いによって昇浮降沈が起きる（表3-40）。

表 3-40 食物の昇浮降沈

食性	食味	陰陽	趣向	食物
温熱性	辛甘淡	陽	昇浮	しょうが、にら、にんにく、ねぎ、こしょう、さんしょう、あじ、あゆ、さけ、にじます、鹿肉、羊肉
寒涼性	酸苦鹹	陰	降沈	アロエ、菊花、たらの芽、つるむらさき、ゴーヤ、こんぶ、ビール、プーアール茶

・昇浮は上昇・外向を司る。(昇陽、発表、祛風、散寒、涌吐、開竅(穴を開ける)などの作用のこと)
・降沈は下降・内向を司る。(清熱、瀉下、利水滲湿、潜陽、降逆止嘔、止咳平喘、消積導滞、重鎮、安神などの作用のこと)

❹食物の補瀉（効能）

　食品には必ず効能があるが、同じ食味でも色々な性能があり、季節によっても体調によっても働き方もさまざまである五味五性だけでは食物の効能の説明が終わらない。食物には、補という体に成分を補う働きのあるものと、瀉という老廃物を出す、炎症を抑える、解毒するものがある（表3-41）。食物の補性は虚を補う働きのある食物のことであり、瀉性は実を瀉する食物のことをいう。

表 3-41 食物の補瀉

補性	補気、助陽、滋陰、陽血、生津、填精など
瀉性	解表、開竅、防疫、清熱、瀉火、燥湿、利尿、祛痰、祛風湿、瀉下、解毒、行気、散風、活血化瘀、涼血など

4. 献立の立て方

　基本的に薬膳は目的をもって作る食事であり、主症状（体調）、弁証（症候分析）、施膳方針（弁証に基づく）、施膳材料（材料選択）、施膳（調理、料理）により提供される（表3-42）。
- 食性…季節の薬膳や治療薬膳でない限り、寒涼性や温熱性の双方をバランスよく組み合わせ、極力平性に近づくようにする。
- 食味…季節に適合する食味を選び、体調を加味した上で、それに合う食味の素材を選ぶ。
- 帰経…選んだ食材に備わった帰経が、できる限り上焦（心、肺）、中焦（脾、胃）、下焦（肝、腎）にバランスよく配分されるように組み立てる。
- 効能…薬膳の目的が明白であること。

表 3-42 薬膳で用いられる食品と効用

1. 安神（精神不安、煩躁；いらいら、不眠に効果あり）の働きのある食物
   玄米、小麦、アーモンド、はすの実、チンゲン菜、やまぶしたけ、ゆり根、竜眼、あさり、あんこうの肝、いわし、かき、しじみ、豚心臓、ウーロン茶、紅茶、ジャスミン茶、緑茶、赤・白ワイン
2. 化瘀（血流停滞や血管収縮、動脈硬化や熱による血液の粘りなどにより生じる瘀血を溶かす）の働きのある食物
   紅麹、黒砂糖、カカオ、さんざし、菜の花、にら、パセリ、ふき、みつば、れんこん、クランベリー、グレープフルーツ、きんもくせい、はまなす、サフラン、酢
3. 活血（血管拡張によって血液循環をよくする）の働きのある食物
   黒米、紅麹、黒砂糖、黒豆、納豆、カカオ、栗、さんざし、エシャロット、オクラ、菊花、クレソン、ししとうがらし、玉ねぎ、チンゲン菜、つるむらさき、なす、菜の花、にら、パセリ、みょうが、レタス、クランベリー、プルーン、ブルーベリー、桃、いわし、うなぎ、さば、さんま、はぜ、ししゃも、にしん、牛肉、酒、酢

5. 四季の薬膳

❶ 春の薬膳

　春は陽気になって成長発育、活動の時期となるが、冬の陰に陽が入り陰が陽を制御できず、肝の疏泄が失調して熱や気が肝火上炎、肝陽上亢となって憂鬱、イライラが募り頭痛、目の充血、目眩、不眠などが起こりやすい。このため、不足した陰を補う食物や気を正常に保つ食物、肝機能をよくする食物、精神を安定させる食物を食すとよい。また、抵抗力がないと風邪に冒され、鼻や咽頭や頭に症状が出る。ぞくぞく型には辛温解表のにら、しょうが、ねぎを、発熱したら辛涼解表の菊花、苦味の野菜、大根、白菜、梨、バナナ、はと麦などを食すとよい。

❷ 夏の薬膳

　夏は暑さで脱水が起こりやすく、体力を消耗して疲れやすく心臓に負担がかかる。このため、脱水を防ぎ、熱を冷まし、暑さに負けない食物を食すとよい（詳細は表 3-43 参照）。

❸ 長夏（梅雨）の薬膳

　梅雨は暑くて湿気がひどく、食欲不振、消化機能も低下する。汗の蒸発や排尿などがうまくいかずに浮腫が起きたり、頭痛や腹痛などが起きるので、浮腫を改善する食物や脾胃を守る食物、気を流す食物を食すとよい。

❹ 秋の薬膳

　秋は乾燥の季節であり、肺や鼻や咽喉が傷つきやすく咳や喘息が出やすい。また、皮膚の乾燥や便秘になることがあるので、潤肺や潤燥、生津の食物を食すとよい。

❺ 冬の薬膳

　冬は陰になり陽が不足するため補陽の食物をとる。寒さで腎や胃腸を痛めたり、足腰の冷えや痛み、寒さで皮膚が収縮したり、発育を妨げたり、胃腸を痛めたりするので、補腎のものや胃を暖める温中の食物、散寒や温経の食物を食すとよい。

豆知識

どくだみ

　どくだみは、十薬と呼ばれる独特の臭いのある薬草である。漢方では魚腥草という。裏庭や半日陰に見かけるハート型の葉と清楚な白い十字の花が特徴で、抜いても抜いてもしぶとく繁殖する。収穫は6～7月頃。白い蕾が開く直前に刈り取って日陰干しにする。よく乾燥させてから湿気ないように保管する。干すと臭いがなくなり、干し草の香りに変わる。

　煎じて飲む場合はとろ火にし、60℃で30～60分かけてゆっくり煎じる。どくだみ茶は、普通の煎茶のようにしても麦茶のようにしてもおいしい。薬効は、便秘、むくみ、おでき、蓄膿症などが挙げられ、動脈硬化の予防もいわれている。おできなどには生葉を揉んでやわらかくして塗ったり、薬湯にしたりする。薬湯は、乾燥したどくだみの2～3つかみを鍋に入れてから水（約1L）を加え、半量になるまで煮詰めた煎じ液を湯船に注いで入浴する。

性/味	帰経	効能	適応
辛/微寒	肺腎膀胱	清熱解毒　排膿消瘍　利尿通淋病	皮膚化膿、排尿困難

表 3-43 五行学説と薬膳

		春の薬膳	夏の薬膳	長夏(梅雨)の薬膳	秋の薬膳	冬の薬膳
五季		春(立春〜立夏前日)	夏(立夏〜立秋前日)	長夏(梅雨入り〜明け)	秋(立秋〜立冬前日)	冬(立冬〜立春前日)
主気		風	暑	湿	燥	寒
邪気		風邪	暑邪	湿邪	燥邪	寒邪
五行		木	火	土	金	水
	性格	曲直	炎上(炎熱)	稼穡(万物造成、受入)	従革(変革のこと)	潤下
	特徴	昇発と成長	温熱と上昇	生化と受納	清潔、粛降、収斂	慈潤、向下性、寒涼
五臓		肝 ・肝は魂を蔵し精神活動を支配 ・肝は血を蔵す ・肝は疎泄する(気をよくめぐらせる)	心 ・「生」の本(もと) ・血脈を支配する ・神明(精神)を支配する ・神を蔵す	脾 ・「後天」の本 ・気血津液の生化、運化 ・脾は営を蔵し、気をめぐらせる ・脾は血を生じ統括する	肺 ・「先天」の本、「気」の本 ・気血津液をめぐらせる ・呼気を行い、吸気や水分を腎へ正常に移動させる。水道通調	腎 ・「精」を蔵し、発育、生殖を主る ・腎は津液(水分)を主る ・腎は津液の輸布と排泄を調節して、体内の水液を正常にする
五腑		胆	小腸	胃	大腸	膀胱
五官		目	舌	口	鼻	耳
五主・五華		筋・爪	脈・面色	肌肉・唇	皮毛・毛	骨・髪
五情		怒	喜	思	憂・悲	恐・怖
五味		酸	苦	甘	辛	鹹
症状	病因機能	・肝の陰が少なくなって損傷 ・風邪を感受 ・ストレス	・暑邪、暑さ負け ・ストレス ・辛もの食べすぎ ・温補薬の取りすぎ	・湿邪を感受 ・寒湿困脾 ・脾胃湿熱	・燥邪を感受 ・燥邪で鼻を損傷 ・肺を損傷 ・津液不足	・陽気を損傷 ・寒邪が脾胃を傷め、膚を収縮
	症状	・肝機能がたかぶる ・イライラがつのる、不眠 ・目眩、目充血、頭痛、関節痛	・体温上昇、脱水、高熱 ・体力消耗、意識不明、口渇多飲 ・心不調、動悸、息切れ、不眠	・食欲不振、消化機能低下、下痢 ・体が重い、頭が重い、頭痛 ・浮腫、鈍い痛み、腹痛	・呼吸器損傷、咳、口渇、喘息 ・便秘 ・皮膚乾燥	・腎を痛め足腰冷え、発達遅滞 ・泌尿器疾患、皮膚収縮、悪寒 ・耳鳴、目眩、関節痛、腰痛、疼痛
弁証(証型)		肝陽上亢 (陰虚陽盛)	心火亢盛 (陰液損傷)	湿阻脾胃 (湿濁困脾)	燥傷肺陰 (肺陰不足=肺の陰が不足)	脾腎陽虚(脾胃の陽が不足) (腎陽不足=腎の陽が不足)
施膳方針		平肝潜陽 (陰陽のバランスをとる) 祛風 (目眩、ふらつきをとる)	清心瀉火 解暑生津 (津液をつくる、解暑する)	健脾利湿 清熱化湿	滋陰潤肺 (陰を補い肺を潤す)	温補腎陽 温中散寒 (脾胃を温め寒さを防ぐ)
食材料		補陰 クコ、黒豆、じゅんさい、にんじん、ほうれん草、桑の実、あわび、いか、かき、かに、くらげ、すっぽん、はまぐり、ぶり、鶏卵、チーズ、ヨーグルト、ビール 理気(気を正常に、機能円滑) さけ、ピーマン、玉ねぎ、フェンネル 疎肝(肝機能をよくする) 菊花茶、うこん、かじきまぐろ 安神(精神安定) ゆり根、あさり 平肝(肝機能沈静) アロエ、菊花、セロリ、せり、トマト、ピーマン	清熱 緑豆、はるさめ、あずき、夕顔、もやし、れんこん、あけび、すいか、メロン、牛タン、ピータン、緑茶、サフラン 解暑 緑豆、いちご、すいか、メロン、パイナップル、レモン、グミ 生津(津液・体液を生み出す働き) れんこん、夕顔、ココナッツ、牛乳、甘酒、緑茶 安神 ゆり根、小麦、アーモンド、あん肝、いわし、かき、豚心臓、紅茶、コーヒー、ジャスミン茶、緑茶	利尿・利湿(浮腫改善) はと麦、黒豆、赤小豆、はるさめ、とうがん、なす、きゅうり、セロリ、ごぼう、白菜、レタス、そらまめ、えんどう豆、鴨肉、こい、ふな、はも、かに、しじみ 健脾 米、大麦、とうもろこし、にんじん、きのこ、山いも、かぼちゃ、小松菜、チンゲン菜、なす、いちじく、ゆず、なつめ、栗、いも類、鴨肉 行気(気を流す) らっきょう、しそ、大根、ピーマン、柑橘類、ライチ、フェンネル	滋陰 山いも、氷砂糖、エリンギ、かぶ、白きくらげ、梨、はまぐり、あひる、鴨肉、鶏卵、チーズ、ヨーグルト、白ワイン 潤肺 ぎんなん、れんこん、ゆり根、みかん、あんず、梨、柿、バナナ、りんご、かぼちゃ、しらうお、鶏卵、白きくらげ、氷砂糖、アーモンド、松の実 潤燥 ほうれん草、にんじん、豆腐、黒ごま、バター、ごま油 生津 豆乳、牛乳、ヨーグルト、合鴨、アスパラ、みかん、レモン	補陽 羊肉、牛肉、えび、まぐろ、にら、ねぎ、紅茶、シナモン、ラデッシュ 補腎 黒ごま、黒豆、山いも、くるみ、かき、うなぎ、すっぽん、まだい、豚肉、牛乳、小麦、黄にら、カリフラワー、キャベツ、ごぼう、ブロッコリー、どんこ、プルーン 温中 羊肉、鶏肉、さけ、しょうが、ます、にしん、わさび、こしょう、さんしょう、黒砂糖、みそ、大豆油 散寒 しそ、とうがらし、ねぎ、しょうが 温経 フェンネル、八角、からし菜

作成)佐原勝代

表 3-44 薬膳あれこれ補足話

① 中医学や薬膳の言葉は、漢文を知る日本人には理解しやすい。
② 中国の知識人は同じことを同じ言葉で表現することをよしとしないので、言葉を色々と変えて表現する。
③ 陰陽の対立は動的で、互いに制約して消長する。このバランスのとれた正常な状態を陰平陽秘(いんへいおんぴ)という。
④ 陽が正常で陰が不足すると陰虚症(いんきょしょう)。陰が正常で陽が不足すると陽虚症(ようきょしょう)。陰が正常で陽が増えると陽実症(ようじつしょう)。陽が正常で陰が増えると陰実症。虚は補足し実は取る。
⑤ 陰は人体に栄養(営養)や滋潤(じじゅん)の作用をもつ気をいう。陽は血や津液(体液)の循行(じゅんこう)や分布、成長発育、臓腑や経絡の活動、温煦(おんくん)(体を温める)作用をもつ気をいう。
⑥ 肝は血を蔵し血流量を調節し、筋肉を養い目を滋養する。ストレスが強いと脾胃を直撃して食欲がなくなる。肝の五主は筋なので、ストレスは運動をして発散すること。
⑦ 心の五腑は小腸なので、心が落ち着かないと小腸が働けない。興奮すると腸を傷つける。最悪は断腸する。
⑧ 臓は精気を内蔵している実質器官で、生命活動の中枢となって働く。腑は中空器官で、飲食物を消化して次の器官に送り、吸収、配布、排泄を行う。
⑨ 水穀とは食物のこと。水穀の精微は消化(腐熟)されてできた人体に必要な滋養物質。超微粒子のこと。
⑩ 肝病は辛味を避け、肺病は苦味を避け、心病・腎病は鹹味を避ける。脾病・胃病は甘酸味を避けること。
⑪ 肝の状態は爪と目に出る。心は面色(めんしき)と舌。脾(胃)は唇と口。肺は毛と鼻。腎は髪と耳と排泄の二陰に症状が出る。
⑫ 肝の疏泄とは、気の昇降浮沈の活動転化を示す。血の生成と運行をするのは脾と心。気の生成と津液の代謝と流布は脾と肺。気機の昇降は肝と肺。精(生命の根本)を蔵するのは腎。血を蔵するのは肝。水液代謝と呼吸運動は腎と肺が行う。
⑬ 陽気不足と最も関係するのは、脾と腎である。
⑭ 先天の精とは両親から受けた生まれつきの精のこと。後天の精とは脾胃が産生した滋養物質から、心肝脾肺腎の五臓が作り出した精微物質で腎に蔵す。
⑯ 病気の原因として外因は風暑湿熱燥寒の六淫。内因は怒喜思憂悲恐怖の七情。この他に不内外因の飲食不適、過労・運動不足、外傷、遺伝があげられる。
⑰ 春は補陰、夏は生津、長夏は健脾、秋は潤燥、冬は温裏に心がける。

その他、薬膳に関する知識としての補足を**表3-44**に示す。さらに、薬膳に基づく四季の献立とおやつを以後に示す。

春の薬膳（塩分 2.7g）

献立名	材料（g）	性/味	帰経	効能	エネルギー（kcal）	たんぱく質（g）
ごはん	米 …………… 70	甘/平	脾胃	補中 益気 健脾 和胃	249	4.3
潮汁	あさり… 50(20)	甘鹹/寒	肝腎脾胃	清熱 化痰 利水 安神 瀉火 補血	6	1.2
	みつば ………… 3	甘/微涼	肝脾胃	補気 疏通 化瘀	0	0
	薄口しょうゆ…少々	鹹/寒	脾胃腎	清熱 健脾 解毒 除煩 開胃 解鬱	0	0
	酒 …………… 5	甘辛苦/温	心肝肺医	温経 通路 理気 活血 散寒 止痛 沢膚 燥湿	5	0
	塩 ………… 0.13	鹹/寒	胃腎大小腸	涼血 解毒 涌吐	0	0
	水 …………… 80				0	0
	昆布 ……… 0.05	鹹/寒	脾胃腎	清熱 化痰 利水 軟堅 明目 止血	0	0
かじきの煮付け	かじき …… 70	甘/温	肝脾	疏肝 理気	99	12.8
	しょうゆ…… 5	鹹/寒	脾胃腎	清熱 健脾 解毒 除煩 開胃 解鬱	4	0.4
	みりん ……… 5	甘/温	脾	健脾 温経 通路	11	0
	砂糖 ……… 2.5	甘/涼	脾	潤燥 止瀉 補中 補気	10	0
	酒 ………… 15	甘辛苦/温	心肝肺医	温経 通路 理気 活血 散寒 止痛 沢膚 燥湿	16	0.1
	水 ………… 15				0	0
	菜の花 …… 15	辛/温	肝肺脾	解毒 消腫 活血 化瘀	5	0.6
春菊のごま和え	春菊 ……… 50	辛甘/平	肝肺	清肝 明目 化痰	11	1.2
	黒ごま …… 5	甘/平	肝腎肺脾	補肝 補腎 通便 潤燥 補血 益精	30	1.0
	砂糖 ……… 2.5	甘/涼	脾	潤燥 止瀉 補中 補気	10	0
	しょうゆ……… 4	鹹/寒	脾胃腎	清熱 健脾 解毒 除煩 開胃 解鬱	3	0
セロリとにんじんのサラダ	セロリ(ゆで)…20	甘苦/涼	肝肺膀胱	平肝 清熱 利湿 治淋	3	0.2
	にんじん …… 10	甘/平	肝肺脾	健脾 消食 慈陰 補血 明目	4	0.1
	ブロッコリー…20	甘/平	肝脾腎	補腎 強壮 健碑 補五臟	7	0.9
	生菊花 ……… 1	甘苦辛/涼	肝肺	疏風 清熱 平肝 明目 解毒 消腫 鎮静 活血	0	0
	サラダ菜 …… 4	甘苦	肝肺脾	清熱 利湿 活血 補血 健脾 通便 通乳	1	0.1
	マヨネーズ …… 4	甘/平	心肝腎脾	滋陰 補血 潤燥 健脾 和胃	28	0.1
	みそ ………… 3	甘/温	脾	健脾 温経 通絡	6	0.4
いちご	いちご… 3粒45	甘微酸/涼	肝脾胃	養肝 健胃 解暑 消食 止瀉	15	0.4
緑茶	緑茶 …… 130	苦甘/涼	心肺胃肝	理気 清熱 解毒 利頭目 除煩 安神	3	0.3
				計	526	24.1

春・秋・冬のおやつ

献立名	材料（g）	性/味	帰経	効能	エネルギー（kcal）	たんぱく質（g）
黒ごま汁粉	洗い黒ごま… 25	甘/平	脾肺肝腎	補肝 補腎 通便 潤燥 補血 益精	151	4.8
	水 ………… 50				0	0
	牛乳 ……… 25	甘/平	心肺	補虚損 補腎 益胃 生津 潤腸	17	0.8
	氷砂糖 …… 25	甘/平	脾胃肺	補中 補気 和胃 潤肺 止咳 化痰 補陰	97	0
	片栗粉 …… 1.5	甘/平	胃大腸	和胃 調中 補気 健脾	5	0
	水 ………… 3				0	0
				計	270	5.6

★作り方
① ごまは軽く炒り、熱いうちに油が出るまですりつぶす。
② 鍋に①のごま、水、牛乳、氷砂糖を入れて加熱する。
③ 氷砂糖が溶けてから水溶き片栗粉を加え、とろみがついたら火を止める。

写真3-37 黒ごま汁粉

夏の薬膳（塩分 3.2g）

献立名	材料 (g)	性/味	帰経	効能	エネルギー(kcal)	たんぱく質(g)
そうめん	そうめん（ゆで）… 162（乾60）	甘/涼	心脾腎	養心　安神　清熱　止渇　補腎	206	5.7
	みょうが …… 3	苦/寒	肺大腸膀胱	清熱　解毒　活血　消腫	0	0
	ねぎ ………… 5	辛/温	肺胃	解表　健脾　補陽　散寒　散結	1	0
	しょうゆ …… 6	鹹/寒	脾胃腎	清熱　健脾　解毒　除煩　開胃　解鬱	4	0.5
	みりん ……… 4	甘/温	脾	健脾　温経　通絡	10	0
	塩 ………… 0.1	鹹/寒	胃腎大小腸	涼血　解毒　涌吐	0	0
	かつお節 …… 1	甘/平	腎脾	補気　補血　健胃　益精	4	0.8
	昆布 …… 0.6	鹹/寒	脾胃腎	清熱　化痰　利水　軟堅　明目　止血	1	0.1
	水 ………… 75				0	0
	刻みのり… 1/8枚 0.13	甘鹹/寒	肺腎	清熱　化痰　利水　軟堅　利咽　止咳	0	0.1
焼き魚　おろし	たちうお… 90（60）	甘/温	脾胃	補五臓　沢膚　補中　開胃　袪風	160	9.9
	塩 ………… 0.6	鹹/寒	胃腎大小腸	涼血　解毒　涌吐	0	0
	大根 …… 30	辛甘/涼	肺胃	消食　化痰　寛中　降気	5	0.1
	貝割大根 …… 3	辛甘/涼	肺胃	消食　化痰　寛中　降気	1	0.1
	しょうゆ …… 1	鹹/寒	脾胃腎	清熱　健脾　解毒　除煩　開胃　解鬱	1	0.1
たらの芽のてんぷら	たらの芽 … 20	苦/寒	心	清熱　解毒	5	0.1
	小麦粉 …… 8	甘/涼	心脾腎	養心　安神　清熱　止渇　補腎	4	0.6
	菜種油 …… 2	辛/温	肝肺脾大腸	通便　解毒	18	0
アロエの刺身	アロエ …… 50	苦/寒	心肝胃大腸	清熱　通弁　平肝　健胃　涼血	―	0
	わさび …… 0.5	辛苦/温	肺胃脾	温中　涼血　解魚毒（ぎょどく）　解表　利水	1	0.1
	しょうゆ …… 2.4	鹹/寒	脾胃腎	清熱　健脾　解毒　除煩　開胃　解鬱	2	0.2
黄身酢和え	きゅうり … 15	甘/寒	胃小腸	清熱　生津　止渇　利水	2	0.2
	トマト …… 25	甘酸/微寒	脾胃肝	生津　解暑　涼血　健胃　止渇　消食　平肝	5	0.2
	アスパラガス(缶詰)…20	苦甘/微涼	肺脾	補気　清熱　生津　利水	4	0.5
	卵黄 … 1/4個 4	甘/平	心肝腎脾	滋陰　補血　潤燥　健脾　和胃	15	0.7
	酢 ………… 3	酸苦/温	肝胃	活血　化瘀　消積　消腫　軟堅　解毒　療瘡	1	0
	塩 ………… 0.6	鹹/寒	胃腎大小腸	涼血　解毒　涌吐	0	0
	砂糖 …… 1.3	甘/涼	脾	潤燥　止瀉　補中　補気	5	0
	かつおだし汁… 4	甘/平	腎脾	補気　補血　健胃　益精	0	0
すいか	小玉すいか… 1/16個（40）	甘/寒	心胃腎	清熱　解暑　除煩　止渇　利水	15	0.2
プーアル茶	プーアル茶… 130	苦渋/涼	肝胃	生津　解毒　消食　清熱　利水　化痰	0	0
				計	470	20.2

夏のおやつ

献立名	材料 (g)	性/味	帰経	効能	エネルギー(kcal)	たんぱく質(g)
緑豆あん餅	緑豆 …… 12.5	甘/涼	心胃	清熱　解毒　解暑　利水　解酒	44	3.1
	水 ……… 225				0	0
	砂糖 ……… 11	甘/涼	脾	潤燥　止渇　補中　補気	43	0
	餅 …… 1個 50	甘/温	脾胃肺	補中　補気　健脾　止瀉　固表　止汗	118	2.1
				計	205	5.2

★作り方

① 緑豆は洗ってから、最低でも30分は水に浸漬しやわらかくなるまでゆでる。
② 砂糖を加え、好みのあんを煮る（45gのあんができる）。
③ 餅をやわらかく加熱し、緑豆あんを添える。

写真 3-38　緑豆あん餅

長夏の薬膳（塩分 3.3g）

献立名	材料（g）	性/味	帰経	効能	エネルギー(kcal)	たんぱく質(g)
枝豆ごはん	米 …………70	甘/平	脾胃	補中　益気　健脾　和胃	249	4.3
	枝豆むき身…10	甘/平	脾胃腎	健脾　補気　補血　利湿　補腎	14	1.2
	昆布 …………1	鹹/寒	脾胃腎	軟堅　利水　清熱　明目	1	0.1
	酒 ……………7	甘辛苦/温	心肝肺胃	温経　通絡　理気　活血　散寒　止痛　沢膚　燥湿	8	0
	塩 ……………1	鹹/寒	胃腎大小腸	涼血　解毒　湧吐　化痰　止血	0	0
根菜汁	にんじん ……10	辛/温	脾胃肺	化痰　止咳　解表　散寒　健脾　解毒　温中　止嘔	4	0.1
	大根 …………10	辛甘/涼	肺胃	消食　化痰　寛中　降気	2	0
	なす …………10	甘/涼	脾胃大腸	清熱　活血　利水　消腫　健脾　和胃	2	0.1
	しょうゆ ……1	鹹/寒	脾胃腎	清熱　健脾　解毒　除煩　開胃　解鬱	1	0.1
	塩 …………0.5	鹹/寒	胃腎大小腸	涼血　解毒　湧吐	0	0
	かつおだし汁…85	甘/平	腎脾	補気　補血　健胃　益精	3	0.4
ししゃもの鉄板焼き	ししゃも…3匹30	甘/平	脾肝腎	活血　化痰　養肝　補腎	50	6.3
	グリーンアスパラガス…15	苦甘/微涼	脾肺	補中　補気　袪湿	3	0.4
	赤パプリカ……20	甘/平	肝心胃腎	理気　除煩　平肝　和胃	6	0.2
	菜種油 ……0.5	辛/温	肝肺脾大腸	通便　解毒	5	0
	塩 …………0.2	鹹/寒	胃腎大小腸	涼血　解毒　湧吐	0	0
・レモン	レモン…1/8個(7)	(甘)酸/平	肺胃	生津　止渇　清熱　解暑　安胎　化痰	2	0
ゆでとうもろこし	とうもろこし…1/6本(30)	甘/平	大腸胃	健脾　補気　和胃　調中*　利水　利胆	28	1.1
豆腐サラダ	絹豆腐…1/6個50	甘/涼	脾胃大腸	生津　油燥　清熱　解暑　通乳	28	2.5
	トマト ………30	甘酸/微寒	肺脾胃	生津　止渇　涼血　平肝　健胃　消食　解暑	6	0.2
	貝割大根 ……5	辛甘/涼	肺胃	消食　化痰　寛中　降気	1	0.1
	しらす干し …2	甘鹹/温	脾肝腎心	健脾　補気　健脳　活血　明目　安神　強筋骨	2	0.5
	しょうが ……1	辛/温	脾胃肺	化痰　止咳　解表　散寒　健脾　解毒　温中　止嘔	0	0.1
	にんにく ……1	辛/熱	脾胃肺	温中　健胃　止咳　化痰　宣竅　解毒	1	0.1
	菜種油 ………5	辛/温	肝肺脾大腸	通便　解毒	45	0
	ごま油 ……1.5	甘/涼	肝大腸	潤燥　通便　解毒	14	0
	酢 …………3.2	酸苦/温	肝胃	活血　化養肝　補腎	1	0
	はちみつ ……1	甘/平	脾胃肺大腸	和中　止痛　潤肺　止咳　潤腸　通便　潤膚　解毒	3	0
	しょうゆ …1.6	鹹/寒	脾胃腎	清熱　健脾　解毒　除煩　開胃　解鬱	1	0.1
	塩 …………0.5	鹹/寒	胃腎大小腸	涼血　解毒　湧吐	0	0
メロン	メロン…80(40)	甘/寒	心脾胃肺大腸	清熱　解暑　生津　利水	17	0
ジャスミン茶	ジャスミン茶…130	辛甘/温	心脾腎	理気　解鬱　散瘀　補中　安神	0	0
				計	497	17.9

＊ 消化機能を円滑にすること

秋のおやつ

献立名	材料（g）	性/味	帰経	効能	エネルギー(kcal)	たんぱく質(g)
杏仁豆腐	杏仁粉 ………2	苦/微温	肺　大腸	止咳　平喘　潤腸　通便	不明	不明
	牛乳 ………100	甘/平	心肺	益肺胃　生津　潤腸	67	3.2
	粉ゼラチン…1.5	甘/涼	脾腎	滋陰　清熱　利咽　除煩	5	1.3
	氷砂糖 ………10	甘/平	脾肺	補中　補気　和胃　潤肺　止咳　化痰　補陰	38	0
	ミントの葉…適量	辛/涼	肝肺	疏散風熱　清利頭目　利咽　透疹	0	0
	はちみつ …2	甘/平	肺脾大腸	和中　潤肺　潤腸　潤膚　止痛　通便　解毒	6	0
	クコの実 …3	甘/平	肺腎肝	潤肺肝腎　滋陰　明目	ー	0
	氷砂糖 ……4	甘/平	脾胃肺	補中　補気　和胃　潤肺　止咳　化痰　補陰	15	0
	水 …………30				0	0
				計	131	4.5

★作り方
① 杏仁粉を少量の水に溶かし、粉ゼラチンも少量の水に溶かす。
② 牛乳を温め、砂糖を溶かし、ゼラチンを加えて溶かし、粗熱が取れてから杏仁粉を加え、型に流す。
③ クコの実、水、砂糖を鍋に入れて煮溶かし、粗熱を取ってからはちみつを加える。
④ 固まった杏仁豆腐の上にシロップをかける。

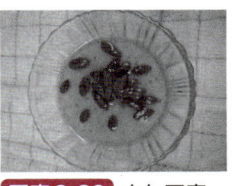

写真3-39　杏仁豆腐

秋の薬膳（塩分 2.7g）

献立名	材料 (g)	性 / 味	帰経	効能	エネルギー (kcal)	たんぱく質 (g)
食パン	食パン(6枚切)……1/2枚30	甘 / 涼	心脾腎	養心　安神　清熱　止渇　補腎	79	2.8
	ぶどうパン…1個40	甘 / 涼	心脾腎	養心　安神　清熱　止渇　補腎	108	3.3
	マーマレード…15	甘酸 / 涼	肺胃	開胃　理気　潤肺　止渇　生津	29	0.1
小かぶのスープ	かぶ………30	甘苦辛 / 温	脾肺	補五臓　消食　降気　滋陰　開胃　温胃　止咳　解毒	6	0.1
	かぶの葉……5	甘苦辛 / 温	脾肺	補五臓　消食　降気　滋陰　開胃　温胃　止咳　解毒	1	0.1
	にんじん…10	辛 / 温	脾胃肺	化痰　止咳　解表　散寒　健脾　解毒　温中　止嘔	4	0.1
	鶏ささみ…5	甘 / 温	脾胃	温中　補気　益精　填髄　降逆	5	2.3
	塩………0.1	鹹 / 寒	胃腎大小腸	涼血　解毒　湧吐	0	0
	こしょう…少々	辛 / 熱	胃大腸	降気　解毒　温中　和胃　散寒　化痰	0	0
	洋風スープ(牛)…85	甘 / 温	肺腎	填精　潤肺　強筋骨	5	1.1
鶏卵とコーンのグラタン	鶏卵(ゆで)…1個60(51)	甘 / 平	肺脾胃心肝腎	滋陰　潤燥　補血　安胎	77	6.3
	マカロニ…10	甘 / 涼	心脾腎	養心　安神　清熱　止渇　補腎	38	1.3
	ほうれん草…20	甘 / 涼	肝胃	補血　滋陰　清熱　除煩　通便	4	0.4
	玉ねぎ……20	甘辛 / 温	肺胃	和胃　降逆　化痰　理気　活血	7	0.2
	バター………1	甘 / 微寒	肝脾肺腎大小腸	補五臓　補気　補血　潤燥　止渇	7	0
	クリームコーン(缶詰)…40	甘 / 平	大腸胃	健脾　補気　和胃　調中　利水　利胆	34	0.7
	マヨネーズ…7	甘 / 平	心肝腎脾	滋陰　補血　潤燥　健脾　和胃	49	0.1
	コーンスターチ…2	甘 / 平	大腸胃	健脾　補気　和胃　調中　利水　利胆	7	0
	牛乳………15	甘 / 平	心肺	補虚損　補腎　益胃　生津　潤腸	10	0.5
	塩………0.6	鹹 / 寒	胃腎大小腸	涼血　解毒　湧吐	0	0
	こしょう…少々	辛 / 熱	胃大腸	降気　解毒　温中　和胃　散寒　化痰	0	0
	ナツメグ(にくずく)…少々	辛 / 温	脾胃大腸	渋腸　止渇　温中行気	0	0
	粉チーズ…1	甘酸 / 平	肺肝脾	補肺　潤腸　補陰　止渇	5	0.1
巨峰	巨峰…5粒65g(55)	甘酸 / 平	肺脾腎	補気　強筋骨　利水　安胎　除煩　止渇　補肝　補腎	32	0.2
紅茶	紅茶………130	苦甘 / 温	心肺	養心　安神　止渇　利水	1	0
				計	508	19.7

冬のおやつ

献立名	材料 (g)	性 / 味	帰経	効能	エネルギー (kcal)	たんぱく質 (g)
栗ときんかんのクッキー	きんかん…1粒(9)	辛甘 / 温	肺肝胃脾	消食　化痰　燥湿　理気　解鬱	6	0.1
	栗…3粒(53)	甘(微鹹) / 温	脾胃腎	益胃　健脾　補腎　強筋　活血　止血　止咳　化痰　健脳	87	1.5
	卵白…大1/4(8)	甘 / 涼	心肺腎	清肺　利咽　清熱　解毒	4	0.8
	砂糖………5	甘 / 涼	脾	潤燥　止渇　補中　補気	19	0
ゆずシロップ	ゆず………15	甘酸 / 涼（皮は温）	肺脾肝	消食　化痰　理気　解酒毒	6	0
	砂糖………7	甘 / 涼	脾	潤燥　止渇　補中　補気	27	0
				計	149	2.4

★作り方

① きんかんはゆでてから粗いみじん切り、栗はゆでてから実だけを粗くつぶす。
② 卵白を泡立てて砂糖を加え、砂糖が溶けるまで弱火で約15秒ほど加熱して、①と混ぜてから天板に落とし、150℃のオーブンで約20分焼く。

※新鮮で熟したゆずの種とへたを除き、全部せん切りにしてから砂糖をかけておくと、一品できる。種は焼酎に漬けると化粧水になる。

写真 3-40
鶏卵とコーンのグラタン

写真 3-41
栗ときんかんのクッキー、ゆずシロップ

冬の薬膳（塩分 2.7g）

献立名	材料 (g)	性 / 味	帰経	効能	エネルギー (kcal)	たんぱく質 (g)
黒米ごはん	米 ……… 65	甘 / 平	脾胃	健脾 補中 益気 和胃	231	4.0
	黒米 ……… 5	甘 / 平	脾胃腎	健脾 補肺 明目 活血 補腎	18	0.3
豚汁	豚こま肉 … 5	甘鹹 / 平	脾胃腎	滋陰 補気 補血 補腎	19	0.7
	木綿豆腐 … 10	甘 / 涼	脾胃大腸	生津 油燥 清熱 解暑 通乳	7	0.7
	にんじん … 10	辛 / 温	脾胃肺	化痰 止咳 解表 散寒 健脾 解毒 温中 止嘔	4	0.1
	ごぼう …… 5	甘辛 / 微涼	肺肝大腸	通便 補腎 清熱 袪風	3	0.1
	長いも …… 15	甘 / 平	肺脾腎	健脾 補気 滋陰 潤肺 和胃 調中 益精 固腎*1	10	0.3
	ねぎ ……… 10	辛 / 温	肺胃	解表 補養 健脾 利水 通便	3	0.1
	どんこ(冬茹)…5	鹹甘 / 平	胃肝	補気 補腎 養肝 益胃 透疹	1	0.2
	みそ ……… 8	甘鹹 / 温	脾胃腎	温中 降気 解毒	15	1.0
	昆布 ……… 0.6	鹹 / 寒	脾胃腎	清熱 化痰 利水 軟堅 明目 止血	1	0.1
	かつおだし汁…85	甘 / 平	腎脾	補気 補血 健脾 益精	3	0.4
焼き魚	生さけ …… 50	甘 / 温	脾胃	補気 補血 温中 理気 渇腸 活血	67	11.2
	酒 ………… 2	甘辛苦 / 温	心肝肺医	温経 通路 理気 活血 散寒 止痛 沢膚 燥湿	2	0
	塩 ………… 0.5	鹹 / 寒	胃腎大小腸	涼血 解毒 湧吐	0	0
	しそ … 1枚0.5	辛 / 温	肺脾	解表 散寒 行気 和胃 解毒	0	0
おろし	大根 ……… 30	辛甘 / 涼	肺胃	消食 化痰 寛中 降気	5	0.1
	しょうが …… 3	辛 / 温	脾胃肺	化痰 止咳 解表 散寒 健脾 解毒 温中 止嘔	1	0
	しょうゆ … 0.3	鹹 / 寒	脾胃腎	清熱 健脾 解毒 除煩 開胃 解鬱	0	0
野菜炒め	キャベツ … 30	甘 / 平	肝胃腎	健胃 補五臓 化湿 補腎 清熱 散結	7	0.4
	カリフラワー…30	甘 / 平	脾腎胃	健胃 和胃 補腎 強筋骨	8	0.9
	にら ……… 10	辛 / 温	肝胃腎	補陽 降気 舒筋*2 活血 化瘀 解毒	2	0.2
	むき芝えび … 1	甘鹹 / 温	肝腎	補腎 補陽 補気 開胃 袪風 通乳	3	0.7
	菜種油 ……… 3	辛 / 温	肝肺脾大腸	通便 解毒	28	0
	塩 ………… 0.4	鹹 / 寒	胃腎大小腸	涼血 解毒 湧吐	0	0
	こしょう …少々	辛 / 熱	胃大腸	降気 解毒 温中 和胃 散寒 化痰	0	0
	しょうゆ … 1	鹹 / 寒	脾胃腎	清熱 健脾 解毒 除煩 開胃 解鬱	1	0
	コンソメ顆粒…0.8	甘 / 温	肺腎	填精 潤肺 強筋骨	2	0.2
	片栗粉 ……… 3	甘 / 平	胃大腸	和胃 調中 補気 健腎	10	0
	水 ………… 50				0	0
りんご	りんご ………1/4個 70g (60)	酸甘 / 涼	肺脾腎肝	油肺 健脾 止渇 開胃 化痰 生津	32	0.1
緑茶	緑茶 ……… 130	苦甘 / 涼	心肺胃肝	理気 清熱 解毒 利頭目 除煩 安神	3	0.3
				計	486	22.1

*1 腎機能の乱れを整えること、*2 筋肉を伸ばして広げること。

6. おわりに

　食事の基本は、心身の健康を保持増進することであり個別性がある。食材は、薬剤と違って薬効は弱くとも同じ物をたくさん摂取したり長期間摂取すると、時には強すぎる。体質によっては少量でも変化が生じる。食材は、調理法や産地、季節によっても成分が変わり、組み合わせや心身の状態によっても吸収が変わる。また、人によっては継続してとる必要もある。

　私たちは、健康被害を回避するためにも食材を万遍なく食べる必要があり、主食、主菜、副菜を組み合わせた食事を基本として、季節に合った食材を選び、調理法を工夫して多種多様な料理を楽しみたい。人は、食べるために生きるのか、生きるために食べるのか、食物の選び方がその人の栄養となって心身をつくる。健康あっての人生である。

　人は見た目がすべてといわれるが、薬膳では舌や体格、顔、皮膚、爪、呼吸、音声、口臭、体臭その他から健康状態を弁証して適切な食事を提供する。薬膳は奥が深いので、家庭薬膳を楽しむのもよし、本格的に中医師や国際薬膳師[*]から学んで専門家になるのもよしといえよう。

> ＊国際薬膳師は、次の養成校にて資格を得ることができる（国際認定試験制）。
>
> **国立北京中医薬大学日本校、中医薬膳専科（1年制）**
> 　〒113-0033 東京都文京区本郷 1-8-2　電話 03-3818-8531
> 　詳細は、URL http://www.jbucm.com を参照するとよい。

参考文献
※1　邱　紅梅：わかる中医学入門, 燎原書店, 東京（2007）
※2　日本中医食糧学会編：食物性味表　改定版, 燎原書店, 東京（2009）
※3　徳井教孝ほか：薬膳と中医学, 建帛社, 東京（2007）
※4　王　財源：臨床中医実践弁証, 医歯薬出版, 東京（2005）
※5　梁　晨千鶴：東方栄養新書, メディカルユーコン, 京都（2005）

第3部 事例・実践 編

6 生命の安全・安心のための食品衛生・食品購入

1. 家庭での認知症の食事介護の実際
　—食品衛生・食品購入・非常用食品—

　超高齢社会にあって病院・福祉施設の数は限られており、必然的に在宅介護に占める割合は大きい。身体的な衰えに対する介護に比べ、認知症の介護は家族の身体的・精神的疲労が大きく、周囲の理解が不可欠である。どのような支援が必要か、また適した支援は何かを明確にするため、専門的な立場の医師・支援専門員などの助言や支援が必要である。

　世帯の構成に注目すると、核家族化が進み、老老介護・独居の世帯も多く、地区の民生委員・近隣住民の理解と協力、介護ヘルパーの手助けが大きな支えとなっており、社会資源の有効な活用が望まれる。

　近年の生活環境をみると、急速な超高齢社会への移行ばかりでなく食生活についても大きな変化がみられる。特に衛生面では、10年くらい前までは、食中毒警戒月間の5〜9月までの腸炎ビブリオと冬場のノロウイルスによる被害が多く報告され、季節による食中毒の特徴が如実に現れていたが、O157出血性大腸菌の発生で、年間を通じて食中毒の危険があることが判明し、食品衛生について再認識された。

　さらに近年、ノロウイルスの大きな被害が報告され、生活環境の変化に伴い、ノロウイルスに対しても1年を通して衛生に充分な配慮が必要となっている。特に集団の給食施設では保健所などの指導のもと、安心・安全な食事作りが行われているが、家庭においても安心・安全な食事作りのため食品衛生・食品の購入についての知識が必要である。また、2009年に起きた新型インフルエンザの発生でパンデミックとなる危険があることを我々は経験した。便利な社会である半面、物流がストップする、災害で火が使えないなど非常時を想定し、計画的な食品の購入・非常用食品について述べたい。

2. 食品衛生

　高齢者は加齢に伴い、身体の機能は徐々に低下し、食べ物や飲み物など経口摂取による嘔吐・下痢・発熱を引き起こしやすくなっている。食品を衛生的に扱い食中毒を予防し安全な食生活を送るため、食品衛生について述べる。

　食品衛生とは生育、生産あるいは製造時から最終的に人に摂取されるまでのすべての段階において、食品の安全性、健全性、健常性（完全性）を確保するために必要なあらゆる手段である（WHO）。

　我々は健康な生活を送るために、安全性・健全性・健常性（完全性）を備えた食品をとる必要がある。食品の安全性とは、生産地・生産過程が明確で安全であることや取り扱い（流通過

259

表 3-45 細菌性・ウイルス性・自然毒・化学物質の食中毒

細菌性食中毒	細菌	感染型	細菌が腸管内で増殖して症状が起こる 例：腸炎ビブリオ・サルモネラ・病原性大腸菌（腸管出血性大腸菌 O157 など）・カンピロバクター・エルシニア・リステリア・ウエルシュ菌
		毒素型 食品内毒素型	細菌が食品中で産生する毒素が原因で起こる 例：ボツリヌス菌・黄色ブドウ球菌
		生体内毒素型	生体内で菌が増殖したときに産生した毒素が吸収されて起こる 例：セレウス菌・毒素原性大腸菌
ウイルス性食中毒	ウイルス		ノロウイルス、A 型肝炎ウイルス
自然毒食中毒	自然毒	動物性	ふぐ毒・シガテラ（毒かますなど）・貝毒（麻痺性貝毒と下痢性貝毒）
		植物性	毒きのこ・じゃがいもの芽と緑色の部分、毒せりなど
化学性食中毒	化学物質		食品中の有毒・有害な化学物質や化学物質に汚染された食品を原因とした中毒（例：水俣病・ヒ素中毒）
アレルギー様食中毒	アミン中毒		食品に蓄積したアミン類が原因で起こる。まぐろ・さば・さんまなどでアレルギー様の症状を起こす

程の温度管理など）が適切であること。食品の健全性とは、栄養学でいう食品の成分が体内に入ったときの機能であり、食品の健常性とは、食品の素材の特徴を生かしながら生産・製造へ展開することである。

❶食中毒と予防
●食中毒の種類

　飲食によって起こる急性の健康障害を食中毒と呼ぶ。病因物質から分類すると、細菌性・ウイルス性・自然毒・化学物質に分けられる（表3-45）。

●細菌性食中毒の予防

　細菌は身近に存在し、汚染された食品を菌と共に摂取することで食中毒が起こりやすい。

▶食品に菌を付けない
・よく手を洗う。
・よく食品を洗う。
・まな板・包丁・食器など機具をよく洗う。
・清潔を保持する（洗浄後の食器・器具類は衛生的な戸棚などに保管する。またネズミや害虫が入らないようにする）。

▶菌を増やさない
・温度管理・迅速に作業する（調理・保存・喫食）。
・菌が増殖する時間をつくらない。

▶菌を殺す
・加熱処理（中心温度75℃以上で1分以上加熱）する。
・殺菌・消毒・除菌。

●ウイルス性食中毒の予防

　ウイルスは体内に入り増殖して食中毒を起こすことが細菌性食中毒と大きな違いである。

　ウイルスは人の腸管内で増殖するため、人が感染源になる。

▶菌を体内に入れない
　調理前、食事前にうがい、手洗いを行う。

▶充分な加熱調理を行う
　中心温度85℃以上で1分以上加熱する。

●自然毒食中毒の予防

　動植物自身の成分でそれ自身にとっては害がないが、他に対しては有毒な成分で死に至らせるものもある。調理・加熱などで無毒化することはない。

・ふぐはふぐ調理師制度（条例）があり、専門的な技術や知識が必要である。一般に、調理は専門家に託す。

- 鮮度のよい食材を旬の時期に新鮮な状態で食べる。
- じゃがいもは発芽部分・皮の緑色部分を食べない。
- 梅は未熟な青梅に毒素が含まれているので注意する。

❷食品の腐敗、油脂の酸敗

●腐敗

腐敗は腐敗菌によって起こる。常在菌で、肉・野菜・野菜の表面に付いている。腐敗菌の増殖でたんぱく質を分解し、アミン類・アンモニアを産生する。腐敗を防ぐには、温度管理で鮮度を保つことと適切な貯蔵を行う。

●油脂の酸敗

油脂を長時間空気にさらしていると変色・粘度変化・臭気発生などの変化が起きる。空気中の酸素、金属、光によって油脂が酸敗するので、原因を取り除く。

油脂を高温で何度も使用しない。揚げかすを残さない。使用後の油脂はろ過して冷暗所に保管する。なるべく油は注ぎ足して使わない。揚げ菓子・ポテトチップの開封後は食べ残さず、短期間で食べる。

❸冷蔵庫・冷凍庫の上手な使い方

適度な運動や閉じこもりを防ぐため買い物に出かけることはよいことである。しかし体調や天候によって出かけられない場合も想定される。高齢者の生活には冷蔵庫・冷凍庫の有効な活用が必要である。

●冷蔵庫の上手な使い方

- 冷蔵庫の温度は5℃を保つようにドアを長時間開けたままにしない。
- 冷蔵庫の過信は禁物である。低温でも菌は繁殖するので賞味期限内に食べる。
- 開封後の食品は速やかに処分する（長く置かない）。
- 長期保存に際しては入れた日時を記入し、開封時は品質を確かめる。
- 食品別に適切な場所に入れる（生食のもの（刺身、肉や魚）は別にするか離して上段に、野菜・果物は野菜庫に、加工食品は中段に）。
- 食品は適切な容器に入れ、収納は冷蔵庫の7割以下で冷気の流れを阻害しない。
- 冷蔵庫内を清潔に保ちパッキングにカビが生えないように手入れする。
  一番避けたいのが冷蔵庫内での二次感染である。泥の付いたものを入れない。肉や魚の肉汁が出ているパックをそのまま入れないように注意する。

●冷凍庫の上手な使い方

冷凍食品を保存するだけでなく、炊いたご飯の保存や肉・魚などの素材の保存など、冷蔵庫より長期間保存するのに便利である。しかし、業務用と異なり一般的には急速冷凍はできない機種が多い。急速冷凍の方が解凍時の液汁が少なく風味が損なわれることが少ないので、家庭でも早く凍らせる工夫が必要である。

- 食品を平らに少量ずつ小分けにしてラップかポリ袋に入れ、予冷してから冷凍する。
- 見える場所に日時と品名を記入する。
- 品質の低下は進むので過信は禁物。食材によっても異なるが、長くても保存期間は1か月くらいとし、使い切る。風味・おいしさを損なわないためには数週間の長期保存はせず、使い回す。
- 冷凍保存に向く食品：パン（冷蔵には向かない、風味を損なわないため食べ切れないときはあらかじめ余剰量を冷凍する）・ご飯・乾燥品・加熱調理したもの（ゆでた野菜・煮付けなど）・納豆・スープ・ソース。

3. 食品購入

　献立を立て、食事を作っている人ははたしてどのくらいいるだろうか。バランスのとれた食事作りの基本は、計画的な食事作りではないだろうか。献立を1週間分、あるいは3日分立てると、不足している栄養素がみえてくる。また食品の購入も計画的に行えるので、ぜひ献立を立てることを勧めたい。

　バランスのとれた食事とは主食（パン・ご飯・麺など）、主菜（肉・魚・豆腐・卵など）、副菜（酢の物・煮物など小鉢）・汁物（塩分制限のある方は医師と相談）・デザート（果物・ヨーグルトなど）のそろった食事である。1日に1・2回の食事では充分に栄養がとれないので、最低3回の食事は必要である。

　また、健康に生活するためには適切な栄養量の補給が必要である。適切な栄養量は各人異なるが、身体機能を維持するため体重を1つの目安に、適正体重を維持する栄養量を確保していきたい。

　計画的に献立を立てることにしばられ、折り込みチラシでの安売り情報を献立に反映できない・食べたいと思ったものが食べられないとの懸念をもたれる向きもあるが、献立を組み替えること、献立のレパートリーを多くもつこと、冷蔵庫・冷凍庫を活用することで解消できる。

　認知症が進んでくると、食べているのに体重が低下してくる場合が多くみられる。吸収率が低下しているため、食べても栄養素が吸収されないのである。また、1日中徘徊がみられる場合は、活動量に対し摂取量が見合っていないと痩せてくる。その場合、3回の食事では栄養素がとれないので、4・5回に増やす必要がある。幼児のおやつと同じで、認知症の場合は消化のよい、胃に負担がかからないものが望ましい（例えば、バナナ・カステラなど）。

　また、食べることに興味を示さなくなる場合もある。勧めても食べない日が続いた場合は、精神的なもの（うつ病など）か、内臓疾患の可能性があるので受診する必要がある。精神的な場合は無理強いせず、好きだった食品やアイス・バナナ・水ようかんなどで様子をみる。少しでも食べることが肝心である。

　近年、コンビニエンスストアの普及と販売戦略として、高齢者も買いやすい商品を置いているので食品購入の場が増えている。コンビニ弁当には栄養価の表示があり、利用の仕方で豊かな食生活の支援となりえる。例えば、幕の内弁当のような多種の食品が食べられるものが好ましい。いなり寿司・巻き寿司・おにぎりは主食であるから、野菜とおかず（ゆで卵でも可）を組み合わせるなどの工夫でバランスのとれた食事をとることができる。

4. 非常用食品

　9月1日の防災の日に非常用食品を入れ替える家庭が近年増えたようだが、新型インフルエンザの流行により、さらに非常用食品を常備する家庭が増えているのではないだろうか。災害時の対応で消防署の指導により3日分の非常用食品の蓄えを施設では行ってきたが、厚生労働省の通達で2週間の非常用食品の常備が望まれるとあった。実際、流通が滞った場合に備え、備蓄食料は必要である。しかし、非常用食品であっても、入れ替え時期には食べて処理できるものが望ましい。特に地震を想定した場合は、火を使わなくてもすぐに食べられる食品が望ましい。新型インフルエンザの場合には火は使えるので、インスタント食品・カップ麺も常備できる。

・主食として：レトルト粥、缶詰パン、
　冷凍食品、米

- 副食として：レトルト食品、冷凍食品
- デザートとして：缶詰の果物
- 賞味期限を確認し、リストを作成して入れ替えの計画を立てる。
- 嗜好に合わせた食品を非常用食品とし、先入れ後出しで回転させる。
- 冷凍食品の購入に際しては、賞味期限を確認し、解凍した形跡のないもの、袋に穴や破損がないもの、包装袋に氷や霜が付いていないもの、−18℃以下で販売・管理されている店のもの、積荷限界線内に陳列されているものを購入し、速やかに冷凍庫に入れる。

5. 災害時の対策

東日本大震災に学び、リスクマネジメントの見直しが必要となり、課題の対応を考慮する必要性に迫られている。

筆者も岩手県出身のため、被災地を目の当たりにしたが、考えていた以上に現実は厳しく、根本的なリスクマネジメント見直しの重要性を痛感した。

現地の声で、災害時は臨機応変な対応が要求され、その対応は、日常の訓練の中で身につけておく必要があると知らされた。

● "食" に関わるすべての視点からの見直し

水の確保：訓練の折に、ライフライン（電気、ガス、水道）が使えないことを想定し、野外での炊き出し訓練、食器洗浄をどうするかなど、食材のみでなく "食" に関わるすべての視点から見直すことが重要である。リスクマネジメントは、自分たちで自らの職場に適したマニュアル作成を行わないと、臨機応変な対応は難しい。

岩手では5日間停電で、主な調理器具は使用できず、それらの対応も各家庭・施設で準備する必要がある。井戸水を電動で汲み上げていたために水が使用できなかったことから、井戸があっても水の確保に留意する必要がある。

高齢者施設：高齢者が多数在住している施設では、入れ歯、眼鏡を忘れ、食事困難に陥った方がいた。枕元に置くなどの指導をするとよい。入れ歯を失った方は、でき上がるまで2か月以上かかり、不自由であった。

参考までに被災地の対応と課題を示す（表3-46〜48）が、家庭、病院、施設など、患者の命を守るためにも、リスクマネジメントを整えておく必要がある。

参考文献
1 杉橋啓子，山田純生，水間正澄，西岡葉子編著：実践介護食事論，第一出版，東京（2008）
2 一番ヶ瀬康子監修，小林重芳・杉橋啓子編：終末期における栄養と調理，一橋出版，東京（1999）
3 第2回高齢者ケア国際シンポジウム，東京・山形・北海道（1991）

表 3-46 災害時の対応と課題①

部署名　　栄養係

記入者名

項　目	時系列・細目	内　容
対応状況	3月11日　14:46 　　　　　15:00 　　　　　15:20 　　　　　16:50 　　　　　17:00	地震発生・一時避難 厨房機器及び備品の確認 地震後ライフライン（ガス、電気、水道）がストップし、屋外での炊き出し準備 仕込みは終了済みのためメニューどおり調理し、おにぎりをディスポにより提供 デイサービスの利用者、勤務職員へおにぎり、みそ汁の提供
	3月12日　5:00	早朝出勤としたがライフラインが復旧していないため、屋外での炊き出し対応 8：00 朝食、12:00 昼食、夕食 16：00 と、日没前に対応 内容：主食、主菜、副菜、果物、漬物実施献立に沿って対応 利用者が不安から便秘傾向になったため、栄養バランスの工夫（野菜を多めに対応）
	3月13日	3日分の備蓄で食事は問題なく提供したが、委託業者が物流困難に陥るため食材調達手段確保を要する（近隣の業者及びスーパーへ出向き調達） 3日間朝、昼、夕すべて屋外炊き出しで対応 夕食後より電気の復旧により通常対応とする。
	3月14日 以降	施設と取り引きある業者より直接調達（ガソリンが不足しているため業者より配達不能） 10日分の食材調達実施（委託業者より食材が少しずつ納品されたが思うように入らず） 家族や関係者より納豆、豆腐、もやし、いなりずし、缶詰 カップ麺、菓子、りんごなどの物資支援のもと、無駄なく調理し保管（真空調理器を使用し、鮮度が落ちる野菜や果物・肉・魚などを真空して保存）
対応して感じたこと		3日分の食材は常備しているが、被災状況により必要物品に違いがあると思われる。また、季節及び温度に係る食材管理が重要である。さらに物品確保も大切であるが、衛生管理及び日々のシミュレーションが必要である。
今後の課題	ハード面	①ライフライン：ガス、水、照明の確保が必要（簡易発電機の設備） ②衛生管理：冷蔵庫・冷凍庫の使用ができないため、食品の鮮度の確保及び生ごみなどの処理・保管方法の確立 ③水道：貯水タイプ（汲み上げ）なので、直結が必要 ④備蓄管理：3日～2週間分の確保（経管栄養・嚥下困難者用の栄養補給及び水分も含み） 　備品）ビニール袋、ラップ、ディスポ食器、割り箸、プラスチックスプーン、ウエットティッシュ、ゴミ袋
	ソフト面	①職場：職調理従事者の勤務体制の把握 ②委託業者：委託業者の災害時に係る契約事項の締結 ③信頼関係：業者間の信頼等、良好な人間関係のもと円滑な物資調達の確保

出典）特別養護老人ホーム　れいたく苑（岩手県内陸部）　定員：入所者73床、ショート8床、デイサービス27名

表 3-47 災害時の対応と課題②

部署名　　　栄養科
記入者名

時系列・細目		内　容
3月11日（金）	当日	停電により暖房・水道・電化製品停止。車から電源を引き、吸引の必要な方のベッドをホールに集める。 厨房：災害時マニュアルによってガスで炊飯 食器：発泡スチロール製ディスポーザブル容器 嚥下食：在庫の高カロリー補助食をカップのまま提供 水道：施設外市水道よりホースで利用。施設内トイレにも使用 寝具：業者へ毛布、布団を多めにレンタル発注 石油ストーブを購入
3月12日（土）	2日目	厨房：初日と同様。冷蔵庫・冷凍庫停止のため献立変更 食品：納品あり 電話：不通 明かり：懐中電灯では仕事ができない。頭に固定するライトを用意した。太陽光充電式のライトが役立った
3月13日（日）	3日目	厨房：初日と同様。日曜日のため食品は納品ずみ 午後から電気が復旧
3月14日（月）	4日目	物資：東北の大きな被害のため供給ルートが遮断され、ガソリンが不足、次いで灯油不足（多くのガソリンスタンドが閉まり、めどがたたない）。入所者は全員ホールに誘導し、ベッドも移動し灯油節約を図る。 食品：ガソリン不足のため納品できない業者あり。地元業者に米、缶詰、高カロリー食の追加発注。地元の業者との取引は重要で、複数業者との取引が大事 この状況は3月一杯続いた
物流状況		・仙台に工場がある業者はしばらく納品のめどが立たず、経管以外の補食で使用していた方の分を一時中止 ・取引のない営業担当者から濃厚流動食（2kcal/mL）が納品可能である旨を聞き、地元の医薬品卸業者へ連絡し、取引を開始

※今までは3日分の非常食があれば自衛隊が救援に来るといわれていたが、今回は広範囲であり、被災地ではない弘前にも影響が大きかった。
　食材に関しては複数の業者と取引することが有効であり、地元の業者とのつながりも重要である。
　ガソリンがなくなっても徒歩で納品すると言ってくれた業者があった。
※高カロリー食はカップ入りやレトルトものが多いので、非常食として最適。避難所へ集団避難する場合も持ち運びが可能であり、支給される弁当が食べられない方にも適する。
※厨房も非常時の避難訓練を行っておいたため、外での炊き出し、集団避難時の対応に混乱がなかった。
※プロパンガスによる鋳型コンロで炊き出しを行ったが、湯が沸くまでに時間がかかり、刻み食への対応も課題である。
※ディスポ食器の発泡スチロール製品、プラスチックスプーンなど、普段と違うために食事拒否になった方もいた。
※糖尿病の方には冷凍おやつなどで対応した。

出典）医療法人サンメディコ 介護老人保健施設ヴィラ弘前、理事長 下田肇、栄養科主任 高橋水穂

表 3-48 防災マニュアル

施設長					

① どの時点まで調理をするのか
　　利用者が施設にいる場合 ➡ 厨房が使える ➡ そのまま
　　　　　　　　　　　　　 ➡ 厨房が使えない ➡ どこで ➡ 中庭、駐車場
　　　　　　　　　　　　　　　　　　　　　　 どのように ➡ 非常食を温めて
　　　　　　　　　　　　　 ➡ 避難所 ➡ 配給のものを提供し介助
　　　　　　　　　　　　　　　　　　　　常食以外の人は
　　　　　　　　　　　　　　　　　　　　　➡ 刻み食はその場で刻む
　　　　　　　　　　　　　　　　　　　　　➡ 嚥下食は非常用カップ入りで　（入所者台帳より）
　　　　　　　　　　　　　　他施設 ➡ ・食形態の申し送り
　　　　　　　　　　　　　　同法人施設など ・療養食の申し送り
　　　　　　　　　　　　　　　　　　　　・アレルギー食の申し送り
　　　　　　　　　　　　　　　　　　　　・水分とろみなど
　　　　　　　　　　　　　　　　　　　　・その他
　　　　　　　　　　　　　　　　　　　　➡ 栄養士、調理師は配膳、食事介助

② 連絡系統[1]　　指示系統（厨房・委託先）への指示
　　　　　　　　誰の指示に従うのか、非常時の混乱を避けるためにある程度決めておく
③ 作業工程表　　深夜発生[2]、午前中発生[3]、午後発生[4] など
　　　　　　　　施設に近い人から、何をどのように始めるか
④ パイプラインの確認
　　ガス　　都市ガスかプロパンガスか？　　　　　➡ 簡易ガスコンロ、ガスボンベ
　　電気　　停電の場合　・冷蔵庫・冷凍庫　　　　➡ 先に処分
　　　　　　　　　　　　・ミキサー・フード　　　➡ 発電機（　w数確認）　個
　　　　　　　　　　　　　カッター
　　　　　　　　　　　　・炊飯器　　　　　　　　➡
　　　　　　　　　　　　・その他
　　水道　　供給源　　　　　　　　　　　　　　　➡ ペットボトル 2L×8 本×　箱
　　　　　　　　　　　　　　　　　　　　　　　　　近くの井戸水
　　電話　　電話よりもメールの方がつながる　　　➡ 非常時一斉メール
　　　　　　業者確認　　　　　　　　　　　　　　➡ 電話、道路を併せて確認
　　道路など　　　　　　　　　　　　　　　　　　➡ 主要道路、危険箇所（土砂崩れ、津波など）を
　　　　　　　　　　　　　　　　　　　　　　　　　併せて確認

⑤ 献立（できれば在庫のあるもので）　＊水分補給も忘れずに
　　日にちが経つほど日常に近づける努力を（おやつ、果物など）
　　発生当日　㋐献立のまま
　　　　　　　㋱冷蔵庫・冷凍庫の食品を優先
　　　　　　　㋜レトルトカレー、スープ
　　発生翌日　㋐非常食、缶詰など
　　　　　　　㋱ぞうすい（在庫野菜使用）、レトルト副菜、果物缶詰
　　　　　　　㋜煮込みうどん（在庫野菜使用）、栄養補助食品（在庫）、エンシュア缶は非常食
　　食器・配膳方法など
　　　　　　　使い捨て食器、割り箸、プラスチックスプーン
⑥ その他予想される二次災害について
　　・食中毒対策 ➡ すべて加熱する　　・食事拒否された方 ➡ 在庫があるおやつなどを
※その他、経管の方、薬（インスリンなど）、暖を取るもの、入れ歯、眼鏡など

注）　　は例、　　は非常時のポイント。
　1　指示系統例：理事長→事務長→栄養科主任→厨房主任
　2　深夜発生した場合の例：早番は施設に近い人に交代する
　3　午前中発生した場合の例：早番は引き続き業務。事態の把握まで待機、中番は業務。
　4　午後発生した場合の例：早番は利用者の安全確保。

出典）医療法人サンメディコ 介護老人保健施設ヴィラ弘前、理事長 下田肇、栄養科主任 髙橋水穂

第3部 事例・実践 編

7 新調理システム導入による食の提供

1. 新調理システム

　献立・調理（食数）により、最も適した調理法を選択し、上手に使い分けることによって合理化につながる（表3-49）。

2. 新調理システムの基本プロセス

　図3-16に新調理システムの基本プロセスを示す。

3. 真空調理法の長所

❶調理面の長所[※2]

- 素材本来の風味やうまみを逃がさず、やわらかく汁気を含んだ状態で仕上がる
- 素材のもつ栄養面・ビタミンなどの破壊が少ない
- 細菌の繁殖を制御し、腐食を止める
- 水の発散を防ぎ、乾燥させない
- 水分を閉じ込めたままやわらかく仕上げる
- 熱によるビタミンの破壊が少ない
- 乾燥による目減りや煮崩れが起こりにくい
- 空気を遮断するため、食材内の水分が均一になり、味付け・加熱が均等になる
- 調味料が均等にしみ込むため、調味料の使用量が少なくてすむ

表3-49 新調理と従来調理

	名　称	調理方法	調理後保存期間	調理例
新調理	クックチル	食材を仕込みから加熱まで行い、それを急速冷却後保存し、再加熱して提供する調理法。（90分以内に3℃以下に冷却）	約4〜5日	蒸し物・卵料理・魚料理・煮物・カレー・ピラフなど
	クックフリーズ	クックチルと同様であるが、急速凍結する。（20分以内に0〜5℃を通過）	約1か月	
	真空調理	食材を処理し、真空包装した後加熱し、それを急速冷却後保存し、再加熱し提供する調理法。（90分以内に3℃以下に冷却）	約7日	介護食・嚥下食・肉料理・煮物・減塩食・制限食・代替食
従来調理	クックサーブ	配膳当日に仕込みから加熱調理まで行い、冷却せずにそのまま提供する方法。	調理後2時間以内に提供	炒め物・揚げ物・焼き魚・麺類・サラダなど

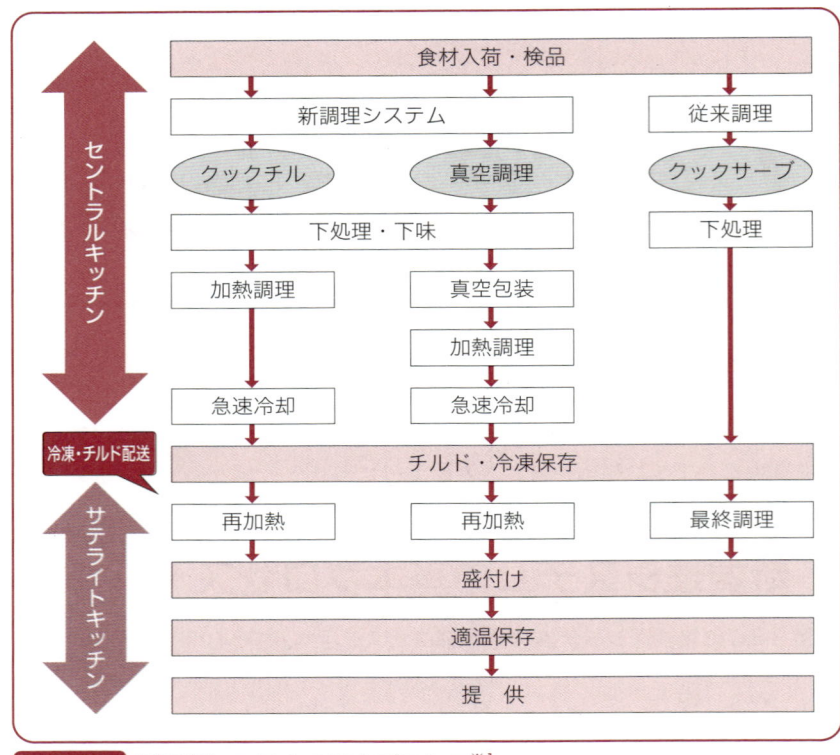

```
           食材入荷・検品
                │
       ┌────────┼────────┐
       ▼新調理システム   ▼従来調理
   クックチル  真空調理   クックサーブ
       │        │            │
       ▼      下処理・下味    ▼
    加熱調理    真空包装     下処理
       │        │
       │      加熱調理
       │        │
     急速冷却  急速冷却
       │        │            │
       ▼  チルド・冷凍保存   │
      再加熱    再加熱      最終調理
              盛付け
             適温保存
              提 供
```

図 3-16 新調理システムの基本プロセス[※1]

（左側：セントラルキッチン／冷凍・チルド配送／サテライトキッチン）

- 素材への調味料の浸透がよく、塩分や糖分を控えても均一においしく仕上がる
- 適温加熱により、食材の食感をコントロールできる
- 加熱温度が同じ複数の食品を、加熱時間の調整で一度に調理することが可能

❷ 作業面での長所

- 調理の最適状態をマニュアル化でき、人的な要因による品質のバラつきを防止
- 計画生産による調理作業の標準化で作業効率が向上⇒あらゆるコスト軽減につながる
- 大量調理や食材の安価時に大量購入ができる
- 袋による保存のため、他の食材への匂いの移りがなく、冷蔵庫内などの衛生環境が向上する
- 真空包装により、二次汚染の防止や保存時の管理性と運搬性が向上
- 袋による加熱のため厨房内の汚れが少なく、温度が上昇しにくいため職場環境の改善につながる

❸ 真空パックの優れた効果

食品を真空パック、3℃以下で管理することにより、生鮮食品をはじめ加工品などを保存することができる。

- 酸素・湿気を遮断し、酸化による変色と水分の発散を防止する
- 細菌の繁殖を抑制し、腐敗を止める
- 冷蔵・冷凍による乾燥と食品間の匂い移りを防止する
- 冷凍焼けがなく、解凍時のドリップがない
- パックのまま流水で解凍ができ、解凍時間の短縮により、品質の劣化を防ぐ
- 少量の調味料で、短時間での味付け・漬け込みが可能

4. 新調理システムの導入

　何のために新調理システムを導入し、活用していくのか明確にする必要がある。調理方法が異なるということは、ハード面（設備関係）・ソフト面（システムの習得など）の両面において、費用がかかり、システムを導入し遂行するための労力を費やす。新規厨房であれば、設計の段階から厨房の用途（事業内容・食事提供数・提供方法など）を整理し、衛生管理と導線を考え、ソフト面と同時進行で進めることが可能である。一方の既存の施設において新システムを導入する場合は、現状の食事提供（施設や事業の内容・責任者の考えにもよる）を並行しなければならない。これには大きな課題・リスクを伴う。そのためにも、①現状の問題点を整理する、②厨房の用途を明らかにする、③事業展開などをもとに、新調理システムの導入について検討する。

❶導入目的を明確にする

- 作業の平準化
  （生産効率向上・人手不足の解消）
- 衛生管理・品質管理の向上
  （温度と時間を基準化）
- 多様化するサービス（利用者）への対応
  （ユニット化への対応）
- 新システムの導入により、人材育成期間の短縮（マニュアル化）
- コストダウン
  （食材の一括購入・光熱水費・人件費）

❷新調理システムの習得（スタッフが理解する）

　新調理システムについて、1から学ぶ。調理方法の種類・新調理システムのプロセス・衛生管理の理解から学ぶ。スケジュールを作成し、まず始めになぜ厨房が変わるのかを理解する。勉強会や実践を取り入れ、展示会や研修会へ参加する。導入に向けて一番大切なことは、導入目的・職員の意識改革・指導者の存在である。実施中も戸惑いがあるが、常に指導者が目的をしっかりと伝え、現場が今何に戸惑いを感じているかを知ることが解決につながる。

　機材についても、実際に使用する職員が使いやすいこと（表示が大きく見やすい・パネルなどの表示が最小限など）が第一条件である。その他にも、日頃のメンテナンスができるだけ簡単であり、付属品などのランニングコストが極力かからないことが検討項目に入る。

　例）基本的プロセス → 計画的な仕込み（週3回→週2回）→ クックチル → 真空調理

5. 真空調理の活用

　厨房職員が厨房という「箱」の中ではなく、利用者の居る場所で食の提供をすると、生活の中に自然と食があり、ご飯の炊ける香り・みその香りで食事が始まる。認知症の方の場合、「選ぶ」ことがなかなか難しいため、行事などの食事提供の工夫として、食事のサンプル（実物品）を目の前に用意し、実際に目で見て選んでもらったり（写真3-42）、その場で料理を仕上げるのを見せる。五感に訴えることで、何を食べるか伝えることにつながる。行事に限らず、日常の食事提供の中でも、それぞれの対象に適した工夫ができる。

　認知症の方は、新しい記憶から忘れ、昔の記憶が残っている・覚えている傾向がある。その記憶に問いかけることも、食事の大切な役割である（写真3-43）。日本には四季折々の食材、二十四節気や雑節がある。日々の食事の中で、これらを大切にして提供することにより、記憶の「きっかけ」になるのではないだろうか。

　真空調理の活用により、時間を効率よく使う

写真 3-42 敬老のお祝い会
その場で好きなものを選んでもらう。

ことができる（写真 3-44）。その効果として高齢者のそばに寄り添う、同じ時間を過ごす（食事提供・準備など）ことにより、個々の思いを知ることができ、食事へ反映される。食は、食べてこそ役割が果たされる。なじみの環境で過ごし食事をすることが、精神の安定や穏やかな日々を送ることにつながることであろう。

真空調理は、今までなれ親しんだ味を再現し、できるだけ添加物の少ない「手作り」の食事を効率よく、安全に提供する一つの調理法と感じる。食事の役割をどうとらえるか、どこに重点を置いてこだわりをもって提供していくかが、大切なことである。

おせち料理 　　　如月弁当（2月のお楽しみ献立） 　　　お花見弁当（桜ご飯）

写真 3-43 四季折々の行事食

八宝菜 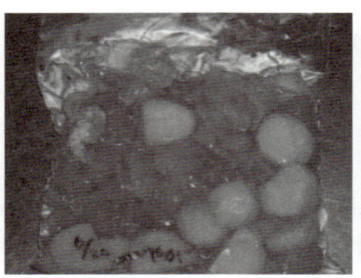　　　肉じゃが 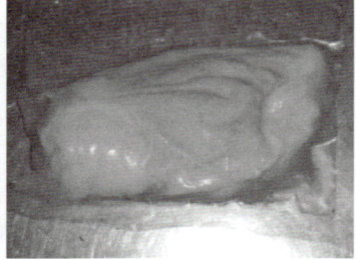　　　鶏肉の下準備

写真 3-44 真空調理例

6. 真空調理献立

材料は1人分である。

治部煮

【材料】

鶏もも肉……………… 40g	大根乱切り……………… 30g	生しいたけ……………… 10g
にんじん乱切り………… 22g	里いも乱切り…………… 30g	ほうれん草……………… 25g

※材料2kg（340×480サイズ）に対して調味料2割（真空用調味液1：だし汁1）

① 下処理：にんじん・大根・里いもをスチーム100℃で15分、ブラストチラーにて冷却（90分以内3℃以下）、生しいたけはそぎ切りにする。
② 真空調理（一次加熱）：袋にそれぞれの食材（2kgまで）を入れる。調味液とだし汁を加えて真空包装30秒かける。スチーム95℃にて40分加熱後、ウォーターチラーにて冷却（90分以内3℃以下）……チルド保存
※ほうれん草はカット後、スチーム93℃で12分。ブラストチラーにて冷却（90分以内3℃以下）。
③ 最終加熱・提供：真空調理したにんじん・大根・里いも・生しいたけをスチーム95℃で20分再加熱する。鶏肉は片栗粉をまぶし、煮汁の中に入れ、コンビ130℃、芯温80℃設定で加熱する。ほうれん草を真空袋より取り出し、水分を軽く絞る。それぞれの食材を盛り付け、汁を張る。

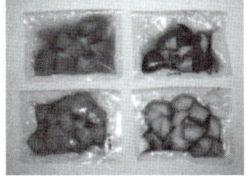

①下処理　②スチームコンベクションオーブンにて一次加熱　③ウォーターチラーにて冷却　④治部煮

写真 3-45　真空調理による治部煮

がんもどきとにんじん煮

【材料】

がんもどき……………… 1個	にんじん乱切り………… 22g	さやえんどう…………… 5g

※材料2kg（340×480サイズ）に対して調味料2割（真空用調味液1：だし汁2）

① 下処理：がんもどきの油きり（スチーム100℃で3分・熱湯をかける）をし、食べやすい大きさに切る。にんじんはスチーム100℃で15分加熱する。※2品とも、ブラストチラーにて冷却（90分以内3℃以下）
② 真空調理（一時加熱）：袋にそれぞれの食材（2kgまで）を入れる。調味液とだし汁を加えて真空調理をがんもどき7秒、にんじん30秒かける。スチームを95℃で40分加熱後、ウォーターチラーにて冷却（90分以内3℃以下）……チルド保存
③ 最終加熱・提供：真空調理したがんもどき・にんじんをスチーム95℃で20分再加熱する。さやえんどうは、すじを取り、沸騰した湯でゆで、彩りよく盛る。

①下処理　②がんもどきとにんじん煮

写真 3-46　真空調理によるがんもどきとにんじん煮

ピーマンしらす炒め

【材料】
ピーマン……………………… 25g　　しらす干し………………… 10g
※材料1.5kg（340×480サイズ）に対して油50mL・塩3g

① 下処理：ピーマンはせん切りにしてゆでる。ブラストチラーにて冷却（90分以内3℃以下）
② 真空調理（一次加熱）：袋にピーマンとしらす干しを入れ、調味料を加えて真空包装30秒かける。スチーム95℃で25分加熱後、ウォーターチラーにて冷却（90分以内3℃以下）……チルド保存
③ 最終加熱・提供：真空調理したものをスチーム95℃で20分再加熱する。

①下処理　　②ピーマンしらす炒め

写真3-47 真空調理によるピーマンしらす炒め

かぼちゃの煮付け

【材料】
かぼちゃ……………………… 60g
※材料2kg（340×480サイズ）に対して調味料2割（真空用調味液1：だし汁2）

① 下処理：かぼちゃを切る。
② 真空調理（一時加熱）：袋にかぼちゃ（2kgまで）の皮を下にして入れる。調味液とだし汁を加えて真空調理を30秒かける。スチーム95℃で40分加熱後、ウォーターチラーにて冷却（90分以内3℃以下）……チルド保存
③ 最終加熱・提供：真空調理したかぼちゃをスチーム95℃で20分再加熱する。

①下処理　　②かぼちゃの煮付け

写真3-48 真空調理によるかぼちゃの煮付け

文献

※1　谷 孝之ほか：真空調理って何？　今世紀、調理の常識、柴田書店、東京（2002）
※2　日経レストラン監修、新調理システム推進協会編：新調理システムのすべて、新調理システム管理者養成テキスト、日経BP、東京（2002）

付. 認知症をより理解するために

参考までに、認知症を来す疾患、認知症の中核症状と周辺症状、認知症の経過と医療の必要性に関する図を示す。認知症を正しく理解するために役立てていただきたい。

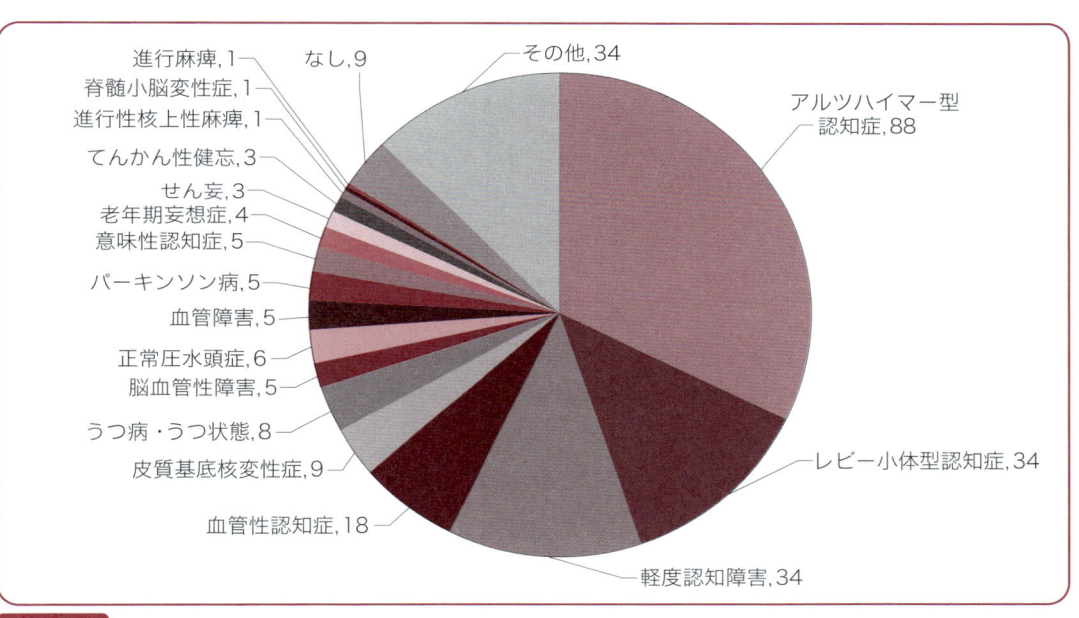

参考図1 認知症を来す疾患

- 進行麻痺, 1
- 脊髄小脳変性症, 1
- 進行性核上性麻痺, 1
- てんかん性健忘, 3
- せん妄, 3
- 老年期妄想症, 4
- 意味性認知症, 5
- パーキンソン病, 5
- 血管障害, 5
- 正常圧水頭症, 6
- 脳血管性障害, 5
- うつ病・うつ状態, 8
- 皮質基底核変性症, 9
- 血管性認知症, 18
- なし, 9
- その他, 34
- アルツハイマー型認知症, 88
- レビー小体型認知症, 34
- 軽度認知障害, 34

注）認知症外来を受診した患者総数275名の診断（男性114名、女性161名）
資料）平成21年度厚生労働科学研究（認知症総合対策事業）：かかりつけ医のための認知症の鑑別疾患と疾患別治療に関する研究（主任研究者 池田学）

参考図2 認知症の中核症状と周辺症状

BPSP*（周辺症状）

行動障害	精神症状
徘徊	幻覚
失禁	妄想
自傷・他害	作話

感情障害	意欲の障害
うつ	意欲低下
不安	意欲亢進
焦燥	

	特徴	対応
BPSD（周辺症状）	・一部の患者に、経過中にみられることがある ・出現する症状やその重症度は様々	・薬物投与等の精神科治療技術や、手厚いマンパワーを要する ・適切な治療により、多くは1～3か月で改善可能
中核症状 記憶障害 見当識障害 判断の障害 実行機能の障害	・すべての患者で病期を通じてみられる ・徐々に進行し、改善は見込めない	・ドネペジル（アリセプト）投与により、進行の遅延が図られる

*BPSD：Behavioral and Psychological Symptoms of Dementia（認知症の行動・心理症状）

資料）厚生労働省老健局：高齢者福祉行政の動向（2011）

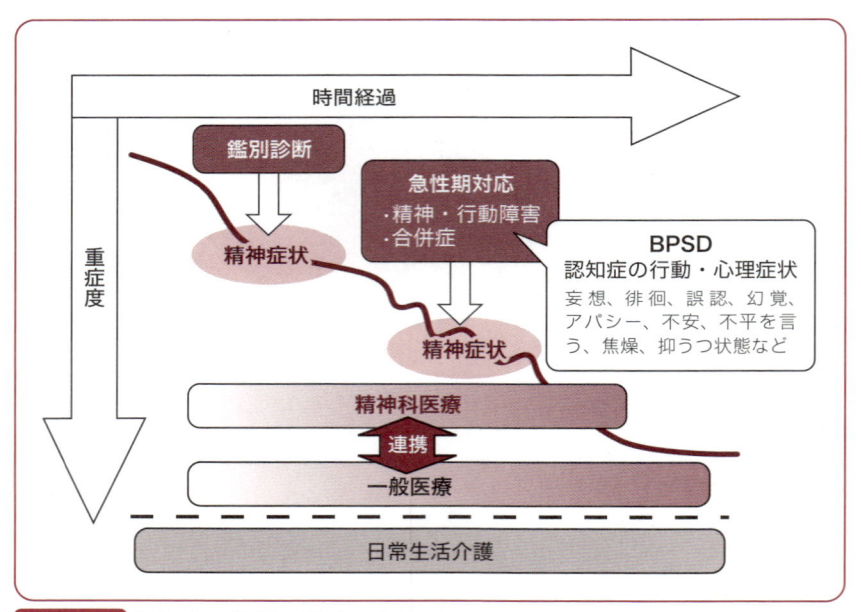

参考図3 認知症の経過と医療の必要性

時間経過 →
重症度

- 鑑別診断 → 精神症状
- 急性期対応
  - 精神・行動障害
  - 合併症
  → 精神症状

BPSD 認知症の行動・心理症状
妄想、徘徊、誤認、幻覚、アパシー、不安、不平を言う、焦燥、抑うつ状態など

精神科医療 ⇔ 連携 ⇔ 一般医療

日常生活介護

資料）厚生労働省老健局：高齢者福祉行政の動向（2011）

参考表1 血液検査などで使われる略号

略号	読み	意義
TP	総たんぱく質	栄養状態の指標
Alb	血清アルブミン	栄養状態・肝機能障害の指標
TC	総コレステロール	脂質異常症・動脈硬化の指標
TG	中性脂肪	脂質異常症・動脈硬化の指標
LDL-C	低比重リポたんぱくコレステロール	脂質異常症・動脈硬化の指標
HDL-C	高比重リポたんぱくコレステロール	脂質異常症・動脈硬化の指標
BUN	尿素窒素	腎機能障害の指標
Cre	クレアチニン	腎機能障害の指標
ALT（GPT）	アラニンアミノトランスフェラーゼ	肝機能障害の指標
AST（GOT）	アスパラギン酸アミノトランスフェラーゼ	肝機能障害の指標
ChE	コリンエステラーゼ	肝機能障害・有機リン中毒の指標
LDH	乳酸脱水素酵素	肝機能障害の指標
Na	血清ナトリウム	血清電解質異常の指標
K	血清カリウム	血清電解質異常の指標
Ca	血清カルシウム	骨代謝性疾患の指標
Fe	血清鉄	鉄代謝性疾患（鉄欠乏性貧血など）の指標
UIBC	不飽和鉄結合能	鉄代謝性疾患（鉄欠乏性貧血など）の指標
FBS	空腹時血糖	糖尿病の指標
HbAlc	ヘモグロビンエイワンシー	糖尿病の指標
RBC	赤血球数	血液疾患（貧血・多血症など）の指標
Hb	ヘモグロビン	血液疾患（貧血・多血症など）の指標
Ht	ヘマトクリット	血液疾患（貧血・多血症など）の指標
MCV	平均赤血球容積	貧血の種類・性質の判定
MCH	平均赤血球ヘモグロビン量	貧血の種類・性質の判定
WBC	白血球	感染の指標、白血症などの血液疾患の指標
CRP	C反応たんぱく質	炎症性疾患の指標

索　引

あ
ISO 58
アウトカム 76
遊び食べ... 8
粗刻み食の作業工程 126
アリセプト 31
アルツハイマー型認知症 5
　──の治療薬 74
アルツハイマー病 10,27
　──の診断基準 27
　──の特徴 4
安神 249

い
易刺激性 15
異食 11,51,158
異食行為 23,34
易怒性 12
意味記憶 21
意味記憶障害 15
意味性認知症 15
いもごはん 154
胃瘻 147
咽頭期 89
陰陽五行学説 246

う
ウイルス性食中毒 260
うつ病 19,87
運動ニューロン疾患 15

え
エイコサペンタエン酸 78
衛生管理点検表 61
栄養アセスメント 76
栄養改善計画 185
栄養改善事業アセスメント票 ... 183
栄養管理実施計画 76
栄養ケア計画 77,163,167

栄養相談経過記録表 185
栄養評価 76
栄養モニタリング 164,167
N式老年者用精神状態尺度 23
エピソード記憶 21
MMSE日本語版 24
遠隔記憶 10
嚥下 42
園芸療法 153
嚥下運動後誤嚥 42
嚥下運動前誤嚥 42
嚥下障害 42,141
嚥下障害者の食事形態 190
嚥下状態 70
嚥下ソフト粥 118
嚥下ソフト食 116
　──の作業工程 125
嚥下ソフト食調理工程表 126
嚥下体操 104
嚥下力 92,116
嚥下状況観察 69
塩酸ドネペジル 31
塩分 110

お
O157 59
オープンキッチン 101
送り込み力 92
おやつ 225
音楽療法 31
温度 110

か
介護拒否 160
介護食 82,89,110,229
介護スタッフへのアドバイス ... 49
介護抵抗 22
介護難民 47
介護用食品 115

回想法 106
回想療法 31
改定水飲みテスト 116
化瘀 249
化学性食中毒 260
過食 51,155
活血 249
仮面認知症 19
カルシウム 110
加齢関連認知低下 18
缶詰 114
寒天 86
観念運動失行 21
観念失行 21

き
記憶障害 10,21
飢餓痛 82
帰経 248
気血津液学説 247
刻み食 83
義歯の人 87
義歯の不具合 103
帰宅願望 22,33
機能的自立度評価 77
記銘障害 10
吸収力の低下 158
牛乳 108
救命プリン 82
行事食 216
拒食 15,51,111
切り方 110
緊急時対応マニュアル 60
筋固縮 29
　──の人 87

く
薬の飲み忘れ 139
口の麻痺 111

クックサーブ　267
クックチル　267
クックフリーズ　267
グループホーム　100
クロイツフェルトヤコブ病　29

け

形態調整食　83
経皮内視鏡的胃瘻造設術　78
血管性認知症　12
幻覚　22
幻視　13, 22, 141
幻聴　22, 141
見当識　3
見当識障害　10
健忘　2

こ

口腔期　88, 89
口腔内ストレッチ　99
口腔内保持力　92
口腔マッサージ　149
攻撃性　22
高血圧食　139
高次脳機能障害　18
口唇傾向　15
口唇マッサージ　149
喉頭挙上　116
行動障害　50
興奮　22
高齢者の食事摂取基準　192
高齢者のための食生活指針　56, 189
誤嚥　42
語義失語　15
五行学説　246
国際標準化機構　58
穀類　109
五元論　246
五性　248
五臓　247
5W2H　58
五味　248
コラージュ療法　31

さ

災害時の対策　263
細菌性食中毒　260
在宅サービス　178
在宅認知症の人　134
魚　108
作業療法士　67
左右失認　22
酸敗　261

し

支援計画表　161, 166
事故への対応　56
事故防止　58
脂質　110
四診　248
自然毒食中毒　260
失禁　22, 35
失計算　22
失見当識　22
失語　11, 21
失行　11, 21, 52
　── の人　86
実行機能障害　22
失認　11, 22, 51
　── の人　86
自由再生　8
収集行為　23
集中欠如　164
周辺症状　3
準備期　88, 89
小規模多機能型居宅介護サービス　145
小規模多機能施設　145
常食の作業工程　126
上新粉　118
使用水の点検表　61
焦燥　22
昇浮降沈　248
ショートステイ　178
食事ケアの評価　161
食事介護の種類　67
食事介助　70
　食前 ──　104

── の注意点　67
食事過程の看護・介護サービス　62
食事観察　68
食事観察の実際　71
食事ケア　68
　── の基本　67
　── の評価　166
食事ケアサービスマニュアル　63
食事形態デザイン　91
食事形態別介護度　125
食事サービスマニュアル　59, 64, 66
食事姿勢と介助　72
食事摂取基準　192
食事バランスガイド　176
食事未摂取　164
食事量低下　160
食生活事故への対応　56
食生活指針　56
褥瘡　179
食品加熱加工の記録　60
食物繊維　110
食養薬膳　246
食欲障害の人　87
食欲低下　155
食欲不振　142
食塊形成力　91
真空調理　267
真空パック　268
神経変性病変　27
心理療法　31

す

錐体外路症状　29
錐体路症状　29
水頭症　30
水分　110
睡眠障害　35

せ

生活習慣　107
生活リズム　107
正常圧水頭症　30
生理的老化　2
摂食時の安全ポイント　62

278

摂食状態の把握 102	**つ**	**の**
舌肥大 149	通所介護サービス 178	脳血管性認知症 28
ゼラチン 86	通所リハビリテーション 178	── の診断基準 29
先行期 88		脳卒中 28
前頭側頭葉変性症 14	**て**	脳卒中後遺症 88
せん妄 19	低栄養 179	── と認知症の違い 88
	── の予防 102,189	ノロウイルス 259
そ	低栄養改善 181	
臓象学説 247	低栄養状態予防のアセスメント 63	**は**
相貌失認 22	低栄養予防の食生活指針 189	パーキンソニズム 14
即時記憶 32	テイク10 188	パーキンソン病 87
咀嚼・嚥下機能の低下 102,157	デイケア 178	徘徊 22,33,160,164
咀嚼状況観察 69	デイサービス 178	配食サービスマニュアル 65
咀嚼力 91	手続き記憶 10,21	歯茎食べの人 87
ソフト粥 118		長谷川式簡易認知症スケール 23,25
ソフト食 116	**と**	バリテーション 31
	糖質 110	半側空間無視 12
た	盗食 51	判断力障害 22
大豆製品 108	透析食 219	反復唾液嚥下テスト 116
滞続言語 29	透析導入食 219	
脱水症 56	ドコサヘキサエン酸 78	**ひ**
脱水の予防 103	閉じこもり予防 181	被害感 7
食べたことを忘れる 35	独居認知症の人 136	非言語的コミュニケーション 11
食べる意欲の観察 70	ドネペジル 31	非常用食品 262
卵 108	とろみ調整食品 91,96	ピック病 14,29
短期記憶 21		びまん性レビー小体病 29
短期入所サービス 178	**に**	非薬物療法 31
短期入所生活介護サービス 178	肉 108	病院での食事ケア 78
短期入所療養介護サービス 178	認知症 2	瓶詰 114
	── の経過と医療の必要性 274	
ち	── の行動・心理症状 3	**ふ**
地誌的見当識 5	── の診断基準 17	不安 22
痴呆症 17	── の中核症状と周辺症状 274	不穏 34
着衣失行 22	── を来す疾患 273	不潔行為 22,35
注意力障害 22	認知症高齢者の食行動 53	不顕性誤嚥 42
中核症状 3	認知症高齢者の日常生活自立度 23	腐敗 261
昼夜逆転 22,35,141	認知症透析患者 130	不眠 22
抽象思考障害 22	認知症予防に効果的な栄養素と食べ物 195	プリオン 29
腸炎ビブリオ 259		
長期記憶 21	**ね**	**へ**
超高齢社会 46	熱量コントロール食 219	ベビーフード 115
調理の工夫 103	年間行事食 216	弁証 248
治療薬膳 246		偏食 15
陳述記憶 21		

279

ほ

語	頁
暴言	160
防災マニュアル	266
訪問介護サービス	178
暴力行為	34
ボケ予防10か条	37
干しいも	154
補寫	249
捕食力	91
訪問看護	178

ま

語	頁
麻痺の人	86
慢性硬膜下血腫	30

み

語	頁
ミキサー食	83
水飲みテスト	116

も

語	頁
妄想	22
物盗られ妄想	22,34
盛り付け	110

や

語	頁
野外食	216
薬膳	246
野菜類	108

ゆ

語	頁
油脂	109
ユニバーサルデザインフード	97

よ

語	頁
抑うつ	22

り

語	頁
リアリティーオリエンテーション	31
理学療法士	67
リスクマネジメント	56
——のマニュアル	59
リハビリテーション	107
療養通所介護	178

れ

語	頁
冷蔵庫	261
冷凍庫	261
冷凍食品	114
冷凍法	114
レトルト食品	114
レビー小体	13,29
レビー小体型認知症	13

ろ

語	頁
弄便行為	22

欧文

語	頁
Age-Associated Cognitive Decline（AACD）	18
Behavioral and Psychological Symptoms of Dementia（BPSD）	3
CT	75
DHA	78
Diagnostic and Statistical Manual of Mental Disorolers-IV-Text Revision（DSM-IV-TR）	17
EPA	78
HDS-R	23
ISO	58
MCI	18
mild cognitive impairment	18
Mini-Mental State Examination（MMSE）	23
MRI	75
O157	59
OT	67
PEG	78
PT	67
RSST	116
silent aspiration	42
UDF	97
5W2H	58

●料理索引●

あ行

料理	頁
アイスクリーム	228
青梅甘露煮	160
秋野菜炊き合わせ	240
あじしそ風味焼き	198
アレンジ蒸しパン	225
あんかけ卵焼き	211
杏仁豆腐	255
いもごはん	154
炒り豆腐	245
うな卵丼	212
えびの西京焼き	159
嚥下ソフト粥	118
おせち料理	241
お茶ゼリー	122
おろしりんご	122

か行

料理	頁
かき玉汁	121
かきと豆腐の治部煮風	215
柿の白和え	203
かぼちゃの安倍川風	238
かぼちゃの煮付け	272
かぼちゃの含め煮	120
かぼちゃのミルク煮	244
カリフラワーとミートボールのシチュー	207
かれいの煮こごり	213
簡単フレッシュアイスクリーム＆シャーベット	228
がんもどきとにんじん煮	271
擬製豆腐	80
季節のひと口まんじゅう	227
キャベツシュウマイ	80
切り身魚のトマトソース煮	208
きんかん甘露煮	160
銀だらの金山時みそ焼き	245
草団子	236
栗ときんかんのクッキー	256
黒ごま汁粉	253
黒豆	159
敬老祝膳	240
紅白かまぼこ	159

紅白なます ……………… 159	鶏肉と野菜のみそ煮 ……… 244	ぶり照り焼き ……………… 159
	鶏肉のやわらか煮 ………… 202	ほうれん草のお浸し ……… 236
さ行 ………………………………		ほうれん草のくずあんかけ … 120
さけと野菜の焼き漬け …… 214	**な行** ………………………………	ほうれん草の卵和え ……… 245
さけのとろろ蒸し ………… 235	なすのくずまわし ………… 213	ほたてとあさつきの卵炒め甘酢かけ
里いもの白煮 ……………… 159	なすの利休煮 ……………… 202	…………………………… 210
さわらしょうが焼き ……… 197	生たらの更紗蒸し ………… 212	ほたてのバター焼き ……… 119
さんまの蒲焼き …………… 243	錦卵 ………………………… 159	
治部煮 ……………………… 271	にんじんスープ …………… 208	**ま行** ………………………………
シャーベット ……………… 228		まぐろの山かけ蒸し ……… 119
陣笠しいたけ ……………… 159	**は行** ………………………………	混ぜ寿司 …………………… 243
水分のとろみづけ ………… 237	白菜のみそ汁 ……………… 121	松風焼き …………………… 159
全粥 ………………………… 231	花にんじん ………………… 159	ミキサー粥 ………………… 232
雑煮 ………………………… 159	バラエティゼリー ………… 226	蒸し鶏ねぎソース ………… 199
	拌三絲 ……………………… 239	
た行 ………………………………	パンプキンサラダ ………… 207	**や・ら・わ行** …………………
炊き込みご飯 ……………… 244	ピーマンしらす炒め ……… 272	ゆずシロップ ……………… 256
伊達巻 ……………………… 160	ひじきサラダ ……………… 203	ゆでかじきの野菜あん …… 209
茶粥の天ぷらのせ ………… 211	冷やししゃぶしゃぶ ……… 214	緑豆あん餅 ………………… 254
つぶし粥 …………………… 231	豚肉ねぎみそ焼き ………… 197	ワンタン …………………… 210
鶏肉おろししょうゆ焼き … 196	ぶどうゼリー ……………… 122	

- 法改正・訂正・正誤等の追加情報につきましては、弊社ホームページ内にてご覧いただけます。
  URL http://www.daiichi-shuppan.co.jp/

- 書籍の内容についてのお問い合わせ、お気づきの点は……
  第一出版株式会社　編集部 書籍担当係
  FAX　03-3291-4415　（※ご氏名・ご連絡先を必ずご明記下さい）
  TEL　03-3291-4577　（受付時間：土日祝日を除く 9:00～17:00）

- 書籍のご注文、出版案内等に関するお問い合わせは……
  第一出版株式会社　営業部
  FAX　03-3291-4579　（※ご氏名・ご連絡先を必ずご明記下さい）
  TEL　03-3291-4576　（受付時間：土日祝日を除く 9:00～17:00）
  ※ご注文は上記ホームページからも承ります。

認知症の人の心身と食のケア

平成24（2012）年 5 月22日　初 版 第 1 刷 発 行

編著者　長嶋　紀一　水間　正澄　中舘　綾子　小林　正子　杉橋　啓芳　田中　弥生

発行者　加藤　友昭

発行所　第 一 出 版 株 式 会 社

〒101-0051
東京都千代田区神田神保町1－39
日本健康・栄養会館
電　話　（03）3291－4576
ＦＡＸ　（03）3291－4579

制　作　栗 田 書 店
東京都千代田区神田神保町1－39

印刷・製本　スバルグラフィック

著者の了解により検印は省略

定価は表紙に表示してあります。
乱丁・落丁本は、お取替えいたします。

© Nagashima,K., Mizuma,M., Nakadate,A., Kobayashi,S., Sugihashi,K., Tanaka,Y., 2012

JCOPY　＜（社）出版者著作権管理機構 委託出版物＞
本書の無断複写は著作権法上での例外を除き禁じられています。複写される場合は、そのつど事前に、（社）出版者著作権管理機構（電話 03-3513-6969、FAX 03-3513-6979、e-mail: info@jcopy.or.jp）の許諾を得てください。

ISBN978-4-8041-1252-7　C3077

第一出版の本

日本人の食事摂取基準 [2010年版] 縮刷版

国民の健康を維持するために、エネルギー・栄養素の摂取量の基準を示した「日本人の食事摂取基準」。ハンディなB5判になり再登場！

厚生労働省「日本人の食事摂取基準」策定検討会報告書
Dietary Reference Intakes for Japanese, 2010

ISBN978-4-8041-1264-0 B5判・356P 2,700円

日本人の食事摂取基準 [2010年版] の実践・運用

「日本人の食事摂取基準[2010年版]」に基づき、現場の管理栄養士などが対象者に望ましい栄養・食事計画、提供を行うことができるよう解説。

特定給食施設等における栄養・食事管理
食事摂取基準の実践・運用を考える会 編

ISBN978-4-8041-1238-1 B5判・150P 1,600円

管理栄養士 栄養士 必携 2012年度版 データ・資料集

管理栄養士・栄養士の業務に必要な、公衆栄養関係のデータ、臨床栄養に関する資料、栄養関連法規などを多数掲載した便利なハンドブック。毎春改訂。

(社)日本栄養士会 編

ISBN978-4-8041-1260-2 四六判・566P 2,500円

給食経営管理用語辞典

"給食分野"に特化した約700語を収録。各分野から厳選した用語について、簡潔に解説（便利な英語訳付）。必ず手元に置きたい一冊。

日本給食経営管理学会 監修

ISBN978-4-8041-1251-0 B6判・208P 2,500円

身体診察による栄養アセスメント
症状・身体徴候からみた栄養状態の評価・判定
◆奈良信雄・中村丁次 著

食事療法や栄養療法が重要な病態・疾患を中心に、症状や身体徴候をどのように捉えて判断し、栄養アセスメントを進めればよいかを解説。

ISBN978-4-8041-1110-0　B6判・176P　2,500円

図表でわかる 臨床症状・検査異常値のメカニズム
◆奈良信雄 著

臨床症状や検査異常値が現れるメカニズムを、豊富な図表でわかりやすく解説。チーム医療や保健指導に役立ちます。

ISBN978-4-8041-1120-9　B6判・262P　2,800円

アセスメントに基づいた 被災地における栄養支援
サプリメントの活用を含めて
◆足立香代子・寺本房子 監修

被災地での実践活動の経験をもとに、炊き出しから症状による栄養アセスメント、導き出される対応とサプリメントの使い方まで、災害時～平常時の必需書。携帯に適した新書判。

ISBN978-4-8041-1249-7　新書判・160P　1,400円

ヒューマンサービス
現代における課題と潮流
◆H.S.ハリス・D.C.マロニィ・F.M.ロザー 編／山崎美貴子 監修
臼井正樹・田中暢子・ヒューマンサービス翻訳グループ 訳

高齢者支援、不適切教育・児童虐待、ホームレスの問題等、対人援助活動の新たな方向性を考える手掛かりとなります。

ISBN978-4-8041-1196-4　B5判・184P　2,800円

お問い合わせ・ご注文は弊社ホームページで
URL　http://www.daiichi-shuppan.co.jp

表示はすべて本体価格で、消費税が別に加算されます。

第一出版の本

実践介護食事論
介護福祉施設と在宅介護のための食事ケア 第3版

咀しゃく・嚥下困難な人の生理・病態や食事介護への対応を、豊富な事例とともに網羅した手引書。

杉橋啓子・山田純生・水間正澄・西岡葉子 編
ISBN978-4-8041-1135-3　B5判・336P　3,200円

食事介護マニュアル
食べる機能を生かした食事

食事摂取障害をもつ高齢者や障害者への介助方法や、障害にあわせた介護食の調理方法をわかりやすく解説。

山崎文雄・丸山千鶴・中丸ちづ子・増田邦子 編著
ISBN978-4-8041-1162-9　B5判・140P　2,000円

居住・グループホームにおける
簡単・おいしい介護食
基礎知識とレシピ200

介護食の豊富なレシピと介護における栄養指導方法について解説。介護が初めての方にもわかりやすい内容。

内藤初枝 著　◆　ISBN978-4-8041-1211-4　B5判・160P　2,500円

DR.UNO'S ソフトダイエット
「介護食」 理論と実際

ADE（日常食事動作）の程度に配慮した介護食の提供のために、高齢者の生理や栄養の基礎知識、献立等を解説。

宇野文平 編著　◆　ISBN978-4-8041-1175-9　B5判・244P　定価2,500円

お問い合わせ・ご注文は弊社ホームページで
URL　http://www.daiichi-shuppan.co.jp

表示はすべて本体価格で、消費税が別に加算されます。